劳动经济学系列丛书

劳动经济思想史

王志浩　杨　光　李大宇　李　巍　编著

●国家自然科学基金项目（编号：71541023）——东北地区人口结构和人力资源流失问题分析与对策研究

●中国博士后科学基金资助计划（编号：2014M561368）——明清至伪满时期移民与黑龙江下游少数民族社会经济变迁研究

●黑龙江省博士后科学基金资助计划（编号：LBH-214124）——近代外来移民与黑龙江少数民族社会经济发展研究

科学出版社

北　京

内 容 简 介

    劳动经济思想史是经济思想史的重要组成部分，是劳动经济学的思想渊薮，也是经济学思想中较为活跃的领域之一。我国当前面临的诸多经济和社会发展问题都与劳动经济理论密切相关。本书以劳动经济理论思想的历史发展脉络为主线，以各学派代表人物的劳动经济思想为纲领，系统介绍了劳动经济思想的发展历史，有助于系统理解西方劳动经济思想的发源、发展和最新进展，以更科学的态度探究当代劳动经济现象与问题，进而对劳动经济政策的制定和实施提供思想和理论上的借鉴和参考。

    本书主要介绍劳动经济思想发展各时期的重要观点与代表人物，可供相关领域专家作为研究参考之用，也可作为劳动经济学、经济学史或社会科学史专业的本科高年级及研究生的教学用书。

图书在版编目（CIP）数据

劳动经济思想史 / 王志浩等编著. —北京：科学出版社，2016

劳动经济学系列丛书

ISBN 978-7-03-049067-4

Ⅰ. ①劳… Ⅱ. ①王… Ⅲ. ①劳动经济-经济思想史-高等学校-教材 Ⅳ. ①F240

中国版本图书馆 CIP 数据核字（2016）第 141817 号

责任编辑：方小丽 / 责任校对：张怡君
责任印制：徐晓晨 / 封面设计：蓝正设计

科 学 出 版 社 出版

北京东黄城根北街 16 号
邮政编码：100717
http://www.sciencep.com

北京东华虎彩彩色印刷有限公司 印刷

科学出版社发行　各地新华书店经销

*

2016 年 7 月第　一　版　开本：787×1092 1/16
2017 年 5 月第二次印刷　印张：22

字数：502 000

定价：56.00 元

（如有印装质量问题，我社负责调换）

总　　序

劳动是财富之父，土地是财富之母——威廉·配第。

劳动缔造文明，劳动孕育财富，推动人类历史进步，促进经济社会发展。恩格斯说："劳动改变了人本身。"不同的人群有着不同的追求，不同的追求有着不同的劳动，不同的劳动有着不同的收益，不同的收益有着不同的奉献。劳动不仅关系人的健康和智慧，而且关系人的快乐和美好，人的伟大就在于会劳动、能劳动和爱劳动。无论是有形劳动还是无形劳动，都是难能可贵和值得珍惜的。没有劳动的人生是毫无意义的，能体现劳动的生活是幸福美好的。

劳动经济学是研究劳动关系及其发展规律的一门科学，其核心是研究投入劳动这一生产要素产生的经济效益，以及与此有关的社会经济问题，即如何以最少的劳动资源投入获得最优的经济效益。劳动经济学作为应用经济学的一门分支学科，与产业经济学、区域经济学、数量经济学及其他经济学有着紧密的联系，与管理学、社会学、人类学、政治学等学科也有一定的联系。

19世纪中叶，劳工政策在经济学著作中初见端倪，许多资本主义国家把劳工政策作为社会经济政策的重要组成部分，力图通过一定的劳工政策来缓解劳资矛盾，以保持经济发展和社会稳定。19世纪诞生的空想社会主义者，对于资本主义的剥削制度进行了深刻的揭露和批判。科学社会主义的创始人马克思、恩格斯在《资本论》、《英国工人阶级状况》等著作中，深入剖析了资本主义制度的劳工问题，科学预言了社会主义社会的劳动关系。

20世纪初，美国科学管理之父泰勒在1911年的著作《科学管理原理》中，对劳动定额和以劳动定额为基础的有差别计件工资制进行实验，这对微观劳动管理具有重大意义。1925年布鲁姆的《劳动经济学》主要包括就业、工资、劳资关系、劳工运动、劳动立法等内容。英国经济学家凯恩斯提出"有效需求不足"理论和"非自愿失业"概念，对西方劳动经济学的发展具有重要的影响。

20世纪60年代，贝克尔（Becker）的论文《时间资源配置理论》在劳动力供给研究方面颇具影响力，将生产、消费和劳动力供给置于一个家庭模式中，解释了在效用最大化行为的支配下，家庭成员如何安排其从事市场性活动和非市场性活动的时间比例，明确了家庭是劳动力供给行为决策中的基本单位。西加诺（Cigno）从多角度讨论、多方位拓展了贝克尔理论模型的实践应用，如多人口家庭的时间分配、劳动力的性别分工等。明瑟（Mincer）和贝克尔的人力资本理论关注劳动力素质等问题，把教育和培训看成个人投资方式，对解决劳动经济学领域的相关问题具有一定的指导意义。

国内劳动经济学主要致力于应用基础理论和政策研究与国际接轨，研究领域主要侧重于劳动经济思想、劳动力市场与迁移、就业与失业、工资与收入分配、社会保障、人力资本、人口发展等领域。众多学者以马克思主义经济理论为基础，借鉴现代西方劳动经济学的研究范式，构建符合中国国情的劳动经济思想框架和理论体系。许多研究团队通过组织实施与劳动经济有关的热点、焦点问题研究，开展国内外学术交流以及信息网络建设，构建服务于经济转型条件下劳动经济问题政府决策的智力支持系统，实现研究单位与政府决策部门的信息共享，建立并完善实时监测劳动经济形势的数据库系统和信息平台。

当前，一些新的制度和政策已经在中国开始实施，如城乡居民养老保险制度、城镇职工养老保险并轨制度、城镇居民医疗保险制度和农村居民最低生活保障制度等，研究这些制度和政策的产生背景、实施效果和社会影响将是当前中国劳动经济学研究所面临的首要任务。国内学者对延迟退休年龄、就业与失业统计、城镇最低生活保障、农村劳动力转移、农民工社会保障等学科前沿与重大问题的研究已取得显著的成果，关注转型时期弱势群体的社会福利，分析判断劳动力市场的发育状况，总结应用劳动经济问题的研究结果，构建完善"十三五"时期劳动经济的政策体系。

"劳动经济学系列丛书"主要包括《劳动经济思想史》、《现代劳动经济学：框架与方法》、《社会保障理论与实践》、《收入分配理论与实证》、《社会保障的经济分析》和《风险管理与社会保障》等，旨在关注劳动经济领域的复杂经济现象，力争在研究视角、研究体系、研究方法上有创新之举，融汇百家之精髓，贯通上下之集萃，方有本丛书之大成。在此向所有为本丛书提供借鉴参考的学术论文、学位论文、新闻报道、调研报告、微信公众号、网络资源等表示谢意！

陶铸先生有句名言——劳动是一切知识的源泉，我们以此为目标，催发吾辈奋进，砥砺吾辈前行，一直行走在"劳动经济学"的路上。

王志浩 王 巍

2016 年 6 月

目　　录

第三编　古典学派的劳动经济思想

绪　　论

▶**学习目标**

1. 了解劳动经济思想史的定义以及与其他相关学科之间的关系。
2. 把握劳动经济思想史的形成与发展的一般过程。
3. 掌握劳动经济思想史的学习方法。
4. 理解学习劳动经济思想史的意义。

劳动经济思想史是经济思想理论发展史的一个重要的组成部分，是当代经济思想史中最活跃的领域之一。我国当前社会经济生活中面临的诸如下岗、失业、收入差距扩大、大学生就业难、农民工权益受损等问题，都与劳动经济思想有密切的关系。学习劳动经济思想史，掌握劳动经济思想研究的方法和分析工具，将使人们以更科学的态度观察和认识今天的实际劳动经济现象，科学地评估我国的劳动力市场政策，也将更进一步推动劳动力市场的发展，提高资源配置的效率，有助于我国的经济增长和发展。

本章主要介绍：劳动经济思想史的定义；劳动经济思想史学的研究对象；与其他学科的关系；劳动经济思想史的特点；劳动经济思想形成与发展的历程；劳动经济思想史的学习方法和学习意义。

1. 劳动经济思想史主要概念的界定和研究对象

要了解和学习劳动经济思想史，首先要弄清楚什么是劳动经济思想史，劳动经济思想史主要研究的对象是什么，劳动经济思想史学与其他学科的关系是什么。只有弄清楚这些基本的前提问题，才能够深入了解和掌握劳动经济思想史的内涵。

1）劳动经济思想史及其他主要概念的界定

劳动经济思想史是经济思想史的重要分支。劳动经济思想史是研究劳动力、劳动力市场、劳动关系以及其他与劳动经济相关的思想发展的历程，它与经济思想史、经济史、劳动经济学等学科都有着密切而复杂的关系，同时又具有自己的特点。从劳动经济思想史的定义中可以看到其包含着三个主要概念，即劳动力、劳动市场、劳动关系。

关于劳动力的划分，马克思认为，只有创造物质产品的劳动才是生产劳动，只有从事物质生产的劳动者属于生产劳动者，由此劳动力被划分为生产部门的劳动者和非生产部门的劳动者。这种思想的产生与劳动价值论的思想和学说联系在一起，是以苏联为代表的社会主义经济国家的国民经济核算体系构造的基础。

　　而劳动力市场并非是我们常规所理解的产品买卖的市场，而是一种劳动力"租借"使用的市场。在我国改革开放初期，之所以有一段时间曾讨论"劳动力是否是商品"的问题，其误区大多来自将劳动力市场与产品市场的属性不加区分，简单等同并加以类比。而实际上，劳动力作为商品只是一种"准商品"，劳动力市场也只是具有一种"准市场"的属性。

　　2）劳动经济思想史的研究对象

　　劳动经济思想史作为经济思想史的一个分支，其研究的基本方向与经济思想史是一致的。劳动经济思想史是一门研究稀缺资源配置的思想理论学问，如何在约束条件下实现配置效率的最大化是这一学科的基本内容，劳动经济思想史是专门研究有关劳动力如何有效配置思想理论发展历程的学问。一般而言，劳动力与其他资源一样是需要通过市场进行配置的。不过市场并不是有效配置劳动力资源的唯一途径。

　　关于劳动经济思想的研究对象，我们可以参照劳动经济学所包含的内容。伊兰伯格给出的劳动经济学的定义是：劳动经济学是研究劳动力市场运行及其结果的学问。这一定义简练、准确，但是过于抽象。而麦克南在其《劳动经济学》一书中对劳动经济学给出的定义是：劳动经济学考察劳动力市场的组织、功能和结果；将来与现在劳动力市场的参与者的决策；与劳动力资源报酬、就业相关的公共政策。这一定义比较准确、全面地反映了当代劳动经济学研究内涵，言简意赅。参照劳动经济学的概念，根据劳动经济思想史的研究属性，劳动经济思想史的具体研究内容包括以下三个层面：第一，劳动供给方面的思想理论发展——研究雇员的市场思想发展。这主要是指劳动者对工资、价格及雇佣关系的非货币因素（如工作条件）的理论发展，包括工作时间决策、人力资本投资、劳动力流动（工作调整、工作搜寻和迁移）、工会思想理论等。第二，劳动力需求方面的思想分析。这主要研究雇主的经济思想，主要包括在一定工资条件下对劳动力需求量的决策考虑、雇员工资的确定理论以及企业内部的激励思想发展等。第三，与劳动力市场的运行结果及其调整相关的理论发展。这主要包括失业、歧视、分配不公平的理论分析以及政府相关决策调整政策理论发展。作为独立而新兴的劳动经济思想史理论，可根据其所包含的因素，又可以把劳动经济思想史研究对象分为以下三类。

　　第一，劳动力思想发展历程。

　　劳动经济思想史首先研究的是劳动力思想的问题。而劳动力与其他要素不同，因为人们总是相信"人是万物之灵"的道理，事实上也是如此。要研究劳动力，首先要明确什么是劳动。劳动是具有一定生产经验和劳动技能的劳动者使用劳动工具所进行的有目的的生产活动，是生产的最基本内容。劳动是整个人类生活的第一个基本条件，它既是人类社会从自然界独立出来的基础，又是人类社会区别于自然界的标志。

　　有人认为，劳动通常是指能够对外输出劳动量或劳动价值的人类活动，劳动是人类自我生存和自我发展的唯一手段。也有人认为，劳动是发生在人与自然界之间的活动，其本质是通过人的有意识的、有一定目的的自身活动来调整和控制自然界，使之发生物质变换，即改变自然物的形态或性质，为人类生活和需要服务。

　　全国科学技术名词审定委员会对劳动的定义是：劳动是指有劳动能力和劳动经验的人在生产过程中有目的的支出劳动力的活动。

　　从社会学和哲学的角度来看，劳动这个概念包括所有人类在自然界和社会中有意识地从事创造性活动的过程。劳动的意义来自于劳动的人在其所处的自然条件和社会环境中的需要、能力和世界观。

　　狭义上，劳动是人类创造物质财富和精神财富的活动，是指人类在自身智能分配下，通过各种手段和方式创造社会财富以满足人类日益增长的物质、精神等方面需要的有目的的活动。广义的劳动是从生物学的角度对劳动所做出的最广泛的抽象或概括，是指人们在各种活动中劳动力的使用或者消耗。简单地说，人们所从事的各种"劳动"，与"生产""经营""工作""上班""营业""务工""务农""就业"等范畴相比含义更为广泛。人们社会生活的一个最为基本的事实是通过消费各种消费资料以满足自身的需要。从经济学的观点来看，构成消费对象的消费资料不仅仅是有形的物质资料，还包括无形的非物质资料。例如，在现代社会，人们为了获得更多的劳动收入，从而获得更多的可消费的物品，对劳动时间的需要是无限的；为了获得更多的享受和发展，对闲暇时间的需要也是无限的。但是对于消费主体而言，能够用于生产消费和闲暇消费的时间资源总是有限的。人类社会发展的自身经验表明：劳动资源的稀缺性始终是制约社会和个人需要和愿望得以充分满足的基本因素。

　　劳动力思想发展主要是围绕劳动力资源的属性进行的。与其他资源相比较，劳动力资源有其自身的若干特点，但在稀缺性方面与其他资源具有共同的属性。其一，劳动资源的稀缺性是相对于社会和个人的无限需要和愿望而言的，是相对的稀缺性。一定时期，社会可支配的劳动资源无论其绝对量有多大，但总是一个既定的量。任何一个既定的量与无限性相比，总是不足的，即具有稀缺性。其二，劳动资源的稀缺性又具有绝对的属性。社会和个人的需要与愿望不断增长、变化，已有的需要和愿望得到了满足，又会产生新的需要。因此，劳动资源的稀缺性存在于社会历史发展的各个阶段，从而使劳动资源的稀缺性具有普遍性和绝对的属性。其三，在市场经济中，劳动资源稀缺性的本质表现是消费劳动资源的支付能力、支付手段的稀缺性。劳动资源只能以一定的规模加以利用。消费资料的形成是劳动的结果，是消费各种资源的产物。若消费各种资源的支付能力、支付手段是无限的，那么，消费资料也就是无限的。而支付能力是生产出来的，是生产的结果，生产力等于支付能力。一定社会发展阶段所能够拥有的劳动量就是消费的支付能力。消费各种资源以生产或形成经济物品的支付能力、支付手段，即生产力是有限的，这也正是资源包括劳动资源闲置的根本原因之一。

　　劳动资源稀缺性的第三个属性具有极为重要的理论意义与实践意义。在经济学中，市场主体的任何经济行为、任何经济决策都有成本。社会和个人依据占有或者可以使用的稀缺的资源追求某一目标，就意味着对另一目标的放弃。这里的成本概念不是指实际成本，而是指各种机会成本。所谓机会成本，是指将稀缺的劳动资源容易满足此种需要和愿望而放弃的彼种需要和愿望的满足[①]。

　　无论是社会还是个人，在追求满足其自身需要和愿望的过程中，表面上是受到资源稀缺性的约束。

---

　　① 王守志：《劳动经济学》，中国劳动社会保障出版社，2005 年。

第二，劳动力市场思想发展历程。

劳动经济思想史研究劳动力市场的理论发展过程，而劳动力市场作为市场的一种形式，虽然具备任何市场的共同之处，但是，劳动力市场是所有市场中最为特殊的一个。人是有智慧的生物，所以，劳动力的交易就更加复杂，这种雇用不仅涉及货币因素，也包括大量的非货币因素。传统的劳动经济学和经济学面对的是"三要素"，现在则演变成为"四要素"，因此劳动经济思想史学面对的也演变为"四要素"。这就将劳动的参与者分为两类——劳动力和企业家，在将来的劳动经济思想史学习和研究中，如何处理两者的关系是一个需要重点研究的课题。

现实世界是复杂的，每个国家的现实状况差异颇大。研究劳动力市场的思想理论，必须根据各个国家的实际情况。虽然劳动力市场在所有的市场经济国家是必不可少的，劳动力的雇用是经济社会分工扩展的基础，其中工资与薪金是调节劳动力供求关系的基本变量。但是，一个社会的劳动力市场的完善程度与工资调节市场的能力有着很大关系，具体因国家和地区不同而异。工资的黏性程度是衡量其调节能力的一个标准。市场的协调能力低下会造成劳动力资源的配置效率低下、报酬分配不公平以及失业现象的加剧。这一调节能力的失衡在不同的经济体中具有不同的成因。在发达国家，黏性的工资与市场发育的程度可能无关，因为劳动力市场实际上不可能是一个完全的市场，它与信息的不完全以及垄断有很大的关联。而在发展中国家，市场的弊端往往与市场的发育程度有关，信息不对称情形更加严重，劳动力的市场知识欠缺、国家的法律不完善等都可能形成雇用的权利不平等以及失业的结构问题。

中国是一个发展中国家，也是一个高速发展的大国，但是中国面临很多难题，其中之一就是就业形势变得严峻起来，很多人对此忧心忡忡。而又有经济学家认为，在几年后，中国将出现严重的劳动力短缺的现象，庞大的中国人口竟然不能满足经济高速发展时期的劳动力需求，这是一个令人费解的问题，需要从相关的劳动力市场思想发展中寻找答案。

第三，劳动关系思想发展历程。

全社会都在关心收入分配问题，而缩小各行业和各种人群的收入差距，一种可能实施的决策是削减某些行业特别是垄断行业的高工资，但这种考虑是一个实证的决策还是一个规范的决策行为呢？它会带来什么样的结果呢？

中国有大量的农村剩余劳动力向城市转移，由此形成了民工潮。农民工的工作与工资成为人们关注的问题，人们总是为农民工找不到工作而发愁。可是，中国从南到北却相继出现"民工荒"，人们为找不到农民工而发愁。农民工在薪酬、工时、福利、劳动保障、事故赔偿方面都受到了某种歧视，除了公平的考虑以外，怎样解决这个问题成为重点。

2. 劳动经济思想史与相近学科的关系

人们通常将劳动经济思想史和与其名称相近的其他一些学科相混同。因此，有必要将劳动经济思想史与人口经济思想史、经济思想史、人力资源管理学等学科之间的关系做一些交代。劳动经济思想史作为经济思想史学科的分支，与经济思想史学科有着密切的关系；同时劳动经济思想史研究与劳动经济现象相关的思想理论发展历程，因此必然带着鲜明的劳动经济学的特征。因此，分析劳动经济思想史与经济思想史、劳动经济学等学科之间的区别与联系，是深入学习劳动经济思想史的必要前提。劳动经济学与其他学科的关系分析如下。

1）劳动经济思想史与人口经济思想史

劳动经济思想史与人口经济思想史两者的关系往往容易引起误解，以致有人曾经提出应该将这两者合二为一。其实，尽管劳动经济思想史与人口经济思想史有着一定的联系，两者无非都是研究"人"的。但是，劳动经济思想史与人口经济思想史有着完全不同的研究对象和研究范围。人口经济思想史研究的是人口的生产与再生产的经济思想发展历程的问题。其集中要研究的内容包括自然人口增长的经济运行的理论规律，特别是人口对物质资源消费的经济思想影响。人口经济思想是更多地将人作为消费者来看待，其研究范围包括 16 岁以下的非劳动力人口。劳动经济思想史的核心命题则是劳动力市场中的"劳动力"和"劳动"的经济思想。只有达到法定劳动年龄的人才能被称为劳动力，所以劳动经济思想史研究 16 岁以上的劳动人口的劳动，或者我们称之为与劳动者的"工作"有关的行为问题[①]。

劳动经济思想史是一门研究有关于劳动力市场的运作及其结果以及应对策略的思想理论发展的学问，其研究目的是使劳动力资源得到更为合理的配置。劳动力是一种特殊的生产要素。因此，劳动力市场的运行与现象也必然更为复杂。研究各个不同发展阶段以及不同体制下的劳动力市场的思想理论，对促进经济思想的发展具有十分重要的意义。

2）劳动经济思想史与经济思想史的关系

正如前所述，劳动经济思想史是经济思想史学中的一个重要组成部分，因此经济思想史涵盖劳动经济思想史。劳动经济思想史与经济思想史的关系十分紧密。既然劳动经济思想史是经济思想史的一个分支，那么劳动经济思想史与经济思想史肯定有着千丝万缕的联系。就现有的经济思想史框架而言，经济思想史包含两部分内容，即微观经济思想史与宏观经济思想史。同时，劳动经济思想史的部分内容也是对经济思想史的进一步发展。

在以古典经济学为基础的劳动经济思想史体系中，首先假定了劳动力是同质的，这一假定与劳动力市场的复杂性存在明显的距离，以此为基础的研究并没有完全揭示劳动力市场的本质。劳动经济思想史对人力资本理论的吸收、劳动力市场的分割理论研究，以及对歧视问题的深入研究，这些都对经济思想史的演进和拓展做出了极有价值的贡献。

宏观经济思想的根本在于国民收入的规模决定与变动问题的理论研究，而在宏观经济学中与经济规模最具相关性的是就业量，就业与失业问题自然是劳动经济思想史的核心内容。劳动经济思想史要研究的就是劳动力的有效配置以及如何缓解失业现象的思想理论分析以及如何实现充分就业的问题。从这一角度来看，劳动经济思想史研究的是对全要素生产效率提高最为重要的资源——劳动力配置的思想理论发展，随着这一资源重要程度的提高，劳动经济思想史在经济思想史中的地位也会越来越重要。

---

① 李放：《劳动经济学》，科学出版社，2011 年。

从经济思想史的发展趋向上分析，宏观经济思想从其诞生之日，就存在着明显的缺陷，经济总量的形成是无数单个经济主体活动的结果，这些贡献都与劳动力市场有关系，因此可以说，劳动经济思想史方面的研究处于经济思想的最前沿的位置。

此外，劳动力流动与迁移也是劳动经济思想的一大组成部分，劳动力的区域流动特别是城乡流动是发展中国家的一种重要特征。正是如此，发展中国家的二元经济结构与农村剩余劳动力的转移对于发展中国家实现经济腾飞十分重要，因而才成为发展经济思想史研究的核心内容。在当今的技术条件下，发展中国家在由贫穷向富裕迈进的过程中与发达国家具有很大的差别，技术的进步和知识的积累为当今的贫穷国家提供了更大的经济发展动力与劳动力转移的良好条件，使劳动力转移的速度加快。因而，欠发达国家完成工业化的道路比欧美发达国家走向并完成工业化的道路大大缩短。那么，劳动力流动以及劳动力的城市化对城市就业和劳动报酬的确定都会产生明显的冲击。因而，经济思想史关于这方面内容的分析就越来越复杂，这样的现象对于发展经济思想史与劳动经济思想都产生了重要的推进作用。

就目前的发展趋势而言，劳动经济思想史在未来拥有较广阔的扩展空间。在劳动经济思想史中，爱德华·拉齐尔的《人事管理经济学》一书的出版弥补了劳动经济思想史与劳动力管理学科之间的不足，为劳动经济思想与管理学提供了一个契合点。劳动经济思想史并不能直接解释企业内部关于劳动力薪酬的确定以及劳动力的激励行为，劳动经济学的内容也不仅仅局限于这一领域，但是这门学科最终的落脚点在于在一个社会里如何更有效地利用人力资源的问题，这一点应该建立在每个企业有效利用劳动力资源的基础上，而满足这一条件，企业内部的劳动力激励机制至关重要。劳动经济思想史的发展已经将企业内部的劳动力管理思想问题纳入自己的研究体系，只是在保证企业内部人力资源优化的同时，进一步考虑其外部影响和劳动力市场整体的思想理论，因此劳动经济思想史的新进展与人力资源管理思想理论之间的关系变得更加密切[①]。

3. 劳动经济思想史的学习方法和学习意义

1）学习劳动经济思想史的方法

劳动经济思想史学科是在劳动经济学和经济思想史学的基础上形成并发展的。因此学习劳动经济思想史，首先要学习劳动经济学的基本内容，掌握劳动经济学的基本理论和方法，此外还要学习经济思想史的发展脉络，不但学习西方经济思想史还要学习包括中国、印度等国家的经济思想史，力求全面理解经济思想史的内涵，明晰经济思想史的发展脉络，纵观劳动经济思想史的内容。此外为了更好地学习劳动经济思想史，还要补充学习宏观经济学和微观经济学的基本理论，以便较好地理解经济学的基本知识和概念。各国各地区的劳动问题和劳动思想的发展并不相同，因此劳动经济思想史离不开各国、各地区的历史发展和实际情况，若要深入研究劳动经济思想史，还需要学习各国的历史与文化以补充知识。

例如，关于劳动思想的论述，各国、各地区在不同的历史时代有着不同的理解和论

---

① 宁光杰：《劳动经济学》，经济管理出版社，2007年。

述。在古希腊宽广的思想之河美丽的浪花中就有关于劳动的论述。但是，古希腊甚至古罗马帝国经济思想中对劳动的论述是以奴役劳动为基础的。所以，那时的劳动根本不具有后来自由交换的特征。中世纪时候，劳动的自由交换也不是广泛的社会现象，虽然存在却极其有限。甚至在从基督教改革运动到工业革命被称为重商主义时期的近代早期，有关劳动和工资的讨论也只是遵循社会公平和国家权术的原则。只有到了19世纪，随着社会经济理论将市场和竞争作为指导经济活动、实现社会公正分配的力量后，劳动真正的经济学意义才得以加强。但是，这一时期古典经济学家们对劳动问题的研究受制于经济学传统的分析焦点，即价值理论和分配理论，方法上只注重长期趋势的追求，所以，关于劳动领域的许多问题皆被视为特殊。直到19世纪末，在热烈的劳工运动问题讨论的基础上，真正的劳动经济学才得以诞生。经过对劳动问题、劳动运动、劳动经济的探讨，劳动经济学才从古代劳动思想、古典经济学的劳动思想、劳动史学、劳动制度、劳动与经济进程结合、劳动与经济理论结合中一路走来[①]。

因此，若入门劳动经济思想史，需要学习如上述所涉及的各学科的基本知识。只有涉猎相关学科主要内容，才能够全面、深入地学习劳动经济思想史，从而更好地理解和掌握劳动经济思想史的内涵，同时促进了相关学科的深入学习和研究。

2）学习劳动经济思想史的意义

人类创造出的财富，都是劳动力、劳动工具、劳动对象这三种基本要素共同作用的产物，劳动力是其中的决定因素。劳动创造文明，创造财富，促使人类发展，推动历史前进。劳动是公民的权利和义务。总之，劳动是人类生存与发展的必要条件。因此，学习劳动经济思想史具有一定的理论意义。同时，学习劳动经济思想史还具有较高的现实意义。

在众多的生产资源中，劳动力是其中最重要的稀缺资源之一，劳动经济思想史研究的就是劳动力的有效利用的理论问题。在现实社会生活中，没有哪一个问题像劳动问题一样与我们的生活密切相关。在我们大多数人的一生中，都面临着就业、失业、工资、人力资本投资和流动等问题的选择。作为经济思想史的一个重要分支，劳动经济思想考察的是劳动力市场参与者决策的理论发展，以及就业和劳动报酬等理论关系问题。因此，学习劳动经济思想史与现实生活密切相关，涉及每个人的切身利益。人们对劳动与其他生产要素区别的理解，使得劳动经济思想史研究发展起来，并带动了若干其他领域的分析。

对劳动经济思想问题的研究并不是"为学术而学术"，研究的最终目的就是要以理论指导实践，解决切身实际问题，以增进人民福祉与社会和谐。

我国目前正处在经济体制转型的过程中，新旧体制复杂交织，社会分层加速拉开，社会经济生态环境复杂，效率与公平未达到协调，利益关系尚未理顺，并且呈现局部紧张状态。这反映到社会劳动领域，表现为我国目前存在着一些较为严重的劳动经济思想问题。

例如，劳动就业问题。国有企业职工大面积下岗，包括东北老工业基地在内的国有

---

① 马培生：《劳动经济理论研究》，经济科学出版社，2011年。

经济集中的省区成为"重症区"，下岗职工的再就业与生活成为极大难题；广大失地农民除一部分在城市就业外，尚有将近两亿之众游荡于城市和农村之间；因逐年累积，大学生就业与城乡青年就业的压力越来越大，呈现畸形竞争，就业机会不均等。

例如，收入分配问题。收入分配两极化，各类收入分配差距有拉大趋势，有的收入分配不合理、不公平，甚至到了荒诞不经的地步，社会保障落后于社会经济发展的需要，呈现程度不等的不全面、不均衡、不合理、不可持续状态。

例如，劳动力市场问题。劳动力市场城乡分割、地区劳动力市场封闭、劳动力市场歧视等问题还相当严重，更要紧的是，我国的工会组织尚未完全进入市场经济所要求的角色。

例如，劳动经济法治问题。劳动经济法律建设跟不上社会经济形势的发展，法治和政府监管不力。

例如，未富先老问题。2011年我国35岁以下农民工资源已经基本枯竭（搜狐新闻），2015年我国劳动人口开始下降，成为人口红利期拐点；老龄人口加速上升，一直到2039年这个增速才开始下降，届时我国的人口红利期即将结束，将出现不足2个纳税人供养1个养老金领取者的局面，即"老龄社会危机时点"。

而从大学生成长的需要来看，学习劳动经济思想史，有助于大学生认识社会、报效祖国、实现自我。课堂上所认识到的社会劳动经济思想问题，实际上与大学生生活并不隔绝，相反这些社会劳动经济思想问题正是通过种种联系与形式直接、间接作用在大学生生活中，如学杂费、生活费、四六级英语复习考试开支、专业冷热变化、未来职业选择、大学生就业前景等。学习劳动经济思想史对在学的相关专业学生来说，其构成后续专业课程学习的理论基础，是重要的劳动知识的积累环节。对毕业生来说，个人在职场的发展空间，很大程度上取决于专业知识储备，尤其与劳动经济学的功底密切相关[①]。

没有哪一个学科能像劳动经济学那样与我们每个人的职业、生活乃至生命如此密切相关。我们绝大部分人的一生中的大部分时间是作为劳动者度过的，而其他时间则又或多或少地与其劳动时间紧密相连。例如，教育的决策在很大的程度上与个人的职业发展紧密相连。劳动经济学有助于个人更好地理解个人职业发展的劳动力市场环境及其动态变化，从而更好地进行个人职业生涯决策，过上更美好的生活。全生命周期的劳动经济学分析，更是从一个人的出生到离开这个世界都有涉及，甚至于一个人是否需要来到这个世界，劳动经济学也都尝试理解。这一点，看看贝克尔的家庭生产理论就很清楚了。劳动经济学能够帮助我们更好地理解自己作为劳动者的一生甚至更多。

劳动经济学对于个人价值的另一个重大方面是我们可以选择以"劳动"为中心的职业。大家都清楚，人力资源管理是现在最为流行的职业，劳动经济学是这个职业的理论基础之一。从政府角度来考虑，人力资源与社会保障部门在中国具有很大的基础，而且伴随着我国经济的发展以及国家"民生理念"的发展会越来越壮大。这条线可以一直从中央向基层延伸到各阶层的社保所、社保站，具有广阔的职业发展空间。国际上也是如此。在市场层面，各种不同的人才网络公司、职业介绍机构、劳务派遣公司、人力资源

---

① 黄泽民：《劳动经济学》，清华大学出版社，2013年。

咨询培训机构等都与劳动经济学有着千丝万缕的联系。劳动经济学至少可以让我们在学习完它之后有兴趣从事一个与劳动经济学有些关系的职业，以及如果感兴趣知道应该从哪些地方入手。

劳动经济学的一个更为一般性的价值在于它作为科学的组成部分所承担的科学上的价值——帮助我们更好地理解劳动力市场运行，丰富人类社会科学发展的内涵。在我们的社会中，一个人是不是要找工作，能不能找工作，一个企业如何出台一项劳动就业政策，这项政策对社会产生了怎样的影响，为什么有人会把从事劳动经济学的教学与研究作为自己的职业……所有这些劳动力市场现象都是我们这个社会经济活动中最重要的组成部分。我们如何理解它，这些现象对我们的生活与职业发展意味着什么，这些都需要劳动经济思想史来予以解释。因此，学习劳动经济思想史具有较高的理论意义和现实意义。

◎**本章小结**

劳动经济思想史是经济思想史的重要分支。劳动经济思想史是研究劳动力、劳动力市场、劳动关系以及其他与劳动经济相关的思想发展的历程，它与经济思想史、经济史、劳动经济学等学科都有着密切而复杂的关系，同时具有自己的特点。学习劳动经济思想史具有重要的理论意义和现实意义，尤其对于思考当今突出的劳动纠纷问题以及当代大学生今后的劳动就业问题有着重要的作用，具有切身的影响。

◎**思考题**

1. 劳动经济思想史的研究对象是什么？
2. 劳动经济思想史与经济思想史、人口经济学之间的关系是什么？
3. 学习劳动经济思想史的意义是什么？

◎**推荐阅读材料**

新华报业网讯 大学生暑期打工可锻炼自身能力、增加社会阅历。可是，对于苏州大学大一学生戴佳晶来说，在经历一个多星期讨薪后，她和小伙伴们已筋疲力尽。

2014年暑假，戴佳晶通过同学介绍得到了一份饮料促销工作。小戴事先并不了解工资发放的具体情况，也没有签订劳动合约，只从同学那边得知90元一天。工作结束时，老板却迟迟不发工资，在多次短信、电话穷追之后最终才得到薪酬，而拿到手的工资却低于实际应得的薪酬。"哎，克扣的工资就当是交学费了。"谈起自己的遭遇，戴佳晶一脸无奈，她说，若是向相关部门投诉的话，也会因为没有劳动合约而导致没有部门来处理这件事，最后不了了之。苏州大学应用技术学院一支调研团队近日围绕"大学生暑期实习和兼职情况"，对近千名江苏大学生进行调查显示，只有40%左右的大学生具有维护短期工作权益的意识，其中仅有不到三成的大学生与工作单位签订了劳动合同。记者从调查数据中了解到，35%左右的大学生都曾遭遇用工单位故意延长工作时间、拖欠或克扣工资的情况，半数左右的大学生"暑期工"工资低于法定最低工资，还有不少大学生在找工作时被骗中介费、培训费、押金及其他不合理费用。

苏州大学法学院方新军副教授表示，学生假期兼职也应与单位签订劳动合同，以书面形式确定自己的权益。合同中应约定好具体工作时间，明确工资数额、工资支付时间及方式，还可以将违约责任等细节问题写明。发现用人单位有违反劳动法的行为，学生可以到劳动保障部门投诉，由行政部门作出处罚或处理决定。

　　资料来源：http：//js.xhby.net/system/2014/08/19/021659102.shtml

　　请讨论大学生学习劳动经济思想史的意义。

【推荐选读书目】

马培生. 2011. 劳动经济理论研究. 北京：经济科学出版社.

杨伟国. 2010. 劳动经济学. 大连：东北财经大学出版社.

张林. 2008. 经济思想史. 北京：科学出版社.

第一编　早期前古典时期的劳动经济思想（公元前 800～公元 1500 年）

古典时期始于亚当·斯密的《国富论》一书，该书将 1776 年之前划分为两个阶段：第一个阶段是从大约公元前 800 年到公元 1500 年的早期前古典阶段，第二个阶段是从 1500 年到 1776 年的前古典时期。

早期前古典时期劳动经济思想又可划分五个阶段：一是古希腊劳动经济思想，以赫西俄德、色诺芬、柏拉图、亚里士多德的著作为代表；二是古罗马劳动经济思想，以加图、瓦罗、柯鲁麦拉、西塞罗为代表；三是古希伯来、古印度的劳动经济思想；四是东方古中国的劳动经济思想，以先秦时期的诸子百家，西汉桑弘羊、司马迁，唐代中期刘晏、陆贽，宋代李觏、王安石、叶适，明代丘浚为代表；五是欧洲中世纪时期的劳动经济思想，以《萨利克法典》《庄园敕令》和经院哲学的托马斯·阿奎那为代表。

这一时期的劳动经济思想处于萌芽阶段，有的只是雏形，但为后来的劳动经济思想奠定了基础。

第 1 章　古希腊的劳动经济思想

▶学习目标
1.了解古希腊的社会经济状况。
2.掌握赫西俄德、色诺芬、柏拉图、亚里士多德等代表人物的劳动经济思想。
3.理解古希腊时期劳动经济思想的特点及对后世的影响。

古希腊有很长的历史。大约从公元前 11 世纪至公元前 8 世纪（"荷马时代"），古希腊开始从原始公社制向奴隶制社会过渡；公元前 8 世纪至公元前 6 世纪，古希腊进入奴隶制国家形成时期，公元前 146 年，希腊奴隶制国家被罗马征服。在古希腊奴隶制国家形成时期，每个城邦都成为一个独立国家，后来各城邦出现了不平衡的发展，以斯巴达为主的城邦维持着贵族统治，实行奴隶主寡头制，权力由贵族成员组成的长老会议掌握。以雅典为首的集团最初和斯巴达一样，也实行贵族制，后来经过梭伦、克里斯蒂尼和伯里克利等的改革，民主政治达到了最高潮。到了公元前 5 世纪，两个集团之间的矛盾加剧，从公元前 431 年一直持续到公元前 404 年的伯罗奔尼撒战争，斯巴达终于战胜了雅典，导致雅典经典时代和民主时代的结束，战争没有止息，社会矛盾依然尖锐。

古希腊是最早进入文明时代的西欧地区之一。随着生产力的发展，希腊由原始社会进入奴隶社会。其经济基本上以农业为主，同时商品货币经济有了一定程度的发展，商业资本和高利贷资本都已出现。与此同时，农业生产与手工业、制造业日益进步，此时期被称为"希腊的奇迹"。社会的发展、商品经济的产生、奴隶制特点等引起古希腊思想家和学者关注与研究，其中蕴涵着劳动经济思想的萌芽，赫西俄德、色诺芬、柏拉图、亚里士多德就是其中的代表。

1.1　赫西俄德的劳动经济思想

1.1.1　赫西俄德的生平及著述

关于赫西俄德的生平年代很难找到确切文字记载，近代很多学者倾向于认为他生活在公元前 8 世纪中叶。"赫西俄德出生于中希腊波俄提亚的一个农民家庭。据《工作与时日》633 行以下诗句可以知道，他的父亲原是小亚细亚爱奥尼亚人移民地库麦城

（Cyme）人，种田之外常常驾船出海从事海上贸易，后为'可怕的贫穷'所迫，迁居希腊大陆波俄提亚（Boeotia）的阿斯科拉村（Ascra）。地近神话传说中的文艺女神缪斯悠游的赫利孔山，属塞斯比亚（Thespiae）城邦管辖。他在这里垦荒种地，放牧牲畜，农闲时节或许还像从前一样驾船出海做点生意，就这样靠勤劳和节俭逐渐积累了一定的财富，大概成了一个小康之家，生了两个儿子，即赫西俄德和佩耳塞斯。《工作与时日》37~39 行告诉我们，老人死后两兄弟分割遗产，佩耳塞斯靠贿赂塞斯比亚的巴西琉斯（王爷）'获得并拿走了较大的一份'。此后，佩耳塞斯由于游手好闲或奢侈享乐，终于变穷了，来向赫西俄德乞求救济或企图再次挑起诉讼。《工作与时日》这首长诗便是诗人在这一境况中受到刺激开始创作的，既为了训诫兄弟，也用以劝谕世人。至于赫西俄德本人，根据《工作与时日》及《神谱》22 行，可以相信，他在分割遗产之后一直过着一个农民和牧人的勤劳朴素的生活。他和父亲唯一不同的地方是他生活安定，一直守在家乡，'从未乘船到过宽广的海域'。有关他生平的其他事迹，我们只知道一件事，即他曾去过欧波亚（Euboea）的卡尔克斯城（Chalcis）参加安菲达玛斯的葬礼竞技会，在诗歌比赛中获奖，得到一只三脚鼎。他把它献给了赫利孔山上的缪斯女神，以感谢她们给他智慧，指引他走上诗歌创作的光荣道路。"[1]赫西俄德在这次比赛后还未回到家就死在外地。

赫西俄德以长诗《工作与时日》《神谱》闻名后世，被称为"希腊训谕诗之父"，又被称为"第一位西方经济学家"。赫西俄德的有关劳动经济的思想可以从他的《工作与时日》一书中找到相关的论述。

1.1.2　《工作与时日》中的劳动经济思想

1. 关于勤劳致富的思想

赫西俄德在长诗中通过神谕向人们阐释劳动的重要性，并强调劳动致富的思想。他在长诗中鼓励人们努力劳动，"如果你心里想要财富，你就如此去做，并且劳动，劳动，再劳动"[2]。他认为劳动能够创造财富，"人类只有通过劳动才能增加羊群和财富，而且也只有从事劳动才能备受永生神灵的眷爱。劳动不是耻辱，耻辱是懒惰"[3]。他认为生养孩子也是劳动力之一，同样可以创造财富，"人多多干活，财富增长快"[2]。他在诗中劝诫他的弟弟，也以此来劝诫人们努力工作，辛勤劳作。他说，"无论如何你得努力工作。这样，饥饿或许厌恶你，头冠漂亮、令人崇敬的母神或许喜爱你，用粮食填满你的谷仓，因为饥饿总是懒汉的亲密伴侣。活着而无所事事的人，神和人都会痛之恨之，因为其秉性有如无刺的雄蜂，只吃不做，白白浪费工蜂的劳动"[3]。他在诗中强调劳动重要并在勤劳工作的同时，还劝诫人们在劳动致富后仍要辛勤劳动。他说，"如果你劳动致富了，懒惰者立刻会忌羡你，因此善德和声誉与财富为伍。如果你把不正的心灵从别人的财富

①　赫西俄德：《工作与时日　神谱》，张竹明、蒋平译，商务印书馆，1991 年，第 1-2 页。
②　赫西俄德：《工作与时日　神谱》，张竹明、蒋平译，商务印书馆，1991 年，第 12 页。
③　赫西俄德：《工作与时日　神谱》，张竹明、蒋平译，商务印书馆，1991 年，第 10 页。

上移到你的工作上，留心从事如我嘱咐你的生计，无论你的运气如何，劳动对你都是上策"[1]。

　　2. 注重劳动中的效率问题

　　赫西俄德在长诗中从农业和捕鱼两方面通过描述神的活动来告诉人们如何提高劳动效率。首先，他认为劳动要勤劳，勤劳出效率。他说，"今天的事不要拖到明天、后天。懒汉不能充实谷仓，拖沓的人也是如此。勤劳就工作顺当，做事拖沓者总是摆脱不了失败"[2]。以此劝诫人们要勤劳工作，要及时劳动，不要拖沓。勤劳还能够带动和影响更多的人劳作，使工作顺利完成。"每天清晨你自己就下田干活，只有这样，人手才能到齐，你的田地才能适时地耕种完毕。"[3]其次，保护好劳动者的身体和体力。对于如何保护好自己的身体，他指出"为了保护自己的身体，你应该像我吩咐你的那样，穿一件软质上装、一件长袍。你的衣料应该在细细的经线上织上厚厚的纬线。穿着这种衣服，你周围的汗毛可依然如故，不至于冷得竖起来。你得系紧正好合适的靴子。靴子要用牛皮做成，里面要衬一层厚厚的毛毡……"[4]对于如何保存体力，他指出："赶牛耕田的应是个精力旺盛的 40 岁的男人，让他一餐吃一个可分为四大块或八小块的面包。他能专心干自己的活儿，使犁沟笔直，不盯着同年龄的伙伴而把心放在活儿上。播种的人年龄不能比他小，否则会浪费种子，因为比他更年轻的人会看着伙伴而魂不守舍。"[3]再次，要选择恰当的劳动工具，并事先准备好。他说："你要准备好两个犁，在家里加工好，一个是天然木犁，另一个是用几根木料装配而成的……耕田要用两头都是 9 岁的公牛，因为这时它们力气最足，正当最佳年龄时期，最适合耕田。在田里它们不会打架或破坏耕犁，致使活儿不能完成。"[5]最后，赫西俄德还对劳动者及其工作的选择做了具体的说明，强调劳动参与者的能力也是影响劳动效率的有效因素。

　　赫西俄德在《工作与时日》中通过神谕的方式向人们阐释了劳动的重要性，劳动致富的观点以及如何提高劳动效率等问题，蕴涵着劳动经济的某些内核。赫西俄德所生活的时代处于奴隶社会，生产力相对低下，物物交换的市场初步形成，因此他的劳动经济思想主要集中在劳动者为了生计而进行的农业生产劳动，带有一定的局限性。此外，这部长诗的表述方式带有浓重的宗教色彩，但是他的劳动经济的某些思想为后来古希腊诸多经济学家的思想奠定了基础。

▶本节拓展材料

　　① 赫西俄德：《工作与时日　神谱》，张竹明、蒋平译，商务印书馆，1991 年，第 10 页。
　　② 赫西俄德：《工作与时日　神谱》，张竹明、蒋平译，商务印书馆，1991 年，第 13 页。
　　③ 赫西俄德：《工作与时日　神谱》，张竹明、蒋平译，商务印书馆，1991 年，第 14 页。
　　④ 赫西俄德：《工作与时日　神谱》，张竹明、蒋平译，商务印书馆，1991 年，第 16-17 页。
　　⑤ 赫西俄德：《工作与时日　神谱》，张竹明、蒋平译，商务印书馆，1991 年，第 13-14 页。

1.2 色诺芬的劳动经济思想

1.2.1 色诺芬的生平及著述

色诺芬（公元前 430~前 355 年）是古希腊著名的经济学家、哲学家、历史学家，苏格拉底的得意门生，与柏拉图是同窗好友。汉密尔顿称他是一个"友好善良、和蔼可亲的人，诚实正直，通情达理，才华出众，虔诚地笃信宗教"[①]。

"在政治上他基本是站在反动的贵族奴隶主的立场。在当时以斯巴达为首的联盟和以雅典为首的联盟的斗争中，他拥护斯巴达的贵族寡头政治而反对雅典的民主政治。公元前 401 年，他以希腊雇佣兵领袖之一的身份，参加了波斯王子小居鲁士与其兄争夺王位的战争。小居鲁士失败后，他就投靠斯巴达而与自己的祖国为敌。因此，雅典公民大会予以缺席审判，判处他终身放逐。他从斯巴达那里获得奥林匹亚附近的一份领地，在那里住了二十年，后来迁居哥林斯。雅典和斯巴达关系好转以后，他被雅典赦免，但他没有回国，死于哥林斯。"[②]

色诺芬多才多艺，是一位多产的作家，著述丰富，内容涉及哲学、政治、历史、军事等诸多方面，其中主要的有《希腊史》《居鲁士的教育》《居鲁士远征记》《苏格拉底言行录》《斯巴达政体论》《经济论》《雅典的收入》等。他的经济思想集中体现在《经济论》和《雅典的收入》这两篇论文之中。其中《经济论》部分最早讨论了农场管理和家庭调度的方法和原则，该书虽然未超出家庭管理的范畴，但其中蕴涵了有关劳动经济的思想。《论税收》则主要讨论了如何改进雅典税收制度，主张在不增加税收的前提下维持雅典的财政平衡。

1.2.2 色诺芬的主要劳动经济思想

1. 关于主张劳动分工来提高效率的观点

色诺芬的有关劳动经济的思想主要集中在劳动中社会分工的问题上，他认为，社会分工不但能够提高产品质量，而且能够促进生产力的发展。他注意到，一个人不可能全能，不可能精通一切技艺，从而必须实行社会分工。分工后每个人只从事一种职业，学习一项技术，从而工作更加专业，产品更加精美。他还意识到社会分工与市场大小的关系，预示了之后的所谓"斯密定理"。在其《经济论》中，色诺芬说："在小城小镇，譬如像床榻、椅子、犁锄以及桌案都是同一个人做的……而在这里，要一个人来做这十几种手艺，又要做好，是根本不可能的；在大都市，各种特定的手艺都会有方方面面的要求，这样，有了一种手艺就足以谋生了……花费全部的时间和精力去做一件不大的事情，就一定能够做得很好。"[③]这说明市场越大，需求越多，分工越精细；市场越小，需求也

---

① 汉密尔顿：《希腊方式——通向西方文明的源流》，徐齐平译，浙江人民出版社，1988 年，第 177 页。
② 色诺芬：《经济论雅典的收入》，张伯健、陆大年译，商务印书馆，1961 年，第 1 页。
③ 色诺芬：《经济论雅典的收入》，张伯健、陆大年译，商务印书馆，1961 年，第 3 页。

少，分工也就不细。因此，一个人在大城市只需要精通一门手艺就可谋生，而在小城市则需要精通多种技艺、多种职业才能谋生。色诺芬看到社会分工的精细程度对效率提高的作用，肯定了社会分工的重要性。

色诺芬还从性别的角度对劳动进行分工，他认为："神从一开始就使女人的性情适宜于室内的工作，而使男人的性情适宜于室外的工作。""神使男人的身心更能耐寒耐热，能够忍受旅途和远征的跋涉，所以让他们从事室外的工作。而女人呢，由于他使她们的身体对于这种事情的忍耐力较差，所以，我认为，他就让她们做室内的工作。"[①]

色诺芬拥护自然经济，因而他的社会分工是从维护奴隶制经济角度出发来考虑社会分工的问题，只考虑到提高产品的使用价值，并没有注意到社会分工对交换价值的影响。

2. 关于劳动有效管理的思想

有关劳动者的管理方面，色诺芬认为奖励与惩罚是两个相辅相成的重要方面，是实现有效管理的重要内容。他以将军和士兵的关系为喻，认为奖惩劳动者与奖惩士兵同理，他说："如果农场主不能使他的劳工勤奋和忠顺，他就不能成为一个好的农场主；带领士兵去攻打敌人的将领也必须设法奖励那些不愧为勇士的人，惩罚那些不忠顺的人，借以得到同样的效果。农场主必须常常鼓励他的劳工，正如一个将军必须鼓励他的士兵一样。"[②]在奖励方式上注重物质奖励与精神奖励相结合。在物质奖励上，色诺芬认为使奴隶忠顺的办法是物质奖励，"只要用他们所渴望的食物填满他们的肚子，就能收很大效果"[③]。他还指出，在这两种奖励方式上，物质奖励是比较有效的方式，"每当神赐予我们某种充足的好东西的时候，当然要奖励他们（奴仆），""这是最好的使人产生忠心的办法"[④]。在具体操作上，他说，"你必须监督他们的工作，检查他们的工作，随时奖励那些工作做得很好的人，毫不迟疑地给予粗心大意的人以应有的惩罚"[⑤]。在精神奖励上，色诺芬指出，"对于那些有志气的人，褒扬也是一种鼓励，因为有些人生性渴望褒扬，和另一些人渴望吃肉喝酒是一样的"[③]。

▶本节拓展材料

---

① 色诺芬：《经济论雅典的收入》，张伯健、陆大年译，商务印书馆，1961 年，第 24 页。
② 色诺芬：《经济论雅典的收入》，张伯健、陆大年译，商务印书馆，1961 年，第 18 页。
③ 色诺芬：《经济论雅典的收入》，张伯健、陆大年译，商务印书馆，1961 年，第 44 页。
④ 色诺芬：《经济论雅典的收入》，张伯健、陆大年译，商务印书馆，1961 年，第 41 页。
⑤ 色诺芬：《经济论雅典的收入》，张伯健、陆大年译，商务印书馆，1961 年，第 43 页。

1.3　柏拉图的劳动经济思想

1.3.1　柏拉图的生平及著述

柏拉图（公元前 427~前 347 年），古希腊著名的哲学家、思想家，师从苏格拉底。他原名为亚里斯多克勒斯，柏拉图是苏格拉底为其起的名字，因为他身材魁梧，意为"大块头"，他很喜欢这个名字并使用终生。公元前 399 年，苏格拉底被处以死刑后，柏拉图逃离雅典，游历各地，到处为贵族政治辩解，反对雅典民主政治。公元前 388 年，柏拉图回到雅典，创办了"阿卡德弥亚"哲学学园。柏拉图一生著述颇丰，有《伊壁鸠鲁篇》《苏格拉底的申辩》《克力同篇》《斐多篇》《克堤拉斯篇》《泰阿泰德篇》《智士篇》《政治家篇》《巴曼尼得斯篇》《菲力帕斯篇》《飨宴篇》《斐德罗篇》《阿奇拜得篇之一》《阿奇拜得篇之二》《高尔吉亚篇》《智者篇》《政治家篇》《斐利布斯篇》《法律篇》《理想国》《苏格拉底之死》等，他的经济著作主要是《理想国》和《法律篇》。

1.3.2　柏拉图的主要劳动经济思想

1. 关于劳动社会分工的思想

在《理想国》中，柏拉图从国家组织原理的角度考察了社会分工问题，描绘了他的乌托邦的理想城邦，由三个阶层构成：城邦统治者由社会中最聪明的人也即哲学家组成，他们好比人的头脑，是掌权者，处于城邦的最上层；然后是"护卫者"，即士兵，他们好比人的肠胃，职责一方面是保卫城邦安全，另一方面是侵犯其他城邦以扩充土地；最下层是由农民、手工业者、小商人等一切从事经济活动的人组成，他们好比人的手足，只能从事生产活动，为其他阶层提供物质生活资料。

柏拉图在《理想国》中详细论述了社会中劳动分工的重要性："只要每个人在恰当的时候干适合他性格的工作，放弃其他的事情，专搞一行，这样就会每种东西都生产得又多又好。"[1]他认为劳动分工能使劳动者专注于一件事情，进而提高效率和质量。一个人不可能样样都行，样样都通，只能专一做一件事。"这也就是我们的城邦是这种地方的理由：鞋匠总是鞋匠，并不在做鞋匠以外，还做舵工；农夫总是农夫，并不在做农夫以外，还做法官；兵士总是兵士，并不在做兵士以外，还做商人，如此类推。"[2]分工越细，越能专注于某一项技艺，能花费更多的时间和精力专研于某一项技艺，进而掌握和精通

---

① 柏拉图：《理想国》，郭斌、张竹明译，商务印书馆，2002 年，第 29 页。

② 柏拉图：《理想国》，郭斌、张竹明译，商务印书馆，2002 年，第 102 页。

它，提高效率和质量。他说，"为了把大家的鞋子做好，我们不让鞋匠去当农夫，或织工，或瓦工。同样，我们选拔其他的人，按其天赋安排职业，弃其所短，用其所长，让他们集中毕生精力专搞一门，精益求精，不失时机……没有一种工具是拿到手就能使人成为有技术的工人或斗士的，如果他们不懂得怎么用工具，没有认真练习过的话"①。

　　表面上看，柏拉图的社会分工思想与色诺芬相似，注重效率和质量，实际上柏拉图的劳动分工是建立在阶级分离的基础之上的，又将分工的不同归结于基本人性的多样性和不均等性。他是企图从社会分工的合理性来论证奴隶制等级划分的合理性和必然性。

　　2. 关于劳动力资源的观点

　　柏拉图首先注意到了劳动力资源与国土资源的关系，提出"一国的人口数量应该与国土保持相应的比例"。按照他的计算，理想国最适宜的人口数量为 5 040 人。柏拉图也重视人口的质量，主张畸形婴儿必须抛弃，生育应该在青年男女壮年时期进行，对孩子应该给予特殊抚育和教育。他是从整个人口的角度进行论说，而劳动力是其中的一个阶层，这包含了对劳动力的数量和质量的观点。

▶本节拓展材料

1.4　亚里士多德的劳动经济思想

1.4.1　亚里士多德的生平及著述

　　亚里士多德（公元前 384~前 322 年）是古希腊的哲学家、思想家、教育家，是柏拉图的学生、亚历山大的老师。他出生于希腊的殖民地色雷斯，父亲是马其顿国王的御医，17 岁时到雅典，受教于柏拉图，但后来二人发生思想分歧。柏拉图死后他远赴外国游历，公元前 343 年被聘为马其顿王子亚历山大的教师，公元前 335 年返回雅典，创立了逍遥学派。公元前 323 年，马其顿王死后，雅典展开了反马其顿的斗争，亚里士多德又离开了雅典，避难于优卑亚岛，不久逝世。

　　亚里士多德是古希腊哲学家中最博学的人物，恩格斯说他是古代的黑格尔。他首次将逻辑学、政治学、生物学、伦理学、物理学等学科从哲学中独立出来，开创了这些学科独特的研究方法。他在雅典开办学校、培养弟子、著书立说，他对世界的贡献之大，令人震惊。他至少撰写了 170 种著作，其中流传下来的有 47 种，重要著作有《形而上学》、《伦理学》、《政治学》和《分析前篇和后篇》等，这些著作对后来的哲学和科学的发展

---

① 柏拉图：《理想国》，郭斌、张竹明译，商务印书馆，2002 年，第 66 页。

有很大的影响。他的经济思想主要反映在《政治学》和《伦理学》之中。

1.4.2　亚里士多德的主要劳动经济思想

1. 关于"家务管理"的思想

古希腊奴隶制度建立在对生产资料和奴隶的私有制基础之上，是一种自然经济，以家庭为单位组织奴隶去生产。亚里士多德在此经济基础上提出"家务管理"的思想，其中蕴涵了有关劳动经济的诸多方面：对劳动者——奴隶的管理；对劳动产品——财产的管理；劳动成果的分配等。

在劳动者——奴隶的管理上，亚里士多德所生活的时代正处在奴隶制开始衰落商品经济开始发展的交替阶段，此时，奴隶制经济与商品经济同时存在，但是他忽视或者说没有看到自由经济的发展，他的劳动力管理方面主要还是奴隶管理方式，没有看到经济自由发展中逐利对劳动力积极性的调动及对生产效率和质量提高过程中所起的作用。

在劳动产品——财产的管理上，他说，"我们应当对每一种财产进行划分，生产性的财产应多于非生产性的财产，劳动所得也应合理进行安排，不能一次性地将全部财产拿来冒险"[1]。可见，劳动产品的管理也由家务管理者掌控，进行统一分配。

在劳动成果的分配上，亚里士多德主张财产需在家长的控制下进行，以满足家庭各成员的需求。这与他在形而上学中对宇宙的理想相一致，"宇宙是神所保护的，并经神的整体的次序和排列"[2]。"（神）运用不倦的能力，并因此而支配甚至似乎远离他的事物。"[3]亚里士多德把家务管理者看做上帝的主人，他掌控着劳动产品的分配，赡养这个家庭。

2. 关于社会分工的观点

在其经济论著中，亚里士多德也谈到了社会分工。在他看来，世上万物都存在着统治和服从关系：在生命中，灵魂是统治的，肉体是被统治的；在人类中，男人是统治的，女人是被统治的；生而智慧之人统治人，生而愚蠢之人则被统治；奴隶体力强壮适合体力劳动，而自由人端庄清秀适合于统治者生活。当时希腊文明比较发达，外邦相对落后，所以他认为希腊人聪明，外邦人蛮昧，因而希腊人自然应是奴隶主，外邦人理所应当为奴隶。亚里士多德承认社会分工的必然性是想以此证明奴隶制度是自然的和合理的。

3. 关于劳动产品交换的观点

亚里士多德是历史上第一个系统论述价值理论的思想家。他认为物有双重属性，即使用性和交换性，这为后来马克思提出商品的使用价值和交换价值的思想奠定了基础。

亚里士多德在价值论中提出劳动剩余产品交换的观点。他认为劳动生产率的提高是

---

[1] 《亚里士多德全集》第九卷，中国人民大学出版社，1990年，第294页。
[2] 《亚里士多德全集》第二卷，中国人民大学出版社，1990年，第606页。
[3] 《亚里士多德全集》第二卷，中国人民大学出版社，1990年，第621页。

交换的基础和前提。随着劳动生产率的提高，产品除了满足自身消费外出现了剩余，而想要得到更高效用的产品则只能通过交换来实现。而这种交换则以互惠互利为前提。他说："在这个过程中，双方当事人的境况作为一种交换的结果会变得更好。当潜在交易的双方当事人各自都有剩余并为获得另一方的产品而愿意放弃剩余的时候，便引致了贸易。"[1]

亚里士多德还认为交换是社会分工的产物，他在《政治学》中说："对于第一共同体（即家庭）这种技术显然无用，当社会共同体形成后它就变得有用起来。因为家庭成员在开始共同拥有一切，后来分家后，各分支便分有了许多物品，而且不同的分支又分有不同的物品，这样他们便不得不用一些物品来交换他们所需要的东西，这种以物易物的交换至今在野蛮民族中仍然存在，他们除了相互交换生活必需品外，不交换任何别的东西。例如，用酒交换谷物或谷物交换酒，以及其他一类的交换。这种物物交换并不是致富术的一个部分，也不违背自然，它对于满足人们的自然需要乃是必需的。其他形式的交换都从这种交换中演化出来，就如我们可以猜测到的那样。"[2]交换是维持生活的必备条件，而生活必需品的交换则是合乎"自然"的行为。

亚里士多德不但主张交换要合乎"自然"，而且主张交换均等，特别是在自愿交换的前提下，产品之间交换要对等。这种对等是指所交换产品的劳动成本相等，也即劳动者的生产产品的成本相等。因此，他主张按照等同于生产成本的比率（也即"正常价格"）进行对等性交换，为后来的等价交换奠定了基础。

▶ 本节拓展材料

◎ 本章小结

古希腊时期是西方劳动经济思想的孕育与萌芽时期，此时出现了伟大的思想家赫西俄德、色诺芬、柏拉图和亚里士多德等。他们涉猎广泛，著述颇丰，不仅是哲学家，还是经济学家，他们的著作中蕴涵了劳动经济的一些观点，成为劳动经济思想的萌芽。赫西俄德阐释了劳动的重要性、劳动致富的观点以及如何提高劳动效率等问题，蕴涵着劳动经济的某些内核；色诺芬认为社会分工能提高产品质量、发展生产力，他还提出了运用奖惩来进行劳动有效管理；柏拉图从国家组织原理的角度考察了社会分工问题，论述了劳动分工在提高效率和质量方面的重要性，还首先注意到了劳动力资源与国土资源的关系，包含了对劳动力的数量和质量的观点；亚里士多德在关于"家务管理"、社会分工、劳动产品交换等方面都有详尽的论述，成为后来劳动经济思想的先导。

① 小罗伯特·B. 埃克伦德、罗伯特·F. 赫伯特：《经济理论和方法史》，中国人民大学出版社，张凤林译，2001 年，第 15 页。

② 亚里士多德：《政治学》，颜一、秦典华译，中国人民大学出版社，2003 年，第 17 页。

◎思考题

    1. 分别说明赫西俄德、色诺芬、柏拉图和亚里士多德的劳动经济观点。

    2. 柏拉图劳动分工思想对马克思的分工理论产生怎样影响？

    3. 比较色诺芬、柏拉图和亚里士多德的劳动分工观点的异同。

◎推荐阅读材料

太平洋直购官方网开启社会分工新时代

    在传统的分工中，商家非常重视对信息的掌控，但是对渠道的掌控却并没有做到位，这就导致了社会资源的浪费。

    在中国发展十几年的电子商务行业，已经具备了各方面的优质资源，但是如何在当今时代利用好这些资源是每一家企业最需要解决的问题。

    太平洋直购官方网大胆革新传统电子商务模式，独辟蹊径，通过利用互联网的优质资源，拓建全新的通用渠道，建立起与消费者、经营者、社会互通的桥梁。该网站将市场推广众包给诚信渠道商，让诚信渠道商来经营市场的推广。太平洋直购官方网则在打造诚信平台的同时，控制整个产业链并进行诚信监管，不仅实现推动社会诚信建设，还致力于帮助所有人打造价值利润的回报。

    另外，太平洋直购官方网将商品资源外包给诚信商家，以诚信为依托，联合众多大型知名的诚信网站，如凡客诚品、京东商城、当当网、千寻网、携程旅行网、新蛋网、橡果国际、红孩子等，形成一个诚信的超级空中大卖场。同时，太平洋直购官方网还将物流外包给快递公司，通过合理的资源配置，节省了大量的人力、物力、财力。

    太平洋直购官方网通过对渠道的掌控，对内外资源的全新整合利用，形成一个超级的服务外包企业。

    资料来源：http：//blog.sina.com.cn/s/blog_7617d18f0100r7qi.html

【推荐选读书目】

柏拉图. 1986. 理想国. 郭斌，张竹明译. 北京：商务印书馆.

赫西俄德. 1991. 工作与时日　神谱. 张竹明，蒋平译. 北京：商务印书馆.

色诺芬. 1961. 经济论雅典的收入. 张伯健，陆大年译. 北京：商务印书馆.

亚里士多德. 2003. 政治学. 颜一，秦典华译. 北京：中国人民大学出版社.

第 2 章　古罗马的劳动经济思想

▶学习目标
1. 了解古罗马时期的社会经济背景。
2. 掌握古罗马时期的主要代表人物。
3. 掌握古罗马时期的劳动经济思想。

古罗马是继古希腊之后的又一奴隶制国家。从公元前 8 世纪到公元前 6 世纪，古罗马从原始公社过渡到奴隶社会，史称"王政时期"。公元前 6 世纪到公元 1 世纪，古罗马开始向外扩张，经过长期战争，征服了希腊以及地中海沿岸国家，形成横跨欧亚非的版图，此时为古罗马共和时期。公元 1 世纪到公元 416 年为古罗马帝国时期，此时，西罗马帝国开始由盛转衰，最终在革命和蛮族打击下覆灭。

古罗马奴隶制社会的经济特征与古希腊基本相同，都属于以农业为主的自然经济，手工业都有一定程度的发展。古罗马是靠武力侵略古希腊等发展程度较高的国家而形成的奴隶制帝国，因此，国家获取财富的主要渠道有两条：一是战争与侵略；二是商业贸易。侵略与贸易使古罗马成为地中海区域的大国，经济和贸易得到了空前的发展，为古罗马思想家和学者研究经济问题奠定了良好的基础。

古罗马时期早期的经济思想主要集中在对奴隶主庄园经济的经营，对商品货币的态度较古希腊更加宽容，但相对比较谨慎，对奴隶的管理极其严格。此时期经济思想主要有以下三个方面。

第一，如何管理家庭庄园，增加奴隶主的财富问题。这一时期的思想家在经济思想上的贡献虽然不及古希腊的先贤，但是这些以大奴隶主为代表的思想家们却在实践中对某些经济观点进行了应用、改进和总结。

第二，经济思想往往会以法律的形式表现出来，这就加强了经济理论与社会实践之间的联系。

第三，古罗马的经济思想特别重视农业生产，同时对商品、货币现象的态度较古希腊显得更为宽容。

古罗马前期的代表人物有农学家克尤斯·加图、马尔库斯·铁伦提乌斯·瓦罗，古罗马后期的代表人物是柯鲁麦拉、西塞罗。

2.1 克尤斯·加图的劳动经济思想

2.1.1 加图的生平及著述

加图（公元前 234~前 149 年）是古罗马重要的政治活动家和大奴隶主，曾任职于古罗马元老院，还担任过执政官、检察官等职位。他一生博学多才，著述甚多，涉猎农学、修辞学、医学、军事、法律等方面，这与加图的经历有关。他出生在意大利图斯库鲁姆城的一个富裕农民家庭，他的曾祖父立过战功，父亲也曾是一名勇敢的战士。加图后来逐渐成为贵族保守派的代表，并在公元前 195 年出任政府公职，曾率兵镇压了西班牙人反抗罗马人野蛮统治的起义。加图在任职期间执法严谨、重农业，组织人开挖沟渠，对财政进行了改革，对社会风气进行了整顿，还提倡节制生活（这都是在吸取前人思想基础上的创新）。加图于公元前 175 年奉命出使迦太基，对迦太基了解较深，后来力主毁灭迦太基，以消除死灰复燃的后顾之忧，这些丰富的阅历和实践是他博学的基础，他的经历和博学使他成为拉丁散文文学的鼻祖。

加图生活在古罗马奴隶制度兴盛的时代，当时大批战俘和被征服地人民已经沦为奴隶。奴隶主为了巩固来之不易的政权及更好地管理自己庄园的经济，希望榨取奴隶们更多的剩余产品，加图的著作《农业志》便迎合了这种经济要求。这本著作作为古罗马留存至今用来研究罗马奴隶制庄园经济的珍贵史料和历史遗存，代表了古罗马奴隶主阶级的经济思想。

2.1.2 加图的主要劳动经济思想

加图所处的时代正是奴隶制比较发达的时期，农业生产大量使用奴隶，奴隶主靠剥削奴隶以取得丰厚利润。加图也主张最大限度地剥削奴隶，将成本降到最低，进而榨取最大利润。在劳动者（奴隶）管理方面，加图认为奴隶主在管理经营庄园时要对奴隶们加强管理，他认为只有让奴隶遵守良好的纪律，才能让奴隶更好地完成主人的各项任务，从而增加收入。具体体现在以下几个方面。

一是用最低的价格购买最能干的奴隶。在加图及所有奴隶主眼中，奴隶与牲畜无异。因此，他们在购买奴隶时从不图他们的身材与容颜，只要他们身强体壮能劳动即可，在劳动力丧失时马上将其卖掉。他们甚至购买战俘，像对待猫狗一样来抚养和训练他们。购买奴隶的价格一般不超过一千五百德拉克马，购买战俘的价格会更低。

二是合理安排工作。一方面，合理安排各类人员和生产资料，使其高效发挥作用。如对于一百犹格的葡萄园，他是这样规定的："庄头一人，管家一人，工人十人，牧牛人一人，驴夫一人，修剪柳树的一人，牧猪人一人，共十六人；牛两头，拉车的驴两头，拉磨的驴一头；全套压榨机三台，盛五次收获葡萄量八百库莱乌斯（液体或干物容量单位，相当于 120 加仑）的酒桶，盛葡萄渣的桶二十个，盛麦子的桶二十个……大车两辆，犁两张，驾车辀一个……割蒲苇镰刀五把，砍木材刀六把，砍树刀三把……"[1]如此安排能够节省人力物资，节省生产成本。

另一方面，加图认为要加强对奴隶的监督管理，使其忙于劳动，不停歇。庄头要将奴隶的日程排满，平日里要按量完成农活，即使特殊气候和特殊节日也不停歇。加图规定："遇雨天，有雨天可以完成的工作：刷洗酒桶，涂上石脑油，整洁田庄，搬运谷物，送肥，积肥，清理种子，修理绳索，打新绳索；奴隶们应补缀自己的百结衣和短外衣。祭奠日可以清理旧沟渠，修筑公路，削平棘丛，挖掘园地，清理牧场，札枝，拔除荆棘，磨小麦，清除宅院。"[2]可见，奴隶一旦被购买就要马不停蹄地工作，永不停歇，奴隶主压榨剥削奴隶的本性可见一斑。

三是提出加强剥削奴隶的各种办法，尽量减少对奴隶的开支，以获得更多的剩余产品。加图将奴隶的生活待遇降到最低，对所吃食物和生活用品也有严格规定，并因季节和劳动内容的不同而有所差异："给奴隶的口粮。做农活的，冬季每人小麦四斗，夏季四斗半；庄头、管家、监工、牧羊人三斗，带足枷的犯奴冬季每人面包四利布拉（古罗马重量单位，合 12 盎司，1 盎司=28.349 5 克）；开始刨除葡萄树时五利布拉，直到无花果下来时为止，再恢复到四利布拉。"[3]在穿着上，鞋只能穿木屐，衣服是"短袖束腰紧身衣长三足半，粗布短外套隔年一换。每次发给奴隶紧身衣和外套时，要先将旧衣收回，以便用之制作百结衣。应每隔一年发一双结实的木屐"[3]。一旦奴隶生病时食物就会减半，甚至被卖掉。奴隶从事的是如此高强度、高压力的劳动，他们的生活待遇又是如此低下，加图将奴隶主的本性发挥到了极致。

诚然，加图的管理方法确实降低了生产成本，提高了劳动效率，获得了更多的利润，这种强烈的成本意识和重视经济核算的思想是值得肯定的。但是在奴隶主的剥削和压榨下，奴隶们的生活苦不堪言，这是加图农业思想的局限，也是时代思想的局限。

▶本节拓展材料

2.2 瓦罗的劳动经济思想

2.2.1 瓦罗的生平及著述

瓦罗（公元前 116~前 27 年），全名马尔库斯·铁连提乌斯·瓦罗（Marcus Terentius

---

① 加图 M P：《农业志》，马香雪、王阁森译，商务印书馆，1986 年，第 21 页。
② 加图 M P：《农业志》，马香雪、王阁森译，商务印书馆，1986 年，第 17 页。
③ 加图 M P：《农业志》，马香雪、王阁森译，商务印书馆，1986 年，第 34 页。

Varro），是古罗马著名的思想家和政治活动家，又是古罗马拉丁文学的奠基人和首创农学体系的农学家，在共和时代的罗马文化史上占有极其重要的地位。

瓦罗出生于萨宾地区的一个小乡村，历任保民官、市政官、神庙监督、行政长官、财务官、海军将领、康帕尼亚老兵土地分配委员和西班牙驻军长官等职。公元前49年，恺撒出兵神速，加德斯城自愿归顺恺撒，瓦罗不得已而逃到希腊追随庞培（公元前106~前48年，出身贵族，古罗马统帅、政治家，在与恺撒大帝斗争中失利，最终遇害身亡）。公元前48年，在巴尔干半岛的法萨卢一战中，庞培一败涂地，瓦罗又弃庞培投降恺撒。恺撒不但不怪罪于他，而且归还给他土地，还委任他筹建一座收藏拉丁文与希腊文图书的图书馆。从此，瓦罗致力于学术研究。好景不长，公元前43年，安东尼卷土重来，再度将瓦罗列入"公敌宣言"名单，瓦罗在友人帮助下才免于一死。后来，屋大维战胜安东尼后瓦罗再度被赦免，风烛残年的瓦罗一直隐居乡下，专心进行学术著作活动，于公元前27年去世。

瓦罗是罗马最为博学多才的人之一，在文艺复兴时期瓦罗被称为古罗马第三大人物（与其并列的其余两人分别是西塞罗和维吉尔）。他一生著述颇丰，著作达75种，620卷之多。其研究范围涉猎罗马习俗、宗教、戏剧、拉丁文、天文学等很多方面，精通语言学、历史学、诗歌、农学、数学等，78岁时已写出来490多篇论文和专著。但他的大部分著作都在"公敌宣言"中毁于一旦，幸存下来的有《农业志》（又译《论农业》）三卷和《拉丁语论》的一部分（5~10卷）。

瓦罗的主要著作是《论农业》，这本书的一大特色是资料丰富，运用和引用了前人大量的理论阐述，如加图、色诺芬、亚里士多德及许多前代学者，其论断富含哲理，内容充实，论点精辟权威，这种权威性特别体现在关于农业问题的论述中[①]。

2.2.2　瓦罗的主要劳动经济思想

从公元前1世纪开始，罗马主要存在着三种类型的地产，即小农份地、中等庄园和大地产。其中，小农份地普遍存在，中等庄园仍然盛行，而大地产则刚刚出现。中等地产和大地产的经营方式主要是分散出租和庄园式经营，加图采用的即庄园式经营管理方式。瓦罗的庄园式管理模式中蕴涵着劳动管理的思想，具体内容如下。

（1）与加图购买并使用奴隶和战俘不同，瓦罗雇佣自由人和从债权人处雇佣的债务人来从事比较重要的农活，如收获葡萄、谷物、干草等。他认为使用雇工比使用奴隶对大庄园主更有利。

（2）加图时代一般不设置手工工人，凡所用必需品从市场购买或者雇佣临近的手工业者，而瓦罗则主张在自己的庄园内培训手工艺人。"如果离市镇或村庄太远的话，他们便收罗自己所需要的铁匠以及所有其他有技能的工匠，使他们留在庄园里。"[②]

（3）提高奴隶待遇。与加图最大化压榨和剥削奴隶不同，瓦罗主张软化奴隶待遇，并提出一系列的具体措施：一是允许女奴与之同居。这样一方面可以增加奴隶数量，

---

① 杨建飞：《西方经济思想史》，武汉大学出版社，2010年，第20页。
② 瓦罗：《论农业》，第一卷，第十六章，王家绶译，商务印书馆，1981年。

另一方面使奴隶有家庭牵绊进而留恋庄园，安心工作；二是改善奴隶的衣食等条件。平时慷慨地给奴隶一些恩惠，给予奴隶一定的放假休息时间，并允许奴隶在庄园的牧场上放牧属于自己的牲畜，提高他们的工作热情。"这样，任何一个干过重活或受到过分严厉惩罚的人就可以因此得到宽慰，而他们对主人的善意和好感也可以恢复过来。"[①]三是转变管理方式，提高奴隶工作热情。瓦罗告诫管庄人员，"不能容许一个监督者用鞭子，而不是用语言来执行自己的命令，如果用言语他可以同样很好地到达自己的目的的话"[②]。

（4）宽待奴隶。他认为管理奴隶应该宽容一点，特别是奴隶中的诗人、医生和艺术家等，对他们态度好一些，而不只是把奴隶看做"会说话的工具"，对奴隶主而言是有利无弊的。

（5）分散购买奴隶。在瓦罗时代，罗马各地爆发了多起奴隶起义，这对奴隶主阶级的统治造成了威胁。于是他又提醒奴隶主防备奴隶的反抗，主张购买不同部落和地区的奴隶，以免他们联合起来反抗。

瓦罗的劳动经济思想主要集中于劳动者（奴隶）管理方面，基于阶级利益考虑，采用了对奴隶软硬兼顾、压抚并用的管理方针，制定的措施在一定程度上保护了劳动生产力和促进了经济发展，在奴隶起义风起云涌、共和制风雨飘摇的时代瓦罗是难能可贵的。

▶本节拓展材料

2.3　柯鲁麦拉的劳动经济思想

柯鲁麦拉（公元前 1 世纪~？）是西班牙的农学家和天文学家，著有十二卷本的《农业论》。在他所生活的时代，罗马奴隶制危机已经开始，奴隶的劳动生产率极其低下，因此他主张改革以提高奴隶对劳动的兴趣。一方面，他劝告奴隶主改变对奴隶的态度，另一方面，主张把农业交给奴隶去经营，因为奴隶制的大土地占有制已不能为奴隶主提供有利的收入。此外，他还认为农业要专业化经营，农林牧副渔等产业要合理结合，从而提高拉动生产率。

柯鲁麦拉创造性地提出应该注意提高奴隶的劳动兴趣、劝告奴隶主改变对奴隶的态度等观点，已经明显地反映出当时的思想家们十分关注劳动经济管理的问题。

①　瓦罗：《论农业》，第一卷，第十七章，王家绶译，商务印书馆，1981 年。
②　瓦罗：《论农业》，第一卷，第十七章，王家绶译，商务印书馆，1981 年。

2.4　马库斯·图利乌斯·西塞罗的劳动经济思想

2.4.1　西塞罗的生平及著述

马库斯·图利乌斯·西塞罗（Marcus Tullius Cicero，公元前 106~前 43 年），是罗马共和国末期和帝国初期的哲学家、政治家、律师、作家、雄辩家。他出生于骑士阶级的一个富裕家庭，以律师的身份走向仕途，当过财务官和市政官。公元前 63 年，43 岁的西塞罗担任罗马共和国的执政官——国家领导人。在罗马共和国晚期的政治危机中，他是共和国所代表的自由主义的忠诚辩护者，安东尼的政敌。西塞罗成为安东尼的宿敌，一方面由于西塞罗在竞选执政官时，安东尼是对手，败在西塞罗的手下；另一方面，在恺撒被暗杀之后，西塞罗宣布安东尼为"公敌"，并且发表了 14 篇反对安东尼的演说。此外，西塞罗声援屋大维，安东尼认为他没安好心。因此，三头政治联盟成立后，安东尼派人杀害西塞罗于福尔米亚。

西塞罗因为其演说和文学作品，被广泛地认为是古罗马最好的演说家和最好的散文作家之一。他支持古罗马的宪制，也被认为是三权分立学说的古代先驱。西塞罗著述十分广泛，涉及文学、哲学、教育、法律、政治、经济等诸多领域，其主要著作有《论国家》《论法律》《论至善和至恶》《论神性》《论演说家》《论责任》《论修辞学的发明》《布鲁图斯》《斯多亚的悖论》《自我安慰》《论占卜》等。西塞罗的劳动经济思想主要体现在《论国家》和《论责任》中。

2.4.2　西塞罗的主要劳动经济思想

1. 重视农业劳动的思想

西塞罗重视劳动特别是农业劳动在社会经济中的重要作用。他认为，无论是农业还是其他职业，都离不开人的劳动，劳动是经济发展的重要因素。一旦离开了人的劳动，就不能从土地中取得金银铜铁，其他一切行业就形同虚设。

与重视农业劳动相适应，他表现出重视农业而忽视工商业的倾向。他认为，收税人、高利贷者等这类人令人厌恶的谋生手段和方式应该遭到唾弃；零售商贩等这类人也令人生厌，应该遭到鄙夷；即便是出卖手艺的技工也是卑微低贱的。西塞罗不赞成小商业，但是不否认大商业，认为大商业优于小商业。他认为，那些有较高技艺、对社会有较大作用的人如医生、建筑师、幼师等应该受到尊敬；从事大宗商品买卖而又不搞欺诈行为的行业应该受到尊重。但是所有行当中农业是最重要的产业，农业劳动者是最应受到尊敬与重视的劳动者。

2. 关于劳动社会分工的思想

西塞罗认为人们为了满足多种需求，于是有了各行各业的分工。整个社会就是一个以劳动分工为基础的相互联系的有机整体，而劳动分工是社会有机体的细胞，是整个社会的必要组成部分。各种专业与需求的矛盾则通过产品交换来加以解决。在具体的劳动分工问题上，他又认为农业是最好的产业，农业劳动是最好的职业，重视社会分工中的农业劳动。西塞罗的这种劳动分工思想明显是对亚里士多德的继承。

▶本节拓展材料

◎本章小结

古罗马前期劳动经济思想主要集中在劳动力（奴隶）管理方面。加图主张采取强制措施，剥削和压榨奴隶，以获取更多利润；瓦罗采取对奴隶软硬兼顾、压抚并用的管理方针以提高奴隶兴趣，提高劳动效率；柯鲁麦拉则主张改革以提高奴隶对劳动的兴趣。其中关于提高劳动兴趣的观点对后来劳动管理思想有很大的启发与影响。古罗马后期的西塞罗在社会分工上重视农业行业，与之相适应是重视农业劳动者。古罗马的劳动经济思想在古希腊经济学家的基础上有所继承与发展。

◎思考题

1. 区分加图、瓦罗和柯鲁麦拉的农业劳动经济思想的异同。
2. 比较西塞罗与亚里士多德劳动经济思想的异同。

◎推荐阅读材料

农业劳动力奇缺　新农人准备好了吗？

农业人口向来是指居住在农村或集镇、从事农业生产、以农业收入为主要生活来源的人口。据统计，1978 年我国的农业人口数量为 93 383 万人，然而截至 2012 年国民经济和社会发展统计公报显示，农业人口下降到 64 222 万人。而这个数字如今还在进一步递减。

作为传统的农业大国，农业人口急剧减少、农村青壮年宁愿前往城镇当"农民工"，也不愿继续从事"脸朝黄土背朝天"的农业生产。各地普遍出现农业劳动力"青黄不接"的现象，如何稳住第一产业成了迫在眉睫的问题。

据了解，首先，人多地少向来是农业"后继无人"的根本原因——在农村守着"一亩三分地"，仅仅解决温饱却无法实现小康，让不少农人前往城市谋求更多的发展机会。其次，新一代农民仍旧没有转变思想观念，对农业生产没有真正的信心和兴趣，也使他们自发前往城市，不愿留守"故土"务农。再次，农产品近年来产量增却价不涨，严重挫伤农民从事生产的积极性。最后，国家尽管重视"三农"问题，却没有明确的政策引导和规范农村劳动力的流动、转移，也是如今农业劳动力奇缺的原因之一。

当务之急，除了要出台相关政策对城乡劳动力进行合理调整之外，还要注意培养真正适合农业生产的高效"新农人"。现代化社会呼吁现代化农业生产，只有具备一定的科学文化素养、掌握现代农业生产管理技能，才能让农业发展适应国际发展的现代化、商务化趋势，真正解决农业劳动力的难题。

资料来源：中国农业网，http：//www.agronet.com.cn/News/963389.html

【推荐选读书目】

加图 M P. 1997. 农业志. 马香雪、王阁森译. 北京：商务印书馆.

瓦罗 M T. 1981. 论农业. 王家绥译. 北京：商务印书馆.

西塞罗. 1998. 论老年论友谊论责任. 徐奕春译. 北京：商务印书馆.

第 3 章 古希伯来、古印度的 劳动经济思想

▶学习目标
1. 了解古希伯来、古印度的社会历史背景。
2. 一般掌握古希伯来、古印度的劳动经济思想。

人类文明的曙光是从古代东方开始的。这里所说的"东方",包括埃及、巴勒斯坦、小亚细亚、两河流域、伊朗高原、南亚次大陆和中国。说其是人类文明的曙光是因为这些地区早在 4 000 多年前就在天文、历法、医学、数学等方面有了相当的发展,一些沿海国家的工商业和航海已相当成熟,其中古巴比伦的《汉谟拉比法典》就明确规定了商业高利贷活动以及银币、铜币等的使用情况。但是由于这些国家多数过早消亡或者文献资料保存不完整,使得我们对他们的经济思想无从考证。值得欣慰的是古希伯来、古印度和中国的史料相对完整,本章和第 4 章就这三个国家的经济史料进行研究,以窥东方劳动经济思想之一斑。

3.1 古希伯来的劳动经济思想

3.1.1 古希伯来的早期历史

古希伯来民族是东方沙漠地带的一个游牧民族,游牧于幼发拉底河流域的草原,公元前 2000 年左右,进入迦南,就是后来称为巴勒斯坦的地区。 迦南是地中海东岸的一个狭小地区,早在公元前 3000 多年以前,迦南人便脱离游牧生活而进入农业社会,并创造了青铜文化。希伯来民族与迦南人杂居在一起,并没有取代而成为当地的主人。

公元前 18 世纪以后,迦南地区经过埃及军的全面占领开始衰落。公元前 15 世纪~前 14 世纪,埃及军撤退,希伯来人乘机入侵,定居于此,并创造希伯来文字。公元前 1028 年,军事首领扫罗建立希伯来王国。公元前 933 年,希伯来王国一分为二:北部建都于萨马里亚的以色列王国和南部定都于耶路撒冷的犹太王国。公元前 722 年亚述帝国吞并了以色列王国。公元前 586 年新巴比伦王国摧毁了犹太王国,并将所有贵族、祭司、

商贾和工匠等作为俘虏，解往巴比伦城，这就是东方历史上著名的"巴比伦之俘"。

公元前 538 年，波斯帝国征服新巴比伦王国并将囚禁于巴比伦的犹太人迁返故国，重建都城耶路撒冷，让其在臣属于波斯帝国的前提下建立神权统治。在这以后，希伯来人成为一个灾难深重的民族，其后几百年间，又屡次遭马其顿和罗马等外族的侵略，大批希伯来人流落散居在地中海周围地区，辗转漂泊世界各地。

3.1.2　古希伯来的主要劳动经济思想

古希伯来文明的结晶是《圣经》。希伯来《圣经》包括《律法书》（5 卷）、《历史书》（12 卷）、《智慧书》（5 卷）和《先知书》（17 卷）在内的 39 卷是各教派没有争议的经典，被称为"正典"或"首正经"。希伯来《圣经》中另外 15 卷是有争议的经典，被称为"后典"或"次正经"。39 卷正典后来被基督教全部接受，并编入他们的《圣经》中，称为《旧约全书》。而将基督教自己的经典称为《新约全书》。《旧约全书》表示希伯来人与上帝的契约，而《新约全书》表示基督教教徒与上帝的契约。古希伯来的《圣经》（包括"正典"和"后典"）不但是散居世界各地犹太人的精神支柱，而且直接影响了犹太教，对基督教、伊斯兰教都产生过重大影响，是整个西方文明的一个重要来源。其中关于劳动经济思想可以提炼概括如下。

1. 关于劳动平等的观点

希伯来人曾过着朴素的农耕生活，因此非常重视劳动，劳动者身份与地位平等。一些逃亡的被雇佣者不但不会送还给原雇主，而且会给予保护或给养使其自行选择居留之地[①]。即使是贫穷者也不歧视，而是给以一定的恩惠。《旧约全书》中的诗篇和箴言一再宣扬"义人终日恩待人、借给人"[②]"照顾贫穷的人有福"[③]等思想，并无辱没穷人的事情发生。为了扩大平等，希伯来人实行两个什一税制，第一个什一税由国家征收，在此之后按照余额再征收第二个什一税。第二个什一税用来祭祀或宴飨时招待旅客、无业者、鳏寡孤独之人的饮食之用，以体现对贫穷之人的关怀。

2. 关于劳动工资的观点

犹太的教义是：人类生而受苦，是犯有"原罪"的结果，但是艰苦的劳动应该得到应有的报酬，劳动报酬即为工资，所得的工资应与所提供的劳动相等。如果有人想榨取劳动者的血汗得来的工资，就相当于犯了如同杀害邻人一样的罪恶。对农业劳动而言，《旧约全书·利末记》规定劳动者的待遇要公平；工资必须按日支付，雇佣者总会在日落之前领到工资；雇佣契约要合理等[④]。

---

① 《圣经·旧约全书·申命记》第 23 章第 15 节、第 16 节。
② 《圣经·旧约全书·诗篇》第 37 章第 26 节。
③ 《圣经·旧约全书·诗篇》第 41 章第 1 节。
④ 《圣经·旧约全书·利末记》第 19 章第 13 节。

3. 关于勤劳致富的观点

在希伯来人看来，世上之所以有富裕与贫穷之别，是因为上帝耶和华创造的人有所不同，对于那些谦逊、敬畏上帝而又勤劳的人，上帝给他的报酬是富裕；对于那些亵渎上帝而又懒惰的人，上帝给他的恶果是贫穷。《圣经·旧约全书·箴言》云："手懒的，要受贫穷；手勤的，却要富足。"[1] "懒惰人因冬寒不肯耕种，到收割的时候，他必讨饭而无所得。"[2]他们认为懒惰是贫穷的根源，因为贫穷甚至使朋友远离，兄弟反目："财富使朋友增多，但穷人朋友远离……贫穷人，弟兄都恨他。"虽然如此，但是古希伯来的先哲们宣传获得财富的伦理限制，认为由正直而获得财富是善行的表现，反之，由不正直而获得财富是应该诅咒的："欺压贫穷为要利自己的，送礼与富户的，都必缺乏。"[3]他们还反对不劳而获的不义之财："用诡诈之舌求财的，就是自己取死，所得之财乃是吹来吹去的浮云。"[4] "不劳而得之财必然消耗；勤劳积蓄的，必见加增。"[5] "那不按正道得财的，好像鹧鸪抱不是自己下的蛋；到了中年，那财都必然离开他，他终究成为愚顽人。"[6]

▶**本节拓展材料**

3.2　古印度的早期历史及劳动经济思想

3.2.1　古印度的早期历史

古印度是人类文明的又一发源地。此"古代印度"是指整个南亚次大陆，北依喜马拉雅山，南濒印度洋，东临孟加拉湾，西接阿拉伯海，包括今天的巴基斯坦、印度、孟加拉和尼泊尔等国的领土。公元前 3000 年左右，居住在南亚次大陆的土著居民达罗毗荼人已经由氏族公社演进为国家，有了城邦的政治组织。

公元前 2500 年至公元前 1750 年，印度河文明达到鼎盛。公元前 2000 年左右也就是公元前 1500 年~前 1200 年，雅利安人陆续侵入印度，逐渐征服了当地的达罗毗荼人而定居在印度河和恒河流域的大平原上。

雅利安人在未侵入印度时虽没有文字，但他们有着丰富的神话传说，以及赞美大自

---

① 《圣经·旧约全书·箴言》第 10 章第 4 节。
② 《圣经·旧约全书·箴言》第 20 章第 4 节。
③ 《圣经·旧约全书·箴言》第 22 章第 16 节。
④ 《圣经·旧约全书·箴言》第 21 章第 6 节。
⑤ 《圣经·旧约全书·箴言》第 13 章第 11 节。
⑥ 《圣经·旧约全书·耶利米书》第 17 章第 11 节。

然的颂诗、历史掌故、民歌民谣、咒语、医疗口诀、祈祷词和歌颂"神"的赞美诗。这些靠口耳相传而流传下来。公元前6世纪~前5世纪，雅利安人创造了自己的文字——梵文，于是，先哲们将这些东西记录下来，编纂成册，形成《吠陀经》。《吠陀经》是雅利安人所积累的各种各样的知识，其内容包罗万象，不仅是一部宗教典籍，也是知识总汇，是古印度的"百科全书"。

《吠陀经》共有《梨俱吠陀》、《裟摩吠陀》、《耶柔吠陀》和《阿闼婆吠陀》四种。其中《梨俱吠陀》反映的是公元前15世纪~前10世纪雅利安人从原始氏族社会刚刚解体的军事民主制阶段，被称为"早期吠陀时代"。后三种反映的是公元前10世纪到公元前7世纪雅利安人奴隶制国家形成的情况，被称为"后期吠陀时代"。

公元前6世纪到公元前4世纪是南亚次大陆奴隶制国家形成与发展的时代，也是列国由分立逐步走向统一的时代，因此被称为"列国时代"。公元前6世纪初，印度有16个国家。其中主要的有摩羯陀、迦尸、居萨罗、跋祇、居楼、般阇罗和犍陀罗等。在各国征战中，居萨罗和摩羯陀逐渐成为强国。列国时代社会矛盾和阶级矛盾尖锐，新宗教、新思潮不断涌现，呈现出如同中国春秋战国时代百家争鸣的景象。其中影响最大的是宗教。释迦牟尼创立了佛教，大雄创立了耆那教。

公元前4世纪晚期，马其顿的亚历山大率军侵入印度，在反对亚历山大和马其顿入侵的过程中，一位名叫旃陀罗笈多的人领导战争并取得胜利，而后自立为王，他所建立的王朝被称为"孔雀王朝"。在孔雀王朝中，唯有国王有权拥有常备军和接受贡奉。在阿育王统治期间，印度古代奴隶制君主专制的集权统治达到顶峰。为了扩大他的王国，阿育王征战了11年，但战争的血腥与残酷使他悔悟了。后来皈依佛教，并在佛教和平教义的基础上建立了新法。阿育王在国内修筑道路，扩大灌溉工程，发展国家的经济，使国家繁荣和兴盛起来。

孔雀王朝灭亡以后，政治上长期处于分裂状态，给外族入侵以可乘之机。大夏人、安息人、塞种人和大月氏人先后入侵。其中最重要的是贵霜帝国在印度的统治。公元1世纪至公元2世纪，贵霜帝国与罗马、安息、中国并列为当时世界的四大帝国。

公元4世纪初，恒河上游摩羯陀地区的笈多家族日益强盛，并于320年建立笈多王朝。公元335年，笈多王朝第三代君主政府割裂自立的众多小国，统一了北印度，使笈多王朝达到鼎盛时期。直到6世纪中叶，笈多帝国逐渐衰落。7世纪初，坦尼沙国兴起于白德里北部，其国王曷利沙·伐弹那（戒日王）再次统一北印度，形成戒日王帝国，其疆域与笈多帝国鼎盛时期相当。戒日王文治武功，勤于政事，还擅长赋诗作剧，还仿效阿育王接受并信仰佛教，采取扶持佛教的政策。戒日王死后，戒日王帝国也随之解体，从此，北印度长期陷入分裂割据的局面。

3.2.2　古印度的劳动经济思想

在古印度各民族经过持续三千多年的辛勤劳动，创造了灿烂的古印度文明，在哲学、宗教、文学、艺术、天文、医学、建筑等方面均做出了卓越的贡献。古印度文明与埃及、希腊、罗马、中国等文明古国进行着经济与文化的交流，对文明的发展起过重要作用。

关于古印度的劳动经济思想，可以概括为以下两点。

1. 关于古印度的种姓制度与社会分工

雅利安人入侵南亚次大陆以后，出于征服者的种族优越感，将白皮肤的雅利安人称为"雅利安瓦尔那"，而被征服的黑皮肤的土著居民被称为"达萨瓦尔那"。随着雅利安氏族社会的解体，雅利安部落内部形成了三个集团，即祭司贵族、武士贵族和一般平民。加上土著居民"达萨"，于是便形成了四个等级或种姓：第一等级婆罗门，由掌握神权的神职人员贵族组成，他们"执行祭祀，主持他人的献祭，并授以收受之权"[①]。他们不从事任何生产劳动，也不需要承担任何赋税和徭役，并占有大量财富，他们的人身神圣不可侵犯。第二等级刹帝利，由先前的拉阇尼亚发展而来的王族和军事行政贵族集团组成。他们不参加社会生产劳动，掌握着军政大权，可以征收各种赋税，并可以通过战争掠夺大量财富和奴隶。第三等级吠舍，由雅利安自由平民大众组成。他们从事农、牧、商等职业，政治上没有任何特权，还必须以布施和纳税等方式供养婆罗门和刹帝利两个等级的人。第四等级首陀罗，由绝大多数被征服的土著居民组成，也有少量被征服或沦落的雅典人。他们从事各种低贱的职业，如养牲畜、清污垢、抬尸体、做佣人等。他们地位处于接近奴隶的平民下层，也是社会最底层，被剥夺了一切政治经济权利，过着悲惨的生活。随着社会分工的发展，在吠舍和首陀罗这两个种姓中，又衍生出许多从事不同职业的集团，被称为"迦提"，是古印度种姓制度的亚种姓。

这种等级森严的种姓制度，造成各种姓与亚种姓之间的隔阂，对印度经济起着有害影响，在一定程度上阻碍了社会经济的发展。

2. 《政事论》中有关奴隶劳动的论述

《政事论》是古印度的一部重要文献，相传为公元前 4 世纪后期至公元前 3 世纪初叶古印度政治家、政论家考底利耶所撰。考底利耶是旃陀罗笈多的首席顾问，辅佐旃陀罗笈多驱逐入侵者，建立第一个大一统的孔雀王朝。之后又辅佐旃陀罗笈多的继承者宾多沙罗。《政事论》是考底利耶辅佐两个王朝政事的指导，也是对古印度政治经济历史的概括与总结。该书内容涉及政治、军事、外交、科学等诸多方面，其中有关于奴隶劳动的论述。孔雀王朝当时是奴隶制国家，因此奴隶被看做下层种姓，奴隶从事劳动是不可改变的命运。奴隶被用于生产生活的诸多领域，主要在王室和神职人员贵族的农庄、牧场、工厂、作坊和家庭之中劳作。甚至有的作坊中还是用女奴劳动。据载，女奴在天刚刚亮就得进入作坊劳动，不准随便说话，如果未完成任务或者浪费了原料，就要受到割去大拇指的惩罚。在月光明亮的夜晚，监工们还要把她们赶进工场，借助月光进行劳动[②]。

---

① 《摩奴法典》，迭朗善译，马香雪转译. 商务印书馆，1996 年，第 21 页。
② 崔连仲：《世界史·古代史》，人民出版社，1983 年，第 172 页。

▶本节拓展材料

◎本章小结

东方文明古国以其源远流长的古代文明和先进的经济思想引领与影响着后来的思想。古希伯来的《圣经》是西方文明的一个重要来源，其关于劳动经济的观点有：认为劳动者的身体与地位平等，还特别对穷人优待有加，不但对劳动者给予一定的报酬而且会定时发放。希伯来的先哲们认为勤劳能致富，对懒惰进行痛斥，并反对不劳而获的不义之财。古印度是人类文明的又一发源地，古印度各民族创造了灿烂的古印度文明，但是他们的四种种姓制度（婆罗门、刹帝利、吠舍、首陀罗）由于等级森严且各有不同的分工，在一定程度上阻碍了古印度经济的发展。而《政事论》中关于奴隶劳动的记载，特别是女奴在作坊中劳动的论述，反映了当时奴隶制国家剥削和驱使奴隶劳动工作的经济现实。

◎思考题

1. 简述古希伯来的劳动经济思想。
2. 简述古印度的劳动经济思想。

◎推荐阅读材料

古代印度的种姓制度对劳动者的划分

古代印度是人类文明的发祥地之一，它和中国、古埃及、古巴比伦并列为东方的四大文明古国。勤劳、勇敢的印度人民，曾经创造了灿烂的古代文明，为人类做出了自己的贡献。但是，几千年来，古印度社会的发展一直比较迟缓。这与古印度存在着一个森严的等级制度——种姓制度有着一定的关系。

印度的名称起源于印度河。中国汉代史籍译作"身毒"或"天竺"，直到唐代才改译为"印度"。

自 20 世纪 20 年代起，在印度河谷先后发现几个古代城市遗址，著名的有哈拉巴和摩享佐·达罗，因此统称为哈拉巴文化。哈拉巴文化存在年限约为公元前三千年至前两千年。历史学家一般都认为，哈拉巴文化的创造者，就是印度的原始居民达罗毗荼人。

公元前两千年，属于印欧语系的许多部落，从中亚细亚经由印度西北方的山口，陆续涌入印度河中游的旁遮普一带，征服了当地的大部分达罗毗荼人。入侵者是白种人，自称"雅利安"，意为高贵者，以区别于皮肤黝黑的达罗毗荼人。经过几个世纪的武力扩张，雅利安人逐步征服了整个北印度。

雅利安人早先过着原始的游牧生活。入侵印度后，雅利安人吸收了达罗毗荼人的先进文化，由游牧转为定居的农业生活，并逐渐向奴隶社会过渡。

　　由于雅利安人对达罗毗荼人的征服和奴役，以及雅利安人内部贫富分化的结果，在雅利安社会中逐渐形成了一个森严的等级制度，这就是种姓制度。"种姓"一词在印度的梵文中叫"瓦尔那"，就是颜色或品质的意思。因此种姓制度又叫瓦尔那制度。

　　在种姓制度下，古代印度人被分为四个种姓：婆罗门、刹帝利、吠舍和首陀罗。

　　婆罗门是祭司贵族。它主要掌握神权，占卜祸福，垄断文化和报道农时季节，在社会中地位是最高的。

　　刹帝利是雅利安人的军事贵族，包括国王以下的各级官吏，掌握国家的除神权之外的一切权力。

　　婆罗门和刹帝利这两个高级种姓，占有了古代印度社会中的大部分财富，依靠剥削为生，是社会中的统治阶级。吠舍是古代印度社会中的普通劳动者，也就是雅利安人的中下阶层，包括农民、手工业者和商人，他们必须向国家缴纳赋税。

　　首陀罗是指那些失去土地的自由民和被征服的达罗毗荼人，实际上处于奴隶的地位。各个种姓职业世袭，互不通婚，以保持严格的界限。不同种姓的男女所生的子女被看成是贱民，或叫不可接触者，贱民不包括在四个种姓之内，最受鄙视。

　　为了维护种姓制度，婆罗门神职人员宣扬，把人分为四个种姓完全是神的意志，是天经地义的。在婆罗门的经典《吠陀》中，婆罗门把种姓制度的出现用神话来解释，说原始巨人普鲁沙死后，天神梵天用他的嘴造出了婆罗门，用双手制成了刹帝利，用双腿制成了吠舍，用双脚制成了首陀罗。婆罗门神职人员还宣扬：凡是循规蹈矩，安分守己的人，来世才能升为较高种姓，否则，即降为较低种姓。因此，对于广大劳动者和奴隶来说，应该逆来顺受，放弃斗争，遵守奴隶主阶级制定的"达磨"，即所谓的"法"，以免加重来生的灾难。

　　为了维护种姓制度，奴隶主阶级还制定了许多法律，其中最典型的是《摩奴法典》。相传，摩奴是大神梵天的儿子，为了确定人间各种人在社会上的应有次序，确定婆罗门和其他种姓的义务，便制定了这部法典。其实，这只不过是奴隶主用来欺骗劳动人民的谎言。

　　摩奴法典首先确认婆罗门是人世间一切的主宰，而首陀罗只能温顺地为其他种姓服劳役。首陀罗不能积累私人财产，不能对高级种姓有任何不敬的言行。婆罗门和刹帝利则有权夺取首陀罗的一切。

　　为了镇压低级种姓吠舍、首陀罗的反抗，摩奴法典还规定了许多残酷的刑罚。例如，低级种姓的人如果用身体的某一部分伤害了高级种姓的人，就必须将那一部分肢体斩断。例如，动手的要斩断手，动脚的要斩断脚。

　　四个等级在法律面前是不平等的。摩奴法典规定，刹帝利辱骂了婆罗门，要罚款 100 帕那（银钱单位）。如果是吠舍骂了，就要罚款 150 到 200 帕那。要是首陀罗骂了，就要用滚烫的油灌入他的口中和耳中。相反，如果婆罗门侮辱刹帝利，只罚款 50 帕那；侮辱吠舍，罚款 25 帕那；侮辱首陀罗罚款 12 帕那。高级种姓的人如果杀死了一个首陀罗，仅用牲畜抵偿，或者简单地净一次身就行了。

　　摩奴法典还对各个种姓的衣食住行都做了烦琐的规定。例如，规定不同种姓的人不能在待在同一个房间里，不能同桌吃饭，不能同饮一口井里的水。不同种姓的人严格禁止通婚，以便使种姓的划分永久化。

　　每个种姓都有自己的机构，处理有关种姓内部的事务，并监督本种姓的人严格遵守摩奴法典及传统习惯。倘有触犯者，轻则由婆罗门祭司给予处罚，重则被开除出种姓之外。被开除出种姓的人也成为贱民。贱民只能居住村外，不可与婆罗门接触，只能从事被认为是最低贱的职业，如抬死尸，清除粪便等。走在路上，贱民要佩带特殊的标记，口中要不断发出特殊的声音，或敲击某种器物，以提示高级种姓的人及时躲避。婆罗门如果接触了贱民，则认为是一件倒霉的事，回去之后要举行净身仪式。

　　总的说来，印度的种姓制度实质上是一种阶级制度。但是，由于鲜明的阶级关系被掩盖在等级的划分之中，因此它容易模糊阶级界限，在劳动人民之间制造隔阂和对立，不利于他们团结对敌。此外，种姓制度实行职业世袭，把生产限制在一个狭小的范围内，从而阻碍了社会经济的发展。因此，种姓制度的存在，是造成印度社会发展迟缓的重要原因之一。印度自古代至近代，经历了几种社会形态，但是种姓制度一直延续下来，成为历代剥削阶级的统治工具。种姓制度经过长期演变，越来越复杂，在四个种姓之外，又出现了数以千计的亚种姓。今天，在印度仍然保留着种姓制度的残迹，受压迫受剥削最深的贱民达几千万人。

　　资料来源：《世界上下五千年》（古代卷）

【推荐选读书目】

《圣经·旧约全书》（合订本）

《摩奴法典》（迭朗善译本）

第4章　东方古中国的劳动经济思想

▶学习目标

1. 了解中国明中叶之前的社会历史背景。
2. 重点掌握先秦时期劳动经济思想的主要代表人物及其主要观点。
3. 掌握中国秦汉至明中叶的代表人物的劳动经济思想。

  中国是历史悠久的文明古国，有着几千年的灿烂文化和卓越思想，这些文化和思想是中华民族的瑰宝。中国是从夏开始进入文明时代的，史学界通常把秦以前的时期统称为先秦时期，历经夏（约公元前 21 世纪~前 16 世纪）、商（公元前 16 世纪~前 11 世纪）、周（公元前 11 世纪~前 3 世纪）三代，共约 1 800 年的时间。

  夏、商、西周时期的社会经济，较氏族社会有了巨大的发展，经济结构也越来越复杂。就夏、商、西周三个历史阶段而言，每个阶段都呈阶梯式的发展。在农业方面，就生产工具而言，夏的生产工具还比较简陋，当时的农具主要是石器，如石铲、石镰，以及蚌铲、骨铲、蚌镰和木制耒、耜等。到了殷商后期，出现了青铜铸造的农具，农业在生产中的地位也日益重要。西周时期，铁器得到大规模的使用，生产技术大大提高，精耕细作程度进一步提高。在农业生产发展基础上，夏、商、西周的畜牧业、手工业、商业、交通等方面也有不同程度的发展，成为社会经济结构中不可或缺的一部分。

  春秋末期，王权衰微，"礼崩乐坏"，各诸侯国之间兼并征伐日渐频繁，几个大国先后成为霸主，史称"春秋五霸"[①]。春秋后期三家分晋，在战国时期又形成齐、楚、燕、韩、赵、魏、秦七国称雄的局面。战国时期社会发生了剧烈变化，各诸侯国纷纷进行政治经济改革，经济军事实力远远超过春秋时期的大国。

  春秋时期，出现了私人讲学，"学在官府"的旧制业已打破，出现了中国最早的学派——孔子创立的儒家学派。战国时期，各不同阶级、阶层、群体有着不同的利益与要求，从而出现了不同的学派，他们纷纷著书立说，宣传自己的学说，游说各国；而各诸侯国为了增加其政治、经济、军事等实力，在兼并战争中获胜，不断吸收各派的思想，指导自己的斗争。这时期的学派除了儒家外还有墨家、道家、法家、名家、阴阳家、农家、杂家等，出现了中国历史上少有的"百家争鸣"的局面。

---

  ① "春秋五霸"：一说是齐桓公、宋襄公、晋文公、秦穆公、楚庄王；一说是齐桓公、晋文公、楚庄王、吴王阖闾、越王勾践。

根据传世文献和考古资料的记载，这一时期的经济思想已经从一些简单的经济观念逐渐发展成为相对比较系统的经济范畴，对劳动经济活动和劳动经济问题有了初步的认识。

春秋时期的主要代表人物，前期有管仲，后期有孔子。战国时期主要代表人物是儒家学派的孟子、荀子，墨家学派的墨子，道家学派的老子、庄子，以及法家学派的商鞅、韩非等。

4.1　中国先秦时期的劳动经济思想

4.1.1　儒家的劳动经济思想

1. 儒家代表人物的生平及著述

春秋战国时期儒家劳动经济观点的代表人物是孔子、孟子和荀子。

孔子（公元前 551~前 479 年），名丘，字仲尼，鲁国邹邑（今山东曲阜）人，出身于没落贵族家庭。一生周游列国宣传自己的仁政思想，都不被采纳。晚年著书立说，曾修《诗》《书》，订《礼》《乐》，删《春秋》，赞《周易》，并从事私人讲学活动。孔子死后，他的弟子及再传弟子将他的生前言论整理成一部《论语》，成为后世儒家的经典著作。孔子创立了中国历史上影响深远的儒家学派，他的思想博大精深，不但闪耀着哲学思想的光芒，而且经济思想也熠熠生辉。

孟子（公元前 372~前 289 年），名轲，字子舆，邹（今山东邹县）人，鲁国贵族孟孙氏之后，曾受业于孔子之孙孔伋，是孔子之后儒家学派的另一个代表人物，是仅次于孔子的"亚圣"。孟子也曾周游列国宣传儒家学说，最后"退而与万章之徒序诗书，述仲尼之意，作孟子七篇"（《史记·孟子荀卿列传》）。

荀子（约公元前 313~前 238 年），名况，又称荀卿、孙卿，战国末期赵国人。他曾三次去齐国的稷下学宫游学并担任学宫祭酒。他继承、发展并修正了儒家学说，建立了一个比较独特的思想体系。他后来去楚国讲学，又去秦国考察，成为著名法家代表韩非和秦相李斯的老师。著有《荀子》32 篇，对后世儒学有很大影响。他对经济现象的分析较前期儒家更深刻、更细致，更注重经济生活的客观作用。

从《论语》、《孟子》和《荀子》中，我们可以窥见先秦儒家对生产、分配和消费等劳动经济范畴的阐释。

2. 儒家的主要劳动经济思想

1）关于劳动生产与管理的观点

农业是当时最重要的生产部门，而财富的创造者是"民"——劳动者，为了使社会整体财富增加，先秦儒家思想家无不对劳动者特别重视，提出了一些有关劳动生产与劳动管理的观点。

义利观是孔子一切经济思想的基石，是了解其他经济观点的门径。孔子说："富与贵，是人之所欲也；不以其道得之，不处也。贫与贱，是人之所恶也；不以其道得之，不去也。"(《论语·里仁》) 凡是不符合道义的利虽丝毫莫取，在求利的过程中要受到道德的约束，主张"见利思义"。

在劳动生产方面，孔子主张统治者在求"利"的同时要讲"义"，即要施行惠民和富民的政策。核心观点是"因民之所利而利之"(《论语·尧曰》)。一方面，从"小人怀土"(《论语·里仁》) 可以看出孔子已经注意到土地生产资料对农民的重要性；另一方面，从"使民以时"(《论语·学而》) 可以看出孔子在徭役上主张使农民不误农时，以有利于农业生产。孔子的这种思想为后来的孟子所发扬光大。

在生产资料方面，孟子提出"恒产论"，以保证农民丰衣足食。孟子说："民之为道也，有恒产者有恒心，无恒产者无恒心。苟无恒心，放辟邪侈，无不为已。"(《孟子·滕文公上》) 这里的"恒产"主要是指劳动人民的恒产，劳动者能够利用它生产出维持一家生存所必需的基本生活资料。至于"恒产"的数量，孟子说："五亩之宅，树之以桑，五十者可以衣帛矣。鸡豚狗彘之畜，无失其时，七十者可以食肉矣。百亩之田，勿夺其时，数口之家可以无饥矣。"(《孟子·梁惠王上》) 所谓"恒产"是指能维持八口之家所必需的五亩宅、百亩田，以及其他生产资料 (桑树、鸡、猪等)。有了一定的恒产，就有能够维持其最低生活水平的物质条件。孟子的恒产论在劳动者生产资料的保障上较孔子更进一步。

在劳动生产管理方面，孟子阐述的生产范围较孔子的大大扩大。孟子说："不违农时，谷不可胜食也；数罟不入洿池，鱼鳖不可胜食也；斧斤以时入山林，材木不可胜用也。"(《孟子·梁惠王上》) 不但农业要按照农时进行生产，而且其他的林牧副渔等领域也是如此。孟子也特别强调按照"天时"进行劳动生产，在《荀子·富国》中，荀子反复强调"无夺农时""守时力民""使民夏不宛暍，冬不冻寒，急不伤力，缓不后时"等，只有顺时从事生产活动才能更好地发挥劳动者在生产劳动中的积极性和主动性，才能提高效率。

2) 关于劳动分工的观点

孔子将劳动分为知识分子的智力劳动和劳动者的体力劳动两种。关于智力劳动，孔子说："君子谋道不谋食。耕也，馁在其中矣；学也，禄在其中矣。君子忧道不忧贫。"(《论语·卫灵公》)"谋道"是指追求道义、落实道义，本身是一种脑力劳动；"谋食"是指耕种庄稼获得饮食之类的体力劳动。二者是两种不同的劳动，只不过君子所从事的是脑力劳动而已。

孟子发展了孔子劳动分工的学说。孟子说："无君子，莫治野人；无野人，莫养君子。"(《孟子·滕文公上》) 这里暗示两点内容：一是国家分"君子"和"野人"两种。"君子"是指一切脱离体力劳动的人，包括国君、各级官吏、武士以及从事文学艺术、教育工作的各种文士。"野人"是指乡野之民，包括农民、手工业者和其他从事体力劳动的人。二是孟子认为无论是劳力者还是劳心者，都是依靠各自的社会功能和社会需要而存在的，彼此是互相需要的，一个人不可能样样事情都由自己来完成。这在孟子和农家许行的门徒陈相的辩论 (《孟子·滕文公上》) 中可以看出。此外，孟子认为"君子"和"野人"的区别是"劳心"和"劳力"之分。他说："故曰或劳心，或劳力；劳心者治人，劳力者治于人；治于人者食人，治人者食于人，天下之通义也。"(《孟子·滕文公上》)

孟子认为，"劳心者"从事各种治国活动，是"劳心"的事，统治别人，应受别人的供养；"劳力者"从事百工、稼穑之事，是"劳力"的事，应被人统治，需供养别人。

荀子劳动分工的观点在孔孟的基础上又有所发展。"君子以德，小人以力"（《荀子·富国》），荀子不但注意到了以脑力劳动为生的君子和以体力劳动为生的"小人"，还注意到了百工和商贾之流，"农以力尽田，贾以察尽财，百工以巧尽械器"（《荀子·富国》），对因分工获得财富给予肯定。

3）关于劳动分配的观点

在诸侯和士大夫生产资料的分配上，孔子提出了"丘也闻有国有家者，不患寡而患不均，不患贫而患不安。盖均无贫，和无寡，安无倾"（《论语·季氏》）的主张。这里的"均"，并非主张将全社会的财富重新绝对平均分配，前面有"丘也闻有国有家者"之语，即按照"国"和"家"也就是诸侯国和大夫的等级地位均等分配，使臣民各安其分，和谐相处，既可以使社会稳定，又不会有亡国破家的危险。在劳动者生活资料的分配上，他提出了"足食""所重民食丧祭"的观点，认为百姓富足方能国家富足、政权稳定。

在分配上，孟子认同孔子"不患寡而患不均"的分配理念，对社会上贫富分化的现象极为反感："庖有肥肉，厩有肥马，民有饥色，野有饿莩，此率兽而食人也。"（《孟子·梁惠王上》）他提出了"与百姓同之"的藏富于民的观点，使"居者有积仓，行者有裹囊""内无怨女，外无旷夫"（《孟子·梁惠王下》），尽量将天下财产平均分配。不但如此，孟子还提出了具体分配的方案：一方面，他提倡按劳分配，即按照"劳心"与"劳力"的不同进行分配。对于"劳力者"，他们有固定的"恒产"，可以通过自己的劳动获取一份稳定的收入；对于"劳心者"，他们可以通过辅助国君治理国家等脑力劳动取得相应的俸禄与报酬。另一方面，孟子还提出国家救济与救助的观点："天子适诸侯曰巡守，诸侯朝于天子曰述职。春省耕而补不足，秋省敛而助不给。"在春秋两季视察春耕与赋税工作时对"不足"与"不给"的地区给予适当的补助与救济，这是施行仁政的一种，可谓劳动社会保障机制的肇始。

在劳动分配方面荀子提出"明分论"，即"制礼仪以分之，使有贵贱之等，长幼之差，知愚能不能之分，皆使人载其事而各得其宜，然后使悫禄多少厚薄之称"（《荀子·荣辱》）。"明分"就是通过礼来使贵贱、长幼、贤愚、高下等有所分别，根据不同的地位、不同的等级、不同的身份使人都拥有适合其阶层的财富，通过这种"不齐"来实现"齐"的目标，这也是荀子的"维齐不齐"理论。通过满足各阶层的欲望实现"上下俱富"的目的，这种分配当然是不均等的。在具体的分配策略上，荀子的观点和孟子非常相似。一方面，他认为要按照自己的劳动来获得相应的报酬，无论是从事体力劳动的农夫，还是从事脑力劳动的士大夫乃至公侯，抑或商贾、百工，都使劳动与他们的酬劳相对等。另一方面，荀子也倡导社会救助与慈善行为。他呼吁统治者将自己手中的财富捐赠给需要帮助的人，同时号召社会上的富裕之士慷慨解囊，行乐善好施之道，帮穷人解燃眉之急。从荀子与孟子观点的趋同性，可以看出儒家思想是一脉相承的。

4）关于劳动人口的思想

孔子在周游列国时，看到卫国人口众多之状发出"庶矣哉！"的感叹，认为庶民是国家富裕的表现，相反"地有余而民不足"是一种耻辱，则应采取措施增加人口。第一种方法是孔子一以贯之的主张——施行仁政，使民归附。"上好礼，则民莫敢不敬；上好义，则民莫敢不服；上好信，则民莫敢不用情。夫如是，则四方之民，襁负其子而至。"（《论语·子路》）统治者尚礼、好义、崇信，那么四方人口没有不来归附的，这不失为快速增加人口的良策。第二种方法是促进人口增殖，提倡早婚，这是通过孔子主张的孝道来实现的。他强调："天地之性人为贵，性之行莫大于孝。"（《孝经·圣治》）"父母生之，续莫大焉。"（《孝经·圣治》）可见，孔子将繁育后代作为最大的孝道。至于婚姻的年龄，孔子认为"男子二十而冠，有为人父之端；女子十五许嫁，有适人之道。"（《孔子家语·本命解》）孔子认为男子二十、女子十五就分别到了适婚的年龄，比西周"男三十而娶，女二十而嫁"（《史记·货殖列传》）分别早了十年和五年，由此可以看出孔子对增加自然人口的急切心情。增加人口对于发展生产、增加国家财富、提高国力是十分重要的。

儒家关于劳动经济的观点涉及劳动生产、分工、劳动分配、劳动保障等诸多方面，体现了儒家思想的博大精深与包罗万象，对后代及欧洲思想影响深远，欧洲重农学派的创始人魁奈就受其理论影响被称为"欧洲的孔夫子"。

4.1.2　墨家的劳动经济思想

1. 墨子的生平及著述

墨子，名翟，生卒年不详。司马迁在《史记·孟子荀卿列传》中称："盖墨翟，宋之大夫，善守御，为节用。或曰并孔子时，或曰在其后。"关于墨翟的真正姓名，也曾有不同的看法。钱穆认为"墨为黥罪，刻其面额，涅之以墨"（《先秦诸子系年考辨·墨翟非姓墨，墨为刑徒之称考》），钱先生认为他曾受过墨刑，所以称墨翟。墨子最初是学儒的，《淮南子》载墨翟曾"学儒者之业，受孔子之术，以为其礼烦扰而不悦，原葬靡财而贫民，服伤生而害事，故背周道而用夏政"（《淮南子·要略》）。墨子认为儒学礼节烦琐，厚葬久丧，劳民伤财，就另创墨家学派，与儒学并称为"显学"。信奉墨子学说的人有严密的组织纪律，其成员被称为"墨者"，首领被称为"巨子"，类似于宗教团体。

墨子的言行由其弟子和再传弟子整理加工后编为《墨子》一书，主张兼爱、非攻、尚贤、尚同、节用、节丧、非乐、非命等，其中包含了较多的劳动经济观点。

2. 墨家的主要劳动经济思想

1）关于劳动生产的观点

墨子出身于小生产者阶层，深知劳动的重要性，他认为"强力疾作"式的劳动能为人们更好的生活条件提供相应保证。墨子在《非命》篇中说："今也农夫之所以蚤出暮入，强乎耕稼树艺，多聚菽粟，而不敢怠倦者，何也？曰：'彼以为强必富，不强必贫；强必饱，不强必饥，故不敢怠倦。'今也妇人之所以夙兴夜寐，强乎纺绩织纴，多织麻丝葛绪捆布縿，而不敢倦怠者，何也？曰：'彼以为强必富，不强必贫；强必暖，不强必寒，故不敢怠倦。'"（《墨子·非命下》）他认为饥与饱、富与贫、暖与寒是两种截然不同的生存状态，只要具有强力疾作的工作态度并身体力行，定会使生活向良性方向发展，不但能够维持基本的生产，而且会富足有余。

2）关于劳动分工的观点

墨子在强调劳动生产的同时，还特别注意到了合理的劳动分工与较高的劳动生产率之间的关系。墨子对劳动分工分得很细，不但注意到了脑力劳动和体力劳动的区别，而且对体力劳动和脑力劳动又进行了具体的细分；不但考虑到自然的因素，也考虑到能力的因素。就具体体力劳动而言，又有若干分工，"譬若筑墙然，能筑者筑，能实壤者壤，能欣者欣，然后墙成也"（《耕柱》）。这样的分工既出于自然的因素，也多涉及技能，"各从事其所能"（《节用》中），脑力劳动也如此，"能谈辩者谈辩，能说书者说书，能从事者从事"（《耕柱》）。具体的分工大大提高了劳动效率，对社会的贡献巨大。不但如此，墨子还认为脑力劳动对国家的贡献较体力劳动大。墨子在《鲁问》篇中说："故翟以为虽不耕而食饥，不织而衣寒，功贤于耕而食之、织而衣之者也。故翟以为虽不耕不织乎，而功贤于耕织也。"并分析不耕不织的脑力劳动者功大于体力劳动者的原因在于，王公大人等脑力劳动能使国家各项事业得以良性运转："贤者之治国也……国家治而刑法正；贤者之长官也……官府实而财不散；贤者之治邑也……菽粟多而民足乎食。"（《尚贤》中）因此，脑力劳动贡献更大些。

3）关于劳动保障的观点

这主要侧重于体力劳动者方面。墨子认为体力劳动者是社会主要财富的创造者，从事"养万民"的最基本的劳动，因此对其特别重视。他在《非乐》上篇中说："民有三患：饥者不得食，寒者不得衣，劳者不得息，三者民之巨患也。"他认为不食、不衣、不息是人民巨大的忧患，因此"必使饥者得食，寒者得衣，劳者得息"（《非乐》下）。使体力劳动者得到足以果腹的食物、足以御寒的衣服和足以恢复体力的休息等劳动保障，他们才能有足够的精力从事创造物质财富的劳动，使社会物质财富大大增加。

4）关于劳动分配的观点

就大众劳动者而言，墨子主张"以劳殿赏，量功而分禄"（《尚贤》上）的分配观点。不同的劳动者由于劳动年龄、劳动能力等的不同而对社会的贡献不同，应根据功劳大小给予适当的俸禄与奖励。

就富人而言，墨子希望他们能够"多财则以分贫"（《鲁问》），甚至将一个人能否分财与人作为交友的条件："据财不能以分人者，不足与友"（《修身》），他还认为有财不相分是导致社会动乱的原因之一："天下之百姓，皆以水火毒药相亏害，至有余力不能以相劳，腐臭余财不以相分，隐匿良道不以相教，天下之乱，若禽兽然。"（《尚同》上）

就统治者而言，墨子主张在劳动再分配的税收上施行"常征"标准。所谓"常征"，就是根据劳动者的生产能力和政府的收支情况确定具体的税收事宜（包括税种、税率、税收时间、减免政策等），一旦确定下来轻易不要变动。这样的政策不但可以保证政府财政正常运转，而且劳动者能在可以承担的范围之内过稳定生活。不但如此，墨子还主张税收所得除了维持政府正常运转外，还要将国库中的财物用到人民身上，"反中民之利"，取之于民，用之于民。

5）关于劳动人口的思想

劳动者是社会财富的创造者，因此要让更多的人投入劳动。由于劳动者是有限的，墨子主张增加人口，将更多的劳动力投入劳动生产。

关于增加人口的措施，墨子一方面主张早婚，"丈夫年二十，毋敢不处家；女子年十五，毋敢不事人。……此不惟使民早处家而可以陪与！"（《节用》上）墨子主张的早婚年龄与孔子的主张相同，这样人口可以成倍增加。另一方面，针对战争使人口递减的情况，墨子主张"非攻"以增加人口。墨子认为战争必然使大量的农民服兵役，兵荒马乱的局面，不但"攻城野战死者，不可胜数"（《节用》上），而且"久者终年，速者数月，男女久不相见"，影响生儿育女，降低人口出生率，因此墨子反对战争，主张使社会安定以增加人口。

4.1.3　道家的劳动经济思想

1. 道家主要代表人物的生平及著述

1）老子

老子，姓李名耳，字聃，春秋末年楚国苦县（今河南鹿邑东）人，曾为周的守藏室之史（藏书室官员），后弃官归隐，不知所终，留有《老子》五千余言。《老子》又名《道德经》，是道家的代表作，分《道经》和《德经》上、下两篇。老子主张清净、无为、寡欲、崇俭等，构建了"小国寡民"的理想社会。

2）庄子

庄子（约公元前 369~前 286 年），名周，宋国蒙（今安徽蒙城县）人，做过漆园吏，与梁惠王、齐宣王同时。他著书立说，传老子之学。《汉书·艺文志》载《庄子》53 篇，晋郭象删定。现存 33 篇，即《内篇》7 篇，《外篇》15 篇，《杂篇》11 篇。其中《内篇》为庄周自著，其余系其门徒及后学所附益。

2. 道家的主要劳动经济思想

1）关于劳动生产的观点

在劳动生产领域，老子和庄子的立场非常接近，他们都重视劳动生产，但反对以"技巧"改变生产效果。

《老子》一书中虽无直言重视劳动的文字，但从只言片语中可以看出老子还是重视劳动生产的。他对社会上出现的"田甚芜，仓甚虚"的现象给予否定，认为田地荒芜意味着生产资料的严重浪费，将给整个社会造成严重的后果，因此要重视劳动生产。庄子则明确提出生产的作用，在《庄子·外篇·马蹄》中说："彼民有常性，织而衣，耕而食，是谓同德。"庄子认为自己亲自织布、耕种而后穿衣、吃饭，是百姓的常性和本能，也是人类共有的德行。织布、耕种等生产劳动能保障人基本的衣食问题，因此是非常重要的。尽管如此，无论是老子还是庄子，在生产中都反对使用任何工艺技巧，《老子》中有："绝圣弃智，民利百倍……绝巧弃利，盗贼无有。"（第十九章）《老子》中又有："人多利器，国家滋昏；人多伎巧，奇物滋起"（第五十七章）。老子将"利器"和"伎巧"视为不祥之物，认为技巧虽然能生产出更多的产品，但能引起人们更多的贪欲，从而导致社会动乱。同老子一样，庄子也反对在生产中使用可以提高生产效率的技巧。庄子在《天地》篇中讲了这样一个故事：子贡看见农夫以甕汲水灌溉，用力多而功效少，就推荐他一个日灌百畦、事省而功增的灌溉工具——桔槔，不料遭到农夫的斥责，"有机械者，必有机事，有机事者，必有机心……吾非不知，羞而不为也"。庄子以农夫之口道出了他在生产领域反对使用技巧的立场。

2）关于劳动分配的观点

在分配领域，老子主张社会上的财产平均分配给每一个人，《老子》中提出了"损有余而补不足"（第七十七章）的分配思想。他反对统治者聚敛财富："民之饥，以其上食税之多，是以饥。"（《老子》第七十五章）《老子》中指出人民贫困是由于统治者征伐太重，认为财产分配不公会导致严重后果，告诫统治者"多藏必厚亡"（第四十四章），特别强调要平均分配。庄子也反对聚敛，在分配上主张"富而使人分之""以财分人"的观点。在《盗跖》篇中，庄子说："平为福，有余为害者，物莫不然，而财其甚者也。"老子认为财产平均能获得幸福，认为有余就是祸害，万事万物莫不如此，且财产方面更为严重，庄子与老子一样，特别强调财产分配上一定要平均分配，如此方保幸福平安。

4.1.4 法家的劳动经济思想

1. 法家代表人物的生平及著述

法家是先秦时期的一个重要学派，代表了新兴地主阶级的利益。法家前期的代表人物有商鞅、子产、李悝、吴起、申不害、慎到等，后期的代表人物是韩非。其中，商鞅主"法"，申不害主"术"，慎到主"势"，而韩非则将三者有机结合起来构建自己的思想体系。此处主要以商鞅和韩非为代表，窥探先秦法家的劳动经济观点。

商鞅（约公元前390~前338年），姓公孙，名鞅，卫国国君后裔，因此又称卫鞅。又因为他在秦国立功后受封於、商15邑，被称商君，故又称商鞅。商鞅在秦国时曾两次实行变法，由于变法损害了领主贵族的利益遭到坚决反对，变法失败，商鞅死后仍被秦惠王处以"车裂之刑"，并被灭族。《商君书》是记载商鞅本人及其学派整体思想的主要资料汇编，又称《商君》《商子》，现存24篇。

韩非（约公元前280~前233年），战国末期韩国人。与李斯一同师从荀子，但李斯在学问造诣上不如韩非。韩非屡次上书建议韩王变法图强，未被采纳。于是韩非退而著书，《孤愤》《说难》等篇传到秦国后深受秦王嬴政喜爱，于是邀韩非入秦。李斯当时在秦国，生怕韩非得到重用而将其诬陷致狱，又不失时机地拿来毒药让韩非自杀，待秦王幡然悔悟为时已晚，韩非已经毙命于狱中。韩非死后，他的著作被整理成书，名为《韩非》，宋以后才用《韩非子》之名。全书共55篇，集中反映了韩非的思想，集先秦法家后期思想之大成于一身。

2. 法家的主要劳动经济思想

1）关于劳动环境的观点

无论是商鞅的"农战"还是韩非的"耕战"，都重视农业生产，并把发展农业生产看成实现国富民强的唯一途径。因此，他们的劳动经济观点也主要是针对农业劳动中的农业劳动者的。在创造劳动环境方面，商鞅主张统治者为生产者创造政治环境、经济环境、社会环境等良好的外部环境，以保证农业生产的顺利进行。如官吏"无宿治"的政治环境，采取提高农作物价格的"食贵"政策，采用民"不劳"的税率和非农的重税税率政策等，鼓励农业生产者努力耕种，提高劳动生产的积极性，进而提高劳动生产率。韩非也注重农业生产外部环境的营造，如政治环境、科技与交通环境及经济发展环境等，这在《韩非子·难二》篇中有很好的体现："举事慎阴阳之和，种树节四时之适，无早晚之失，寒温之灾，则入多。不以小功防大务，不以私欲害人事，丈夫尽于耕农，妇人力于织纴，则入多。务于畜养之理，察于土地之宜，六畜遂，五谷殖，则入多。明于权计，审于地形、舟车机械之利，用力少致功大，则入多。利商市关梁之行，能以所有致所无，客商归之，外货留之，俭于财用，节于衣食，宫室器械，周于资用，不事玩好，则入多。入多、皆人为也。若天事、风雨时，寒温适，土地不加大，而有丰年之功，则入多。"在政治环境方面，"不以小功防大务"，不要因为诸如营建宫室等的小事妨碍了农事生产；在技术方面，要为劳动者提供"舟车机械之利"，起到事半功倍的效果；在生产发展方面，"利商市关梁之行"，提供互通有无的外部条件。如此，劳动者没有后顾之忧，则会勤于农业，收入多而有丰年之功。可见，无论是商鞅还是韩非，都主张尽可能地创造一切有利于劳动生产的外部环境，发展农业生产。

2）关于劳动分配的观点

无论是商鞅还是韩非都主张论"功"分配。商鞅认为："明王之治天下也，缘法而治，论功而赏。凡民之所疾战不避死者，以求爵禄也。明君之治国也，士有斩首捕虏之功，必其爵足荣也，禄足食也。"（《商君书·君臣》）"是以明君之使臣也，用必出于其劳，赏必加于其功。功赏明，则民竞于功。为国而能使其民尽力以竞于功，则兵必彊矣。"（《商君书·错法》）无论民还是士都以其立功的大小和多少进行奖赏，论功分配，依法而治。韩非论"功"分配的论述也比比皆是，如"法者见功而与赏，因能而受官"（《外储说左上》），"爵禄生于功，诛罚生于罪，臣明于此，则尽死力而非忠君也"（《外储说右下》）等，论功行赏，赏罚分明，则民努力耕种，立功受赏。在具体的分配标准上，韩非主张"用有余而富不足"的标准，即能够维持日常生活标准，但相对于富裕而又处于不足的状态，这样能使百姓有继续努力生产的动力，进而创造更多的财富。

4.1.5　《管子》的劳动经济思想

1. 管仲其人与《管子》其书

管仲，字仲或敬仲，名夷吾，颍上人，其生卒年无确考，大致卒于鲁僖公十五年（公元前 645 年）。管仲少年时代曾与鲍叔牙经商，后相齐，先事公子纠，公子小白（齐桓公）即位后，经鲍叔牙推荐，管仲被桓公委以重任。管仲辅政四十余年，齐国日益强大，成为春秋时期的第一位霸主。

《管子》并非管仲所著，也非一时一人所作，是西汉刘向在收集到的 564 篇原书的基础上整理校勘删定而成，共 86 篇，有 10 篇失传，现存 76 篇。《管子》一书内容极为丰富，特别是经济思想占了三分之二以上篇幅，这是《管子》一书的特色。《管子》是研究先秦时期劳动经济思想的重要著作。

2.《管子》中蕴涵的劳动经济观点

1）关于劳动条件的观点

在生产资料方面，就农业而言，《管子》主张将土地平均分配。《乘马》中说："均地而分，使民知时也。民乃知时日之蚤宴，日月之不足，饥寒之至于身也。是故夜勤蚤起，父子兄弟不忘其功，为而不倦，民不惮劳苦。故不均之为恶也，地利不可竭，民力不可惮。"注意到均地对劳动生产的重要作用。不但如此，《管子》中均地的分配标准是视土地质量和生产能力而定，并非盲目均分。

在劳动工具方面，《管子》认为劳动工具对劳动者十分重要。就农业劳动而言，特别注重生产工具的配备："一农之事，必有一耜一铫一镰一耨一椎一铚，然后成为农。"（《轻重乙》第五十八）其认为生产工具是劳动生产的前提条件，是劳动的保障。

在劳动技艺方面，《管子》认为整理田畴、开垦荒地、疏导水渠等生产措施能够提高劳动产量："辟田畴，利坛宅，修树艺，劝士民，勉稼穑，修墙屋，此谓厚其生。发伏利，输墆积，修道途，便关市，慎将宿，此谓输之以财。导水潦，利陂沟，决潘渚，溃泥滞，通郁闭，慎津梁，此谓遗之以利。"（《舞辅》第十）因此，特别注重劳动技艺等方面的兴建与配备。

2）关于劳动力使用方面的观点

首先，为了提高劳动效率，《管子》在社会分工的基础上提出四民分业定居论："士农工商四民者，国之石民也，不可使杂处。"（《小匡》第二十）在《管子》看来，之所以进行分业定居，是为了便于各行业的人熟练业务，提高生产效率。各行业的人居住在一起，可以相互切磋技艺，各行业后生从小耳濡目染有利于劳动技术的传习和劳动经验的传播："少而习焉，其心安焉，不见异物而迁焉。是故其父兄之教不肃而成，其子弟之学不劳而能。"（《国语·齐语》）从小受业内人士熏染，潜心钻研，学之轻松且技艺容易提升，劳动生产率大大提高。

其次，《管子》意识到脑力劳动和体力劳动都非常重要，要合理使用劳动力，既不要使劳动力处于闲置状态，"人众而不理，命曰人满"（《霸言》第二十三），也不要过度使用劳动力，要"量民力"（《牧民》第一），把握其中的"度"。

最后，就农业生产而言，主张顺应天时，不夺民时："彼王者不夺民时，故五谷兴丰。"（《臣乘马》第六十八）在《山国轨》第七十四中也说："春十日不害耕事，夏十日不害芸事，秋十日不害敛实，冬二十日不害除田。此之谓时作。"

3）关于劳动分配的观点

《管子》的分配原则是兼顾统治者和被统治者的利益，主张"富上而足下"，让上下两阶层都能相对富足。在具体分配上，一方面采取"论功记劳"的措施，无论脑力劳动者还是体力劳动者都应根据各自的贡献分配相应的财物："君子食于道，小人食于力。君子食于道，则上尊而民顺；小人食于力，则财厚而养足。"（《法法》第十六）另一方面，《管子》主张充分利用国家权力，"能夺""能予"，即夺取富者的部分财物给予贫者。通过此种手段使"长者断之，短者续之，满者洫之，虚者实之"（《小称》第三十二）。如此可以"分并财利而调民事"，一举双得，上下欢欣。

> **本节拓展材料**

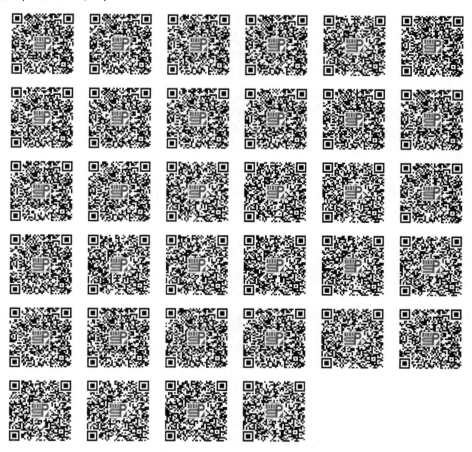

4.2　中国秦汉至明中叶的社会历史及劳动经济思想

　　这一时期封建王朝更迭频繁，你方唱罢我登场，先后经历了秦、两汉、三国、魏晋、南北朝、隋、唐、五代十国、宋、元、明等封建王朝，大约 1 700 年，是我国封建经济逐渐发展、由鼎盛转向衰落的重要时期。这一时期时而战乱频繁、干戈不断，如三国、南北朝、五代十国、元等时期；时而政治相对稳定、国泰民安，如两汉、唐前期、北宋、明前期等某些阶段；即使偶尔适应潮流、进行改革，如北魏孝文帝时期，也如昙花一现，未能持久。虽然有的王朝实行过开明的政治、经济、军事等政策，有过堪称后世楷模的治世，如"贞观之治""开元盛世"等，但整体上封建王朝统治阶级的斗争不断，中原与边疆少数民族的战争不断，统治者与广大人民的斗争不断，国家时而分裂，时而统一；统治时而开明，时而昏聩；经济时而发展，时而停滞甚至倒退。

　　这一时期涌现出很多经济思想家，提出很有见地的观点与见解，对各种政治经济现象与问题提出合理的解决方案，其价值可与先秦思想家相媲美。这一时期主要的劳动经济问题，可归纳为以下几个方面。

第一，劳动者土地问题。秦汉以来，伴随着土地的买卖，土地问题成为农民劳动者最关注的核心问题。思想家纷纷上疏或者著书立说，发表自己的看法，如董仲舒提出"限民名"的主张、东汉荀悦提出"耕而勿有"的主张、北魏孝文帝时李世安的"均田论"、明代丘浚提出的"配丁田法"等，规劝统治者给劳动人民以合理份额的土地，以缓和阶级矛盾，减轻人民的痛苦。

第二，劳动再分配相关的赋税和徭役问题。早期赋税和徭役是分开的，佃农只纳丁徭，而农民既要服徭役又要缴纳田赋。汉以后，实行两税法，赋役合一，劳动者苦不堪言，有见地的思想家从保护劳动者或者从保护农业经济发展的目的出发，提出自己的观点与看法。汉武帝时董仲舒主张"薄赋敛，省繇役，以宽民力"（《汉书·食货志上》）；魏晋时期傅玄提出"至平"、"积俭而趣公"和"有常"三大财政原则；北魏孝文帝时李冲提出实行"三长制"，苏绰进一步发展儒家"尽地利""均赋役"的思想；唐代刘彤、刘炎、杨炎、陆贽、李翱、李珏等从不同的角度阐述了对赋税和徭役问题的观点，见解深刻，思想独到。

第三，劳动价值论问题。随着商品经济的发展，劳动者的封建人身依附关系得到一定程度的解放，劳动者创造的劳动产品转化为商品，因而有关商品、价值、价格等问题分析的思想崭露头角。明代的丘浚在此方面的理论比西方早175年，且相对进步，是我国劳动思想史上浓墨重彩的一笔。

4.2.1　西汉桑弘羊、司马迁的劳动经济思想

1. 西汉桑弘羊的劳动经济思想

桑弘羊（公元前152~前80年），出生于洛阳的一个商人家庭，十三岁时进宫为侍中；三十八岁时任大农丞，"管诸会计事，稍稍置均输以通货物矣"（《史记·平准书》）；四十三岁为治粟都尉，领大农，掌管天下盐铁；五十三岁升为大司农，后贬为治粟都尉，仍监管财政工作；六十六岁升御史大夫，汉武帝死后，桑弘羊与霍光、金日磾、上官桀等共同辅佐少主；七十三岁时，桑弘羊因被诬参与燕王谋反而被杀。桑弘羊从政六十余年，一直负责国家财政工作，为汉武帝时期财政经济政策等的制定与推行做出了重大贡献。桑弘羊没有著作传世，其有关经济的思想主要保留在《盐铁论》、《史记·平准书》和《汉书·食货志》中。另外，我们从他所推行的经济政策及与盐铁会议中贤良、文学展开的经济讨论中，可以归纳出其独特的劳动经济思想。

1）关于土地问题的思想

土地是农民最基本的生产生活资料，是生活得以保障的根本，也是国家财政收入的主要来源之一。桑弘羊在解决土地问题上协助汉武帝实行了一系列切实可行的政策：一是禁止有市籍的商人占有土地；二是通过"告缗""算缗"等方式将商人已占有的土地予以没收；三是将国家大部分土地租给农民；四是大规模屯田。以上政策政令的实行，大大提高了农民劳动生产的积极性，从中也可以看出桑弘羊对农业劳动者赖以生存的土地的重视，保障农业劳动生产资料以发展生产。

2）关于劳动社会分工的思想

农业作为国民经济的基础，桑弘羊是重视农业生产的，他不但主张"使民以时"（《盐铁论·授时》），保证基本的农业生产，更重要的是在他主持财政经济工作期间，还开展各项农业事业，"修沟渠，立诸农，广田牧，盛苑囿"（《盐铁论·园池》），使农业得以顺利开展。

在工商业方面，桑弘羊不像先秦诸子那样过分排斥，而是重视工商业，给予充分肯定，认为工商业自古有之，是社会分工的一部分："工商梓匠，邦国之用，器械之备也，自古有之。"（《盐铁论·通有》）工商业不但不妨碍农业生产，反而有利发展农业，"工不出，则农用乖"，"农用乏则谷不殖"（《盐铁论·本议》），"今县官铸农器，使民务本"（《盐铁论·水旱》），"农商交易，以利本末"（《盐铁论·通有》）等，工业为农业提供生产所必备的器具，商业通过互通有无，保证农业物资的交换，这些都有利于农业的发展。可见，桑弘羊认为农业、工业和商业都是国民经济的门类，都有其存在的根本，不应厚此薄彼，各行业都应得到发展，与之相适应，从事各行业的劳动者，都应该得到应有的尊重与重视。

3）关于劳动生活保障的思想

为了稳定物价，平衡市场，使百姓过安稳生活，桑弘羊提出"执准守时，以轻重御民"的思想。在具体的操作上实行"平准"，即"大农之诸官尽笼天下之物，贵即卖之，贱则买之。如此富商大贾无所牟大利，则反本，而万物不得腾踊，故抑天下物，名曰平准"（《史记·平准书》）。设置专门机构储存大量的物资，当价格上涨时就卖出，当价格处于低谷时就买进，如此那些富商大贾就无法从中牟利，物价也就回到合理的水平。采取国家机构参与调控商品价格的手段能抑制富商从中获取巨额利润，更重要的是"贵贱有平而民不疑"，物价稳定使百姓保证基本的生活水平，不至于因为物价上涨而生活贫困，有利于社会稳定与发展。

2. 司马迁的劳动经济思想

司马迁（公元前 145~前 86 年），是我国古代伟大的史学家，有史学之父之称。他的父亲司马谈曾任汉太史令，是一位博学的学者，对春秋以来的学术思想有精到的研究，曾要写一部史书，但只搜集一部分资料就去世了，他把编写史书的任务交给了司马迁。司马迁从小受父亲的熏染，曾师从孔安国学习古文《尚书》，又师从董仲舒学习《春秋》，有着扎实的学术修养。继承父业后，遍游名山大川，搜集天下遗文古事，掌握了大量书上没有的生动资料，为写史书做了充足准备。在写史书过程中，发生了李陵兵败投降一事，司马迁为李陵辩解，被处以腐刑，但仍未放弃《史记》的写作，并以历史上发奋写作的杰出人物来激励自己，终于写出了"究天人之际，通古今之变，成一家之言"的不朽巨著《史记》。

《史记》内容广博、包罗万象，不但涉及政治史、军事史、文化史等，还涉及经济史、财政史，不仅是一部史学著作，也是一部经济学著作。司马迁的经济思想集中在《货殖列传》和《平准书》中，它们是司马迁经济思想"成一家之言"的标志性著作。前者以文景时期商品经济为背景，反映了经济上升时期的状况，并为春秋末至西汉初的工商业者作传，肯定他们的价值与作用；后者则以汉武帝时期为背景，记述了国家财政、经济状况和制度、政策沿革等情况，其中蕴涵着司马迁的经济思想。

司马迁的经济思想中也蕴涵着有关劳动经济的思想，主要体现在劳动致富、劳动分配、劳动分工和劳动管理等方面。

1）"皆为利"的劳动致富思想

司马迁认为，人的本性就是为了满足欲望，正所谓"天下熙熙，皆为利来；天下攘攘，皆为利往"（《史记·货殖列传》）。他认为人都是为了利而奔波忙碌，无论是农工商贾，还是帝王将相，抑或三教九流，无不为了追求财利而活动，换言之，追求财利是人们从事各项活动的最终目的。这种行为"若水之趋下，日夜无休时，不召而自来，不求而民出之"（《史记·货殖列传》），无论是处于庙堂之上的贤人，还是攻城略地的勇士，抑或江湖垂钓的渔夫等，其所作所为都是为了"求富益货"。正因为人们的逐利目的，他们的劳动行为客观上使家庭殷实、国家富裕。

2）"贫富之道，莫之夺予"的劳动分配思想

司马迁认为追求财富是"人之情性"，是顺应自然的行为，他把求利活动分为三等："本富为上，末富次之，奸富最下。""本富"是从事农业而致富的，"末富"是从事工商业而致富的，"奸富"是通过非法手段获取财富的。因此肯定和鼓励人们从事农工商而创造财富，对作奸犯科之人主张"严削"。他还反对以任何形式对合理致富者的剥夺，更不主张对因愚拙或懒惰而陷入贫困者进行无原则的救济。在他看来，"巧者有余，拙者不足"，"贤者辐辏，不肖者瓦解"。由于存在巧与愚、贤能与不肖，贫富的差别是不能靠剥夺与救济弥补的。正因为如此，贫富的差别是自然的，变化也是合理的，国家无须也不必人为地加以均分。

3）农、虞、工、商的劳动自然分工思想

司马迁认为，社会经济是按照地区和领域进行自发的分工，以满足不同的需要。在地域方面，由于自然条件不同而出产不同的物品。例如，山西一带多出产木材、竹子、稻谷、麻线等；而山东地区则多出产鱼类、食盐、油漆、丝及丝织品等；江南多出楠木、梓木、生姜等木材和农作物，金、锡等矿产，玳瑁、珠玑等珠宝；龙门、碣石以北多产马、牛、羊；等等。这些地区的物品需要"农而食之，虞而出之，工而成之，商而通之"，他引《周书》说"农不出则乏其食，工不出则乏其事，商不出则三宝绝，虞不出则财匮少"，司马迁认为农、工、虞的生产劳动使物品丰富，而物品到达人们手中则需要"商而通之"，可见这四个部门可以"上则富国，下则富家"，缺一不可，共同构成国家物质财富的各部门。这四种社会分工并无特别之处，但他强调农、虞、工、商四者活动是为了"得其所欲"而自然形成的社会分工，因此政府不应人为进行干预，而应顺其自然。这种社会分工反映了司马迁经济上的自由放任思想，与老子思想有相通之处。

4）劳动管理思想——"善因论"

既然人们的经济活动是求利活动，农、虞、工、商的四种活动也是求利的，在劳动管理方面也应顺乎人们的求利行为，因此司马迁提出"善者因之，其次利导之，其次教诲之，其次整齐之，最下者与之争"（《史记·货殖列传》）的管理思想。"善者因之"是顺应经济自然发展，听任追逐财利的活动，不加以任何的人为干预；"其次利导之"是在

听任追求财利的前提条件下给以一定的政治经济利益引导，使人们从事某些经济活动；"其次教诲之"是采取说教的方法来引导人们从事某些经济活动；"其次整齐之"是指国家对作奸犯科之人采取行政和法令手段来干预他们的经济活动，来调节和限制他们的经济行为，以达到国家调节的目的；"最下者与之争"是指国家直接经营工商业等经济活动来与人们争利。以上最好的管理政策是"因之"，因此被称为"善因论"。

桑弘羊重视农业劳动者的土地问题，并提出了一系列切实可行的解决措施；在劳动分工上提出农工商的自然分工思想；在劳动生活保障方面，提出"执准守时，以轻重御民"的思想。司马迁的经济思想在中国古代是独树一帜的，他的"皆为利"的劳动致富思想，"贫富之道，莫之夺予"的劳动分配思想，农、虞、工、商的劳动自然分工思想和劳动管理思想——"善因论"等劳动经济思想闪耀着智慧的光芒，至今仍是古代经济思想中的珍品，值得我们深入研究。

4.2.2　唐代中期刘晏、陆贽的劳动经济思想

1. 刘晏关于"养民为先"的劳动保障思想

刘晏（公元 718~780 年），字士安，曹州南华（今山东东明县）人，是我国古代杰出的理财家之一。他一生经历了唐玄宗、唐肃宗、唐代宗、唐德宗四朝，长期担任财务要职，特别是大历以后总领全国财政，选任一批能干的官吏来执行他的政策，效率高，成绩大，被誉为"广军国之用，未尝有搜求苛敛于民"的著名理财家。

"安史之乱"之后，战乱不断，国家财政濒临破产，当此之时，刘晏"受任于败军之际，奉命于危难之间"，经过艰苦卓绝的努力，国家财政状况有明显好转：盐利已占国家财政的一半，由每年 60 万缗增至 600 万缗；漕运每年保证运送 40 万石粮食至长安，多则达 110 万石。他的理财工作使国家经济得以恢复，国家政权所控制的人口由不足 200 万户增至 300 余万户。

在刘晏理财期间，宰相元载犯罪，朝廷派刘晏审理此案。刘晏依法将元载处死。但是元载的学生杨炎心怀怨恨，伺机报复，当上宰相后就以莫须有的罪名将刘晏诬陷致死。

刘晏没有专门谈论有关经济问题的文章，更无这方面的著述，有关他理财的史料主要保存在《旧唐书》、《新唐书》的《食货志》和《刘晏传》中。《资治通鉴》的某些篇章也有零散记载。

唐中叶以后，战乱频繁，加之土地兼并愈演愈烈，两极分化日益加剧，劳动者的生活保障问题成为尖锐的社会问题。刘晏执掌大权后，将养民作为理财的指导原则。他认为"户口滋多，则赋税自广，故其理财，常以养民为先"（《资治通鉴》卷二百二十六）。虽然刘晏以养民为先思想的出发点是培养税源以增加国家财政收入，但在客观上对劳动者的生活起到了一定的保障作用。

刘晏养民的措施很多，具体体现在他的各种财政改革中。这些养民政策，不但在物质上给予一定的保障，而且促进其可持续发展，劳动者的劳动保障措施进一步完善。

在漕粮运送方面，反对强制性劳役，实行雇用劳动。唐代商品经济有了一定的发展，民间雇用劳动力也有所发展。据《太平广记》载："九陇人张守珪，仙君山有茶园，每见

召采茶人力百余人，男女佣工杂处园中。"①刘晏洞悉这种劳动关系的萌芽，于是将封建落后的征调徭役改为国家出资雇工，将一切转运事务都采取出资雇用船工运送的方式，不但如此，官府所需要的不少物品也设厂雇用工人制造，甚至连官炉铸钱所使用的徭役也改为雇用工匠来制造。此种做法不但减轻了对劳动者的剥削，同时优给工资，给劳动者一定的物质利益，有利于提高劳动效率和劳动工作质量。这在一定程度上改变了超经济强度的封建徭役劳动，体现了买卖双方平等的雇用劳动关系。

在常平方面，恢复常平仓，增殖人口。常平仓制度是在西汉时期创立的，唐代也实行此制度。在贞观、开元年间，常平仓屡见其效。但是唐中叶安史之乱后，常平制度被破坏，其中粮食多被夺用，常平仓制度名存实亡。刘晏掌权后，着手恢复常平仓，使各地储粮总量保持在 300 万斛。常平仓有了一定的粮食储备，能够在自然灾害发生时救助生产，安定百姓，同时对增殖人口、增加劳动力方面有一定的帮助。据史载："由是民得安其居业，户口蕃息。晏始为转运使，时天下见户不过二百万，其季年乃三百余万；在晏所统则增，非晏所统则不增也。"（《资治通鉴》卷二百二十六）人口增殖意味着创造财富的劳动力数量的增加，同时，国家财富与日俱增。

在救济方面，反对财政赈济，强调生产自救。刘晏认为，"善治病者不使至危急，善救灾者勿使至赈给"。也就是说，好的医生不会使病人到病入膏肓时才开方诊治，同样，善于救济者不会在灾难已经发生后才被动赈济。他的一贯思想是不赞成直接发放赈济粮，本着"善救灾者勿使至赈济"的原则，积极扶助农民生产自救。他采取了减免赋税、发放贷款、平价粜粮以及收购农副产品等一系列措施，扶助灾民度荒。这样不但能使农民度过荒年，还促进了农村副业的生产与发展，有利于农民日后收入的增加。一方面能解决人民的部分困难，使"国计不乏"；另一方面，能使部分人通过此项工作获得劳动收入而维持生计，可谓一举两得。

刘晏受任于唐帝国经济濒临破产的时候，在危难之际对国家财政工作进行广泛而深入的改革。他的理财活动保证了国家财政收入的取得和增加，其中某些劳动经济思想特别是劳动雇用思想在一定程度上体现了平等的雇用劳动关系。这表明，刘晏虽非经济思想家，但在中国劳动经济思想发展史上有着不可忽视的地位和影响。

2. 陆贽的劳动经济思想

陆贽（公元 754~805 年），字敬舆，浙江嘉兴人。18 岁中进士，开始了漫长的仕途生涯。26 岁时受德宗赏识，被任为翰林学士。38 岁时官拜中书侍郎同平章事。拜相后，由于刚正不阿，屡次触怒德宗，加之奸佞从中作祟，两年后罢相，降任太子宾客，后又贬至忠州（今四川忠州）。永贞元年（公元 805 年）客死忠州，享年 51 岁。

陆贽生活在安史之乱之后大唐帝国由盛转衰的历史时期，此时均田制、租庸调制和府兵制皆已倾颓，社会矛盾尖锐。生此动荡年代，他初入仕途曾在地方为官多年，对民间疾苦感同身受，对当时政治、经济、军事等社会矛盾有清醒的认识。他是一个受儒家传统思想影响较深的封建士大夫，因此，在拜相后能以儒家思想为指导，提出一系列的

① 傅筑夫：《中国古代经济史概论》，中国社会科学出版社，1981 年，第 277 页。

政策、措施等，对缓和社会政治矛盾，支撑危如累卵的唐政权起到了一定的作用，对减轻民间疾苦和百姓苦难也有所裨益。后世对陆贽评价很高，他的著作被编为《陆宣公全集》或《陆宣公翰苑集》，他起草的诏令、文告以及写给皇帝的奏议也被编辑成册，命名为《陆宣公奏议》刊行于世。

陆贽的劳动经济思想主要集中在以下几个方面。

1）劳动者的生产生活资料——土地问题

在以农业经济为主的封建社会中，土地问题始终是一个热门话题，国家与地主之间、地主与农民之间、士族地主与庶族地主之间等矛盾不断、斗争尖锐。这一问题在唐中期以后进入白热化状态。均田制瓦解，国家所掌握的生产用地微不足道，大量的生产用地转化为地主阶级的私有财产，封建土地所有制性质发生了根本性的变化，土地私有制得到更普遍、更充分的发展。

土地兼并造成诸多恶果，使社会成员之间的贫富差距拉大，加重农民的负担，同时还减少国家财政收入。针对土地兼并问题，陆贽提出两种解决方案，一是限田，由国家规定占有田限额以限制土地兼并的规模。此种主张，西汉董仲舒早已提出，汉末的师丹、孔光等还曾制定过具体实施方案。故而陆贽此种方案不过是重复前人之见，并无实质创新之处。二是减租，强迫地主阶级减少向农民征收的地租数额。"凡所占田，约为条限；裁减租价，务利贫人。"①此种主张是陆贽的首创，在当时土地私有制已形成并占主要地位的情况下，减租是缓解地主与农民、地主与国家之间矛盾的唯一可行的措施。此种方案使农民得到了他们梦寐以求的生产生活资料——土地，故而生产积极性极大地提高。

2）轻重之术与劳动经济诸方面

陆贽是受儒家传统文化影响较深的人，因此十分重视轻重问题，在论著中，他多次提到运用轻重之术来调节国民经济的问题，其中涉及劳动收入的问题。

首先，在劳动生产领域，陆贽反对前人在实边垦荒时采用的有"课责之劳"的屯田法，而是主张招徕民众自愿到边疆垦荒。国家为生活无着落的劳动者提供衣食住行等必需品，贷给他们农具、种子等生产必需品，鼓励他们到边疆生产劳作。国家以布帛等生活用品换取劳动者的粮食，以充实边疆戍守战士的军粮。如此，一方面，无依无靠的劳动者生活有了基本保障；另一方面，戍边战士生活也有了保障，正所谓"戍卒忘归，贫人乐徙"②。国家可以收到"可以足食，可以实边；无屯田课责之劳，而储蓄自广；无征役践更之忧，而守备益严"①诸多益处。

其次，在劳动产品交换方面，主张"交易往来，一依市利"③。他认为商品经济和市场活动的特点是"趋利"，故而反对国家用行政手段对经济进行干预，主张依照市场价格进行商品交换。这里不但包括民间商品买卖，而且国家的部分商品也通过此种方式进行。如此，劳动者可以通过交易活动获得劳动收入，基本的生活条件得以保障；另外，国家也可以通过"和籴""和雇"等形式获得所需的商品和劳动力，满足各方面的需求。

再次，在流通领域，用货币调控市场价格。在流通领域通过调控货币流通量来干预

---

① 《陆宣公全集·奏议·均节赋税恤百姓》第六条。
② 《陆宣公全集·奏议·请减京东水运，收脚价于缘边州镇储蓄军粮事宜状》。
③ 《陆宣公全集·奏议·论度支令京兆府折税市草事状》。

社会经济是陆贽轻重理论的重要内容。他认为："物贱由乎钱少，……物贵由乎钱多，……物之贵贱，系之钱之多少。"[①]商品的贵贱在一定程度上取决于流通货币的多寡，货币多则商品昂贵，货币少则商品便宜。他还认为流通领域钱之多寡取决于国家货币发行量的大小："钱之多少，在于官之盈缩。"[①]因此，国家可以通过控制流通领域的货币量来调控市场价格："少则重，重则加铸而散之，使轻……多则轻，轻则做法而敛之使重。"[①]"敛轻为重……散重为轻，弛张在官，何所不可。"[①]不但如此，陆贽还提出了具体做法，他认为，当流通领域货币量不足时，应通过"广即山殖之功，峻用铜为器之禁"[①]的手段来增加货币发行量；当流通领域货币量过多时，应通过榷盐、榷酒等国家专卖来收回流通中的货币。控制货币发行量，可以使商品的价格不至于过高，劳动者的劳动产品能以相对符合产品价值的价格出售，使劳动者有相对稳定的收入；也可以使商品价格不至于过低，劳动者可以购买生活所需要的必需品，使生活有基本的保障。

最后，劳动分配领域，陆贽主张运用轻重之术来调节财政收入的结构，进而增加劳动收入。他认为，"将制国用，须权重轻。食不足而财有余，则弛于积财，而务实仓廪；食有余而财不足，则缓于积食，而啬用货泉"[②]。货币与粮食皆国家所需，二者之间应保持一定的比例关系，当钱粮失衡之时，做如上调整。当钱粮俱足之时，则可以利用充足的财力进行分配的调节，以调整收入分配的结构。此种做法使劳动者获利颇多，一方面，国家要与"民"休息，给劳动者以繁衍生息的时间；另一方面，国家可以大兴漕运来使穷人获利。通过国家财政收入的再分配，劳动者通过劳动可以获得额外收入，特别是贫穷劳动者可以获得基本的生活保障。

3）社会产品分配与再分配方面

陆贽主张赋税以"养民"为先，先"养民"，后"资国"。他认为，"建官立国，所以养人也；赋税取财，所以资国也。明君不厚其所资，而害其所养。故必先人事，而借其暇力；先家给，而敛其余财"[②]。在社会总产品初次分配与财政再分配之间的关系方面，他主张以"养民"为先，与"百姓足，君孰与不足"的观点相类似，虽没有提出具体的轻税标准，但与之前儒家的轻税思想相一致，甚至更进步。在财政收入分配的对象问题上，他主张借"暇力"，敛"欲财"，国家的赋税收入应该以养民所需生活资料之外的剩余部分为来源，如此可以不至于使人民更加困苦，还能避免贫富差距过大。在一千多年前，陆贽能提出如此合乎科学而且表达准确的认识和言论，确实值得重视。

4.2.3　宋代李觏、王安石、叶适的劳动经济观点

1. 李觏的劳动经济思想

李觏（1009~1059 年），字泰伯，建昌南城（今山西南城县）人，南城在盱江边，所以他又被称为"盱江先生"。

李觏一生困顿不得志。十四岁时父亲去世，三十二岁时仍然"乞食为生，来往江湖，

---

① 《陆宣公全集·奏议·均节赋税恤百姓》第二条。
② 《陆宣公全集·奏议·均节赋税恤百姓》第四条。

零丁孤苦"(《上慎殿丞书》)。二十九岁和三十四岁两次应试不第，不得已在盱江创办书院，以教授为业。1050 年，由于范仲淹的举荐，李觏被任命为太学助教，后又被召为太学说书。1059 年，代理主管太学工作。是年六月，告假返乡迁葬祖母，由于旅途劳累而一病不起，八月即离开人世。

李觏是北宋时期著名的功利主义学者，他非常重视经济问题，代表作有《国富策》《平土书》等，成为"中国封建社会后期首先对经济问题作了比较全面的探讨的思想家"[①]。

李觏的劳动经济思想主要有以下几方面。

1) 关于土地问题的观点

土地问题是以农业自然经济为主的社会的首要问题，改善农业生产状况主要是解决土地问题，针对当时土地兼并和集中比较严重的现实，李觏在《平土书》中专门论述了该问题。

李觏早年认为土地兼并造成土地不均，百姓由此饥寒交迫，导致贫富严重分化和贫民的困苦。因此他主张抑制土地兼并、将土地均分放在首位："平土之法，圣人先之。"(《平土书》)至于具体的做法，李觏主张恢复井田。李觏后来又从生产的角度来揭示土地兼并对生产力发展的束缚和阻碍，认为土地兼并越严重，对农业生产力的限制、阻碍和破坏程度就越大。一方面，土地高度兼并和集中使"地力不尽"，贫者没有土地，虽有劳动力，但无用武之地。富者虽有土地，但劳动力闲置不用于农业劳动生产，导致农业产量下降。另一方面，土地兼并使"田不垦荒"，阻碍农业向广度发展。贫者无土地所有权，即使开垦荒地也不能据为己有，因而无兴趣开垦。富者用剥削的钱财兼并土地，比新开垦土地容易得多，因此也无兴趣开垦。如此，土地兼并导致土地与劳动力的分离，严重阻碍了农业生产的发展。因此，解决土地问题的目的是使土地与劳动力最大限度地结合，以发展生产，使"人无遗力，地无遗利，一手一足无不耕，一步一亩无不稼，谷出多而民用富，民用富而邦财丰"(《周礼致太平书·国用第四》)。至于使土地与劳动力结合的措施，李觏还提出了具体的限田方案：一是施行抑末之术，把过多的工商业者和游闲之民赶回田地，让其进行生产劳作；二是限制地主占有田地，不得超过限制的范围；三是用爵位奖励开垦荒地，根据开垦荒地的多少依次进行奖赏。

李觏对土地问题的观点在不同的时期有些不同：前期主要从分配的角度主张"平土"，即在分配上实现土地均平；后期则从生产的角度批判土地兼并和集中，力图实现劳动力和土地之间的完好结合，以达到改善农业生产状况的目的。李觏后期的土地思想指明了阻碍农业发展的根源——土地兼并使劳动者与土地分离，使国家社会经济陷入危机，他已经看出封建生产关系对劳动力发展的束缚，在当时是比较进步的。

2) 有关劳动力的使用与管理的思想

李觏认为，在社会经济生活中，劳动者的劳动能力和社会分工不同，每个人都应从事与之相适应的生产与流通活动，以发展生产，富国裕民。因此，他主张"能其事而后可以食"，即有劳动能力的劳动者进行一定的劳动或工作，然后才可以获得一定的报酬(才可以"食")，反对不劳而获，不劳而"食"。在具体措施上他主张"抑末"和

---

① 赵靖：《中国古代经济思想史讲论》，人民出版社，1986 年，第 139 页。

"去冗"。"抑末"是指将那些丧失土地和从事工商业的劳动力（末民）遣返农村，使其从事农业劳动；"去冗"是指使失去土地后没有职业或者没有"正当职业"的劳动力（冗民）重新从事农业劳动。

对于末民，李觏所指的是生产经营奢侈品的富商大贾和从无地农民转化而来的小商小贩。李觏反对采取强制的手段直接驱逐的办法，而主张采用间接的经济手段。他认为："欲驱工商，则莫若复朴素而禁巧伪。朴素复则物少价，巧伪去则用有数。利薄而不售则或罢归矣。如此则工商可驱也。"（《富国策》第四）对于冗民，李觏将其分为"缁黄之多""官府之奸""方术之滥""声伎之贱"等类，并主张采用改变习俗、立规堵漏甚至强令禁止等方式使其返农。例如，对"缁黄之多"的僧道采取禁止度人、禁修寺庙等方式逐渐使僧亡庙毁；对"官府之奸"的滥官冗吏，采取慎选官吏、重视法治等方法使其无法徇私舞弊、敲诈勒索，迫使其离职归田；对于"方术之滥"的巫、医、卜、相等类之人，采用论之如法、立医兴学等方式限制其活动空间，进而使其失去市场；对于"声伎之贱"的歌舞娼优、江湖艺人，采用限制雇用、禁绝乐舞等手段使其无以为生，一心返农。

"抑末"和"去冗"的措施，在一定程度上使游手好闲、旁门左道等人员回归田园，重操旧业，劳动力得到充分利用，农业生产得到很好的发展，国民经济有了较大提升。

2. 王安石的劳动经济思想

王安石（1021~1086 年），字介甫，临川（今江西抚州临川县）人。宋仁宗庆历年间开始做官，历任扬州签判、鄞县知县、舒州通判等职。宋神宗即位后，王安石于熙宁元年（1068 年）任翰林学士兼侍讲，于次年任参知政事（副宰相）并领制置三司条例司，并于 1070 年任同中书门下平章事（宰相）。熙宁七年（1075 年）被罢相，次年复相，又年余罢相，熙宁十年（1078 年）辞官。王安石前后执政九年，致力于变法，是中国历史上有名的改革家。王安石的经济思想主要体现在《王临川文集》（王安石的诗文集）、《熙宁奏对日录》（熙宁变法时期同宋神宗议论变法问题的材料）、《周官新义》（以《周礼》作为变法、理财主张的经典依据）等著作中。

北宋时期，内外矛盾尖锐。外部，北宋与辽订立澶渊之盟，每年向辽输送银十万两、绢二十万匹的"岁币"；与西北党项族建立的西夏政权重订和约，每年给银七万两，绢十五万五千匹，茶三万斤。内部，土地兼并严重，富者隐瞒土地，有田无税；贫者无田多税，负担沉重。地主阶级与农民阶级矛盾尖锐，农民暴动频繁。同时统治集团内部矛盾尖锐，党派林立，冗政靡费，致使北宋政府收入锐减，陷入财政危机之中。面对严峻的局势，王安石进行变法，推行改革措施，其中蕴涵着劳动经济思想，主要集中在农村劳动方面。

1）关于农业劳动生产资料

针对农民无地少地、无本少钱的现状，王安石采用青苗法，即国家在青苗时期贷款给农民和部分城市居民，以保持其农业生产。具体内容是：改变常平仓籴粜粮食的办法，将粮仓所储存的粮食转化为现钱贷给农民。农民可以根据自身情况自愿请贷，国家给予现款。还钱方式是：如果在正月三十日之前贷款，称为"夏料"，在夏收后归还；如果在五月三十日之前贷款，称为"秋料"，在秋收后归还。如遇灾荒，可延至下次收成时归还。

贷款优先贷给贫困乡户，然后才是坊郭户。贷款时必须是现款，而还款则既可以是现款也可以是粮米，但需在本金之外加收百分之二十的利息。

2）关于解放农业劳动生产力

宋代徭役十分繁重，有负责运送官府物资的"衙前"，有催纳赋税的"里正"，有抓捕盗贼的"壮丁"，有通知诸事的"承符"，有担当杂役的"手力"，等等，这些徭役对农民的损害更甚于赋税，致使民不聊生。明晰于此，王安石采取免税法来解放农业劳动力。所谓免税法就是由民户出钱赎免某些徭役。具体做法是：废除服务于官府的非生产性差役，代之以有报酬的募役制。如衙前、户长等任务繁重的徭役不再派遣民户，而由官府出钱招募人员出任。服务于官府的生产性差役则可以按照户等高低缴纳不同数量的免役钱，四等以下的乡户和六等以下的坊郭户由于收入甚微、生活贫困可以不出免役钱。过去不承担徭役的官户、寺观和大商人等，缴纳"助役钱"即按照户等缴纳同等民户所出免役钱的一半。

对于王安石坚决否定徭役劳动，制定免役法，解放劳动力的做法，胡寄窗先生曾给予高度评价："否定徭役劳动的思想在王安石以前早已出现，并在他以后一个极长的历史时期内还不断有思想家持这种观点，但是坚决地动用政治法权的力量以图摧毁徭役劳动制，在我国历史上他还是仅见的一位思想家。"[1]

3）关于农业劳动生产条件

为了提高农业劳动收益，王安石制定农田水利法，鼓励人们兴修水利。具体做法是：任何人，无论官民，都可以向官府提出兴修水利的建议或方案，官府经过考核一旦采纳，立刻修建。费用由受益户摊付，如果是工程大、费用高的工程国家则给予一定的补助。工程修建完毕后，根据收益大小给予建议人一定的奖励，如果收益特别大，则授予建议人或者方案人一定的官职。

4）关于劳动创造财富的思想

关于国家财富的来源，王安石明确指出，一国财富的增长源于土地和劳动。他特别强调"人致己力，以生天下之财"[2]。他认为，如果劳动者尽最大能力劳动，社会总财富就能增加，并进一步阐发："尝以为方今之所以穷空，不独费出之无节，又失所以生财之道故也。"[3]他认为财富增加的原因一方面是费用支出无节制，另一方面是不知道致富的途径与办法。"盖因天下之力以生天下之财，取天下之财以供天下之费，自古治世未尝以不足为天下之公患也，患在治财无其道耳。"[2]他指出，要用所有的劳动力来创造社会财富，治世者忧虑的不是财富不足，而是生财无道。至此，王安石一方面强调劳动者要尽己力创造社会财富，另一方面，还强调创造财富要讲求方式和方法，要有生财之道、致富之途。

3. 叶适的劳动经济思想

叶适（1150~1223 年），字正则，永嘉（今浙江永嘉县）人。宋孝宗淳熙五年（1178

---

①　胡寄窗：《中国经济思想史》下册，上海人民出版社，1983 年，第 71 页。
②　《王临川集》卷三十九《上仁宗皇帝言事书》。
③　《王临川集》卷七十五《与马运判书》。

年）擢进士第二，历仕孝宗、光宗、宁宗三朝。他因晚年在永嘉城外的水心村居住、讲学，被称为"水心先生"。

叶适是永嘉学派的集大成者，功利之学的主要代表，晚年著有《习学记言序目》。他的著作还有《水心文集》《水心别集》，中华书局 1961 年将此二集合编成《叶适集》出版。

叶适的劳动经济思想主要有以下几方面。

1）关于劳动求利的思想

功利之学是叶适思想的基础。他认为物质财富是人类社会生活的基础，劳动者追求物质财富，也即求利，是由人的本性所决定的，是合情合理且天经地义的。他还从私人的角度阐述求利："凡人衣食、居处、嗜好之须当身而足，则所留固狭矣。然而念迫于室家，莫之赢焉；爱牵于子孙，不能业焉。四民而艺，朝营暮逐，各竞其力，各私其求，虽危而终不惧，已多而犹不足者，以其所留不止于一身故也。"[①]他认为人们朝夕奔走甚至临危不惧的原因是逐利，求利是所有劳动者的根本目的。因此，叶适要求统治者不要人为地阻碍劳动者求利，不要进行任何的干涉与束缚。不但不限制，还要鼓励和支持劳动者求利："其途可通而不塞，塞则沮天下之望；可广而不可狭，狭而来天下之争。"[②]

叶适的劳动者普遍求利的思想冲破了以前"贵义贱利"说的束缚，强调义与利的统一性。因此，无论是农业劳动者还是工商业劳动者的求利行为都能使国家总财富增加。

2）关于本末劳动者皆重的思想

叶适相当重视农业，认为王业的根基在于"先知稼穑之艰难"，"未有不先知稼穑而能君其民，协其居者"[③]将农业提高到君安天下的高度。

叶适重视农业之本，但是并不像传统的思想那样"抑末"，而是从理论上对"重本抑末"论进行批判，认为工商业者的产生是社会经济发展的结果，是社会分工的需要，有利于经济的繁荣昌盛与社会的稳定发展，因此认为"重本抑末"不是正论："夫四民交致其用而后治化兴，抑末厚本非正论也。"[④]他将工商业提高到与国计民生息息相关的高度，甚至关乎国家的治乱兴衰。因此，他建议统治者"以国家之力扶持商贾"，保护和促进工商业的生产和发展，进而取得经济上的支配地位，以获得更多的利益。在南宋时期，叶适能够将农业与工商业并重，为工商业劳动者立说是难能可贵的，这是他经济思想的进步所在。

3）关于劳动再分配的思想

叶适的理财理论中涉及关于劳动再分配的思想。他抨击了借理财之名而行聚敛之实的"取诸民而供上用"的传统做法，并站在劳动者的立场提出"天下财天下共理之"的观点，认为理财者不应仅是国家，也应包括个人（劳动者）。主张对农业劳动者和从事工商业的劳动者的劳动收入分配应该给予充分的重视。他根据南宋的苛捐杂税敛取之多亘古未有的现实，提出"财少"的口号，认为必须减少苛捐杂税，减轻劳动者的负担，使

---

① 叶适：《叶适集》（《水心文集卷九·留耕堂记》），中华书局，1961。

② 叶适：《叶适集》（《水心文集卷三·管法下》），中华书局，1961。

③ 叶适：《叶适集》（《习学记言序目·毛诗》），中华书局，1961。

④ 叶适：《叶适集》（《习学记言序目·史记》），中华书局，1961。

他们有足够的人力、物力和财力进行再生产,达到"财以少而后富"①的目的。特别是鼓励工商业劳动者与国家争利,经营工商业的中小地主的财富会增多,他们就会把一部分剩余产品投入生产和流通领域,以获取更多的物质利益。农业劳动者赋税减少和工商业者的财富增多,都会变相增加国家财富,客观上促进生产的发展。

宋代商品经济的发展促使思想家们思考商业经济中劳动者的生产资料、生产条件、劳动分配、劳动交换、劳动者消费、劳动者解放等一系列问题,思想逐渐成熟。由于宋代的经济思想家同时又多是政治改革家或政要人士,不但能够提出有关劳动经济的思想,而且能够在一定程度上实行,所以为劳动经济的进一步发展奠定了基础。

4.2.4　明代丘浚的劳动经济思想

丘浚(1420~1495 年),字仲深,琼山(今海南省)人。他 34 岁(1454 年)考中进士,后官至文渊阁大学士(相当于宰相)。

丘浚十分重视政治、经济等问题,常"以经济自负"(《明史·丘浚传》卷一八一之列传六九),编有《大学衍义补》一书。该书是一部有关经世致用之学的著作,是对南宋真德秀《大学衍义》一书的补编,但有所不同。真德秀之书侧重于理,而丘浚之书主于事;真德秀之书宣扬理学思想,而丘浚之书则补以"治国平天下之要",二者是两部性质不同的著作。《大学衍义补》一书分门别类地记录了前人有关政治、经济、法律、军事等方面的言论,并以按语的形式表达自己的见解,其中经济思想主要集中在第十二卷至三十五卷这二十四卷中。我们可以从中对丘浚的劳动经济思想作一考察。

丘浚的劳动经济思想主要有以下几方面。

1. 关于土地生产资料重新分配的思想

农业在明代整个国民经济中依然有最重要和突出的地位,而土地则是农业生产发展的基础,因此,丘浚十分重视农民的生产资料即土地问题。在当时的社会,大地主不但拥有雄厚的经济实力,而且拥有强大的政治特权。如果放手让这些大地主进行土地兼并,那么,不仅大量自耕农和半自耕农会失去土地,而且一般的富民和地主也会成为大地主兼并的对象,必然会丧失一部分土地。他认识到,如果对土地兼并置之不理,任其自由发展,连一般的地主和富户的利益也会受损。有鉴于此,丘浚提出了在放任中控制、在干预中自便的"配丁田法"的土地分配方案。

"配丁田法"的具体分配精神是"不追咎其既往,而惟限制其将来"。具体的分配内容如下:

"断定一年为限。如今年正月以前,其民家所有之田,虽多至百顷,官府亦不之问,惟自今年正月以后,一丁惟许占田一顷(余数不许过五十亩)。于是以丁配田,因定为差役之法。"(《制民之产》)

"丁多田少者许买足其数(即达到全家平均每丁一顷的限额),丁田相当(即每丁平均一顷)则不许再买,买者没入之。其丁少田多者,在吾立限之前,不复追求,自立

---

① 叶适:《叶适集》(《水心别集卷三十二·四屯驻大兵》,中华书局,1961。

限制后，惟许其鬻卖，有增买者并削其所有。"(《制民之产》)

"若乃田多人少之处，每丁或余三五十亩或至一二顷；人多田少之处，每丁或止四五十亩，七八十亩，随其多寡尽其数以分配之。"(《制民之产》)

不但如此，丘浚还制定了一套丁田折算的徭役方案。

对于田多丁少户，除了以田配丁外，超额土地按二顷田折合一丁，出雇役钱；对于田少丁多户，除了以丁配田外，还把多余的丁以每二丁折合田一顷，当一夫差役；对于官僚地主实行"优免之法"，按官品高低，不同程度地减免其徭役，但不得减免赋税。

丘浚认为，此种分配之法不但能够维护土地私有制，而且能够保证私人占有土地不受侵犯，起到限制兼并的作用。他的"配丁田法"中关于丁田折算负担徭役的方法，在一定程度上可以减轻小地主和自耕农的徭役负担。其中田多丁少户可以出钱雇役的规定，对雇用劳动关系的发展起到一定的促进作用，也有利于商品经济的发展。

2. 关于劳动生产和分配的思想

在劳动生产方面，丘浚认为，劳动者的劳动是物品能够使用和国家财富得以增长的根本所在。他说："财生于天，产于地，成于人。"[1]认为财富是自然力和人力共同作用的结果，而人力即劳动者的生产起决定作用。他又说："世间之物，虽生于天地，然皆必资人力而后能成其用。"[2]再次强调劳动者的劳动的重要作用。他的思想与英国威廉·配第的名言"劳动是财富之父和积极要素，正如土地是财富之母"有异曲同工之妙。

在劳动分配方面，丘浚认为，人是普遍追求财富的，无论各行各业、各种等级莫不如此："财者，人之所同欲也。"[3]求利求富是由人的本性决定的，是没有限度的。由于个人的勤怠、俭奢致使贫富有所不同："勤则得之，怠则失之，俭则裕之，奢则耗之。"[4]因此，在劳动分配上不要人为地干预调整这种不均，而要一视同仁。

3. 有关劳动价值的思想

丘浚认为，劳动者的劳动作用于一定的劳动对象，生产出有使用价值的劳动产品即商品："世间之物，虽生于天地，然皆必资于人力而后能成其用。"任何商品的价值皆由生产该种商品的劳动决定，价值量和劳动消耗量成正比："其体有大小精粗，其功力有深浅，其价有多少。"商品的交换价值要遵循等价交换的原则，消耗的劳动时间越多则价值越高。价值千钱的商品"必非一日之功所成也"，是不能与"直三五钱"的纸币相交换的。

西方最早的劳动价值论是由英国威廉·配第于1662年提出来的，而丘浚的《大学衍义补》成书于明成化二十三年（1487年），比威廉·配第早175年。在人们的心目中，中国古代的劳动经济思想不如西方，但是丘浚的有关劳动价值的思想无论是在抽象性还

① 《大学衍义补》卷二一《总论理财之道下》。
② 《大学衍义补》卷二七《铜楮之币下》。
③ 《大学衍义补》卷二一《总论理财之道上》。
④ 《大学衍义补》卷二十《生财有大道条》。

是普遍性方面皆高于威廉·配第，这是值得我们民族引以为自豪的事情。

▶**本节拓展材料**

◎**本章小结**

　　作为历史悠久的文明古国之一的中国，在先秦时期就有各门各派纷纷著书立说，形成百家争鸣的局面。儒家、墨家、道家、法家和管子等的思想中蕴涵着劳动经济思想的萌芽。秦汉至明中叶的经济思想家们在先秦先哲的基础上，在劳动条件、生产资料——土地、劳动保障、劳动分配等诸多方面进一步立说，分析更加详尽，见解更加深入，阐述更加透彻，日趋系统化与理论化，是我国古代劳动经济思想的发生和发展时期。古中国劳动经济思想以其思想的深邃度与广延度使文明古国更加熠熠生辉，彰显着文明古国的巨大魅力。

◎**思考题**

　　1. 概括中国先秦时期主要流派及代表人物的劳动经济思想。

　　2. 比较儒家和墨家劳动分工观点的异同。

　　3. 分析秦汉至明中叶我国劳动经济思想发展的进程。

◎推荐阅读材料

先秦诸子的"救市"之争

易中天 厦门大学人文学院教授

　　牛年的到来，让我想起我们中华民族历史上最牛的时代，这就是春秋战国。中国的春秋战国，属于德国哲学家雅斯贝尔斯所谓"轴心时代"。什么叫"轴心时代"呢？就是在这样一个时期，在世界各地，各文明古国和民族里面，产生了一批极其优秀的伟大的思想家。他们的思想影响了整个世界，其中包括古希腊的苏格拉底、柏拉图、亚里士多德，包括古印度的释迦牟尼，包括以色列的犹太先知，也包括我们中国的孔子、老子，等等。这个时代是世界文明的黄金时代，也是我们民族的黄金时代，是我们民族思想文化的鼎盛时期，我们称之为民族思想史最牛的时代。

　　那么我们要问，春秋战国为什么会成为这样一个时代呢？春秋战国时期，为什么会出现先秦诸子百家争鸣？一个直接的原因，是当时社会需要"救市"。

　　"救市"可能成为 2008 年一个重要关键词，而春秋战国恰恰面临同样的问题。大家都知道孔子东奔西走，周游列国，四处碰壁。曾经有人问孔子为什么要这样，为什么要到处说服诸侯同意他的政治主张，孔子回答说：天下有道，丘不与易也。很清楚，如果天下太平，秩序稳定，社会发展，经济繁荣，就用不着出来搞改革。所以我们很容易得出结论：先秦诸子出来争鸣，就是为了"救市"。因此，我把他们留给我们的思想遗产，称之为"救市者的遗产"。

　　先秦诸子作为当时的"救市者"，他们提出了什么样的主张，又给我们留下什么遗产呢？

　　当时的社会情况和社会制度，是我们中国人认为自己头顶上是天，天下面是地，也叫做"天下"。当时的天下，是我们中国人认识所及的范围，并不是现在的全球。但在中国人心目中，就是全世界。所以"天下大治"，就是指整个世界秩序井然。那么，当时的"天下"，是一个什么样的结构呢？是整个"世界"有一位最高领袖，叫"天子"，他拥有的范围是"天下"。然后天子把天下分出去，分到各个"国"，这就叫"建国"。每个国有一个国家元首，叫"诸侯"。诸侯从天子那里得到一定数量的人民和土地，建了"国"，又把国再分一次，分给大夫，叫做"家"。这就叫"立家"。天下，国，家，当时是这么分的。也就是说，当时的天下，全世界是总公司。总公司有一个总裁，叫做天子。请注意不是董事长。在中国人的观念当中，董事长是"天"。天作为董事长授权总经理管理天下，这个授权在中国古代就叫做"天命"。如果董事长决定要撤换总经理，那就要进行"革命"，也就是"革除天命"。总之，天下相当于总公司，国相当于分公司，家相当于子公司。这是一种"层层转包，三级分权"的制度。这个制度，就叫做"封建制度"，严格意义上的"封建制度"，也叫"邦国制度"。在这样一种制度下，如果总公司、分公司、子公司都各自发展，严格保持这样的三级管理局面，就叫做"天下有道"。相反，春秋战国的情况则是，子公司变得比分公司还牛，分公司变得比总公司还牛。子公司里面，白领又变得比老板还牛。这在当时，就叫"天下无道"，也叫"礼崩乐坏"。

为什么这样说呢？因为按照"封建制度"或者"邦国制度"的结构，天子是龙王，诸侯是大鱼，大夫是小鱼。士，也就是大夫的家臣，是虾米。而春秋时期的情况是什么样的呢？是虾米吃小鱼，小鱼吃大鱼，大鱼想当龙王。因为当时天下、国、家的资产和实力，都发生了变化。实力强了，就会叫板上级。比方说，白领做大了，就不把老板放在眼里；子公司做大了，就不把分公司放在眼里；分公司做大了，就不把总公司放在眼里。这就是春秋时期的局面。这个局面在儒家看来，就是"天下无道"。在我看来，就是"资产重组"。

实际上春秋战国的问题就是"资产重组"。结果是什么呢？是某些子公司或者分公司越做越大。到了战国，出现了七雄，也就是十来个自封的总公司。原来那个总公司也就是"周"，没有了。这十来个吃掉了其他分公司和子公司的总公司，也进行兼并，资产重组。最后，又被"秦国总公司"全部吃了。这就是"秦始皇兼并天下"，简称"秦兼天下"。秦汉以后，不再有"建国立家"的"层层转包"，"三级分权"变成了"垄断经营"。整个天下，只有一个国家，一个政府，一个元首。这个元首就是皇帝。这样一种制度，我就称为"帝国制度"。

所以，春秋战国，就是从"邦国制度"向"帝国制度"、从"三级分权"向"垄断经营"转换的"资产重组"过程。这个时候，原来的秩序没有了，给人的感觉就是天下大乱。因为当时公司之间的兼并，不像现在这样讲文明，讲法治。当时的手段是巧取豪夺，而且巧取少，豪夺多。大小公司之间，不讲道德，不讲诚信，不讲信誉，不择手段，完全没有道义可言，谁都可以背信弃义，谁都可以两面三刀，到处都是尔虞我诈，刀光剑影，人民过着水深火热的生活。

所以到了春秋战国之交，一些有识之士就出来发表救市主张。第一个是孔子。孔子的主张，是退回原来的秩序，维持总公司、分公司、子公司，层层转包的三级制度。孔子要恢复这个制度，因此主张"正名"，也就是总公司要像总公司，分公司像分公司，子公司像子公司。比如，孔子的鲁国，有三家大夫，季孙氏、叔孙氏、孟孙氏。他们把鲁国国君的"国有资产"一分为四，季孙氏得两份，叔孙氏和孟孙氏各得一份。国有资产没有了，变成私人的，变成他们家里的，鲁国国君一分钱没有。这在孔子看来，已经是太不像话。可是他有一个学生，叫冉有，还帮助季孙氏理财。所以孔子说，这个人不是我的学生，同学们可以大张旗鼓地去揍他。

孔子主张恢复原来的制度，这样的主张肯定行不通。子公司、分公司已经做大做强了，现在让他做小，怎么可能呢？于是墨子出来，提出搞"国企改革"。墨子是主张"国企改革"的。怎么改？一个是改革分配制度，一个是改革人事制度。墨子说，现在天下之所以不太平，根本问题是分配不公。墨子有一个基本主张，认为人必须是劳动者，不劳动者不得食。现在的社会，恰恰是越不劳动吃得越多，叫做"无故富贵"。这就说明，这个社会完全没有公平和正义。因此，墨子站在劳动人民的立场，站在弱势群体的立场，提出了自己的改革方案。第一，自食其力。所有人都要工作，如国君要治国，大夫要齐家，不能不劳动。第二，按劳分配。谁贡献大，谁就多得，要按照贡献分配。第三，各尽所能，让每个人发挥自己特长。第四，机会均等。你不能说看血缘，出身，不能看这个东西，要看个人能力。一个官员家庭不能永远富贵，普通老百姓不能永远贫贱。最后，墨子提出来要"互利互爱"。实际上，墨子是中国最早提出"双赢"思想的人。墨子说你爱别人，别人就会爱你；你帮别人，别人就会帮你。这样一种互利双赢的事情，我们为什么不做？相反，你恨别人，别人就会恨你；你害别人，别人就会害你。这样一种损人不利己的事情，我们又为什么要做？

但是墨子的方案，也是行不通的，于是有道家出来发表意见。道家的意见很简单，社会之所以有市要救，因为有"市"。没有"市"，需要救吗？因此道家的观点，就是不救。救什么呢？这个社会混乱，就因为你们太想做事，就因为你们儒家、墨家，还有你们的前人太狂妄，以为你们无所不能，什么都能做，居然想代天立法。要知道，天是不做什么的。天说话吗？天做事吗？天立法吗？天什么都不做，却什么都做了。而你们这些"人"，非常狂妄，认为自己无所不能，结果越来越乱。所以庄子说，事情坏就坏在黄帝，因为他要治天下。当然了，黄帝治天下，还算可以。到了尧舜禹，一个比一个差。所以，"救市"的方案，就是要顺其自然，无为而治。

这个方案显然也是不行的。就算这个方案有道理，但是现在已经有"市"了，已经乱了，你不管不行，不能处于无政府状态。于是法家出来发表主张。法家的主张是什么？法家也赞成"无为"。韩非认为，一个做领导的，比如说一个企业的董事长，或者一个国家元首，应该不做事情。你不要做，事情让手下人做，无为。但是道家主张无为，是顺其自然。法家的无为，怎么解决社会问题？以法治国。也就是说，人不要治。谁来治？法来治，而且必须做到法律面前人人平等。所以韩非提出"法治三原则"：一，固，显。一，就是统一，也是唯一；固，就是固定；显，就是公开。简单地说，就是要制定法令，公布出去，用它作为既统一又唯一的标准，来治理国家。

那么，最后的结果是什么呢？是法家的思想得到实践，秦始皇终于建立帝国制度。所以，秦兼并天下以后，就将法家学说确立为国家意识形态。再经过西汉初年，最后儒家思想成为国家意识形态。我的说法，就是儒家思想和法家思想共同成为执政党，儒家是公开的，法家是暗中的，道家成为在野党，墨家成为地下党。（经演讲者本人修订）

【推荐选读书目】

国学整理社. 1954. 诸子集成. 北京：中华书局.

巫宝三. 1985. 中国经济思想史资料选辑（先秦部分）. 北京：中国社会科学出版社.

第5章 欧洲中世纪时期的劳动经济思想

▶学习目标

1. 了解欧洲中世纪的社会经济背景。
2. 掌握《萨利克法典》和《庄园敕令》中所蕴涵的劳动经济的观点。
3. 掌握托马斯·阿奎那的劳动经济思想。

从公元 5 世纪西罗马帝国灭亡到 15 世纪文艺复兴，这一千年时间被称为西欧中世纪时期。这段时期又分为两个阶段。第一阶段，从公元 5 世纪到 10 世纪，是西欧奴隶制瓦解和封建制度的产生阶段。公元 476 年，西罗马帝国灭亡，西欧古代文明受到了严重打击，自此开始了长达五六百年的黑暗时期，此时自然经济依然占统治地位，但经济萧条、商业萎靡、市场消失，整个社会一片荒凉凋敝景象。

第二阶段，从公元 11 世纪到 15 世纪，是西欧封建社会的鼎盛时期。这一时期，封建领主拥有土地所有权，他们将土地分封给皇亲国戚和王公大臣，然后，获得土地后皇亲国戚和王公大臣又将土地分封给自己的臣属，这些臣属在分封的土地上建家设园，雇奴收租，成为新的封建领主，于是社会各层普遍形成了封建领主制。不但如此，基督教被奉为国教后其地位日益提高，教会也成为土地的一大占有者，教会的神职人员与封建领主一样剥削农奴，农奴受封建领主势力和罗马教皇势力的双重压迫，处于社会的最底层。但此时期的经济较前一阶段有了突破性的发展，已经从自然经济发展到货币经济，并且货币经济后来逐渐拓展到欧洲全境。

中世纪的欧洲，上层社会逐渐形成以封建帝王为首和以罗马教皇为首的两大对立集团，他们相互进行倾轧与斗争，直到 11 世纪后半期，基督教与教会占有绝对的话语权，神职人员所信奉的经院哲学成为西欧中世纪特别是中世纪后期的主导思想。经院哲学家们在观察事物时并不是像希腊先哲们那样通过深入系统的分析来探索内在规律，而是在基督教教义的思想的驱使下看待万事万物，此时的劳动经济思想无不打上宗教的烙印。

西欧封建社会早期反映劳动经济思想的重要史料是《萨利克法典》和《庄园敕令》；西欧封建社会鼎盛时期代表人物是托马斯·阿奎那。

5.1 《萨利克法典》和《庄园敕令》中的劳动经济思想

5.1.1 《萨利克法典》中的劳动经济思想

法兰克人是日耳曼人的一支，在克洛维（公元 481~511 年）当政时，法兰克王国成为当时最强大的蛮族国家。《萨利克法典》也翻译成《撒利法典》，是按照法兰克人萨利克部族的习惯法汇编而成，大约完成于公元 486~496 年。法兰克王国在鼎盛时期是最强大、存在时间最久的日耳曼蛮族国家，因此《萨利克法典》在当时具有广泛的影响，后世流传的版本也最多，被法律史学家看做公元 5~9 世纪最著名、最典型的"蛮族法典"。

《萨利克法典》共 65 章，内容来源于法兰克人的习惯法和法兰克王国的法令。《萨利克法典》主要是一部刑法典和程序法典，因此该法典成为后人研究西欧早期封建国家和法律的珍贵史料，同时可以窥探法兰克人的习惯法概貌及法兰克王国早期颁行的一些重要法令，成为了解法兰克人的重要资料。

《萨利克法典》记载了刚刚步入封建社会的法兰克王国的经济社会制度和汇编者的经济思想。其中关于劳动者的人身安全和财产保护的思想对后世产生很大影响。

关于人身安全方面，《萨利克法典》中的个别章节和条文规定不但自由人的人身安全受到法律保护，而且奴隶也如此。该法典的第三十五章"关于杀死或抢劫奴隶"中第六条载："如果有人偷窃或杀死宫廷仆役，或铁工，或金工，或养猪者，或种葡萄人，或马夫而被揭破，应罚付……三十金币。"[1]第四十一章"关于杀害自由人案"中第一条载："任何人杀死一个自由法兰克人或遵守萨利克法律而生活的蛮人，而经证明者，应罚付八千银币，折合二百金币。"[2]第三条载："如果有人杀死替国王服务的男人或同样的自由妇女，应罚付二万四千银币，折合六百金币。"[3]此外法典的第十章"关于偷窃奴隶"、第十三章"关于抢夺自由人"、第十四章"关于侵袭或抢劫"、第三十九章"关于劫掠奴隶者"等都有关于人身安全的法律条文的规定。

关于私有财产保护方面，《萨利克法典》规定劳动所得归农户个人所有，且个人私有财产应受到保护。法典的第二十七章"关于各种窃盗"中第六条载："如果有人闯入人家的园地，意图窃盗，应罚付六百银币，折合十五金币，另加所窃东西的代价和损害赔偿。"第七条："如果有人意图偷窃，闯入那种植萝卜、豆荚、豌豆或扁豆的田地，应罚付……三金币。"第八条："如果有人从人家的田地里盗窃了亚麻并用马匹或马车运走，……应付十五金币。"[4]这里从"人家"一词的使用可以看出法典对私有财产的承认，且私有财产受到法律的保护。此外在法典的第二章"关于偷猪"、第三章"关于偷窃有角牲畜"、第九章"关于加于谷田或任何圈围地的损害"、第十六章"关于放火"、第二十二章"关于磨坊里的偷窃"、第三十四章"关于偷窃篱笆"、第三十八章"关于盗马"等都

---

① 江平：《萨利克法典》第三十五章第六条，法律出版社，2000 年。
② 江平：《萨利克法典》第四十一章第一条，法律出版社，2000 年。
③ 江平：《萨利克法典》第四十一章第三条，法律出版社，2000 年。
④ 江平：《萨利克法典》第二十七章第六条至第八条，法律出版社，2000 年。

规定了各种侵犯个人财产安全的惩罚措施和相应的罚金，反映出封建社会早期的法兰克王国对个人财产的保护。

5.1.2　《庄园敕令》中的劳动经济思想

查理大帝时期是欧洲中世纪的一个重要转型时期，此时法兰克王国达到极盛时期，奠定了西欧封建制度政治、经济、文化的基础。公元 812 年，查理大帝为了整顿领地而下了一份诏令——《庄园敕令》，共 70 条。它是查理大帝改造旧法律、制定新法律的重要举措，是后世研究查理大帝时期经济特点的重要文献。《庄园敕令》明确规定了庄园严格的组织形式和管理制度，包括了对农作物的耕作、收割，对管家权利和义务的规定，对农奴的监督、耕畜的使用等方面。

《庄园敕令》中有很多的篇幅涉及管家的职责和权限，涉及了早期劳动管理的思想。在中世纪，国王或王室希望尽可能地增加产出，获得更多的经济来源，《庄园敕令》把如何有效地剥削农奴作为一个核心问题，国王或王室往往发出诏令命令管家充分利用土地和劳动力以提高收入。"欧洲在中世纪时，是自然经济占着统治地位的时候，庄园是一个经济自足的单位。庄园上的一切需要，除了食盐等少数物品外，几乎全部是本庄园劳动人民所生产的。"[1]这里的"劳动人民"主要是指农奴，他们不但供给主人生活所需的东西，也生产维持自己家庭生存的物品。《庄园敕令》的第 23 条规定了农奴一周必须为领主工作几天，然后才能耕作自己的田地或者为自己生产生活必需品。因为时间有限，所以庄园管家就会时刻督促农奴"勤于耕种"，不要"虚度工作日"，对农奴进行有效管理。可见，在欧洲中世纪，劳动者——农奴的管理在生产中成为一个重要的因素，有关管理的思想成为后来劳动管理思想的先导。

此外，《庄园敕令》中也涉及了劳动分工的观点。随着社会生活的发展，产品越来越满足不了生活的需要。生产力的发展为提高产品质量和增加产品数量提供了可能，社会分工越来越精细，部门种类越来越多："如铁匠、金匠、银匠、鞋匠、旋工、木工、刀剑匠、渔夫、寻找兽迹的人，能烤面包与点心的工人，造猎网、渔网、鸟网的工人以及其他工人，不能一一列举。"[2]各行各业的人的数量和技术的提升，客观上提高了劳动生产率，进而促进了经济的发展。此外，《庄园敕令》中还提到了男女劳动分工问题。第43 条中提到了妇女作坊："管家按照他们的指示及时地为妇女作坊提供原料，包括亚麻、羊毛、靛蓝、朱砂、染料、羊毛梳、起绒机、肥皂、油脂、容器以及其他需要的物品。"[2]从中可以看出妇女在庄园中也有具体的工作，成为劳动中不可或缺的一部分。

---

[1] 弃思和：《欧洲中世纪的庄园制度》，《历史教学》，1957 年第 7 期，第 33-40 页。
[2] Geary P J.Readings in Medieval History，转引自范丽玲：《从〈庄园敕令〉看查理大帝时期庄园制的发展状况》，《沈阳大学学报》，2010 年第 8 期，第 75 页。

▶**本节拓展材料**

5.2　托马斯·阿奎那的劳动经济思想

5.2.1　托马斯·阿奎那的生平及著述

托马斯·阿奎那（约 1224~1274 年）是中世纪经院哲学最著名的哲学家、神学家和封建主义思想家，多米尼克教派主要代表人物。

他出生于意大利南部那不勒斯附近的一个伯爵家庭。5 岁时被父母送到意大利蒙德·卡西诺修道院当修童，16 岁到那不勒斯大学学习。1245~1248 年，他被送到巴黎的圣雅克修道院，跟从当时著名的神学家亚尔贝茨·马格努学习哲学和神学，并获得教师资格。在巴黎执教三年后又回到意大利，担任罗马教廷的神学顾问和讲习。1269 年回到巴黎，参加当时高古斯丁主义与亚里士多德主义之间的论战。1272 年，他又回到意大利，支持那不勒斯多米尼克教团的研究室工作。1274 年 3 月 7 日，他在赴里昂参加宗教会议的途中，死于福萨诺瓦的修道院，年未满 50 岁。

托马斯·阿奎那被天主教教会吹捧为"神学的泰斗"。他的著作甚多，著于 1265 年到 1273 年的《神学大全》集经院哲学之大成，被誉为"中世纪经院哲学的百科全书"。在随后的几个世纪一直是天主教学说的重要参考用书。其中关于劳动经济部分的见解包含了劳动分工、劳动价格、劳动与财产关系、劳动报酬与商业利润和利息等方面。

5.2.2　托马斯·阿奎那的主要劳动经济思想

1. 关于劳动分工的思想

托马斯·阿奎那把劳动分成体力劳动和脑力劳动两种，同时认为劳动有贵贱之分，其中体力劳动是低下的，而脑力劳动是高尚的；体力劳动是奴隶或农奴所做的事情，而脑力劳动是奴隶主或封建主所做的事情。在他看来，上帝在创造万物之时就有贵贱高低之分，既然如此，"上等人"或者说脑力劳动者理应统治"下等人"或者说体力劳动者。他说："正像蜜蜂一样，有些采蜜，有些用蜡建造蜂房，而蜂王则完全不参加物质劳动，人们也是如此：有些应该种地，有些应该盖房，而另有些则由于摆脱了世俗的操劳，应该为了拯救其余的人而献身于精神劳动。"[①]可见，他对社会劳动分工的看法是有等级的，将劳动分工说成是封建社会等级划分的基础，可见，他的学说是为封

---

① 卢森贝：《政治经济史》上册，李侠公、张凡、翟松年等译，生活·读书·新知三联书店，1978 年，第 41 页。

建神学服务的。

2. 关于劳动价格的观点

在托马斯之前，他的老师亚尔贝茨·马格努就谈到了劳动价格方面的问题。他认为与生产上劳动的消耗相等的价格可称为"公平价格"，他在《〈尼马可科伦理学〉注释》中说："因为制造床的人，如果不能得到相当于他对于床所消耗的数量和品质，那么他在将来就不可能重新制造一张床，从而制床业也就会消失。其他的职业也是如此。"[1]劳动的价格，也即劳动力的价格在本质上是与劳动消耗相等值的，只有劳动消耗等值的物品方能交换，无论是农业抑或是手工业皆如此。这从侧面反映出当时农业和手工业劳动者都知道自己生产的商品所需消耗的劳动量的情况，也就是知道自己劳动的价格或价值，交换商品越来越趋向于以他们所消耗的劳动量来计算。换言之，他们劳动的价格或价值得到充分的肯定并得以量化。

托马斯·阿奎那继承和发展了他的老师亚尔贝茨·马格努关于劳动价格的观点，也认为与生产上耗费的劳动量相等的价格是"公平价格"。他说："在交换中，正像主要在买卖中看到的那样，付给某个人一些东西是由于收到他的一些东西……因此有必要在物物之间等价交换，使某人应该付还给别人的东西，恰恰与他从被人所有中取得的东西相等。"[2]换言之，公平价格是与生产上劳动的消耗相等的。这与其老师相同。但是，托马斯·阿奎那又在此基础上有所发展。

3. 关于劳动与财产关系的思想

阿奎那反对早期基督教作家们对私有财产的谴责，认为私有财产是人的理性创造出来的，理应私有。他说："公有制可以归因于自然法，这并不是说，自然法规定一切东西都应公有，不准私有权存在，而是说，并没有以自然法为根据的所有权之分，只有通过人们的协议才有这种区别；人们的协议是属于实在法的。由此可见，私有权并不违背自然法，它只是由于人类的理性所处的对于自然法的一项补充而已。"[3]但是，承认财产私有并不意味着人人皆能公平享有财产或者人人皆有享有私有财产的权利。他认为社会中人与人之间是不平等的，那么贵贱高低之分是天经地义的，贫富差别是理所当然的。但是他提倡在某种程度上相对均衡贫富："一个人无论有什么多余的东西，自然应该给予穷人，供他们生活的需要。"[4]否则，贫富差距达到一定程度，就会发生暴乱，最后可能导致暴政统治。可见，他支持私有财政的目的是减少社会矛盾和冲突，其学说根本上是为基督教神学而服务的。

关于获得财产的方式，阿奎那认为占有和劳动是获得财产的两种渠道，占有可以通过馈赠而实现，而通过劳动也可以获得财产权。在这里，阿奎那肯定劳动与获得财产的

---

① 马格努 A：《〈尼马可科伦理学〉注释》第五卷。转引自鲁友章、李宗正：《经济学说史》上册，人民出版社，1979年，第 45-46 页。

② 阿奎那 T：《神学大全》第二部分，第三篇，第 61 题，第 2 条。转引自埃德蒙·惠特克：《经济思想流派》，徐宗士泽，上海人民出版社，1974 年，第 22-23 页。

③ 阿奎那 T：《阿奎那政治著作选》，马清槐译，商务印书馆，1963 年，第 142 页。

④ 阿奎那 T：《阿奎那政治著作选》，马清槐译，商务印书馆，1963 年，第 143 页。

关系，肯定了劳动的社会作用与劳动者的社会地位。此外，阿奎那还认为私有财产可以提高财产的使用效率。

4. 劳动报酬与商业利润和利息

在阿奎那以前，以赚取利润为目的的商业和放债取利都被认为是不义的行为，是理应受到谴责的。但是阿奎那有其自己的观点。在商业问题上，他一方面承认以赚取利润为目的的商业行为是卑鄙的。另一方面，他认为在一定时期内由于"对物品做了一些改进"或者"由于时间地点的改变而使价格有了变动"和由于"把这件物品从一个地方运到另一个地方时承担了风险"[①]，因此，把赚取利润的行为看成一种劳动报酬，来保证商人有相当于他地位的生活条件。换言之，商人的劳动报酬就是商业利润。

在放债取利方面，阿奎那一方面认为贷出货币而获取利息是对时间索取报酬，是对众人和上帝的双重欺骗，因此，这种行为是罪恶的；另一方面，他又认为放债取利是可以的，因为出借货币之人由于出借可能蒙受损失，他冒着丧失本金的危险将货币贷给商人或手工业者，这时索取一部分利息作为赔偿损失和承担风险的报酬是理所应当的。

阿奎那将从商牟利和放债取利说成劳动报酬，是对中世纪以来的学说的突破，但是他这种观点又是为私有制和封建神学立说，打上了封建神学的烙印。

▶本节拓展材料

◎本章小结

《萨利克法典》和《庄园敕令》，虽然一个是法典一个是诏令，但它们是反映西欧封建社会早期劳动经济思想的重要史料。《萨利克法典》中关于劳动者的人身安全和财产保护的思想与《庄园敕令》中关于劳动管理的思想对后来劳动者人身和财产安全及劳动管理思想有很大的启发。托马斯·阿奎那代表了西欧封建社会鼎盛时期的经济思想，他的思想主要从属于经院哲学，充满了浓厚的神学色彩，体现了教会和封建统治者的利益和要求，但是他的关于劳动分工、劳动价格、劳动与财产关系、劳动报酬与商业利润和利息方面的论述对后来重商主义思想有很大的影响。

◎思考题

1. 试分析中世纪欧洲经济思想产生的历史背景。

2. 概括《萨利克法典》和《庄园敕令》所反映的社会经济状况。

---

① 阿奎那 T：《阿奎那政治著作选》，马清槐译，商务印书馆，1963 年，第 142 页。

3. 试分析托马斯·阿奎那的劳动经济思想对后代的影响与作用。

◎推荐阅读材料

解析西方神学与经济学间对话
——杨慧林在"中国经济学家年度论坛暨
中国经济理论创新奖（2013）颁奖典礼"上的演讲实录

我是完全不懂经济学的人，所以我来参加经济学论坛，我觉得诚惶诚恐，但是从我自己的角度去检索西方的文化，觉得西方学科不断地跟经济学产生对话，我想他们的对话何来发生，对话的焦点何在，是不是从中得到启发。所以我临来武汉大学之前，做了一个作业，把我觉得比较重要的部分作了一个梳理。从根本上说，我做宗教学科比较文学，实际上都是比较研究，如果一个人只懂一个东西，其实什么都不懂，做宗教学、比较文学一定要找一个参照。我自己觉得西方经济学找这种参照的例子非常之多，但我自己孤陋寡闻，相对来说，中国经济学家比较少讨论经济活动以及人类精神活动之间可能的关联，但我看到一个例子，我做作文的时候，看到人民大学的黄达老校长的文集，有一篇文章提到，有人询问欧元之父，什么时候全世界才能使用统一的货币，黄达先生说这是欧元之父回答不了的问题，这个问题超出了经济的领域。

我觉得从这样的一个思考当中，我感受到的是经济学背后确实有一种更复杂的原因、更复杂的深层语境，从这种思考当中可以看到经济学也可能包含着更丰富的文化内涵。至少我们可以考虑文学和经济学之间也许未必完全没有通融的可能性。从宗教学角度来说，从宗教学与经济学之间的关联来看，人类学家从现代的契约回归到传统当中的圣约，我觉得契约从形成过程中就有神学的维度。后来从这个词引申出一个说法就是"神圣的经济"，在中文里把它解释为天道，经济学在神学里讲，可以发展得很远，但是文化是另外的一种关注。

为什么经济这个词可以在神学里有，在神学里可以被考虑成一种天泽。基督教在讲经济的时候，更多讲的是一套拯救人类的计划。他们认为秩序和规律当中必须有一个人所不能左右的维度，这就是他们之所以说是天泽、天道的意思，而不是人类之道。这个超越性的维度一旦被取消，在西方神学家看来，经济学谈不上天道，更多就变成了一种纯粹的工具。

沿着这样的思路，我后面会讲两种典型的方式：第一种是社会经济神学，所谓神学经济学，还有宗教的经济学，在大量讨论什么呢，经济活动和人类社会伦理文化有一个内在关联，经济学理论当中不能缺少伦理内涵，如果缺少了就会出问题，他们把亚当·斯密的经济学叫做隐藏的神学，有人说经济生活和神学本身就有一个隐藏的联系。与此相关出现了大量的研究著作，我提供的文档里面有神学家就经济问题分了 16 个类，时间问题不多说。

第二种是从相反的模式把经济学和神学关联起来，更多人都在讨论，对现代人来说，经济几乎就成了现代社会的一种宗教，所以他们把经济称之为宗教的经济学，70 年代美国有一个学者就说，一旦传统的信仰结构发生动摇时，很多崇拜都可以取代传统的宗教，而像宗教一样发生作用。但是这里面的问题在于有人觉得这里面问题很多，并不仅仅像艺术一样，有西方学者讨论，当代经济活动不仅主导着现代文化，而且人类对经济发展的追求就像一种信仰的力量，一种宗教的力量横扫每一个时空，每一个领域，精神活动都可能被经济追求、经济追究所主宰。这样又出了一个问题，如果经济可以成为现代社会生活当中的宗教或者扮演宗教的功能，那么它在分享宗教可能具有的力量时，也必须像宗教一样接受人们本身对宗教的分析。

美国有一个很重要的学者齐哲科，作为现代的经济可以还原成跟宗教相似的结构，这种结构就是意义的结构。讲了两个故事，一个人精神出了问题，发现自己变成了一个谷子，于是送他到医院治疗，治疗好了之后，刚出医院他就退回来了，很害怕，一看在街角上有一只小鸡，医生说你怕什么，你不是谷子，你是人，他说医生我的病好了，我当然知道我是人，但我不知道那只鸡知不知道。不知道大家听懂了没有？所以齐哲科说，我们没有办法让鸡相信的那个东西，其实就是现实运作在经济和宗教背后的共同逻辑，因为这种共同的逻辑，我们理性上知道其实是有问题的东西，但未必是我们不去追求、不去信服的东西。如果你只是从传统的信仰或者价值理想立场上，让人们克服私利，其实很虚伪。他说 2008 年金融危机的经验告诉我们，即使我们让时间倒退，我们还会随大流，还会犯经济危机里同样的错误，这就是资本主义意识形态为什么还有效，资本主义规律如何才运作的这样一个基本道理。

宗教学和经济学的结缘导致了一部分宗教学家用经济的方式分析宗教。最典型极端的例子就是美国的一位神学家，他写了一本书，他说的不是宗教经济学，而是宗教的经济学，直接用经济学的方式、概念、工具去解析宗教，他说宗教就是一个市场，里面是要有竞争与淘汰的，在宗教领域里、信仰领域里和经济领域里是一样的，谁的货色好、价格低，就一定满足更多人的需要，这个宗教一定会兴旺发达，如果你要求太多，又不能兑现什么，这个宗教一定会衰落。所以他说宗教的问题使得神也分成档次，这个档次是什么呢，就是它的价位，太贵了，没人买，不能太贵，同时要有用，这个宗教一定会大行其道。所以宗教变成了一种产品，完全是一种商业的术语。

这些分析简单说有很多不同意见，有不同批评，但也有很多人觉得有很强的说服力，甚至有人认为，传统的人文学科凡是引用经济学都会有突破性的发展。但有美国学者提出了非常激烈的批判，最精彩的是另外一位神学家，他的说法非常有意思，他觉得这套工具不公，但这是现在存在的事实，如何在神学家的角度，在商业大潮下，仍然对伦理秩序有信心呢，他并不寄希望于任何一种价值理想和传统复归，等等，他觉得这些都是无效的，真正的理论是另外一种判断，这种判断就是对市场本身的判断，对经济活动本身的判断。他这样说，他说我确认社会潮流都是有周期的，如果每一种道德关系都被商业化了，市场本身所依赖的信赖、忠实的基础也将不在，因此将市场侵入本身应该由法律、医学、教育、政治和宗教所辖制的领域时，当对精神世界也实现了殖民化统治时，自身一定会沦为失败。当这些东西都被市场规则侵蚀了之后，市场依赖最基本的支柱也就瓦解了，社会周期需要重新调整。这是宗教学者对经济学家提出的问题："我们怎么才有更好的模式？"

【推荐选读书目】

《世界著名法典汉译丛书》编委会. 2000.萨利克法典. 北京：法律出版社.

托马斯·阿奎那. 1963. 阿奎那政治著作选. 马清槐译. 北京：商务印书馆.

托马斯·阿奎那. 1974. 神学大全. 徐宗士译. 上海：上海人民出版社.

巫宝三. 1998. 欧洲中世纪经济思想资料选辑. 北京：商务印书馆.

第二编　前古典时期的劳动经济思想（1500~1776 年）

　　尽管自文明开端以来，东西方劳动经济思想伴随着人类经济活动一同生发和成长，并逐渐根植于人类文化之中，然而在 15 世纪商业资本主义在西欧发展之前，基本上没有对劳动经济活动的正式分析。

　　本书第一篇之所以考察了中国、希腊、罗马、希伯来、印度经济学家及欧洲中世纪哲学家的前古典与前重商主义的劳动经济思想，是因为从中我们能够获得他们关于劳动和分工的原始思考。

　　本篇中第一个介绍的劳动经济思想流派是重商主义，重商主义流派认为，一个国家的财富与这个国家的黄金数量密切相关，保证经济体运转良好是国家的一项主要任务。重商主义思想盛行于 6 世纪至 18 世纪中期。

　　到了大约 18 世纪中期，劳动经济思想开始发生变化，政治革命与经济革命双双开始萌芽。一批因重农主义而知名的法国重要经济学家活跃于这一时期。其中最重要的是路易十五的医师弗朗索瓦·魁奈，他开创了一种分析系统，把经济体当做一个环流。在环流中，自然法则而不是政府支配着经济体。正是重农主义主张的自由放任的观点，成为充分解放劳动思想的开端，因此也是古典时期劳动经济思想观点的滥觞。

　　除了重农主义，前古典劳动经济思想家还包括：威廉·配第，他第一个指出了测度经济和劳动现象的重要性；伯纳德·曼德维尔（Bernard Mandeville，约 1670~1733 年），他嘲笑了道德家们某些方面的观点，指出由政府干预所引导的利己主义会带来社会收益；理查德·坎蒂隆（Richard Cantillion，1680~1734 年），他虽然没有对思想的发展产生影响，但是就其观点的逻辑而言，他被一些人称做古典流派的共同创始人；大卫·休谟（David Hume，1711~1776 年），他写了很多文章，为理论经济学中的劳动经济方面做出了重要贡献。

　　回顾这些前古典经济学家的观点时，有两点非常重要。第一，他们只是说出了经济体有限的方面，并没有将他们的分析扩大到一个全面的经济系统中。这些经济学家思想高度敏锐，但完全没有探寻重要理论。在其之后，重农主义者与自由重商主义者开始设想更全面的系统,甚至在他们能够开始将以往的分析综合到一个完整的经济理论中之前,他们不得不去解决复杂的分析问题。第二,发生在几个世纪中的经济思想的变化,部分地反映出社会经济结构的改变。例如,在英国,经院哲学经济思想源自于封建主义,而重商主义理论则源自于商业资本主义。出现在自由重商主义著作中的古典自由放任观点,也与资本主义的开始有联系。

第6章 重商主义的劳动经济思想

▶学习目标
1. 了解重商主义经济思想的主要观点。
2. 了解重商主义经济思想的主要代表人物。
3. 把握重商主义经济思想对劳动工资率的观点及其对劳动经济学思想的贡献。

从15世纪初封建主义衰落到工业革命（18世纪60年代）开始的那段时期，重商主义在欧洲盛行。正如自由竞争市场将会释放自身力量一样，欧洲各国的统治者决定从自身利益出发适度干预商品经济。这些统治者仍然依据封建制度构想自己的权力。

重商主义（源自意大利语"商人"一词）是一个政府和商业的联盟。起初，商人受控于政府，后来，商人反败为胜，他们据理力争，在为他们的特殊利益辩护的同时扩大了重商主义思想。如同封建主义一样，重商主义在不同国家表现出不同的形态，但其基本理念却是始终如一的，那就是，政府应当将增加国家财富和国家权力作为经济管理的目的。

因为权力和财富都用黄金和白银来衡量，所以政府应当：①鼓励本国商品出口；②限制国内消费；③实施进口关税制度；④设法实现贸易顺差（出口大于进口），出口换回的黄金和白银接下来又可以用来组建一个强大的军队。限制消费不仅仅针对群众，因为进口商品往往是奢侈品，旨在控制奢侈行为及奢侈品的禁奢律也严厉打击了富人，即使他们有助于贸易平衡。

由于贵金属作为国际流通货币使用，黄金和重商主义渐渐齐头并进。当时欧洲贸易正在迅速扩展，黄金和白银严重短缺。大量涌入的西班牙输入的黄金以及西班牙在美洲殖民地开采的黄金白银减轻了货币短缺对贸易所产生的威胁。但黄金供应量的增加导致1500~1650年欧洲产品价格上涨了三倍。由于简单制成品价格的上涨比工资或租金增长更加迅速，商人阶层的地位随着价格上涨得到提升。

16~17世纪商人阶层通过金融资本积累扩展了简单工厂生产制。这种生产不同于现代工厂（英国第一家真正意义上的工厂可能是18世纪最初十年出现的隆贝斯丝绸厂），但它们确实提高了斯密所说的专业化程度和生产率。生产、贸易和商业不断兴盛。察觉到这一新的收入来源所具备的优势，新兴国家的君主开始为商业冒险提供军事保护。

然而，并不是每一个国家都能供应黄金。西班牙是主要的黄金供应国。其他国家的国王为了实现国家贸易顺差不得不使用垄断权力。这些国家不会再出现黄金短缺问题，所以，法国和英国都经历了在建设国家的同时赚取利润的喜悦，虽然并不是完全依计划而进行的。尤其是在英国，商人与拥有领地的贵族顺利结盟，他们互惠互利，商人与贵族联姻的事已经屡见不鲜。

重商主义者对金银的兴趣使得他们意识到货币量与价格水平之间存在直接的关系。一个重商主义者指出，"大量的货币导致英国本国商品涨价"，作为重商主义者，这样的论断是少有的。他们对于通过贸易顺差鼓励黄金大量流入的做法似乎首次出现了异议。大量涌入的货币供给到底会不会推高物价并导致"本国商品涨价"，或者如同今天美国联邦储备委员会（美联储）将会说的那样，引发通货膨胀、抑制出口，从而可能使得被重商主义者所看重的贸易盈余出现流失。

这并不矛盾。重商主义者指出，黄金的涌入将"使贸易增速"，出现更高水平的生产（包括枪支弹药），这将会大大抵消黄金涌入所造成的物价上涨。事实上，他们意识到了货币信贷扩张对不受限制的贸易增长的重要性。重商主义时代以追求国家利益为主。金钱和财富（在封建社会土地就是财富）结成新的联盟，再加上新民族主义，促使国家将经济政策作为获得权力的主要工具。重商主义者看到他们的民族为权力而斗争，致力于征服和获得殖民地。国防是重商主义的重要倾注力量，而其反映在封建制度中常常是地方防御。1600~1667 年，欧洲大国间只有一年没有出现战争。

作为一个重要的例子，路易十四执政时期在 1661~1683 年担任财政部长的让·巴蒂斯特·柯尔培尔极大地推动了重商主义的发展，使得政府几乎控制了经济生活的每一个方面。皇室为了能与逐步扩展的法国殖民主义企业进行贸易，建立起了自己的公司。对托运人和造船业的补贴由国家负担，港口得到改善，此外还建成了运河。法国工商业，包括奢侈品制造业，如玻璃制造和饰品制造等，获得官方关注，甚至它们的生产方法和质量标准也由国家统一制定。

当一个行业出现来自于国外竞争的威胁时，柯尔培尔就会采取防御性政策。例如，他增加了进口布料的关税并且为从荷兰和佛兰芒移民到法国北部的织工和商人提供补贴，这很有可能在与荷兰生产者的竞争中拯救法国的织布行业。

然而，事实最终却证明，柯尔培尔政策的花费远远大于其创造的效益：在他极端的重商主义政策指导下，法国经济并没有走向兴盛和繁荣。柯尔培尔却对他的管理方法得意洋洋。例如，1666 年他苛刻的规章扼杀了纺织业的主动性。在夏蒂荣（Chatillon），纺线包含的细支数目精确到了 1 216 条；在奥塞尔（Auxerre）、阿瓦龙（Avalon）和另外两个城镇，这个数目是 1 376 条；而在第戎（Dijon）和塞兰盖（Selangey），则是 1 408 条。任何纺织品所包含的线数多于或少于规定的标准就会被没收，并且，如果出现 3 次违规，那么商人就会被逮捕。

显然，人们有必要寻求另外一种不同的方法，后来重农主义首先提出了自由放任政策，这也成为日后亚当·斯密市场机制理论的基本信条。

重商主义的经济学说出现于中世纪之后、自由主义盛行之前，大致可以追溯到1500~1776 年，具体时期在不同国家和地区会有所不同。

这一章我们首先勾画出重商主义的概览，然后研究四位重商主义者的思想，他们是：曼、马利尼斯、戴维南特和柯尔培尔，此外还要讨论重商主义者威廉·配第爵士，他提出的一些概念给后来的古典经济学以重要的启发。

6.1　重商主义概览

6.1.1　重商主义产生的历史背景

自给自足的封建社会慢慢被新兴商业资本主义取代，中世纪逐渐兴起的城市变得越来越重要。国内与国际贸易日益繁荣，货币的使用范围逐渐扩大。西半球金矿的发现促进了贸易量的增长，也激发了贵金属理论的产生。航海发展促进了地理大发现，地理大发现拓展了贸易范围。生产规模虽然较小，但越来越多的商人周旋于生产者与消费者之间。尽管在"拥有土地的贵族"眼中，商业资本家是"可鄙的商人"，但他们在商业活动中却成为重要的角色。

民族国家正在兴起，其中强大的国家都在攫取殖民地和扩大势力范围。国家间的经济竞争更加激烈。因此毫不奇怪，一个取代封建概念、提倡民族主义、赋予商人尊贵地位和重要性、为经济和军事扩展政策辩护的学说形成了，这个学说就是重商主义。

6.1.2　重商主义学派的主要信条

这一学派的主要原则如下。

1. 金银是财富的最佳形式

重商主义者倾向于将一国的财富等同于它拥有的金银块的数量。早期的重商主义者甚至认为贵金属是唯一值得追求的财富形式。他们都把金银作为获取权力和财富的途径。因此为了获得硬通货补偿，一国的贸易顺差是必要的。甚至在战时，只要商品的购买是用黄金支付的，一些国家也会把商品出口给敌国。

2. 民族主义

不可能所有国家在同一时间的出口都大于进口，因此一国促进出口和积累财富都是以牺牲邻国的利益为代价的。只有强大的国家才能攫取和控制殖民地，主导贸易规则，赢得战争胜利，并在国际贸易中获得优势。从经济生活的静态方面来看，整个世界的经济资源数量是固定的，一国资源的增加只能以另一国资源的减少为代价。1580 年法国评论家米歇尔·德·蒙田（Michel de Montaigne）写道："一个人的获利即为另一个人的损失……在别人没有损失的情况下不可能获得任何额外的利益。"

重商主义者的民族主义很自然地导致了军国主义，强大的海军和商人舰队是绝对必需的。因为渔场是海军的摇篮，也就是海军预备人员的训练基地，英国的重商主义者在 1549 年强制实施了"政治斋戒"，在一周内的特定日子里法律禁止人们吃肉，以保证国内鱼类市场的需求及相应的对水手的需求。这个法令被严格执行了约一个世纪，直到 19 世纪才从法令全书中消失。

3. 对本国不能生产的原材料免征关税，对本国能够生产的制成品和原材料实行保护，并严格限制原材料出口

重视出口而不愿意进口被称为"对商品的恐惧"。商人的利益优先于国内消费者的利益。商人得到流入的黄金作为他们出口商品的回报，而限制进口又减少了国内商品的消费。结果，金银得以积累，由此推测，国家的财富和实力也得到增强。

禁止原材料外流有利于保持最终产品出口的低价。例如，伊丽莎白女王统治时期在1565~1566 年曾颁布法律禁止出口活绵羊。违反该法律的惩罚措施是没收财产、一年监禁和砍掉左手，第二次触犯将被处以死刑。查尔斯二世统治期间（1660~1685 年），禁止羊毛出口，违反者也将被处以同样的刑罚。

4. 殖民地化和殖民地贸易垄断

商业资本家赞成殖民地化，并希望殖民地保持对宗主国的永久依赖和附属地位。因宗主国的经济增长和军事力量而流入殖民地的任何利益，都是剥削政策的偶然的副产品。

1651 年和 1660 年英国的航海法草案就是这一政策的很好的例子。进口到大不列颠及其殖民地的商品，必须用英国及其殖民地或者用原产国的船只运输。殖民地的某些商品只能销售到英国，其他商品卖到外国之前也要先运到英国。殖民地从外国进口是受到严格限制或禁止的。殖民地的制造业受到严格控制，某些情况下还受到法律禁止，因此，附属国就成为低成本原材料的供应者和英国制成品的进口者。

5. 反对影响商品流通的国内费用、税收和其他限制

重商主义的理论家和实践者认识到，税费扼杀商业经济，并使一国出口商品的价格上扬。一个极端的例子是 1685 年艾尔贝河（Elbe River）上的状况。将 60 块木板从萨克森（Saxony）运送到汉堡，需要向沿途收费站缴纳的费用相当于 54 块木板！结果是只有6 块木板到达目的地。

但是需要重点指出的是，重商主义者并不赞成人们从事其想做的贸易，从这种意义上说他们反对国内自由贸易。相反，重商主义者希望尽可能地获得垄断特许权或排他的贸易特权。

6. 强大的中央政府

要实现重商主义者的目标，一个强大的中央政府是必需的。政府授予外贸公司垄断特权，控制国内商业活动的自由进入以限制竞争。农业、采矿业和工业由于政府的补贴得到快速发展，并受到进口关税的保护。此外，政府严格管制生产方式和产品质量，以便使该国的产品不至于因在国外市场上声誉不佳而妨碍出口。换言之，重商主义者并不相信商人自己的判断和诚信，而是相信由于商人们共同利益的需要，政府应该禁止落后工艺和劣质原材料的使用，结果就出现了支配商品生产的令人困惑的管制。

因此，一个强有力的国家政府必须实行全国统一的管制措施。中央政府也是必要的，以便实现上面讨论的那些目标：民族主义、保护主义、殖民主义以及不受通行费和过度征税而妨碍的国内贸易。

7. 数量众多且努力工作的人口的重要性，这一观点是重商主义对劳动经济思想的主要贡献

规模大、勤奋工作的人口不仅能够提供充足的战士和水手以随时准备为国家的荣誉和财富而战，而且能够保证劳动力的充足供应以维持低工资水平。这有什么好处呢？较低的工资水平可以：①降低出口商品价格，从而增加黄金流入；②减少人们的懒惰，使更多的人加入劳动大军。

身体健全的人游手好闲和乞讨得不到怜悯，盗窃会受到严厉惩罚。英国国王亨利八世在位期间（1509~1547 年），曾有 7 200 个小偷被处以绞刑。1536 年颁布的法令宣布"强健的流浪汉"将被割掉耳朵。1547 年拒绝工作的人将被判给揭发他们的人做奴隶。1572 年伊丽莎白女王统治时期通过一项法令：未经许可的 14 岁及 14 岁以上的乞丐要受到鞭打并打上烙印，除非有人愿意雇用他们；若第二次触犯该法令而又没有人愿意雇用他们，他们将被处死；若第三次触犯该法令，他们将被视为重罪犯而被毫不留情地处死。

伯纳德·德·孟德维尔（Bernard de Mandeville，1670~1773 年），定居伦敦的荷兰哲学家、批评家和医学博士，曾这样写道：

在一个不允许奴隶存在的自由国家里，最可靠的财富存在于众多辛勤劳作的穷苦人⋯⋯因为他们仅仅是免于饿死，所以他们没有任何值得储蓄的东西⋯⋯所有富有国家的利益就在于，占人口最大多数的穷人永远不能游手好闲，并且必须消费掉他们所得到的一切⋯⋯穷人们必须不断劳动，节俭削弱了他们的欲望，而无知却泯灭了他们的欲望⋯⋯要想使社会和人们在这样悲惨的境况下感到轻松和愉悦，他们中的大多数人就必须保持贫穷与无知[①]。

威廉·泰姆普（William Temple）在 1770 年发表的《论贸易与商业》中对儿童的充分就业问题给予了极大的关注：

当这些孩子们 4 岁的时候，他们将被送往国家的济贫院。在那里，他们每天学习两个小时，剩下的时间在适合他们年龄、体力和能力的制造业作坊里工作。如果有人对此持反对意见，认为他们年龄太小，不能做什么有用的工作，那么我的回答是，孩子们 4 岁的时候已经有足够的工作能力来谋生。此外，不论孩子们是否有能力自己养活自己，他们每天工作十二个小时以上在他们的人生中还是有这样或那样的意义。通过这种方式，我们希望正在成长的一代将能够习惯持续工作，并最终能够感到这是有趣的和令人愉悦的[②]。

重商主义学派的信条显然对商业资本家、国王和政府官员有利。它尤其有利于那些最有实力、地位稳固且拥有最优惠的垄断地位与特权的人。有些经济思想史学家认为，重商主义可以被理解为寻租行为的一个极端的例子。在这里，经济租适用的定义是，商

---

① de Mandeville B. Fable of the Bees. Commented by Kay F B. Oxford：Oxford University Press，1924：193-194，248，287-288.

② Furniss E S. The Position of the Laborer in a System of Nationalism. Boston：Houghton Mifflin，1920：114-115.

业资本家从事当前活动所必需的回报之外的利润，也就是，可以补偿从事这些活动的机会成本的必要回报之外的部分就是经济租。寻租行为就是私人团体试图向政府寻求安全有利的法律规章保护，从而增加其利润的行为。

在这种情况下，如果法律上赋予垄断地位、禁止进口以及进行管制，那么新加入的生产者和商人就很难与已有的生产者竞争并取得优势。由此可推论，掌握权力的政府官员也愿意通过这些法律规章来分配经济租，以便维护他们自己和他们服务的王室的利益。例如，在英国，为了保护羊毛制品的利益，禁止进口羊毛制品的替代品——一种名为"印花布"的印染棉制品。1721 年，法律禁止消费印染印花布，但生产和出口该商品却是允许的。在 17 世纪晚期，法律要求死人要穿羊毛寿衣入葬，尽管按照宗教传统应该穿亚麻寿衣。

法国重商主义具有更浓厚的封建色彩，地位稳固的垄断者在获得政府对其利益的支持方面更为成功。1686~1759 年，生产、进口和使用印染花布都是被禁止的。执行这一政策所处死的人及在武装冲突中死亡的人数，估计有 16 000 人之多，还有更多的人被送往军舰上服役。

还有另一个例子，1666~1730 年，法国仅在纺织品方面颁布的法令就有七大卷。印染工艺手册，号称是当时印染技术最完备的说明书，包括 317 项条款。这些规章限制了劣等工艺的采用，但是也严重阻碍了新技术的试验和发展，而新技术很可能是与现有企业竞争的生产者发明的。

大量的政府官员、检察官、法官和执行官都能够从重商主义的管制中获利。法国政府（而不仅仅是英国政府）从罚款、向商业集团出售特许、垄断权中获得了极大的收入（从违反政府规章的人手中征收的罚款，官员要提取一定的比例）。而且，重商主义政策带来的金银流入增加了国家的税收收入，也增强了一国通过战争获取经济利益的能力。

6.1.3　重商主义学派在促进贸易流通的同时增加了劳动力需求

重商主义虽然夸大了金银的作用，但是它处于中世纪占支配地位的自给自足经济与现代货币信用经济之间的过渡时期，所以也是有一定意义的。商业的快速增长需要更多的货币参与流通，而银行业的发展还无法满足这样的流动性需求。战争中金银的使用要采取量入为出的原则，同时还要留存备用金以便招募士兵、发放饷银、建造船舰、收买盟国和贿赂敌军。

英国与波罗的海地区、东印度群岛间的贸易需要国际间的贵金属流动。英国几乎不能生产出口到这些地区的贵金属，而由于国际货币市场不发达，这些地区也不接受纸币。因此，英国的殖民地开始生产金银，以便用于支付从波罗的海和东印度地区购买的商品。在国际金融和多边贸易开始发展之前，金银在国际支付中发挥着非常重要的作用。

重商主义者还意识到，贵金属的流入使得征税更加容易了。他们懂得，随着贸易的扩张，货币数量增加，价格就会上升，或者至少不会下跌。不仅商品产量不断增加，而且自给自足的家庭也逐渐参与到市场经济中来。因此，购买和销售同样数量的产品需要支付更多的货币。一些重商主义者还发现，流通中金银数量的增加降低了利率，促进了商业发展，同时，刺激了对劳动力的大量需求，劳动力市场逐渐形成。

6.1.4　重商主义学派对劳动经济思想的长期贡献

重商主义者对劳动经济思想的长期贡献在于，其通过强调国际贸易的重要性，把劳动需求引至国际层面。在这方面，他们还发展了一些经济学和会计学概念，这些概念如今被称为国际收支平衡表，用来反映一国与世界其他国家之间的支付关系。他们中的大多数人并不了解，要使一个国家变得富有，不仅可以通过剥夺邻国来实现，还可以通过在国内开发更多的自然资源、制造出更多的资本货物以及更有效地使用劳动力来达到这一目的。因此，他们也没有理解通过生产专业化即劳动分工和贸易可以同时增加所有国家的财富，给工人支付高工资并不必然导致懒惰和劳动力减少。

尽管重商主义者并没有对劳动经济思想做出最直接的贡献，但是他们确实曾对劳动经济思想的发展做出了间接贡献。首先，他们永久地影响了人们对待商人的态度。中世纪的贵族曾经将经商的人视为可鄙的二等公民，认为这些商人只知道推销商品和交换货币。重商主义者赋予商人以尊贵和重要的地位，他们认为，如果商人的活动由政府给予适当引导，商人不仅会使其自身变得富有，而且会使其国家和统治者变得富有。拥有土地的贵族最终也开始参与商业投机，他们并没有因此失去地位和尊严。后来，他们让子女与商人后代通婚，从而将贵族血统与巨大的商业财富结合起来。

其次，重商主义对劳动经济发展的另一个间接影响是提倡民族主义，这种影响至今犹在。当需要使用统一的度量衡、货币制度和法律法规时，当生产和贸易还没有发展到可以依赖竞争为消费者提供大范围可供选择的商品时，当必须依赖垄断特权克服贸易的财务高风险时，民族中央政府对经济和劳动的管理的必要性就显现了出来。

最后，作为现代公司的前身的贸易公司，通过引进新产品并为其提供销路、刺激资本投资增长，从而改造了欧洲的经济组织及其对劳动力的需求结构。重商主义扩展了国内市场，提倡货物不受通行费阻碍而自由流动，建立了统一的法律和税收制度，保护人员与货物在国内与国际运送过程中的安全。

▶本节拓展材料

6.2　重商主义与劳动力供给

重商主义抛弃了封建社会神学家的那种用宗教信条来解释经济现象的方法，并根据世俗的精神来寻找经济现象间的联系。重商主义者大都认为财富就是货币，货币就是财富，并提倡国家贸易是对外贸易，但其研究仅仅停留在流通领域，注重商品交换的表面现象，在价值理论上未能形成系统的学说体系。这一时期在劳动价值理论方面做出较大贡献的代表人物有巴尔本等。

尼古拉斯·巴尔本（Nicholas Barbon）是英国重商主义者，其价值论主要是效用论，而且把价格与价值混为一谈。他认为，商品价值不是依存于商品的内在性质，而是取决于其与人类需求间的关系。"一切商品的价值都决定于它们的用途，没有用途的东西就没有价值，……商品的用途在于满足人们的需要。"他还进一步把人的需要分为两种，即身体的需要和精神的需要。在论述了价值的概念及来源后，他进一步说明了商品价格的决定问题，认为商品的价格就是它现在的价值，市场是价值的最好裁判，因为从买方和卖方的交易中能够最清楚地知道商品的数量和它们出售的机会。"物品能卖多少钱，它就正好值那么多钱，根据通常的规则，售价即价值。"[①]

巴尔本的价值观明显具有主观效用价值论的倾向。他认为，由于商品的价值取决于它们的用途，商品中多余的那一部分就变得毫无价值；在考虑到需要的情况下，供应数量充足使商品变得便宜，供应数量稀少则使商品变得昂贵。他还进一步认为，自然条件的变化以及人的精神的变化，都会使商品的价值发生变动。

一些重商主义者认为，要减少懒惰和增加劳动力就业，低工资是必不可少的措施。他们认为提高工资率会使工人们每小时获得更多的收入，从而使他们减少工作时间。如果父母每小时可以获得更多收入，包括孩子在内的第二代工人就可能退出劳动力市场。

用现代术语来说，重商主义者强调了提高工资率的收入效应。由于更高的工资率增加了每小时的收入所得，工人们可以"购买"额外的闲暇。他们可以通过减少工作时间来获得更多的闲暇。

但是，重商主义者忽视了提高工资率时替代效应所产生的潜在的抵消作用。在1930年的一篇经典论文中，英国经济学家莱昂内尔·罗宾斯（Lionel Robbins，1898~1984年）解释了更高的工资率会降低"收入的价格"。为了获得价值1美元的商品，需要的工作时间更短。例如，如果工资率是每小时2美元，1美元收入的"价格"是1/2个工作时。然而，当工资率提高到每小时3美元时，1美元收入的"价格"降低到1/3个工作时。因为用工作时间定义的收入变得便宜了，所以工人们需要购买更多的收入。他们将通过工作更长时间和消费更少的闲暇来购买这一收入[②]。

罗宾斯的替代效应还可以用另一种方法来解释。工资率提高意味着，为了所消费的每一小时的闲暇，工人们必须放弃更多的收入（商品），这就暗示着闲暇的价格或机会成本上升了。当一种商品的价格上升时，人们会减少对该种商品的购买。在这里，工人们将购买更少的闲暇而工作更长时间；他们将以工作来替代现在变得更加昂贵的闲暇。

因为提高工资率的收入效应与替代效应的作用方向相反，所以工人们将做出怎样的反应是不确定的。如果收入效应超过替代效应，工人的数量和工作时间都会减少，劳动力总供给曲线也将呈下降趋势；如果替代效应超过收入效应，工资的增加则会导致工人数量和工作时间的增加，劳动力供给曲线也将呈上升趋势。

关于这个问题有什么实证证据呢？当前对美国的研究表明，收入效应与替代效应大

① 巴尔本 N：《贸易论》，顾为群、刘漠云、陈国雄等译，商务印书馆，1982年，第55页。
② Robbins L. On the elasticity of demand for income in terms of effort. Economica, 1930, 10：123-129.

致是相互抵消的。但是从历史上来看，更高的工资率确实导致了更短的工作时间。自重商主义时代以来，提高工资率的收入效应都超过了替代效应。

重商主义者认为较短的工作时间是不好的，而当代经济学家并不同意这一观点。经济社会的目的是使其成员的福利最大化，而不是使国家金库所拥有的金银的数量最大化。如果社会认为额外一小时闲暇的价值大于额外一小时收入（商品）的价值，那么较少的工作时间将会增加社会福利。

▶本节拓展材料

6.3　托马斯·曼的劳动经济思想

托马斯·曼（Thomas Mun，1571~1641 年）是一位英国纺织品商人的儿子，他作为商人在意大利和近东贸易中获得了财富和声望。被选为东印度公司的董事之后，曼卷入了关于公司出口黄金政策的论战中，他出版了一本小册子来为自己的立场辩护。1621 年曼出版了《论英国与东印度的贸易》一书，在这本书中他认为，只要总出口超过总进口，从任何一个贸易地区的任何国家进口商品都无关紧要。

大约在 1630 年，曼写就了反映重商主义思想的著名书籍《英国得自对外贸易的财富》，这本书在他去世之后由其子于 1664 年出版。第 2 章的标题"使英国变富和增加我们财富的手段"提出了一个关键问题：怎样才能使英国变得更加富有？根据曼的观点，答案既不是生产也不是资本积累，而是获得出口盈余。当然，为了出口一国必须生产，但是生产仅仅从属于最终目的——黄金积累。关于这个问题该章只有两页，第一页的内容如下：

虽然英国可以通过收到赠品或者其他国家对其产品的购买而变得富有，但是这些事情都是不确定的，而且报酬甚微。因此，增加我们财富和金银的通常办法就是对外贸易，我们应该已经看到过这一办法是如何起作用的，那就是每年我们向国外卖出的商品的价值超过我们购买国外商品的价值。假设英国国内的衣料、铅、锡、铁、鱼类及其他国内产品有足够的供给，那么我们每年可以将多余的部分产品出口到国外，这些产品价值 2 200 000 英镑；我们也可以从国外购买我们需要使用和消费的外国产品，这部分产品价值 2 000 000 英镑。通过这一贸易往来，我们可以确定英国每年会增加 200 000 英镑的财富，即使有些存货，这些产品将来也必然会被卖掉，从而增加国内财富[1]。

曼指出，尽管英国已经很富有了，但是如果开垦荒地用来种植大麻、亚麻、树木、

---

① Mun T. England's Treasure by Foreign Trade. London：Macmillan，1903：7-8.

烟草以及其他"目前要从国外进口而使我们财富减少"的产品,英国就可以变得更加富有。出口产品要用英国船只来运送,以便获得保费和运费收入。

在为东印度公司购买商品支付金银而辩护时,曼强调要进行多边贸易而不是双边贸易:

> 在某些国家,我们卖出商品并买回它们的产品,或者赚部分钱;而在其他一些国家,我们出售商品并拿回钱,因为这些国家很少或没有生产符合我们需要的商品;还有一些场合,我们需要购买国外的商品而这些国家很少用我们的商品,这样他们从我们手中赚到了我们在其他国家赚到的金钱。因此,通过贸易过程(随着时间而变化),这些特定的国家之间会相互适应,并共同实现贸易的整体。

曼还分析了英国对所有国家的贸易平衡表,而不仅仅是单独分析与每一个国家的贸易状况。他认为,如果出口到其他国家的商品能够盈利,那么增加进口将会增加英国贵金属的存量。因此曼得到以下推论,即金银应该被允许输出以支付进口商品,这反过来将增加出口商品的总量:

> 那么我们为什么要怀疑在贸易中支付的金钱不一定能够以财富的形式收回来;并伴随着它可能产生巨大的收益……如果我们只看到农夫在播种时期将许多非常好的谷物抛到田里的行为,我们肯定会认为他是个疯子而不是个农夫;但当我们在其努力之后的收获中考虑他的劳动时,我们就会发现他行为的价值和巨大增值。

但是曼强调的是在购买和销售中获利,而不是通过将进口原材料加工成制成品这一过程获利,虽然后者在纺织品的例子中被提到过。

曼强调通过进口获得财富会导致一个奇怪的结论,那就是国内贸易不会增加一国的财富。他写道:"我们既可以进行国内贸易,也可以进行国际贸易,如果在国内进行贸易,国家财富将不会因此而增加,因为一个人所得就是另一个人所失。但是,如果我们与外国进行贸易,我们的利益将增加国家的财富。"

在考察总的国际收支平衡表时,曼敏锐地考虑了无形的收支项目。早在 14 世纪之前,曼就指出,如果无形收支项目能够表明"该重大商业活动能够增加或降低我们的财富",那么它就应该包括在总的平衡表内。他将以下无形项目包括在收支平衡表中:货物运输支付的运费;海上遭受的损失;保险费;支持国外战争的费用;支付国际贿赂的费用和为"尽管是因彻底的背叛行为得到收入"的间谍提供的资金;旅行的开销;送给外国人和大使的礼物;金钱的利息;逃避关税的走私;给秘密将金钱运往国外的宗教团体的捐献。对最后这一点,曼补充道:"如果这一损害行为不能被阻止,那么它必须被看做英国的一大损失。"

▶ 本节拓展材料

6.4　杰拉德·马利尼斯的劳动经济思想

杰拉德·马利尼斯（Gerard Malynes，1586~1641年）出生于比利时的安特卫普，父母是英国人，后来他回到英国并成为从事国际贸易的商人。他的这一职业生涯并不很成功，曾因为欠债而短期入狱。他还担任过英国贸易委员会驻比利时的委员、政府的贸易事务顾问、造币厂的化验师以及造币事务委员会委员。

在1622年出版并于1686年再版的《古代商业法典》中，马利尼斯表述了一些重商主义观点。例如，他写道，在贵族看来贸易的地位曾经是很低下的。马利尼斯为商人进行了辩护：

保持商业和贸易往来对于所有的皇族与掌权者来说是如此合意、令人愉快和满意，以至于国王一直是并且在当今仍然是商人社会的国王。尽管很多时候商人们存在着个别的分歧和争论，然而在贸易路线上他们是一致的。因为由贸易所能直接带来的财富是一颗耀眼的星，它将使王国和国家繁荣。商人作为一种工具和方法，与其他方法一样对君主制度以及国家的荣耀和利益做出了贡献。因此，毫无疑问，商人的地位是崇高的，应该被珍视的。因为通过他们促进了国家沟通，发展了国家之间的友谊，也获得了政治经验。

马利尼斯还提出如下思想，为保证出口商品的高质量，政府对商品的管理是必要的。他写道：

布料被货真价实地制造出来，在国外会有更好的销路，在那里每天都有许多对造假的抱怨……因此根据上述法令，王国中所有商品的贸易都会增加，关税将被按时缴纳，所有人都会服从上帝的荣誉、国王的尊严，最终将会使所有治理良好的国家都实现公平与公正。

重商主义的观念——一国货币过多会导致物价上涨并刺激商业活动，被马利尼斯做了如下发展：

货币量充足通常会使所有的东西变得昂贵，货币量稀缺则通常会使东西变得相当便宜。特别是商品通常也会因为其本身数量的多寡、用量的多少而变得昂贵或便宜。从而，货币（如同身体中的血液一样）会限制充满在生活中的热情：当货币量稀缺的时候，即使商品供给充足并且相当便宜，贸易量也会下降；反之，当货币量充足的时候，即使商品供给不足并且价格昂贵，贸易量也会增加。

6.5　查尔斯·戴维南特的劳动经济思想

查尔斯·戴维南特（Charles Davenant，1656~1714年）是诗人与剧作家威廉·戴维南特爵士的儿子。他一生中的大部分时间是在各种政府部门任职，主要处理税收、出口和进口方面的事务。他还是一名议员。

戴维南特被称为一个开明的重商主义者，一个试图调和新旧观点的折中主义者，一个思想更多影响了自由主义而不是重商主义的人。他确实如此。但是，对他的著作的研究表明，从某些方面来看戴维南特是一个传统的重商主义者。他在《论东印度的贸易》（1696 年）中提出了如下重金主义观点：

我经常想知道，议会是在什么样的背景下通过了死者埋葬必须着羊毛制品入殓这一法案的。该法案确实增加了羊毛的消费，但这种消费对于作为生产者的英国并没有多大好处。因为如果将这些羊毛制成服装出口，穿在外国人身上，并得到货币支付，要比把这些羊毛埋在本国地下强得多。如果普通人（大多数人也是最大的消费群体）像以前一样用别无他用的旧床单裹尸，而不是用将失去其他一切使用价值的新羊毛来裹尸，那么结果也会好很多。……因为无论如何，国内对廉价的对外贸易的消费基本上不增长，自己国内生产的产品在市场价格最高的国外市场上出售并被国外所消费，是所有贸易国的利益所在。既然一个人所失去的就是另一个人所得到的，那么国内的消费总的来说并不会使国家变富，而所有的国外消费则会产生很好的明确的收益。

在《论贸易平衡中可能的获利办法》（1699 年）一书中，戴维南特指出，如果一种出口产品全部是用国内原材料生产的，那么该国可以获得出口该产品的全部利润。但如果需要进口原材料，那么一国出口该产品可获得的净利润将是二者价值之差额。

在《论英国的财政收入与贸易》（1698 年）一书中，戴维南特表达了国内战争优于国外战争的观点，并用如下理由说明其经济上的原因：

一场国外战争必定会消耗一国的财富……法国自查理九世至亨利四世统治时期一直内战不断，还经常受到西班牙和德国军队的侵略；但这些战争并没有输出财富，因而并没有使法国变穷。

同样在该书中，戴维南特呼吁政府对商业进行管制，因为商人不可信赖：

如果没有商人社会的存在，整个国家仅仅依靠其自身的单方面贸易往来以获得繁荣是不可想象的。因此，无论在任何时候商人接受咨询时，他们的答案都是含糊的、有偏见的。而当他们自己集会进行商讨时，他们则通常用偏袒和保密的眼光来看待他们自己的优势……现在已经可以被理解的是，商人拥有现成的资金，当他们发现其他人想要的是何种必需品时，如果没有被国家的谨慎与明智所禁止，他们会在欲望的驱使下对此加以利用，而破坏同行和国家的利益。

戴维南特非常开明地认为，一个国家的财富是它所生产出来的产品，而不是拥有的金银数量。贸易决定金钱，而不是其他。投资于轮船、建筑、制造、装修、服饰等此类生产性项目所得，同贸易获得的货币与金银一样构成财富。戴维南特赞成贸易盈余，因为他相信当货币数量增加时，利息率会下降，土地价值上升，税收收入增加。但是，金银过多也是有害的。例如，西班牙就曾经因富裕而忽视了艺术和制造业。戴维南特还为航海法和多边贸易进行了辩护。换句话说，他坚信，只要有机会，一个国家就应该与其殖民地进行双边贸易，以排挤其他贸易国家。但当形势对所有国家相同时，就适合进行多边贸易。

6.6　让·巴蒂斯特·柯尔培尔的劳动经济思想

让·巴蒂斯特·柯尔培尔（Jean Baptiste Colbert，1619~1683 年）是法国重商主义核心精神的代表，其主张被称为柯尔培尔主义。他在路易十四时期于 1661~1683 年担任法国财政部长。虽然他出身卑微（他来自一个谷物商人家庭），但是他不择手段地升任到拥有极大权力的位置。与他无止境的野心相匹配，他有着极强的工作能力和对工作细节高度的注意力。

柯尔培尔是一个重金主义者，他认为一国的国力取决于其财力，而财力又取决于国家的税收能力，而货币充足时税收收入最多。他赞成增加出口、减少进口以及限制金银流出本国的各项法令措施。

作为一个著名的民族主义者和军国主义者，柯尔培尔认为四种产业有利于实现伟大目标，即"农业、贸易、国内战争和国外战争"。他相信，殖民地是法国商品的最佳市场和原材料供应地，拥有一支强大的海军和商船舰队也是必不可少的。柯尔培尔认为，因为贸易量、从事贸易的船只数量以及制造品的产量都是相对固定的，所以一个国家只有以另一国家的利益为代价才能变得更加富有。因此，商业成了国家之间为了经济利益而进行的一场持久、艰苦的战争。

柯尔培尔极力推动国内贸易的发展。他努力为法国制定统一的度量衡，却受到了封建的地方主义、传统主义及教会和贵族的既得利益的阻挠。在反对流通领域货物通行费、内部关税壁垒、过高的地方关税方面，他所做的努力也失败了。柯尔培尔还资助修建了连接大西洋和地中海的朗格多克运河。由于在封建制度下强制农民铺路（称为服劳役），他招致了人们的怨恨，但 15 000 英里的路还是建成了。

在法国，带有浓厚封建色彩的政府商业管制是柯尔培尔政策的一个主要特征。柯尔培尔认为那些牺牲国家利益满足自身利益的商人目光短浅、自私、贪婪，反映出当时盛行的对商人的鄙视。商品质量和制作工艺受到严格管理以便达到统一标准，既保护了消费者的利益，又为法国商品在国际市场上赢得了良好的声誉。垄断特权和补贴仅被授予新兴产业，尤其是那些很难建立和需要大量资金投入的产业项目。但这一机制却被滥用了，一些垄断特权被授予那些能为国家带来财富的项目，或者是那些奉承朝臣的人。一些厂家被冠名为"皇家生产商"，这样可以保证其商品销往皇宫。

尽管柯尔培尔蔑视商人，但他还是通过法律允许贵族参与商业而不丧失地位和特权。1669 年他颁布的一条法令宣布："我们希望一个上流人士有权利加入一个公司并拥有商业股份，只要他不从事零售业即可。"

柯尔培尔赞成拥有大量努力工作、工资低廉的劳动人口。他认为，没有儿童因年幼而不能参与产业劳动，国家应该强制儿童劳动。柯尔培尔在 1665 年写道："以往的经验已经清楚地表明，一个儿童生命中早期的懒惰是他后来不能正常工作的真正根源。"在 1668 年的一项法令中，他命令所有奥克赛里的居民都要在其子女年满 6 岁时将孩子们送到花边厂工作，否则将被处以每个儿童 30 苏的罚款。

　　柯尔培尔认为神职人员、修女、律师和政府官员都是不从事生产的闲人，所以他尽量减少这些人的数量。他还尽量抑制宗教信仰、限制宗教机构，并将停止工作的宗教节日取消了 17 个，仅剩下 24 个（除了星期天）。

　　1666 年的一项法令规定，早结婚的人可以免除几年税收。有 10 个孩子的父亲也可以免税。非常有意思的是，入伍后牺牲的士兵可以被计算在活着的儿子中，但牧师、修女和神职人员则不能计算在内。因人们广泛的欺诈行为，这一法令于 1683 年被废止。

　　直到 1789 年法国大革命时期，才废除了封建权力、内部通行费和关税、各种特权和地方权力。公开卖官行为被终止，税收实现了平等，度量衡也在公制的基础上进行了标准化。这些措施都为法国商业、工业和农业的巨大进步开辟了道路。

▶本节拓展材料

6.7　威廉·配第爵士的劳动经济思想

　　威廉·配第爵士（Sir William Petty，1623~1687 年）是一位提出很多新观点的重商主义者，这些新观点给古典经济学很多启发。

　　在 16 岁之前配第就掌握了拉丁语、希腊语、法语、数学、天文学和航海知识。作为一个贫苦的布商的儿子，他后来获得了极大的财富、声望和荣誉。在 17 世纪的英国，往上层社会流动已经慢慢成为可能，配第就是一个例子。在忙碌的一生中，配第曾经是一个海员、医生、解剖学教授、发明家、测量员、议员、使用铁器与铜器的倡导者、造船实验家、作家、统计学家和大地主。

　　我们先讨论配第的重商主义观点，然后讨论他的那些为亚当·斯密提供了思想来源的观点。

6.7.1　配第的重商主义观点

　　威廉·配第生于一个小织布者家庭，生活在英国封建经济关系逐渐瓦解、资本主义经济关系迅速发展、资产阶级革命爆发的年代。马克思称其为英国古典政治经济学的创始人和"现代政治经济学之父"，其劳动经济观点体现在几本主要著作中：《赋税论》（1662 年）、《语言的智慧》（1664 年）、《爱尔兰的政治剖析》（写作于 1672 年，出版于 1691 年）和《政治算术》（写作于 1672~1676 年，1690 年首次出版）。

　　配第比其他重商主义者更赞成自由的国际贸易，在某种程度上是因为他认为自由贸易能够避免大范围的走私活动。他认为应该对进口商品征收关税，以便使它们"如果可能在进口国国内销售，也会比进口国国内生长或制造的同类产品要贵一些"。对进口原材料应该"慎重对待"，也就是说，应征收较少的关税。配第不赞成禁止金银出口，但在《政治算术》中他谴责以下做法：将金银作为运费支付给外国人，将金银支付给荷兰人让他们从事"在我们领海上所进行的"渔业贸易，将金银花费在英国能够制造的进口商品上。

与其他重商主义者一样，配第也赞成拥有大量人口。但是配第这一观念是基于这样的角度：人口众多可以增加政府收入，从而可以减少政府统治更多人口的单位成本。"人口稀少，是真正的贫困。一个 800 万人口的国家所拥有的财富，将是有着相同国土面积但人口只有 400 万国家所拥有的财富的两倍。而对于同一统治者来说，他们统治较多人口与较少人口的花费是相差无几的。"①在《赋税论》一书中，配第对重商主义的"充分就业"观点表现出了极大的热情。他提出的按人头征税的观点很简明，"这似乎可以激励所有的人将他们的孩子送到适合孩子能力的地方去工作赚钱，用孩子自己的劳动所得来支付每个孩子的人头税"。

配第还反对绞死小偷，但并不是出于人道主义的动机：

为什么不应该将那些无力偿债的小偷处死，而是应该将他们变成奴隶？因为他们成为奴隶后可以在其体力允许的范围内，被迫从事许多劳动，被支付很少的工钱，因此，相当于一个国家增加了两个人，而不是减少了一个人。如果英国用较少的人口（假定为一半），就能创造和现在一样多的财富，那么就必须使这些人的工作量是目前的两倍；也就是说，应该让一些人成为奴隶②！

配第认为政府应该雇用那些失业的人来修路、挖河道、种树、造桥、采矿和制造各种商品。从这个意义上说，配第是那些提倡采用公共服务雇佣来减少结构性、周期性失业的当代经济学家的先驱。但配第毕竟是个真正的重商主义者，他补充道：这种雇佣应该"不消费外国商品，而如果是在萨利斯伯利平原上建造一座无用的金字塔、把石头从斯通本奇运到塔山上等类似的事情，是没有问题的"。由此可见，配第是凯恩斯理论的先驱，即无论在古代还是在现代，建造金字塔（或类似的工程）都是一剂消除失业的良药。

这些公共工程如何筹措资金？凯恩斯认为，可以通过印制纸币或者向民间借债，而配第则认为应该通过征税方式。因为人们关心与邻居对比的相对收入水平，所以只要金钱在国内消费，人们就不会反对比例税：

征税从来不是大问题，如果对所有人都征收一定比例的税收，那么每个人的财富都不会因此而有所损失。因为如果人们（像我们刚才所说的）的财富都减少一半或者增加一倍，人们的富裕程度是一样的。对他们而言，每个人都保持了他先前的地位、尊严和身份。此外，货币并未流出本国，与其他国家相比，本国仍然拥有与先前同样数量的财富。

① Sir Petty W. A Treatise of Taxes and Contributions. Edited by Hull C H. Economic Writings, vol.1. Cambridge: Cambridge University Press, 1899: 34.

② Sir Petty W. A Treatise of Taxes and Contributions. Edited by Hull C H. Economic Writings, vol.1. Cambridge: Cambridge University Press, 1899: 69.

6.7.2 配第的劳动价值观与维持生存工资理论

配第虽然没有具体发展劳动分工这一观点，但他已经认识到经济与劳动专业化及工作分工的联系。例如，他写道："如果一个人梳毛、另一个人纺纱、再一个人织布，这样生产出来的布料，一定比上述操作都由一双手笨拙地完成所生产出来的布料便宜。"亚当·斯密后来更深入地讨论和发展了这一思想。

配第在《赋税论》中区别了商品的"自然价格"和"政治价格"，在做出以上区分之后，他明确指出，"自然价格的高低，决定于生产自然必需品所需人手的多少"，即认为价值是由生产商品时所耗费的劳动时间决定的，劳动是价值的源泉。尤为值得一提的是，配第不仅开始把劳动时间作为衡量商品价值大小的尺度，还指出："原来一百个人能完成的工作，现在要二百个农夫才能完成，那么小麦就将贵一倍。"也就是说，配第已经认识到价值的大小与劳动生产率呈反比例变动。

可见，配第首先提出了古典经济学劳动价值论的一些根本命题，只是他并未始终坚持劳动决定价值的观点，而是最终得出了工资决定价值的论点。他认为："一个成年人平均一天的食物，而不是一天的劳动，乃是衡量价值的共同尺度，……对于爱尔兰的小房子，我是根据修建它们时所花费的事物的日数来评估它们的价值的。"[①]但后来他又认为，价值的大小不是由劳动来决定，而是由工人每天的口粮即工资来决定。可见，他已由劳动价值论者转向了工资价值论者。

配第认为，劳动是财富的源泉，劳动能够创造价值，所以，商品交换的基础是劳动。在配第看来，任何商品都具有"自然价格和政治价格"。"自然价格"基本相当于价值，是市场价值背后的基础；"政治价格"是指受供求影响而波动的在市场上直接实现的交换价值。配第重点研究的是"自然价格"。他想找到价格的自然标准，从而找出决定价格的基础。他说："假如一个人在能够生产一蒲式耳（1蒲式耳=36.367 7升）谷物的时间内，将一盎司白银从秘鲁银矿运到伦敦，那么后者便是前者的自然价格。如果发现了新的更丰富的银矿，因而获得两盎司白银和以前获得一盎司白银同样容易，那么，在其他条件相等的情况下，现在谷物一蒲式耳十先令的价格和以前一蒲式耳五先令的价格，是一样便宜。"[②]这就提出了劳动价值论的初步思想。配第指出，生产商品所耗费的劳动决定商品的自然价格，生产两种商品的劳动时间相等价格就相等，劳动时间的耗费是商品价格比较的基础。

以劳动价值论为基础，配第认为，工资就是劳动的价格。和其他商品一样，劳动也有一个自然的价格水平，它是工资的自然标准。其大小取决于生产劳动所需的费用，配第称之为维持工人生活所必需的平均最低限度的生活资料的费用，即生存、劳动和繁衍下一代所必需的最低限度的费用。

根据配第的劳动价格论和维持生存工资理论，劳动时间耗费是商品价格比较的基础。这就不自觉地暴露了，工人劳动时间包含必要劳动时间和剩余劳动时间两部分，所以，工人最低工资的决定不是取决于企业或雇主的主观意愿，而是取决于作为劳动力市场上利益对立双方的工人和资本家在市场竞争中的结果。在劳动力供大于求的情况下，

① 配第 W：《赋税论》，载《配第经济著作选集》，陈冬野、马清槐、周锦如译，商务印书馆，1981年，第58-66页。
② 配第 W：《赋税论》，载《配第经济著作选集》，陈冬野、马清槐、周锦如译，商务印书馆，1981年，第96页。

受最大化利润的驱使，雇主不会提供很高的工资，但也绝不将工资无限压低。因为客观上存在一个最低工资限度，这就是维持工人及其家属的最低生活水平。低于这个水平，劳动力的再生产将无法进行，所以，最低工资水平不仅是工人维持生存的基本保证，也是雇主再生产能够继续进行的必要条件。

▶**本节拓展材料**

6.8　重商主义的劳动思想总结

重商主义时期是欧洲中世纪封建制度向早期资本主义的过渡时期。当时，由于技术进步引起农业变革、海外扩张引起价格革命等原因，中世纪土地制度和各种旧有经济关系瓦解。政治权力逐渐让位于那些倾向于以个人和市场导向为原则经营土地的进步土地主和制造商。中世纪经济制度的衰落使社会贫困加剧，早期工业化的兴起、产生也需要大量贫困和无地劳动阶层的存在。新的工业关系开始在旧有工业的基础上出现。

在这样的背景下，重商主义思想便以民族主义为特色而产生。重商主义思想旨在增加国家财富，其原则是：在世界资源供给固定不变情况下，各国财富和经济增长是一场零和博弈。重商主义在劳动问题上的具体观点也是从这一原则出发的。重商主义者认为，国民财富的增加重在商业的改善，商业中产品的交换是财富产生的源泉。生产源于消费的节省，生产是目的，消费的次要地位使重商主义首先要求将劳动者的工资降到最低，即维持劳动者生存所需的生活资料的水平，这也是最初的维持生存工资理论。学者们认为，低工资不仅可以减少消费，而且可以降低成本，提高产品的国际竞争力，增加国民财富，即民贫则国富。因此，在工资政策的实施上，重商主义仍然坚持中世纪延续下来的强行管制政策，实行最低工资，对工人不予同情。同时，重商主义认为，为对外贸易而生产比为满足国内消费而生产更重要，所以要扩大特定盈利产业，就要增加就业数量。据此，重商主义认识到劳动作为生产要素的首要地位。

从重商主义开始，劳动便被认为是重要的生产要素而成为国家的财富。因此，重商主义者主张增加人口，并对贫民进行统一管理和教育，特别是为救济贫民建立贫民习艺所，教授劳动，以便为国内制造业提供廉价的劳动力。

▶**本节拓展材料**

◎ 思考题

1. 为什么有时将重商主义者称为重金主义者？（参考以下名词：出口、进口、殖民地、战争、关税、国家授权的垄断、殖民主义、大量人口、自由的国内贸易。）

2. 为什么重商主义者赞成拥有大量人口和低工资？在工资率上升的收入效应与替代效应问题上，重商主义者持什么样的观点？配第认为拥有大量人口的优势何在？

3. 和国际贸易相关的术语"对商品的恐惧"是什么意思？它与赞成国内商品自由交换而对进口商品加以限制的观点一致吗？谁将在这种限制中获益？谁将在这种限制中受损？

【推荐选读书目】

Allen W R. 1970. Modern defenders of mercantilist theory. History of Political Economy，2（2）：381-397.

Aspromourgos T. 1988. The life of William Petty in relation to his economics：a tercentenary interpretation. History of Political Economy，20：337-356.

Blaug M. 1991. The Early Mercantilists. Brookfield：Edward Elgar.

Cole C W.1939. Colbert and a Century of French Mercantilism. 2 vols. New York：Columbia University Press.

Davenant C. 1698. Discourses on the Publick Revenues，and on the Trade in England. London：J. Knapton.

Ekelund R B，Tollison R D. 1980. Economic regulation in mercantile England：heckscher revisited. Economic Inquiry，18：567-599.

Hull C H. 1899. Economic Writings. 2 vols. Cambridge：Cambridge University Press.

Viner J. 1937. Studies in the Theory of International Trade. New York：Harper.

第7章 重农主义的劳动经济思想

▶学习目标

1. 了解重农主义经济思想的主要观点。
2. 了解重农主义经济思想的主要代表人物。
3. 把握重农主义经济思想史对劳动工资率的观点及其对劳动经济学思想的贡献。

尽管在 18 世纪的法国重商主义相当风光,然而,一场崭新而短命的被称为重农主义的运动于 1750 年左右在法国掀起,当时正值法国资产阶级大革命的准备时期,代表法国新兴资产阶级意识形态的重农主义开启了古典经济学的启蒙阶段。因为重农主义为分析经济体提供了重要的见解,所以它对后来经济思想的影响是相当大的。经济思想学者通常根据某一个相似点,任意地将观点有分歧的人组成一个思想流派。但重农学派的著作在所有主要点上都表达了显著的一致性,有三个原因可以解释这一点:①重农主义是在法国发展起来的;②重农主义者的观点是在 1750 年至 1780 年这段相对较短的时间内提出的(据说 1750 年之前,没有人知道重农主义的观点,而 1780 年之后,只有少数经济学家听说过);③重农主义有一个公认的知识领袖——弗朗索瓦·魁奈,他的观点被其重农主义同行毫无异议地接受了。他们的著作主要为使其他人确信魁奈的《经济表》的价值而创作。

重农学派的出现可以追溯到 1756 年魁奈在《大百科全书》中第一篇经济学论文的发表。该学派结束于 1776 年,标志是杜尔阁失去在法国政府的高官职位,亚当·斯密出版了《国富论》。在这二十多年时间里,重农学派引导着世界的经济思想,但他们的影响远远超出了他们的时代。我们首先简要介绍一下该学派,然后考察重农学派最杰出的两位经济学家——魁奈和杜尔阁对经济学的贡献。

7.1 重农学派概览

7.1.1 重农学派产生的历史背景

重农学派是在反对重商主义和法国旧政权封建特性的过程中产生的,但是它没有完全摆脱当时盛行于法国的中世纪观念。

政府对于生产过细的管制，如竟然具体规定到每英寸（1英寸≈2.54厘米）布所必需的丝线根数，可能曾经有利于提高产品质量，但它不允许生产方式的试验与创新、不允许消费者品味的变化，必然束缚生产的发展。而一个腐败奢靡的政府不可能保证这些规则的公正实施，工商业的发展和竞争的加剧使这些规则变得毫无必要。

法国地方政府对工业征收国内通行费、关税等各种赋税，阻碍了货物的流动，延缓了工业的发展。拥有土地的贵族所强加的各种条件加重了法国农业的负担。农民要负担课征于土地和农业利润的各种赋税，而贵族和神职人员却可以免于这些税收。征税额年年变化，完全取决于征税人员的心血来潮和农民的财富。事实上，征税权被出售给了"包税者"，这允许他们为了自身利益从给定区域的居民身上榨取尽可能多的税收。在每个纳税年度之始，包税者向政府缴纳一个固定数额的款项，超过这一数额的一切收入归包税者所有，这样严重损害了个人积累财富和扩大投资的积极性。农民继承或变卖财产时都必须向地主缴纳税费。他们不得不和地主所有的磨坊、面包房、酿酒厂做生意并接受他们索要的高价。贵族们有权在他们的农民的田里打猎，农民除草和锄地惊扰小山鹑就会受到捕猎法禁止。由柯尔培尔提出并在其后被长期坚持的强制劳役，迫使农民和被征牲畜无偿铺设公共道路，主要是为了其他人的利益。

几个世纪以来，法国政府和各级行政部门对谷物贸易实行了令人费解的管制。甚至与谷物贸易相关的其他贸易也被剥夺了仅有的一点自由。禁止从法国出口谷物，政府更关心谷物的持续充足供应，而不关心提高农业的利益，但这种情况在丰收的年份除外。一些特殊的许可也可能被授予个人，许可证上通常标明允许出口的数量和谷物的种类以及出口的目的地。在法兰西王国，未经批准的谷物和面粉不得在各省之间流动。为了获得跨省销售谷物的许可证，商人必须向检查员提交关于企业的所有详尽资料：谷物运达之后，还必须提供一份证书以证明谷物确实被运到了指定的目的地。谷物在每个省内还受到进一步的限制，法律规定了谷物的价格和销售地点。在饥荒的时候，政府为了避免囤积而强制销售谷物。通行费和各种管制阻碍了谷物贸易，因此有这样的情况：在一个地区有大量谷物盈余充斥仓库，而在几英里（1英里=1.609 344千米）以外的地方却有人饿死。

中世纪兴起的商业和手工业行会在法国存在的时间较英国要长。商业行会控制了在一个城镇进行贸易的权力，手工业协会——由行业内的学徒、熟练工和师傅组成则控制着一个城镇手工作坊的生产和营销方式。随着国家对行会的授权和管制逐步取代城镇政府和封建地主的管理，这些行会的特征也发生了变化。但直到1789年，行会仍然反对劳动力自由进入某些行业，限制和管制产出，实行固定价格，排斥来自其他城镇或国外的竞争。行会之间的法律纠纷和诉讼经常拖延几代甚至几个世纪，浪费了大量的时间和金钱。18世纪中期，仅巴黎的行会每年的法律纠纷费用就达到80万~100万里弗（法国的一种货币单位，后来被法郎取代，再后来又被欧元取代）。卖烤鹅的商人和卖家禽的商人相互争吵了半个世纪，直到最后后者被限制只能卖未加工的家禽为止。而那些成功的烤鹅商又开始攻击厨师，因为厨师战胜了制酱的商人。巴黎经营旧衣服的零售商和裁缝之间的长达三百多年的诉讼最终在1789年得到了解决，因为法国大革命摧毁了各种行会。重农学派的思想像一股清新的微风吹过当时法国腐败、腐朽的社会。

7.1.2 重农学派的主要信条

重农学派的主要观点可以大致概括如下。

1. 自然秩序

重农学派将自然秩序的概念引入经济思想中来。重农学派（physiocrat）这个词语本身就是"自然规律"的意思。根据这个思想，自然规律统治着人类社会，就像牛顿发现的那些自然规律统治着物质世界一样。因此，人类的所有活动都应该与自然规律相协调。一切科学研究的目的都是去揭示整个宇宙现象所遵从的各种规律。在经济学的范畴内，自然规律赋予个人享受自己劳动果实的自然权利，条件是这种享受要和他人的利益相协调。

2. 自由放任、自由流通

"自由放任、自由流通"是温森特·德·古尔内（Vincent de Gournay，1712~1759年）提出的，这个短语实际意思是"不要政府干预，让人们做他们喜欢做的事情"。除了保证最低的、绝对必需的基本保障如保护生命与产权、维持签约的自由等之外，政府不要对经济生活施加任何干预。因此，重农学派几乎反对一切封建主义、重商主义和各种政府管制，支持国内工商业和国际贸易自由化。古尔内是重商主义者队伍中的几个高官之一，他的经历使其后来成了一个自由放任主义的追随者。

3. 重视农业

重农学派认为工业、贸易和各种职业都是有用的，但不是生产性的，仅仅是再生产出消耗掉的原材料的价值和工人们的生存手段，只有农业（也许还包括采矿业）才是生产性的，因此它生产了剩余，生产了超过资源耗费的价值的净产品。

4. 对土地所有者征税

重农主义者认为，因为只有农业才产生剩余，并且土地所有者以地租的形式获得了剩余，所以应该只对土地所有者征税。对其他人所征收的税收最终将通过某种形式转嫁给土地所有者。间接税将随着被转嫁而有所提高，因此，对土地所有者的直接税优于间接税。

5. 经济的内部相关性

重农主义者，特别是魁奈，从总体上分析了经济体系中商品和货币的循环流动。

农民最终将从重农学派的观点中受益，因为农民对土地所有者的繁重义务被取消了。但是如果重农学派的观点被实施，农民将成为大农场的雇用劳动力，商业将从取消对生产和商品流通的限制的法律规章中受益。通过倡导自由放任的信条，重农学派推动了工业发展，尽管这并不是他们的本来目的；他们感兴趣的是鼓励更加自由的国内谷物贸易、刺激农产品出口和制成品进口。

重农学派特别支持使用雇用劳动力和先进技术的资本主义农场。这些先进的农场大多数在法国北部。大生产者有大量生产剩余要进行销售，重农学派对农业和谷物国内自由贸易的重视对他们很有帮助。对农业生产剩余征税将降低土地的价值，损害拥有土地的贵族的利益，但不会影响现在和未来支付地租的农业资本家。贵族和神职人员免于各种税赋，而平民土地所有者却需要负担这些税赋，对所有投入生产的土地征收单一税有助于分散社会税收负担。

重农学派捍卫贵族拥有土地和收取地租的权利，企图借此来安抚他们。19 世纪 80年代，美国的亨利·乔治想通过税收拿走全部地租，与他不同，重农学派认为税收占全部经济剩余的 1/3 就足够了。他们相信，这不会引起财富从富人到穷人的再分配，因为不论在何种情况下都是地主承担全部税收；更合理的是，把税收从间接税变为直接税能够减轻整体税收负担。这样来看，如果重农学派的计划能够执行，贵族将从中受益。但这个观点是错误的，因为它基于这样一种错误的分析：所有可征税的经济剩余只来自于土地。

工业革命之前，工业的主要特征是劳动生产率极其低下。这一点在法国的手工业经济中表现得尤为明显，特别是在法国大革命之前几十年的社会及政治制度之下。因此，在一个极其贫困的国家中，为贵族而进行的奢侈品生产很容易被看成"非生产性的"。另外，尽管农业的耕作方法十分原始，但有时也会获得丰收。农业经常提供经济剩余，用于储蓄或再投资，从而促进一个正在崛起的国家的经济增长和工业发展。不仅在法国是这样，在美国、德国、日本、俄罗斯等其他国家都是如此。

重农学派提倡自由放任，反对不利于资本主义经济发展的各种障碍。他们不经意地推动了 1789 年法国大革命的爆发，扫清了前进路上的许多障碍。他们强调农业的劳动生产率，摆脱了只有商业才能创造和扩大财富的陈旧观念；他们强调生产而不是交换才是财富的源泉。在那个时代，法国盛行的间接税侵蚀了法国社会，他们支持直接税是对间接税的一个适当反应。他们主张资本积累应通过减少富人的消费来进行。

7.1.3　重农学派的劳动价值观及影响

比埃尔·勒·庇逊·布阿吉尔贝尔（Pierre Le Pesant Boisguillebert，1646~1714 年）是法国古典政治经济学的创始人，重农主义学派先驱者之一。作为重农学派先驱者，布阿吉尔贝尔的观点与重商主义直接对立，认为农业才是财富的源泉，一切财富都源于土地耕种。为了保持社会经济的正常发展，他还认为各种商品之间必须按一定比例的价格进行等价交换，以保持产业部门间的平衡与经济协调。他认为，通过自由竞争，各部门就能达到按比例分配劳动，从而使商品价值由生产商品时所耗费的劳动时间来决定。这多少与配第的价值观有些相似之处。

重农学派的一些观点很明显是错误的。该学派错误地认为工业和贸易是非生产性的。法国的工业和贸易越发达，重农学派的错误分析也就越明显。这种错误导致了另一种错误——因为认为只有土地才产生剩余，所以应该只对土地所有者征税。富有的工业资本家笑了，他们赞成这种信条：他们没有增加财富所以不必纳税。重农学派的税收观念留下了长期的影响。约翰·斯图尔特·穆勒在 19 世纪中期撰文倡导，政府应该得到由于地价上涨而增加的全部资本利得，一个方式是，政府对未来上涨的地租征税。在重农学派一百多年后，亨利·乔治在美国撰文倡导"单一税收"运动，其目的是没收全部租金。

重农学派颂扬资本主义农场主是法国经济发展的主导力量，但他们在两个方面是错误的。第一，工业资本家和雇用工人成为这个国家经济增长中最重要的力量，而农业的重要性却相对降低了。第二，是小农场主而不是大的农业资本家成为法国农业的典型象征。如果土地仍然控制在贵族手中，对土地所有权征税会限制奢侈品消费。但当大革命以后，小农获得了土地，他们就将承受绝大部分的税收负担。

然而，重农学派对经济学做出了以下几个长久贡献：第一，通过将社会作为一个整体来考察并分析支配财富与商品流通的规律，重农学派为经济学发展为一门社会科学奠定了基础。我们将发现魁奈的《经济表》是现代经济学教材中两个概念——经济环流图和国民收入账户的先驱。第二，收益递减规律——通常归功于托马斯·罗伯特·马尔萨斯和李嘉图——事实上是在更早以前由重农学派的杜尔阁提出的。第三，重农学派最早分析了税负转嫁和税负归宿问题，这在如今是应用微观经济学的重要组成部分。第四，通过倡导自由放任，重农学派使经济学家的注意力转移到关注经济中政府的适当作用问题上来。

▶本节拓展材料

7.2　弗朗索瓦·魁奈的劳动经济思想

弗朗索瓦·魁奈（Francois Quesnay，1694~1774 年）是一个土地所有者的儿子，是重农学派的奠基人和领袖。他受过医学训练，通过他在医学和外科手术方面的技术获得了一笔财富。魁奈后来成为路易十五和蓬皮杜夫人的宫廷医生。1750 年他遇到了古尔内，不久之后对经济学的兴趣超过了医学。魁奈和他的支持者希望把国王转变成一个"开明的君主"、和平改革的工具。在 1757 年发表在《百科全书》中的一篇文章中，魁奈指出小农场没有能力采用最有效率的生产方式；他支持由"企业家"经营的大农场，因此也就期望出现我们这个时代已经存在的大型农业企业。

在魁奈看来，社会类似于物质有机体。经济中财富和商品的循环就像身体中的血液循环。它们都遵循自然秩序，而且经过深入分析二者都是可以理解的。

魁奈认为人们制定的各种规则应该符合自然规律。法国皇太子曾经向魁奈抱怨做国王的艰难（他还没有被指定继承王位）。魁奈说："我不认为当国王会这么艰难。"皇太子问："那么，假如你当国王你会做些什么？"魁奈回答说："什么也不做。"被问及谁将统治这个国家时，魁奈神秘地回答："规律。"显然他是指自然规律。

他为法国国王创作的著名的《经济表》，完成于 1758 年，1766 年重新修订。《经济表》描述了在一个理想的、自由竞争的经济中，商品与货币的循环流动。这是对财富流动第一次系统的分析，后来成为宏观经济学的基础。很多分析宏观经济总量活动的经济学家，如亚当·斯密、马克思、凯恩斯等，都对魁奈表现出敬意，因为魁奈最先使用了这一分析方法。

魁奈的《经济表》是国民收入分析的思想源泉，它也为分析一个经济体的统计工作奠定了基础。魁奈本人就试图估计年产出值及其他总量指标。《经济表》也清晰地表达了作为整体的经济中的均衡概念，因为如果相互依存的变量中有一个发生变动，其他变量也会随之变化。而且，魁奈的《经济表》还是投入—产出分析的先驱，里昂惕夫在 20世纪 30 年代提出的投入—产出分析，至今仍被经济学家广泛使用。

非常重要的一点是，尽管魁奈认为非农生产是"非生产性的"，但他并没有质疑所有者获得地租的权利。他认为，是自然界而不是工人生产了经济剩余。因此，土地所有者有权获得剩余产品，这是伴随土地所有权而产生的一种权利。因为他们这个阶层进行了使土地具有生产性的必要的原始资本投资，因此有权获得剩余产品。这样，魁奈认为他是地主权利的捍卫者，然而他提出只对地主征税的建议又被地主认为这是攻击他们的利益。

魁奈认为"在装饰方法上的过度奢华会很快毁掉一个强大、富裕的国家"，他宁愿花费在原材料上。在一个贵族们热衷于奢侈消费、在积累财富用于进一步投资方面工业远不如农业和采矿业重要的时代，这是关于经济增长的一种政策建议。

在魁奈看来，人们所使用的物品本身并不是财富，一种物品只有在它既具有有用性又具有售卖价值时才是财富。与重商主义针锋相对，魁奈将研究重点从流通领域转向生产领域。他从等价交换的原则出发，认为流通不是一国财富的源泉，只有农业劳动才是生产劳动，农业才是财富的唯一源泉。虽然工业和商业的收益远远超过农业，但"它们是获得的，而不是生产出来的"，"在工业制品的生产中，并没有财富的增加……所有这些企业者，都不过是把别人的支出来作为他的财产"[1]。另外，他从使用价值的角度来考察财富，认为农业生产中新生产出来的财富总是大于生产过程中所耗费的财富，两者相减所得余额即为"纯产品"（即实际意义上的剩余价值），从而为分析资本主义生产方式奠定了基础。正如马克思所言："重农学派的功绩和特征在于，它不是从流通中而是从生产中引出价值和剩余价值，所以它同货币主义和重商主义体系相反，必须从这样的生产部门开始……"

▶本节拓展材料

---

① 魁奈：《谷物论》，载《魁奈经济著作选集》，吴斐丹、张草纫译，商务印书馆，1981 年，第 85 页。

7.3　安·罗伯特·雅克·杜尔阁的劳动经济思想

安·罗伯特·雅克·杜尔阁（Anne Robert Jacques Turgot，1727~1781 年）出生于诺曼底的一个贵族世家，这个世家连续几代为这个国家培养了有才能的政府官员。他是这个家庭的幼子，受到了教会教育。但获得神学学位之后，他决定进入司法行政部门。杜尔阁在法国政府部门的职位不断上升，到 1774 年他成为法国财政部部长，而这正是柯尔培尔一百多年前所担任的职位。他上任不到两年，就引入了各种反封建、反重商主义的措施，并推崇重农学派的思想。允许国内谷物进行自由贸易，废除各种行会和特权贸易企业。他结束了沉重的强制劳役，这种强制劳役要求农民每年无偿工作 12 天或 15 天来维修道路、桥梁和运河；取而代之，他实行了一种所有地主都缴纳的税收。杜尔阁大幅度削减了政府支出。政府的信誉大大提高，这使他能够以 4% 的利率从荷兰政府借入大笔款项，而这个利率以前是 7%~12%。政府每年的利息支出减少了近 2/3。杜尔阁还提倡对贵族征税，人们有择业自由、全民教育权利、宗教信仰自由，并且提出了创建中央银行的构想，这一构想后来由拿破仑于 19 世纪付诸实施。

杜尔阁的法令和计划激起了各界人士的最坚决的反对。贵族痛恨他，因为他想从土地上征收一切税收。神职人员不信任他，把他看做异教徒，因为他不但很少参加弥撒，而且主张宗教信仰自由。金融家怨恨他，因为他以比他们开价要低的利率从国外借款。国王的随从们也因杜尔阁反对他们的挥霍、闲职和年金而被激怒了。那些向政府一次性交纳固定数额而有权尽可能多征税的包税者们极其愤怒，因为他想用政府的征税官来取代他们。富有的、已经确立了地位的资本家反对他对垄断的干预。由于宫廷、玛丽·安托瓦内特及其他因为他的政策而失去特权的强势人物的反对，路易十六罢免了杜尔阁的职务。他的改革立刻被取消，直到 1789 年法国大革命之后也没有再实施。事实上，可能正是杜尔阁的倒台使大革命的发生不可避免，他的经历证明旧的政权不可能自行改革。

像其他重农主义者一样，杜尔阁相信开明的专制主义，并希望国王能实行各项改革措施。他反对国会对立法的干预。他提交给国王的一项计划中建议只允许土地所有者成为选举权人。被选举出来的国会将没有任何立法权，但它要管理税收、教育和救济穷人。显然，杜尔阁和其他的重农主义者都植根于旧的法国封建制度，他们是改革者而不是革命者。但法国旧政权仍不能容忍这些改革。

在 1766 年写作的《关于财富的形成和分配的考察》一书中，杜尔阁发展了一种工资理论，在这个理论中，他认为雇主之间的竞争可以使工资降低到维持最低生存所需要的水平上。这是后来被称为"工资铁律"的早期表述。只有农场主生产剩余，用来养活整个社会并提供原材料。

因此，他（农场主）是财富的唯一源泉，并且通过财富的循环来养活社会的全部劳动力；因为只有他的劳动产出超过其劳动的工资[①]。

杜尔阁认为富有的、资本主义的承租农场主最有能力有效耕种土地，因为他们有资

---

① Turgot A R J. Reflections on the Formation and the Distribution of Riches. New York：Macmillan，1898：9.

本对土地进行投资。他们获得利润、投资收益及利息。企业家会将利润和储蓄的大部分用来再投资，而地主则不会这样做。

总体事实是，尽管所有者拥有巨大的剩余，但由于他们拥有更多闲暇，有更多欲望和激情，所以他们储蓄较少；他们把自己看做财富的保证；他们考虑的更多的是如何惬意地享受财富而不是如何增加财富：奢侈是他们的天性[1]。

在1767年写给大卫·休谟的一封信中，杜尔阁称对其他团体征税会转嫁给地主。只有当工资高于最低生存需要水平之上时，对挣工资的人征税才能被转嫁，但这只是暂时的偏离。征税不会降低处于最低生存需要水平线上的工资，因为工人不得不努力去赚取足够生存的收入。由于间接税会被转嫁到地主身上，对地主征收直接税优于间接税。这种不可转嫁的税收对经济发展也是最优的，如前文所述，因为地主浪费了他们的收入份额。

杜尔阁是政府节约的坚定倡导者。在致大卫·休谟更早的一封信中，他写道：

您也知道，像我做的那样，政府的治理基础是：公民服从和财政收入。政府的目标正如一句谚语所说的：给母鸡拔毛而不使它叫喊。现在是所有者（地主）叫喊，政府一直倾向于不直接伤害他们，除非这件事情成为法律，否则他们是感觉不到伤害的[2]。

在一个与其政府事务相关的备忘录中，杜尔阁为自由贸易提供了一些证据：

一个从狭隘的政治立场出发坚持反对（自由贸易）的人，会认为在国内可以种植一切，他们会像布里（Brie）的地主一样，认为喝自己葡萄园里产的劣质葡萄酒是一种节俭的行为，而实际上他们比喝最好的葡萄酒花费的还要多，并且牺牲了适合种植最好的小麦的土地，而他们可以用出售小麦的收入来购买最好的葡萄酒[3]。

杜尔阁对经济学理论领域最大的贡献是他准确地表达了收益递减规律。这个规律出自他可能写于1767年的《基于圣·佩拉维论文的观察》一书中。他说，很难想象农业上两倍的投入会带来两倍的产出。

土地的肥力就像一个被连续添加重量而压下的弹簧。如果重量小而弹簧不是很有弹性，第一次尝试就毫无结果。但当重量足以克服第一次的阻力时，弹簧将被压下。承受一定的压力之后，它又会开始阻止加于其上的额外的力量，以前加在其上能够产生一英寸或者更多的下压力量将几乎不能将其压下一毫。因此，不断添加的重量效果是逐渐减少的[4]。

奇怪的是，亚当·斯密——曾经到法国旅行并会见杜尔阁，而且对杜尔阁的作品很

① Turgot A R J. Reflections on the Formation and the Distribution of Riches. New York：Macmillan，1898：97.

② Turgot A R J. Reflections on the Formation and the Distribution of Riches. New York：Macmillan，1898：103.

③ Turgot A R J. Letter on the Marque des fers. Cited by Groenewegen P. Turgot's place in the history of economic thought：a bicentenary estimate. History of Political Economy，1983，15：591.

④ Turgot A R J. Observation sur un Mémoire de M. de Saint-Péravy（1767）. Paris：Librairie Félix Alcan，1914：644.

熟悉——并没有把收益递减规律应用于农业。这个规律后来被李嘉图、托马斯·罗伯特·马尔萨斯和爱德华·韦斯特应用于地租分析；但他们都没有像杜尔阁那样认识到：当生产变量的若干单位被连续追加到土地（固定变量）上时，在收益递减之前的最初阶段，收益是递增的。

➤本节拓展材料

◎思考题

　　1. 重农学派开始于什么时候？结束于什么时候？为什么它存在时间这么短暂？

　　2. 重农学派从哪几个方面反对重商主义？为什么它出现在法国？

　　3. 尝试解决以下悖论：重农学派主张自然秩序和支持自由放任，然而却强烈拥护君主的绝对权威。

【推荐选读书目】

Beer M. 1939. An Inquiry into Physiocracy. London：Allen and Unwin.

Blaug M. 1991. Francois Quesnay. 2 vols. Brookfield：Edward Elgar.

Brewer A A. 1987. Turgot：founder of classical economics. Economica，54：417-428.

Groenewegen P D.1977. The Economics of A. R. J. Turgot. Hague：Martinus Nijhoff.

Groenewegen P. 1983. Turgot's place in the history of economic thought. History of Political Economy，15：585-616.

Higgs H. 1952. The Physiocrats. New York：Langland Press.

Meek R L. 1963. The Economics of Physiocracy. Cambridge：Harvard University Press.

Phillips A. 1955. The tableau economique as a simple leontief model. Quarterly Journal of Economics，69：137-144.

Pressman S. 1994. Quesnay's theory of taxation. Journal of the History of Economic Thought，16：86-105.

Turgot A R J. 1898. Reflections on the Formation and the Distribution of Riches. New York：Macmillan.

Vaggi G. 1987. The Economics of Francois Quesnay. Durham：Duke University Press.

Ware N J. 1931. The physiocrats：a study in economic rationalization. American Economic Review，21：607-619.

第8章　古典学派先驱者的劳动经济思想

▶学习目标
1. 了解古典学派经济思想的主要观点。
2. 了解古典学派经济思想的主要代表人物。
3. 把握古典学派经济思想史对劳动工资率的观点及其对劳动经济学思想的贡献。

古典学派始于 1776 年亚当·斯密《国富论》的出版，1871 年斯坦利·杰文斯、卡尔·门格尔、莱昂·瓦尔拉斯各自出版了阐述新古典理论的著作，至此古典学派结束。这一章我们首先介绍古典学派，然后介绍几位古典学派先驱者的贡献。

8.1　古典学派概览

8.1.1　古典学派产生的历史背景

当时已经趋于成熟的科技革命促生了工业革命的萌芽，它们都对古典经济思想起到了特别重要的影响。

1. 科技革命

1687 年，艾萨克·牛顿（Isaac Newton，1642~1727 年）大大推进了开普勒早期关于行星运动的科学规律和伽利略关于地球上物体运动的数学法则等研究。在《自然哲学的数学原理》一书中，牛顿提出了万有引力定律：宇宙中任何两个物体间的引力与它们的质量成正比，与它们之间的距离的平方成反比。这一定律解释了包括行星运动在内的物体运动的规律。

与牛顿和其他科学家相联系的科技革命有三个方面值得一提。第一，这些科学家非常依赖实验证据。牛顿和同时代的科学家都不相信那些只通过推理而没有经过实验得到的直觉知识。第二，牛顿推广了宇宙是由自然规律统治的这一已经存在的观点。第三，牛顿的理论体系是对宇宙的静态研究：空间、时间与物质之间是相互独立的，不会随时间而改变；宇宙中的运动与联系都是在不断循环往复的。

在古典学派的思想中可以看到牛顿的影响。按照古典主义者的观点，存在着的封建制度和重商主义的严格限制已经没有存在的必要了。对他们来说，牛顿的科学和之前的上帝的意愿一样完全有效地解释了自然界。如果是神的意愿创造了一种不加干涉就可以和谐、自动运行的机制，那么自由放任就是处理社会事务的最高形式的智慧。自然规律将引导经济体系和人们的活动。

这些观点在他们那个时代是具有革命性的。人们不再毫无疑问地接受古代的真理，诸如利益是罪恶的、地位可以继承等。如果人们自由遵循自我利益的自然法则，那么社会将变得更好。古典经济学中牛顿式的思想提供了判断财产收入是否合法的观念体系。既然自然规律完全不受阻碍，私人的节约和谨慎对社会利益有所贡献，那么地租、利息和利润就是对所有者和生产性财富的使用的公平回报。

2. 工业革命

18 世纪中后期，工业革命刚刚开始，而在后来的古典经济学家写作其著作的时代，工业革命的影响已在很长时期得到了强化。在 17 世纪，英国在商业方面落后于荷兰，在制造业方面落后于法国。但到了 18 世纪中叶，英国在商业和工业方面都取得了霸权地位。工业革命和古典政治经济学首先在英国得到了发展。生活在工业革命早期的斯密和他同时代的人们，还不能充分认识到这一现象的重大意义和未来发展的方向。这样的智慧通常总是在事后逐渐表现出来；但是他们已经意识到制造业、贸易、发明与劳动分工都已取得了实质性发展。工业的增长导致思想界更加关注产业中的工业部分。

到 1776 年，作为工业效率最高、世界上实力最强大的国家，英国从自由国际贸易中获得了巨大的利益。英国的企业家变得越来越强大，他们不再依赖政府补贴、垄断、特权和关税保护。随着企业家数量的大量增加，垄断协议很难达成和执行，竞争越来越依靠产品的低价格和高质量。在每一方面都不断扩张的商业活动高潮迭起，许多重商主义的措施逐渐被废止。

一个自由的、流动的、低工资和努力工作的劳动力大军也涌现出来。在古典政治经济学取得最后的胜利之前，国家和地方政府管理劳动力和劳动条件。有时候劳动力受到保护，但更多时候是雇主得到支持。在英国，地方治安司法机构对工资的管制长达几个世纪，这些机构通常只规定工资的上限。这一措施在 1762 年取消，然而，劳动力的供给和需求状况导致了市场决定的低工资。议会通过的圈地法案授权人们可以用栅栏、树篱、围墙圈起公共土地及没有篱笆的空地，从前农民在那些空地上种植作物、饲养牛猪、捡拾柴火等。这些法令将土地严格置于私人所有权范围内，并鼓励大规模、资本密集型的农业生产。这样提高了土地和劳动力的生产率，也把农民变为获得工资的劳动力，从地主、商人和制造业者那里寻求雇用。此外，随着工厂制度的发展，手工业者也丧失了竞争优势，这迫使他们也成为挣工资的工人而进入劳动力市场。高出生率和低死亡率增加了人口，童工和来到英国的破产爱尔兰农民也增加了劳动力供给。政府没有必要再采取维持低工资的措施，就可以使商人赞同新的自由放任政策。此时工人向政府要求设立最低工资限制，但并没有成功。

8.1.2 古典学派的主要信条

古典学派的观点常常被称为经济自由主义，其基础是个人自由、私人产权、个人主动权、私人企业及最低限度的政府干预。"自由主义"这一术语应该根据它所处的历史背景来理解：相对于封建主义与重商主义对职业选择、土地转让、贸易等的限制而言，古典学派的思想是自由的。但随着历史的变化，在今天，我们把提倡经济自由主义的人称为"保守派"。

这一思想、学派的主要特征归纳为以下几点，对这些概念的更充分扩展将会贯穿于后面几章中。

（1）最低限度的政府干预。古典学派的首要原则就是，管的越少的政府越是好政府。自由的、竞争性的市场力量能够引导生产、交换和分配。没有政府介入，经济会自我调节并趋于充分就业。政府的活动应该仅限于界定财产所有权、提供国防及公共教育。

（2）自利的经济行为。古典经济学家假设自利行为是人类天性的基础。生产者和商人提供产品和服务是出于获得利润的渴望，工人提供劳动服务是为了获得工资，消费者购买商品是为了满足他们的需要。

（3）利益的和谐。除李嘉图之外，古典主义者强调市场经济中利益的自然和谐。通过追求自身的个人利益，人们也为社会利益的最大化做出了贡献。

（4）所有的经济资源和经济活动都很重要。古典主义者指出，所有的经济资源——土地、劳动力、资本及企业家才能，以及所有的经济活动——农业、商业、生产及国际交换，都对一个国家的财富做出了贡献。重商主义者认为财富得自于商业；重农主义者把土地和农业看成一切财富的源泉。

（5）经济规律。通过对明显的经济理论或"规律"的集中分析，古典学派对经济学做出了巨大的贡献，如比较优势理论、收益递减规律、托马斯·罗伯特·马尔萨斯的人口理论、市场法则（萨伊定律）、李嘉图的地租理论、货币数量论及劳动价值论。古典主义者认为经济学的规律是普遍的和不可改变的。

从长期来看，古典经济学为整个社会服务，因为它对理论的应用促进了资本积累和经济增长。它赋予商人与以前那些拥有荣誉与收入的贵族和绅士一样的地位。商人与工业家作为国家财富的促进者而获得了新的地位与尊严，企业家追求利润的行为也被确信是为社会服务。这些信条最终导致了企业的所有者和经营者获得更多的物质利益，因为古典学派的观点有助于提升政治、社会和经济氛围，从而鼓励工业、贸易和利润的发展。

但并不是所有人都平等地从古典主义的观念中获益；工业化产生利益的同时带来了成本。在英国，特别是挣工资的工人，通过长时间在低酬劳下工作，分担了工业化的最主要的成本。但经济进步最终能使工人提高自身的地位，在这个意义上，古典经济学也使他们受益了。如今，在工业化市场经济中工资和薪金已经占到了国民收入的三分之二。

8.1.3 古典学派的贡献

古典经济学使那些有进取心的人所采取的措施合理化。它认为将那些过时的、无用的重商主义的各种限制予以废除是公正合理的。竞争成为越来越显著的现象，依靠竞争作为经济的主要调节者的观点是站得住脚的。政府因挥霍腐败而声名狼藉，在这种情况下，政府干预越少越好。通过帮助扫除封建制度的残余，古典经济学促进了商业企业的发展。例如，封建土地法废除后，地主可以将土地作为信用担保来筹措大量资金，投资于农业或工业。

当工业化刚开始的时候，社会最需要的是将资源集中用于最大限度的生产扩张。私人部门相对于工业部门地位的上升极好地服务于这一目标。因为消费者总体是贫穷的，而投资机会又似乎是无限的，因此资本家有强烈的动机将利润的绝大部分用于再投资，结果使产量大幅度上升。公共部门的持续扩张要求税收增加，从而转移了可以用于私人资本形成的资源。

通过实现更自由的国际贸易和增加城市劳动大军，古典经济学及其拥护者使市场得以扩大。农民的生存需要使他们消费自己生产的大部分产品，而只从市场上购买少量商品；比较而言，到 18 世纪末期，城市劳动者从市场上购买他们的食品，这样农业可以更直接地进入经济的货币部门，商人与加工者可以在农民与消费者之间找到一个合理的定位。

古典经济学家对他们那个时代的经济世界做了最好的分析，远远超过了重商主义者和重农主义者的分析。他们为作为一门社会科学的现代经济学奠定了基础，后来的几代人都在此基础上提出了他们的见解和成就。古典经济学的一些"规律"在当今的标准经济学教科书中仍被作为经济学"定理"讲授。古典学派具有长远贡献的信条包括但绝不仅限于以下几条：①收益递减规律；②比较优势理论；③消费者主权概念；④资本积累对经济增长的重要性；⑤市场作为一种协调个人与社会利益的机制。

这并不是说古典经济学就没有缺陷与错误。历史与后继的经济理论家表明，作为一种公共政策的自由放任主义在处理以下问题方面是不够的：经济萧条、垄断（无论是自然垄断还是非自然垄断）、买方垄断力量、私人行为的外部效应以及利益不可分割的物品（公共物品）的供给等。有些古典经济学的倡导者对自由放任的呼吁达到了极其荒唐的程度。仅举一例，伦敦的《经济学家》杂志批评"卫生运动"，该运动督促政府实施纯净水供应和正确的污水排放，当时有些污水管线建好之后，并没有立刻投入使用。《经济学家》宣称恶劣的居住条件和城市高死亡率：

　　由两个原因所致，实施新法规将使两者都恶化。第一个原因是大众的贫困，如果可能的话，新法规带来的税收负担将使贫困加剧。第二个原因在于人们从不被允许自己关心自己。他们常常受到像奴隶或儿童一样的对待，他们不得不从极大程度上考虑政府为他们和低能者所采取的措施……有一种比伤寒或者霍乱或者不纯净的水更可怕的不幸，那就是精神低能[①]。

除了过分强调自由放任外，古典经济学在经济分析的一些领域是不明确、不完善甚至是错误的。例如，我们会发现古典学派做出的预测：随着经济发展地租收入将上涨、

---

① Economist. London，July 13，1850.

利润将下降的结论，没有考虑技术进步的作用及不断提高的生产力和工资之间的关系。又如，一些古典主义者提出的劳动价值论在确定产品价值时，没有把效用及需求的作用完全包含进来。但是，这里不详细阐述这些观点。

约翰·洛克（John Locke，1632~1704 年）是英国著名哲学家和政治思想家、资产阶级自由主义思想的奠基人，虽然大多数时候他的主要建树都被认为是在政治哲学界，但其对劳动价值理论也有较大贡献，其相关观点主要见于《政府论》和《论降低利息和提高货币价值的后果》两本著作中。

在劳动价值的决定问题上，洛克也把商品的价值与使用价值混为一谈。他指出，"商品的价值在于它们作为可携带和有用的东西，可以通过消费或交换而提供生活的必需品或享用品"，"任何东西的销路都决定于它的必要性或有用性"[①]。

在价值的创造问题上，洛克已经不再完全接受配第的劳动价值二元论，也不再认为劳动和土地是财富创造中不可或缺的因素，而是把商品价值的绝大部分归于劳动，极小部分归于土地或自然。他认为："如果说在有利于人生的土地产品中，十分之九是劳动的结果，这不过是个极为保守的计算……在绝大多数的东西中，百分之九十九全然要归于劳动。"[②]这多少已经有些劳动价值一元论的意味了。

➤本节拓展材料

8.2　达德利·诺思爵士的劳动经济思想

达德利·诺思爵士（Sir Dudley North，1641~1691 年）生活于重商主义的巅峰时期，他的思想沉重打击了重商主义的核心信条。在与土耳其的贸易中他成为一个富有的商人，后来还担任过关税专员和财政部官员。诺思被称为世界上第一位杰出的自由贸易者。

诺思唯一一本公开出版的著作是于 1691 年匿名出版的一本简明的小册子《贸易论》。作为一个商人和政府高官，他的观点与当时流行的观点不一致，所以这种谨慎是可以理解的。几十年后他的弟弟暗示这一作品的出版曾受到故意的压制。李嘉图看到再版的版本时，写道："我没有想到，在这么早的时代，就有人在这本出版物中表达了如此正确的观点。"

诺思强调，贸易不仅使获得出口盈余的国家获得单方面的利益，而且可以使双方都获得共同的利益。贸易的目标不在于积累金银，而在于交换盈余。即使不存在金银，劳动分工与国际贸易也会增加财富：

① 洛克：《论降低利息和提高货币价值的后果》，徐式谷译，商务印书馆，1962 年，第 28 页.
② 洛克：《政府论》（下册），叶启芳、瞿菊农译，商务印书馆，1964 年，第 28 页.

　　贸易只是一种交换剩余产品的行为。例如，我给予我多余的，来交换你多余的而我需要的……最勤劳、种植最多农产品或者拥有最多工厂的人，将最大限度地拥有别人生产或种植出来的产品，从而不会有什么缺少的东西，并可以享受到最大的便利。这才是真正的富有，即使在他们之间并不存在金、银之类的东西[1]。

　　诺思批判了财富应该由一国的贵金属存量来衡量的观点。他强调的是工商企业和积累。这里他批判的是重商主义者的理论而不是他们的实践。但是，他没有把制造业包括在生产性活动的名单之中，这对他那个时代来说是可以理解的。即使考虑到"制造"的原意是"用于制作"，制造业在 17 世纪也是相对不重要的。

　　没有人会因为他的财产全部用货币、金银等形式保管而变得更加富有，相反，他会因为这一原因而变得更加贫困。最富有的人，使其财产处于增值条件中，或者投资于农场土地、借贷资金以获得利息，或者投资于贸易商品。如果有人出于任性，将其全部财产转化成货币持有，而不流动，那么他很快就会感觉到，当他吃掉存量之后，贫困也渐渐向他靠近。

　　我们来做更进一步的研究，什么是人们所需要的？谁迫切需要金钱？我将从分析乞丐开始：他渴望、恳求金钱，但他得到金钱后会用来做什么呢？买面包等。那么事实上他需要的并不是金钱，而是面包和其他生活必需品[2]。

　　一些人即使到今天也没有理解最后这段话的内涵：我们需要金钱只是为了卖掉它，因为我们真正需要的是商品和服务。那么一个国家的财富究竟是什么呢？

　　诺思发现国家之间的商业往来，就是根据它们的贸易需求来分配货币供给。他写道：

　　可以观察到，没有造币的国家，其贸易并不需要有充分的货币供给；因为如果它需要，其他国家的货币就可以参与流通，就像在爱尔兰和普兰塔寻……那么不要让对某种特定货币的担心如此折磨我们；因为富有的民族可能不需要它，并且如果他们没有的话，其他国家的货币可以提供给他们[3]。

　　诺思主张自由放任是实现国内与国际贸易利益最大化的手段。这在民族主义盛行的时代是一个大胆的理论提法。

　　现在听到这一说法可能会感到奇怪，那就是，就贸易而言，整个社会就像一个国家或民族，而在这其中的各个国家就像个人一样。不能仅单独考虑与一个国家进行贸易的损失，还要考虑更多的整个世界的贸易缩减和损失，因为所有国家都是联系在一起的。对公众来说，可能所有贸易都能够获利，因为如果不能获利，公众就会停止贸易。当从事贸易的商人事业兴旺了，商人是公众的一部分，公众也将富裕起来。这将驱使人们从事任何形式的贸易，从而可能获得利润；但是公众不会从中受益，因为它只是取自一个人而给予另一个人而已。……简而言之，都支持某一种贸易或利益而反对其他的，是荒谬的，这会减少公

① Sir North D. Discourses upon trade （1691）. Hollander J H，ed. Johns Hopkins Press，1907：2.
② Sir North D. Discourses upon Trade （1691）. Baltimore：Johns Hopkins University Press，1907：11，12.
③ Sir North D. Discourses upon Trade （1691）. Baltimore：Johns Hopkins University Press，1907：16，17.

众的很多利润[1]。

尽管诺思相信自由贸易无论对贸易商还是对国家都有助益，但是他并没有像后来斯密所宣称的那样公开表述过利益和谐的观点。事实上诺思已经发现，很多特定的利益是通过利用政府的权力来获得某些特权，以公众的利益为代价而获得的。因此他认为，政府不应该支持狭隘的私人利益，这和重商主义的观点截然相反。他还提出了与现代贸易观点相关的真知灼见：

无论什么时候这些人考虑公共物品时，正如考虑贸易增进时一样，或者同时考虑这两者时，他们都是以自身的直接利益作为衡量好与坏的通用标准。有很多人，从自己的贸易中获得利益，并不关心其他人为此损失了多少；每个人要想得到利益，必须在他们的交易中强迫其他人服务于他的利润，但这必须是在公众的掩盖下进行的。

因此，纺织商人强迫人们购买他们的制成品；我还要提及的是比如出售羊毛，他们可能会以高价强迫人们购买，尽管会给纺织商人带来损失……通常，那些懒惰、无所事事，或者不积极行动，不太注意为他们的产品寻找销路的人，或者无法自己进行贸易的人，将通过法律强迫所有的贸易者为他们带回足够的利润，不管他们（贸易者）从中盈利还是受损[2]。

最后，诺思也不赞成重商主义者的这一观点：战争或征服能使一国变富。他写道："贸易中输出的货币会增加一国的财富；但是，在战争中的耗费和对外支付，都会使一国变得贫穷。"这里"对外支付"（payment abroad）可能是指没有得到相应的进口回报而进行的支付，为了军事结盟而对军队补贴就是一例。这是对重商主义观点的强烈反对，但这一观点本身也招致了批评：一国的财富除了包括国内产品的价值和可得的进口产品的价值，还应包括提供的服务的价值。

▶本节拓展材料

8.3　理查德·康替龙的劳动经济思想

理查德·康替龙（Richard Cantillon，1680？~1734 年）出生于爱尔兰。他在巴黎生活了许多年，是一个富有的银行家和从事股票与外汇买卖的成功的投机商。1734 年康替龙遭到抢劫并被谋杀，房子也被烧毁，这可能是他十天前解雇的一个厨师所为。他唯一一本著作《论商业的性质》写作于 1730~1734 年，1755 年在法国出版。这本书可能是康

---

[1] Sir North D. Discourses upon Trade （1691）. Baltimore：Johns Hopkins University Press, 1907：B1, B2.
[2] Sir North D. Discourses upon Trade （1691）. Baltimore：Johns Hopkins University Press, 1907：B.

替龙自己从英文手稿翻译过来的，但手稿至今也没有发现。

康替龙在两个方面领先于重农学派。第一，他使用了"企业家"这一称谓，并强调这个角色在经济生活中所起到的作用。康替龙认为，商人总是以固定的成本预期来获得不确定的收益；承担的风险可以从获得的利润中得到补偿，竞争将会使企业家的服务价值降低到正常利润的水平。第二，比魁奈创作《经济表》还早几年时间，康替龙就写道：

因此现金是必不可少的，不仅用于支付地主的地租……而且用于支付农村消费掉的城市生产的产品……当地主将农场主一次性支付给他的租金分批分次在城市进行消费时，当城市的企业家、屠夫、面包师、酿酒商等将他们一点一点积攒下来的钱用来向农场主一次性购买牛、小麦、大麦等产品时，货币循环就发生了[①]。

康替龙发展了价值与价格理论。他强调了土地与劳动力的作用，强调了供给与需求，强调了价格围绕其内在价值上下波动，这使他成为古典经济学的直接先驱。

村民们在集市日来到城镇出售他们的产品，并且购买他们需要的产品。价格由可供出售的产品与人们愿意为之支付的金钱的比例来决定……当价格落在一个小区间，其他人可以无困难地接受这个价格的时候，当天的市场价格就被决定了……

一件商品的价格或内在价值，衡量的是生产它所需要的土地和劳动力的数量，需要考虑土地的肥沃程度或生产力以及劳动力的数量。但是在市场上经常会有一些产品并不按照其内在价值出售，而是取决于人们的心情、偏好及消费情况……

如果一个国家的农民比往年种植了更多谷物，远远超过了人们该年的消费需求，谷物真实的内在价值相当于投入其生产的土地及劳动力的数量；因为有大量的富余供给，卖者的数量超过买者数量，谷物的市场价格必然跌落到内在价值以下。相反，如果农民种植的谷物的数量少于人们的消费需求，买者多于卖者，谷物的市场价格将会高于其内在价值。

内在价值不会变动，但由于一个国家生产出来的商品与其消费可能不成比例，所以价格每天都在变化，并且不断地涨涨跌跌[②]。

康替龙在其他几个方面也预见了古典经济学的思想。例如，他写道："如果人们的生存手段不受限制，人们会像谷仓里的老鼠一样繁殖众多。"古典经济学家托马斯·罗伯特·马尔萨斯也持有类似的观点。康替龙还将利息看做贷出的货币承担风险的一种回报，这种回报的基础是企业家通过借款投资可以获得利润。他指出，银行家创造存款，因为如果有 10 万盎司的黄金储蓄在他那里，其中有 9 万盎司可以借贷出去，这样的贷款当然不会削弱存款者用银行签发的活期存款单来购买他人商品的能力。此外，康替龙还集中研究了一个国家的资源的生产力。对于贵族与修道士不从事生产性工作，他感到非常遗憾。他指出，贵族只是一个国家的华丽的装饰，但是在战争期间，为了取得胜利，他们至少应该让他们的侍从和马匹参与到战争中去。"而修道士，正像人们

---

① Cantillon R. Essai sur la Nature du Commerce en Général. London：Macmillan Publishers Limited，1931：125-126.

② Cantillon R. Essai sur la Nature du Commerce en Général. London：Macmillan Publishers Limited，1931：29-30.

所说，在天堂的这一边，无论在和平时期还是战争时期，他们都是既无用处又无装饰作用的。"康替龙还提到，天主教国家的圣日太多了，"这些圣日每年将使人们的劳动数量减少大约 1/8"。

康替龙认为出口盈余对商业是有益的，在这一点上他是站在重商主义阵营中的。但他并不认为在国内开采的金银也会达到同样目的。他强调的是商品生产及其在国外销售，这样商业才会繁荣。但是，他认为不可能永远保持出口盈余；随后的事情会破坏它。康替龙对于阻碍出口保持永久盈余的力量的分析，以及他对商品销售而不是金银积累的强调，使他更接近古典学派的思想。

康替龙认为，对富饶的金矿和银矿的发现与开采将提高国内的价格、租金和工资水平。这些提高了的成本反过来会增加进口，从而因货币流出本国而对国内工人和制造商造成损害。"货币的流通，往往在刚开始的时候就停止了；贫困与不幸也随之而来，采矿的劳动看起来只对那些矿主和那些因此获利的外国人有好处。"他说这就是在西班牙发生过的事情。

但如果货币量的增加来自于商品的出口盈余，它将使商人和企业家变得富有，并给工人提供就业。然而，随着货币流入和商业的繁荣，消费和物价会上升，用于进口奢侈品的花费也会增加，出口盈余将会不断缩小，国家开始失去盈利的一些贸易部门，工人们也将离开这个国家。

这将逐渐使一个国家变穷，并使国家从强大走向衰落，当一个国家已经达到财富的顶点时（我通常假设国家的相对财富主要由各自拥有的货币数量构成），按照事物通常的发展规律，它将不可避免地走向贫穷。如果国家流通太多的富余货币，那么该国将再度回到贫困当中。因而，当一个国家贸易扩张，充足的货币量导致土地和劳动力价格上升时，君主或立法者似乎应该从流通中撤出一部分货币[①]。

请注意，康替龙这里并没有信赖自然秩序或均衡的自动重建！而下面我们将看到，正是大卫·休谟将这一问题的分析推进了一步。

▶本节拓展材料

8.4 大卫·休谟的劳动经济思想

大卫·休谟（David Hume，1711~1776 年）出生于苏格兰，比他的同道和朋友——亚当·斯密早了 12 年。休谟 12 岁时就进入爱丁堡大学，在 15 岁时离开，没有获得学位。

① Cantillon R. Essai sur la Nature du Commerce en Général. London：Macmillan Publishers Limited，1931：185.

后来，作为一个杰出的哲学家，因其怀疑论精神和非正统思想，休谟曾两次被爱丁堡大学拒绝聘为哲学系教授。事实上，亚当·斯密也曾因被发现房间有休谟《人性论》的副本而险些被牛津大学开除。

休谟的一生做过侯爵的家庭教师和低级的政府官员。退休以后，他回到继承来的庄园里，在那里进行了大量的创作。他作为一个历史学家的声望来源于多卷本的《英格兰历史》（该书出了大量版本）；他作为一个经济学家的名望来自于他在 1752 年出版的《政治论丛》中发表的经济学论文。在所有的古典经济学先驱者中，休谟的思想和亚当·斯密最接近。如果他著有完整而系统的经济学文集的话，那么他将成为最杰出的经济学创始人之一。

作为一个经济学家，休谟最大的贡献在于提出了后来被称为"价格—铸币流动机制"的理论。重商主义者希望提高出口盈余，目的是积累硬币。在休谟的眼光看来，这一策略会弄巧成拙，因为如果可以获得更多硬币，价格就会上升，进口就会增加。为了支付进口商品，金钱将被运往国外，只留下贫困和破产，因此，政府应该防止货币过剩。重农学派基本上不关心对外贸易，除了一个例外，他们希望可以允许谷物自由流动到国外。但是，正像康替龙接受了约翰·洛克的货币数量论（给定货币流通速度和产量，价格水平由可得的货币数量决定）一样，休谟分析了在不受政府干预下起作用的国际均衡机制，恰当的结果是，自由放任主义将占上风。在《论贸易平衡》一文中，休谟写道：

假如全英国所有货币量的 4/5 在一夜之间被销毁，就硬币来讲，如果减少到哈里与爱德华统治时期的水平，那么结果会怎么样？所有的劳务与商品的价格都将按比例下降吗？所有的商品都像在那个时代那么便宜吗？在任何外国市场上，其他国家会和我们争夺什么，或者假装操纵或以同样价格出售商品，哪些会提供给我们充足的利润呢？从而在多么短的时间内，我们就可以赚回以前失去的金钱，并且达到与所有邻国相当的富裕水平？在我们达到什么样的水平后，我们会立刻丧失廉价劳动力与廉价商品的优势？而进一步的货币流入会因我们货币充足而停止？

再假设英国所有的货币量在一夜之间翻了 5 倍，会出现与上述效应相反的结果吗？是否会产生以下结果：所有的劳动力和商品的价格都涨到了一个过高的水平，以至于没有任何一个邻国能够支付得起从我们这里购买商品；而另一方面，他们的商品却变得相对便宜，从而，即使法律不允许，他们的商品也会进来，而我们的货币会流出；直到我们的财富降低到和外国同样的水平，并失去那种将我们置于如此不利地位的巨大的财富优势[1]？

休谟并不认为这些价格水平的调整（无论上升还是下降）会立即发生。在《论货币》与《论利息》中，他指出，最初的价格水平的变化将滞后于货币量的变化。在一定时期内，货币量的一次性增加会促进消费、生产和就业。但最终，流入的货币将被完全吸收转化为价格水平的上涨。同样，货币供给量的一次性减少，在降低价格水平之前将首先抑制消费、产出与就业。

休谟的价格—铸币流动机制是自然秩序思想：它所依赖的前提是一个均衡假设。一

---

① Hume D. Writings on Economics. Surrey：Thomas Nelson and Sons，1970：62-63.

且经济偏离了均衡，就会有力量促使它自动恢复均衡。当然，在国际经济中休谟的机制就不再起作用了。因为所有的国家都取消了金本位制，某一特定经济体内的货币量不再取决于黄金的流动。中央银行对货币供给的控制，在其经济体内部基本上不受贸易平衡的限制。价格与工资也不像休谟所假设的那样可以自由地向下浮动。但是休谟也注意到了促进国际贸易均衡的另一个因素——这一因素超越了价格变动及黄金的流动。当两国间货币的汇率可以自由浮动时，贸易的不平衡就可以自我纠正。在《论贸易平衡》的脚注中，休谟写道：

> 对于任何一个与英国进行贸易的国家而言，还有另一个原因可以控制贸易失衡，尽管操作起来要受到更多限制。当我们进口超过出口时，汇率就会对我们不利，而这又变成促进出口的一个新的激励措施[1]。

重申一次，如果一个国家，如英国，进口多于出口，那么最终英国的货币与他国货币的比值会下降。为什么会这样？英镑相对于其他国家货币贬值的原因是，英国为了支付其进口而需要的外汇数量，超过英国对外国销售商品而赚得的外汇数量。这一外汇缺口将导致外汇价格的上涨，也就是，外汇的英镑价格将上涨。这就意味着英镑贬值而其他国家的货币升值。因而英国商品对其他国家来说就更便宜，造成英国的出口增加。而且由于外国商品现在变得更昂贵了（一英镑只能购买更少的外国商品），英国也将减少进口。英国最初的净进口盈余就消失了。

在《论贸易的妒忌》（1758 年）一文中，休谟反驳了重商主义的这种观点。贸易国是竞争对手，一国获利是以他国受损为代价的：

> 为反对这一狭隘、有害的观点，我冒昧地断言，任何一个国家的财富和贸易的增加将不会损害，而是促进所有邻国的财富和贸易。如果周围所有的国家都被淹没在无知、懒惰与野蛮之中，那么一个国家几乎根本不能够从事贸易与工业活动[2]。

用现代博弈论的用语来说，休谟所指的是，国际贸易是一种正和博弈，其收益总和是一个正数。这与重商主义者的零和博弈观点形成了鲜明的对比，在重商主义者看来，一方所得到的恰好是另一方所失去的。

但是，国际贸易会不会将富裕国家对贫困国家的优势永远保持下去呢？毕竟，富裕国家拥有更广阔范围的贸易、巨额的资本、发达的工业、熟练的劳动力等。在 1758 年写给凯姆斯勋爵的一封信中，休谟对此的回答是"不会"。他认为，在富裕的国家，食品和劳动力变得越来越昂贵，贫困国家可以先在粗加工工业然后在精加工工业上与富裕国家成功竞争。

两百多年之后，我们可以有这样的后知之明：休谟的这一乐观观点在一些情况下是合理的，而在另一些情况下则不正确。富裕国家可以引进资本和人才，这方面，贫困国家往往是不成功的。富裕能够改善健康和教育，提高社会管理资本，扩大市场范围及带来其他利益，这反过来导致财富和收入的进一步扩张。与此相对照，贫穷往往导致永久

---

① Hume D. Writings on Economics. Surrey：Thomas Nelson and Sons，1970：68.

② Hume D. Writings on Economics. Surrey：Thomas Nelson and Sons，1970：78.

贫穷。因此，在很多情况下，穷国与富国的差距扩大了。但是在有些情况下，休谟的预见被证明是正确的。自休谟时代以来，韩国、新加坡和日本是少数几个很好的例子，其依赖国际贸易提高了它们相对于英国、荷兰及法国的生活水平。但是，在贸易中最后所有国家将实现同等富裕，这一国际贸易均衡的观点似乎过于乐观了。休谟显然夸大了国际贸易的利益一致性，但在 18 世纪这是治疗国家间猜忌和经济利益冲突的一剂良药。

休谟也探讨了关于利益的另外几个话题。例如，他已经意识到需求弹性的概念，这一概念直到很晚的时候才被吸收到经济学分析之中。这个概念关注的是一种产品的购买者对该产品价格变动的敏感程度。休谟认为，如果降低酒类的税收，政府就会获得更多的收入。显然其假设前提是由国外销售数量的增加带来的收入提高，将超过因单位价格下降带来的收入损失。但他并没有将这一观点扩展到国际均衡的分析。他认为进口的增加会刺激出口。但他没有意识到如果一个国家销往国外的商品缺乏弹性（需求量变动的百分比小于价格变动的百分比），进口盈余导致国内价格下跌，但不能刺激足够多的出口以恢复均衡。

在 1776 年写给杜尔阁的一封信中，休谟反对重农学派的如下观点：对工人征税会通过提高工资、降低地租的方式转嫁给地主。他指出，瑞士对劳动力不征收任何税收，但瑞士劳动力的价格要比税收很重的法国劳动力价格高。在英国的殖民地几乎没有任何税收，而其劳动力的价格是欧洲国家的三倍。他认为，劳动力的工资取决于劳动力的供给与需求，而不是税收。对工人消费的商品征税时，直接的结果是工人们减少消费或增加劳动；税收不会简单地转嫁给地主。

▶本节拓展材料

◎思考题

1. 比较古典学派与重农学派的主要信条，其中哪些是相似的？哪些是不同的？在比较的基础上，是否能够描述出重农学派是古典学派先驱者的特征？请解释。

2. 按照康替龙的观点，什么决定商品的内在价值？为什么商品的市场价格可能不同于其内在价值？

3. 讨论：古典经济学家认为经济规律是不可变的，既不能被削弱也不能被阻挠。他们及其追随者不能理解，经济规律是对经济发展规律的总结和概况，它能够被抑制、被战胜，或被改变方向，他们也不能理解，人类可以控制经济生活。

【推荐选读书目】

Aspromourgos T. 1989. The theory of production and distribution in Cantillon's essai. Oxford Economic Papers，41（April）：356-373.

Blaug M. 1991. Richard Cantillon and Jacques Turgot. Brookfield：Edward Elgar.

Brems H. 1978. Cantillon versus marx：the land theory and the labor theory of value. History of Political

　　　Economy，10：669-678.

Brewer A. 1992. Richard Cantillon：Pioneer of Economic Theory. London：Routledge.

Duke M I. 1979. David Hume and monetary adjustment. History of Political Economy，11：572-587.

Hebert R F. 1981. Richard Cantillon's early contribution to spatial economics. Economica，48：71-77.

Irwin D A. 1996. Against the Tide：An Intellectual History of Free Trade. Princeton：Princeton University
　　　Press.

Murphy A E. 1986. Richard Cantillon：Entrepreneur and Economist. Oxford：Clarendon Press.

North D. 1907. Discourses upon Trade. Baltimore：Johns Hopkins University Press.

Perlman M. 1987. Of a controversial passage in Hume. Journal of Political Economy，95：274-289.

Rotwein E. 1970. David Hume：Writings on Economics. Madison：University of Wisconsin Press.

Spengler J J. 1954. Richard cantillon：first of the moderns. Journal of Political Economy，62：281-295，
　　　406-424.

第三编　古典学派的劳动经济思想

第9章　斯密的劳动经济思想

▶**学习目标**

1. 了解斯密劳动经济思想的主要观点。

2. 了解斯密的劳动价值理论。

3. 了解斯密的工资理论。

亚当·斯密生活在工业革命兴起的时代，他的思想既超越了重农主义对劳动和贫困的重视，也超越了重商主义以个人为代价谋求国家财富扩大的思想。他试图建立一个使全体社会要素的个人都能获得幸福和自由的社会秩序，并发现了自由竞争制度，同时开启了古典经济学的伟大序幕。

斯密的思想来源于三个方面。

作为哲学教授，秉承"自利"推动社会发展的思想，是斯密构建经济学大厦的根基。重商主义交换产生价值的思想，使斯密开始探讨交换发生的基础，并从中发现了劳动价值创造的意义。以劳动为基础，斯密发展了价格理论，并使之成为经济学的核心。同时，斯密吸取了重农学派对分配的研究成果，发展了自己的分配理论，并通过社会阶层的划分，使他的价值理论和分配理论结合。斯密的思想反映了对劳动问题的长期关注。对劳动的多方面讨论，也从斯密开始确定了基本框架。

在劳动和工资两个方面的发展，是斯密在这一领域做出的最大贡献。在劳动问题上，斯密首先在超越前人关于社会阶层分工思想的基础上对劳动分工进行了论述，他发现了劳动分工的经济学意义。其次，斯密也超越了重商主义和重农学派分别认为交换和土地是价值源泉的思想，指出劳动作为价值源泉的意义，同时他还区分了生产性劳动与非生产性劳动。基于对交换的重视，斯密对交换的基础进行了探索，抽象出了劳动。这样，斯密就把劳动作为交换的基础和价值联系起来，形成了劳动价值尺度的思想。最后，斯密在劳动价值形成和价值度量的基础上，探索了劳动的价值分配问题，形成了早期的综合工资理论。

工资理论是斯密综合前人贡献的结果。虽然综合过程中多有意义模糊的地方，但许多重要思想都奠定了后来工资理论研究的基本方向。

斯密的工资理论着重短期分析和长期分析、经济分析和社会影响、市场制度和非市场制度等的结合。这是斯密研究工资问题的一个非常伟大的贡献。在长期范围内，斯密比较注重劳动力供给，认为维持生活的最低工资是劳动长期供给的趋势结果，这就使重商主义维持生存工资理论在长期中得以成立。在短期范围内，斯密认为，工资取决于一定基金限定范围内工人与雇主的谈判及市场实际的竞争程度。如果市场对劳动力的需求持续增长，劳动报酬就会提高，但工资的增长要受制于雇主为支付工资所做的基金准备。这样，斯密既承认了工资变动的可能，又将工资基金学说纳入短期工资决定中。需要注意的是，斯密还在现实观察的基础上，补充了对工资基金的看法。他认为工资基金不是固定不变的，还要随着社会实际财富的增长而增长。故斯密得出结论：工资增长不在最富的国家，而在经济增长最快的国家。这样，斯密就避免了维持生存工资理论把工资看得过于死板苛刻的悲观论调，而将工资的决定建立在动态经济学的基础上。最后，在工资理论中，斯密也没有完全局限在完全竞争的范围内，他通过现象描述，说明劳资双方都可能存在的联合。所以，斯密既在经济学范围内预测到同质劳动统一工资率的可能，更具现实意义的是，也在非经济范围内从社会现象、非市场制度各个方面分析了引起工资差别的各种原因，从而开辟了工资结构和工资差别等新的研究课题。

9.1　斯密的生平

亚当·斯密（Adam Smith，1723~1790 年）是公认的古典学派卓越的创始人，他出生于苏格兰的港口和制造业城镇克尔科迪。他的父亲是城镇海关的审计员，在他出生以前就已经去世。玛格丽特·道格拉斯·斯密给了他一个家，直到 1784 年她 90 岁时去世。

年轻的斯密 14 岁时进入格拉斯哥大学学习，后来他又到牛津的巴利奥尔学院学习道德与政治科学、语言学。然后他回到母亲的家中继续自学了两年。之后，他去了爱丁堡，在那里他讲授修辞学和语言学。1751 年他成为格拉斯哥大学的逻辑学教授，第二年又被聘为道德哲学教授，在这个职位上他干了近 12 年。1759 年他出版了《道德情操论》之后，讲演的重点从道德伦理方面转向了法学与政治经济学。

斯密辞去教授职务后，做了查尔斯·汤森德继子的家庭教师，查尔斯·汤森德是财政部长，后来因殖民地的茶叶税问题而在美国声名赫赫。斯密利用做家庭教师的收入，在法国生活了两年多，在那里他与重农主义者，包括魁奈和杜尔阁建立了亲密的友谊。返回苏格兰之后，斯密终止了教学工作，他的家庭教师职位使他每年获得 300 英镑的年金，并且终其一生。

1776 年斯密出版了《对国民财富的性质和原因的研究》，10 年之前他在法国就开始了这本书的创作。这本书出版后立即获得了很高的评价，并为斯密赢得了永久的声望。

出版这本书之后，斯密在伦敦度过了两年，在那里他经常与当时著名的学者进行交流。后来，由于被任命为苏格兰的海关专员，斯密回到爱丁堡和母亲一起生活。据说他的大部分收入都秘密地花在了慈善事业上。他很喜欢和朋友们共进晚餐，即使没有正式的邀请。在爱丁堡，他的星期天晚餐在很长时期内都很有名。他获得过各种荣誉，其中之一是当选为格拉斯哥大学的校长。在 1790 年他去世前不久，遵照他的遗嘱，他大部分未完成的手稿都被销毁，没有任何解释。

▶**本节拓展材料**

9.2　斯密思想的来源

以下几个因素对斯密的思想产生了重要影响。

首先，也许是最重要的一个因素，就是他那个时代普遍的学术氛围。他所处的时代正是启蒙运动时期，这次的知识进步有两大支柱，即人类的推理能力和自然秩序的概念。与牛顿相联系的科学革命确立了这样的观念：秩序与和谐构成了自然世界的特征。通过系统地推理，人们不仅能发现这些自然规律，而且还能发现支配社会的规律。因此，启蒙思想家都是乐观主义者，他们一般都相信人类的思想与精神能够产生无限的进步。

其次，斯密受到了重农学派特别是魁奈和杜尔阁的影响。他赞美重农学派的体系"包括所有的缺陷"，因为"这可能是迄今为止公开出版的关于政治经济这一主题的最接近真理的理论体系"。重农学派对重商主义的抨击以及他们清除贸易壁垒的建议赢得了斯密的钦佩。从这些思想家那里他得到如下主题：财富是"社会劳动每年再生产出来的可消费的商品"、对于经济中政府干预最小化的愿望以及生产和分配循环过程的概念。他本打算将《国富论》献给魁奈，如果后者能够活到这本著作完成的话。

斯密在格拉斯哥大学的导师弗朗西斯·哈奇森，是对斯密产生重要影响的第三个因素。哈奇森认为，通过发现对人类有益的行为，人们能够自己认识到什么是伦理上认为好的，即上帝的旨意。

最后，斯密还受到他的朋友大卫·休谟的影响。休谟通过信件和个人谈话对斯密的学术发展和经济思想产生了重要影响。

▶**本节拓展材料**

9.3　道德情操论对劳动心理的影响

《道德情操论》的出版比《国富论》早 17 年。在斯密的一生中，这本书共出了 6
版，最后一版是在他生命的最后一年，因此，不能说这本书仅仅体现了斯密的早期思想，
而《国富论》体现了他的后期思想。这本书与《国富论》同样重要，它体现了斯密思想
中不同但具有补充作用的方面。《道德情操论》讨论道德力量，它约束人们的自私，并把
他们结合在一起构成一个可以运转的社会；《国富论》假设存在一个公平的社会，并表明
个人是如何受经济力量的引导和制约的。

　　《道德情操论》开篇第一章的题目是"论同情"。斯密认为，同情可以战胜自私。
同情（或"感情相通"，或"同道感情"）使我们与别人的命运相关，并且使别人的幸福
成为我们的必需。这是正确的，尽管事实是，除了看到别人幸福而产生的愉快之外，我
们从别人的幸福中得不到任何东西。别人的悲伤和喜悦引起了我们相似的感情。如果我
们把自己置于另一个人的位置，我们的想象力能够引起我们对别人没有意识到的情形的
同情。精神错乱的人可能会大笑、大唱而完全感觉不到不幸。因此，我们看到这样的人
所感到的痛苦并不是来自于他们的痛苦，而是来自于通过我们的推理和判断能力而对他
们所处的情形的认识。这就是同情。我们甚至会同情死去的人，因为我们会想象我们活
着的灵魂在他们死去的躯体上，然后构想在这样的情形下我们会是怎样的感情。对死亡
的恐惧损害了我们的幸福，但限制了人类的不公；这种恐惧给个人带来了痛苦，但它可
以保护社会。

　　按照斯密的划分，有非社会性情感和社会性情感。前者的例子包括憎恶和仇恨。考
虑到这些情感，我们把同情在感受到同情的人与同情的对象之间进行划分，因为这两者
的利益是对立的。社会性情感包括慷慨、人道、仁慈、怜悯、相互的友谊与尊重。这些
情感几乎在每一个场合都会让那些冷漠的旁观者感到愉快，因为他们对感受到这些情感
的人的同情与他们对这些情感对象的关注恰好一致。我们一直对慈善情感怀有最强烈的
同情，因为它们看起来每个方面都令我们感到愉快。

　　因为人们更倾向于理解我们的欢乐而不是我们的悲伤，所以我们总是炫耀我们的财
富而隐藏我们的贫困。这个世界上的大多数辛苦与忙碌并不是为了满足我们的必需而是
为了满足我们的虚荣。我们希望被别人以同情和赞许的方式观察、关注和照顾。富人以
财富为荣，因为财富为他们吸引了这个世界的注意力；穷人以贫困为耻，因为贫困令他
们身份低微。斯密写道：

　　钦佩或近于崇拜富人和大人物、轻视或至少是怠慢穷人和小人物的这种倾向，虽然为
建立和维持等级差别和社会秩序所必需，但同时也是我们道德情操败坏的一个重要而又最
普遍的原因……

　　我们经常看到：富裕和有地位的人引起世人的高度尊敬，而具有智慧和美德的人却并
非如此。我们还不断地看到：强者的罪恶和愚蠢较少受到人们的轻视，而无罪者的贫困和
软弱却并非如此。受到、获得和享受人们的尊敬和钦佩，是野心和好胜心的主要目的。我
们面前有两条同样能达到这个我们如此渴望的目的的道路：一条是学习知识和培养美德，

另一条是取得财富和地位……

　　为了获得这种令人羡慕的境遇，追求财富的人们时常放弃通往美德的道路。不幸的是，通往美德的道路和通往财富的道路的方向有时截然相反。但是，具有野心的人自以为，在他追求的那个优越的处境里，他会有很多办法来博得人们对他的钦佩和尊敬，并能使自己的行为彬彬有礼，风度优雅；他未来的那些行为给他带来的荣誉会完全掩盖或使人们忘却他为获得晋升而采用的各种邪恶手段[1]。

　　斯密认为，人只能生存于社会之中，他们可能互相伤害，但他们也需要其他人的帮助。当人们出于爱心、感激、友谊和尊敬而互相提供必要的帮助时，社会就会繁荣和幸福。但是，即使缺乏相互的爱心和情感，由于其效用，社会仍将继续存在下去，尽管它不是那么令人幸福和满意。但是，如果人们随时准备伤害和侮辱别人，那么社会就无法存在下去。因此，一个司法体系是必要的。

　　因此，对于社会的存在来说，仁慈远不如公正必要。没有仁慈，尽管社会不会处于最令人满意的状态，但它可以生存下去；但是不公正的盛行将彻底毁掉它[2]。

　　然后，斯密考虑了这一恼人的问题——我们的自私以及如何约束和控制它。

　　对于人性中那些自私而又原始的激情来说，我们自己的毫厘之得失会显得比另一个和我们没有特殊关系的人的最高利益重要得多，会激起某种更为激昂的高兴或悲伤，引出某种更为强烈的渴望和嫌恶。只要从这一立场出发，他的那些利益就决不会被看得同我们自己的一样重要，决不会限制我们去做任何有助于促进我们的利益而给他带来损害的事情……

　　让我们假定，中国这个伟大帝国连同她的亿万居民突然被一场地震吞没，并且让我们来考虑，一个同中国没有任何关系的富有人性的欧洲人在获悉中国发生这个可怕的灾难时会受到什么影响。我认为，他首先会对这些不幸的人遇难表示深切的悲伤，他会怀着深沉的忧郁想到人类生活的不安定以及人们全部劳动化为乌有，它们在顷刻之间就这样毁灭掉了。如果他是一个投机商人的话，或许还会推而广之地想到这种灾祸对欧洲的商业和全世界平时的贸易往来所能产生的影响。而一旦做完所有这些精细的推理，一旦充分表达完所有这些高尚的情感，他就会同样悠闲而平静地从事他的生意或追求他的享受，寻求休息和消遣，好像不曾发生过这种不幸的事件。那种可能落到他头上的最小的灾难会引起他某种更为现实的不安。如果明天要失去一个小指，他今晚就会睡不着觉；但是，倘若他从来没有见到过中国的亿万同胞，他就会在知道了他们毁灭的消息后怀着绝对的安全感呼呼大睡，亿万人的毁灭同他自己微不足道的不幸相比，显然是更加无足轻重的事情……既然我们总是深深地为任何与己有关的事情所动而不为任何与他人有关的事情所动，那么是什么促使人们为了他人更大利益而牺牲自己的利益呢？这不是人性温和的力量，不是造物主在人类心中点燃的仁慈的微弱之火，即能够抑制最强烈的自爱欲望之火。它是一种在这种场合自我发挥作用的一种更为强大的力量，一种更为有力的动机。它是理性、道义、良心，是我

①　Smith A. The Theory of Moral Sentiments. 10th ed. Oxford：Clarendon Press，1804：119-122，126-127.

②　Smith A. The Theory of Moral Sentiments. 10th ed. Oxford：Clarendon Press，1804：175.

们心中常驻的性灵、内心的主宰、判断我们行为的法官和仲裁人……

当他人的幸福或不幸在各方面都依我们的行为而定时，我们不敢按自爱之心可能提示的那样把一个人的利益看得比众人的利益更为重要。内心那个人马上提醒我们：太看重自己而过分轻视别人，会把自己变成同胞们蔑视和愤慨的合宜对象……①

斯密认为，我们的道德力量制定了各种行为准则来限制我们的自私行为。这些准则可以看做神的命令和规则。如果我们违反了上帝的规则，我们将会受到惩罚——受到内心耻辱和自我谴责的折磨。如果我们遵守上帝的意愿，我们就可以得到奖赏——享受精神宁静、满足和踌躇满志。因此，上帝促进了人类的幸福。

在与《国富论》中更有名的一节相类似的一段文字中，斯密指出，富人倾向于储蓄和再投资，因而消费的不比工人多。富人无意中同较穷的工人一起分享了进步的成果。"虽然他们只图自己方便，虽然他们雇用千百人来为自己劳动的唯一目的是满足自己无聊而又贪得无厌的欲望。"他在下面的文字中继续表达了这一观点：

（企业所有者）由一只看不见的手引导，对生活必需品做出几乎同将土地平均分配给全体居民的情况下所能做出的一样的分配，从而不知不觉地增进了社会利益，并为不断增多的人口提供生活资料……②

《道德情操论》和《国富论》协调个人利益和社会利益，都是通过看不见的手的原理或自然和谐以及个人天生自由的原理或公正的权利。在《道德情操论》中，同情和仁慈限制自私；在《国富论》中，竞争引导经济的个人利益趋向于社会福利。

▶本节拓展材料

9.4 《国富论》中的劳动经济思想

斯密的九百多页的经济学巨著《国民财富的性质和原因的研究》出版于 1776 年，也就是美国《独立宣言》通过的那一年。正是这本书确立了斯密作为经济思想史上最重要的经济思想家之一的地位。因此，《国富论》中所包含的劳动经济思想需要仔细加以研究。

---

① Smith A. The Theory of Moral Sentiments. 10th ed. Oxford：Clarendon Press，1804：274-280.
② Smith A. The Theory of Moral Sentiments. 10th ed. Oxford：Clarendon Press，1804：386.

9.4.1　劳动分工

《国富论》第 1 章的题目是"论劳动分工"，分工在斯密的时代是一个陌生的词汇。开篇第一句是这样的："劳动生产力上的最大增进，以及运用劳动时所表现出来的更大的熟练、技巧和判断力，似乎都是劳动分工的结果。"[①]

由于认识到劳动分工这个概念对他整个主题的重要性，斯密将这个概念运用到一个扣针工场的详细描述中：

扣针制造业是极其微小的，但它的分工往往引起人们的注意，所以，我把它引来作为一个例子。一个劳动者，如果对于这种职业（分工的结果，使扣针的制造成为一种专门职业）没有受过相当训练，又不知道怎样使用这种职业中的机械（使这种机械有发明的可能，恐怕也是分工的结果），那么即使竭尽全力工作，也许一天也制造不出 1 枚扣针，要做 20 枚当然是绝对不可能了。但按照现在经营的方法，不但这种作业全部已经成为专门职业，而且这种职业分成若干部门，其中大多数也同样成为专门职业。一个人抽铁线，一个人拉直，一个人切截，一个人削尖线的一端，一个人磨另一端，以便装上圆头。要做圆头，就需要有两三种不同的操作。装圆头、涂白色，乃至包装，都是专门的职业。这样，扣针的制造分为 18 种操作。有些工场，这 18 种操作分别由 18 个专门的工人负责。固然，有时一人也兼任两三种操作。我见过一个这种小工厂，只雇用了 10 个工人，因此在这一工厂中，有几个工人负责两三种操作。像这样一个小工厂的工人虽然很贫穷，他们的必要机械设备虽然很简陋，但他们如果勤勉努力，一天也能制成 12 磅扣针。以每磅中等大小的扣针有 4 000 枚计，这 10 个工人每天就可以制成 48 000 枚针，即一人一天可以制成 4 800 枚针。如果他们各自独立工作，不专门学习一种特殊业务，那么，他们不论是谁，绝对不可能一天制造 20 枚针，说不定一天连 1 枚针也制造不出来[②]。

斯密认为，劳动分工能够提高产出数量是由于三个原因：其一，每个工人在重复完成专一某项任务过程中提高了灵巧程度。其二，如果工人不需要从一项工作转换到另一项工作，就可以节约时间。其三，一旦各项工作由于劳动分工而被简化和程序化，就有可能产生有利于提高生产率的机械发明。请注意这里对制造业生产和劳动生产率的强调。回想一下重商主义者主要关心的是，商品被生产出来以后，如何通过商品的交换来增加一个国家的财富。另外，重农学派关注的焦点是农业产出。在《国富论》的开始，斯密通过讨论同样数量的工人如何通过劳动分工大幅度提高产出，清楚地表明《国富论》是对当时存在的各种主要经济观念的突破和超越。

9.4.2　利益的和谐与有限制的政府

斯密指出，经济活动的参与者倾向于追求他们自身的个人利益。商人追求利润："我们每天所需的食物和饮料，不是出自屠夫、酿酒师或面包师的恩惠，而是出于他们自身

[①] Smith A. An Inquiry into the Nature and Causes of the Wealth of Nations. New York：G. P. Putnam's Sons，1877：19.

[②] Smith A. An Inquiry into the Nature and Causes of the Wealth of Nations. New York：G. P. Putnam's Sons，1877：20.

利益的打算。"一种产品在质量一定的情况下，消费者希望找到其最低价格。在工作的非工资方面给定的情况下，工人们尽量去寻找最高的工资。然而，混乱的经济活动之中隐藏着一种自然秩序。有一只看不见的手引导个人的自利行为，从而形成社会福利。让我们听一下斯密的说法：

　　每个人必然竭尽全力使社会的年收入总量增大。确实，他通常既不打算促进公共的利益，也不知道他自己是在什么程度上促进那种利益。他宁愿投资支持国内产业而不支持国外产业，盘算的只是他自己的安全；他管理产业的方式是为使其生产物的价值能达到最大限度，他所盘算的也只是他自己的利益。在这种场合，像在其他许多场合一样，他受着一只看不见的手的指引，去尽力达到一个并非他本意想要达到的目的。也并不因为事情不是出于本意，就对社会有害。他追求自己的利益，往往使他能比在真正出于本意的情况下更有效地促进社会的利益。我从来没有听说过，那些假装为公众幸福而经营贸易的人做了多少好事。事实上，这种装模作样在商人中间并不普遍，用不着多费唇舌去劝阻他们[1]。

　　理解斯密的看不见的手的关键是竞争的概念。每一个想要获取利润的生产者和商人，其行为受到其他同样也想赚钱的生产者和商人的限制。竞争降低商品的价格，从而减少每一个销售者所得到的利润。在最初只有一个销售者的情况下，超额利润吸引新的竞争者加入，增加供给并消除超额利润。同样，雇主们为了得到最好的工人而相互竞争，工人为了得到最好的工作而相互竞争，消费者为了消费商品的权利而相互竞争。用现代经济学的术语来表述，其结果就是资源被配置到最有价值的用途中去，经济富有效率。并且，由于工商业者储蓄和投资——同样出于他们的自利——从而资本得以积累，经济获得增长。受到竞争限制的自利追求，往往会产生斯密所说的社会福利——产出最大化和经济增长。

　　利益的和谐意味着政府对经济的干预是不必要的和不受欢迎的。按照斯密的观点，政府是浪费的、腐败的、无效率的，并且是对整个社会有害的垄断特权的授予者。

　　每一个人处在他当时的地位，显然对其经济利益能判断的比政治家或立法者好得多。如果政治家企图指导私人如何运用他们的资本，那不仅是自寻烦恼地去注意最不需要注意的问题，而且是借取一种不能放心地委托给任何个人，也不能放心地委之于任何委员会或参议院的权力。把这种权力交给一个大言不惭的、荒唐的自认为有资格行使它的人，是再危险不过了[1]。

　　斯密对政府的不信任进一步反映在他对自己国家政府的看法上，而大多数历史学家认为这是当时世界上最诚实、最有效率的政府之一。

　　政府的浪费，虽然无疑会阻碍英格兰在财富与改良方面的自然发展，却不能使它停止发展。与复辟时代相比较，现在英格兰土地和劳动的年生产物是多得多了；与革命时代相比较，也是多得多了。英格兰每年用于耕作土地维持农业劳动的资本，也一定比过去多得

---

① Smith A. An Inquiry into the Nature and Causes of the Wealth of Nations. New York：G. P. Putnam's Sons，1877：354.

多了。一方面虽有政府的苛求，但另一方面，却有无数个人普遍地不断地努力改进自己的境况，用他们的节俭和良好品行不动声色地、一步一步地把资本积累起来。正是这种努力，受着法律保障，能在最有利的情况下自由发展，使英格兰几乎在过去一切时代都能日趋富裕，日趋改良，而且，将来永远这样下去，也不是没有希望的事情。可是，英格兰从来没有过很节俭的政府，所以，居民也没有很节俭的特性。英格兰的王宫大臣假装通过颁布禁止奢侈浪费的法令或禁止外国奢侈品的进口来监督私人经济，限制公众的消费，实在是最放肆、最无耻的行径。他们自己毫无例外总是社会上最挥霍浪费的阶级。他们管好自己的花销就行了，至于公众的花销，他们可以放心地交给公众自己去管。如果他们的浪费都不会使国家灭亡，那么公众的浪费，就更不会了①。

斯密进一步扩展了关于利益和谐的观点和在国际贸易方面实行自由放任的观点：

邻国的财富，尽管在战争和政治中是危险的，但是在贸易中肯定是有利的。在一个敌对国家，它可能使我们的敌人拥有强于我们的舰队和军队；但是在一个和平和商业的国家，它同样可以使他们为了更大的价值而和我们进行交换，并且可以提供一个更好的市场，不仅为我们自己工业的直接产品，而且也可以为我们用那种产品所购买的任何产品提供一个更好的市场。就像富人和穷人相比，富人更会成为其邻居的更好的顾客，一个富有的国家也是同样的道理②。

在对重商主义进行的一个直接的批评中，斯密主张政府不应该干预国际贸易。国家，就像个人和家庭一样，应该专门生产其具有优势的产品而去交换其他国家具有优势的产品。

使国内产业中任何特定的工艺或制造业的产品独占国内市场，就是在某种程度上指导私人应该如何运用他们的资本，而这种管制几乎毫无例外必定是无用的或有害的。如果本国产业的产品在国内市场上的价格同外国产业的产品一样低廉，这种管制显然无用。如果价格不能一样低廉，那么一般地说，这种管制必定是有害的。如果一件东西在购买时所花费的代价比在家内生产时所花费的小，就永远不会想要在家内生产，这是每一个精明的家长都知道的格言。裁缝不想制作他自己的鞋子，而向鞋匠购买；鞋匠不想制作他自己的衣服，而雇裁缝制作；农民不想缝衣，也不想制鞋，而宁愿雇用那些不同的工匠去做。他们都感到，为了他们自身的利益，应当把他们的全部精力集中使用到比邻人更具优势的方面，而以劳动生产物的一部分或同样的东西，即其一部分的价格，购买他们所需要的其他任何物品。

在每一个私人家庭的行为中是精明的事情，在一个大国的行为中就不太可能是荒唐的了。如果外国能以比我们自己制造还便宜的商品来供应我们，我们最好就用我们有效地使用自己的产业生产出来的物品的一部分向他们购买③。

---

① Smith A. An Inquiry into the Nature and Causes of the Wealth of Nations. New York：G. P. Putnam's Sons，1877：277-278.

② Smith A. An Inquiry into the Nature and Causes of the Wealth of Nations. New York：G. P. Putnam's Sons，1877：386.

③ Smith A. An Inquiry into the Nature and Causes of the Wealth of Nations. New York：G. P. Putnam's Sons，1877：354-355.

在其他地方，斯密还讨论到对外贸易如何通过克服国内市场的狭隘，促进了更深程度的劳动分工。出口可以消除国内没有需求的剩余产品，并且带回国内有需求的产品。他还谴责了出口奖励金（补贴）：

由奖励金引起的外国市场的推广，必定在每一年都牺牲了国内市场，因为靠奖励输出没有奖励金就不会输出的谷物，在无奖励金的情况下，定可留在国内市场上，以增加消费而降低谷物的价格。应该指出，谷物奖励金，像一切其他输出奖励金一样，对人们课以两种不同的税收。第一，为支付奖励金，人们必须纳税；第二，由于国内市场上这种商品价格提高而产生的税，必须由大众缴纳，因为大众都是谷物购买者。所以，就这种商品而言，第二种税比第一种税重得多①。

我们很容易给斯密贴上自由放任主义提倡者的标签，我们注意到他反对政府干预经济。但是，和其他更极端的自由放任主义提倡者不同，斯密确实认识到了政府尽管有限但非常重要的作用。特别是，他指出了政府的三个主要功能：①保护社会免遭外国的入侵；②建立司法机构；③建立和维护那些私人企业家不能从中获利的公共工程和机构。

散见于全书的各个观点中，斯密主张一系列的政府干预，这些干预要符合前述的三种类型，或者是扩展可接受的政府活动的范围。他认为法律应该保护合约的履行。银行家必须要控制纸币的发行，尽管这可能会被看成违反天赋自由。对利率的合法控制是可以接受的；但是利率应该比最低市场利率略高（尽管不是高很多），这样可以促进合理的项目，而不是轻率的、浪费的或是投机性的项目，这样的项目可能会允许高利率。保障佃农安全的法律是有益的，因为他们可以促进对土地的改良和投资。斯密赞成有期限的专利和知识产权。他甚至赞成两种保护性关税：①对国防所必需的国内产业的保护。②通过对某种产品的进口征收关税，可以使国内该产业的税收负担均等化。否则，自由贸易是适宜的。但是，斯密称，如果是在实行了很长时期的保护主义后引进自由贸易，那么自由贸易应该逐步实行，以避免突然使许多人失业、使许多企业家破产。政府应该支持的是那些能够促进商业和教育的公共工程，包括运河、公路、港口、邮局、造币、学校和教堂等。在其他事情中，有必要对普通大众实行免费公共教育，这可以抵消劳动分工使人变愚蠢这一结果：

一个人如果把他一生全消磨于少数单纯的操作，而且这些操作所产生的影响又是相同的或极其相同的，那么，他就没有机会来发挥他的智力或运用他的发明才能来寻找解决困难的方法，因为他永远不会碰到困难。这样一来，他自然要失掉努力的习惯，而变成最愚钝、最无知的人。……这样看来，他对自身特定职业所掌握的技巧和熟练，可以说是由牺牲他的智能的、交际的、婚姻的利益而获得的。但是，在一切改良、文明的社会，政府如不设法加以防止，劳动贫民，即大多数人们，就必然会陷入这种状态②。

---

① Smith A. An Inquiry into the Nature and Causes of the Wealth of Nations. New York：G. P. Putnam's Sons，1877：396.
② Smith A. An Inquiry into the Nature and Causes of the Wealth of Nations. New York：G. P. Putnam's Sons，1877：616-617.

为了给政府这些活动提供资金，斯密建议征税。他关于最优税制的四条公理如下：第一，税收应该与在国家的保护下所享受的收入成比例。这严重背离了当时盛行的累退制税收。第二，税收的缴纳时间、缴纳方式和缴纳金额应该是可预测的和统一的。第三，税收应该在纳税人最方便的时间、以最方便的方式征收。第四，税收的征取应在政府最小成本的基础上进行。

▶本节拓展材料

9.5　竞争经济中的劳动经济规律

在分析市场经济的过程中，斯密提出了一些观点，后来的劳动经济学家将它们归类为劳动经济规律。我们已经讨论了三个这样的观点——劳动分工、自利行为规律和国际贸易中的绝对优势规律，其他的一些规律包括涉及价值与价格的规律，涉及工资、利润和地租的规律，关于货币与债务的作用的规律及经济发展规律。

9.5.1　劳动价值理论

在提出"水和钻石的悖论"的一段论述中，斯密注意到存在两种价值：

应当注意，价值一词有两个不同的意义。它有时表示特定物品的效用，有时又表示由于占有某物而取得的对他种货物的购买力。前者可以叫做使用价值，后者可以叫做交换价值。使用价值很大的东西，往往具有极小的交换价值，甚或没有；反之，交换价值很大的东西，往往具有极小的使用价值，甚或没有。例如，水的用途最大，但我们不能以水购买任何物品，也不会拿任何物品与水交换。反之，钻石虽无使用价值可言，但须有大量其他货物才能与之交换[1]。

斯密没有解决这一价值悖论，它只能等待后来的经济学家来解决（后来的经济学家清楚地指出了物品的总效用和边际效用之间的关系）。斯密将他的注意力转向了交换价值，即拥有一件商品所提供的购买其他商品的能力——即它的"自然"价格。什么决定一件商品的交换价值或简单来说它的相对价格的问题，自市场经济出现以来一直是经济学家关心的核心问题之一。后来的经济学家以不同的方式提出了这一问题："是因为人们潜入水中找到珍珠，所以珍珠才有价值，还是因为珍珠有价值，人们才潜入水中寻找珍珠？"

---

① Smith A. An Inquiry into the Nature and Causes of the Wealth of Nations. New York：G. P. Putnam's Sons，1877：37.

斯密基本的回答是珍珠（商品）具有价值是因为人们需要潜入水中才能获得它们，也就是说，生产成本决定了商品的交换价值或相对价格。斯密首先考察了"早期野蛮"状态经济中的交换价值，他定义在这种交换价值中只有劳动是稀缺资源（资本和土地或者不存在，或者是免费物品）。然后，他提出了一个发达经济的价值理论，在这个发达经济中，资本逐渐积累起来，并且资本和土地都有大于零的价格。

1. 原始社会的劳动价值论

斯密认为，在一个劳动是唯一资源的社会中，一种商品的相对价值由生产该商品所必需的劳动数量决定，这是对配第最先提出的"劳动成本价值理论"的详细表述。斯密写道：

在资本积累和土地私有尚未发生以前的早期野蛮社会，获取各种物品所需要的劳动量之间的比例，似乎是各种物品相互交换的唯一标准。例如，一般地说，狩猎民族捕杀 1 头海狸所需要的劳动，若 2 倍于捕杀 1 头鹿所需要的劳动，那么，1 头海狸当然换 2 头鹿[①]。

按照斯密的观点，这可以从另一种角度来看。任何商品的价值，对其拥有者而言，如果他想用来交换其他商品，那么这种商品的价值"等于这种商品使他能够购买到或可支配的劳动的数量。因此，劳动是衡量所有商品交换价值的真实尺度"。斯密价值理论的这种描述有时也被称为"可支配劳动的价值理论"。利用斯密的鹿和海狸的例子，假设抓获 1 头海狸需要 2 小时，而捕捉 1 头鹿需要 1 小时，那么海狸的交换价值是多少？答案是 2 头鹿或 2 小时的劳动。也就是说，一个人可以用这头海狸来交换 2 头鹿（因为捕获 1 头鹿需要 1 小时），或者可以用这头海狸来获得支配 2 小时的劳动服务。按照斯密的观点，在原始经济中，劳动既是交换价值的源泉（劳动成本理论），也是交换价值的尺度（可支配劳动理论）。

2. 发达经济中的价值理论

斯密意识到资本增长会使简单的劳动成本价值理论失效。为了说明其中的原因，我们设想有两种商品是由相同技巧的劳动制造的，假设我们把制造每件商品所必需的劳动时间加总，包括生产原材料所必需的劳动和生产中使用的资本品所必需的劳动。让我们假定生产每件商品都需要 2 小时。但是商品 A，如马铃薯，种植马铃薯的土地很肥沃，因而马铃薯的生产几乎不需要任何资本。另外，商品 B，如棉纱，在生产过程中需要复杂的、昂贵的机器设备。如果 1 磅棉纱和 10 磅马铃薯，每一种都包含 2 小时的劳动，它们能够在市场上相互交换吗？人们会生产什么？当然是马铃薯。因为他们可以避免大量的投资，并且他们的劳动可以得到相同的回报。当我们讨论李嘉图和马克思的劳动价值论的时候，这个两难问题还会再次出现。

斯密认为，在一个社会中当资本投资和土地资源都变得很重要的时候，商品通常可以交换其他商品、货币或劳动，这个交换数额要足够高，要包含了工资、地租和利润。而且，利润将取决于雇主垫付的资本的整体价值。商品的真实价值不再以其中包含的劳

---

① Smith A. An Inquiry into the Nature and Causes of the Wealth of Nations. New York：G. P. Putnam's Sons，1877：51.

动来衡量。但是，它们仍然可以用"每一件商品所能购买或支配的劳动的数量"来衡量。一件商品能够购买的劳动数量要超过体现在它生产中的劳动的数量，因为其中包含总利润和地租。

按照斯密的观点，需求不会影响商品的价值；长期来看，生产成本——工资、地租和利润是决定价值的唯一因素。如果我们以斯密这一暗含的假定为基础，那么生产在单位产出成本固定的条件下扩张或收缩，就是一个合理的命题。竞争将会使价格降低到包含正常利润的成本上。需求的任何增长都不会提高价值，因为每一单位商品的生产成本保持不变。但是，如果我们假设成本上升或下降，那么斯密的原理就是站不住脚的。如果产品的需求上升，并且随着这一产业的扩张商品的成本提高，那么该商品的长期价格（价值）就会上升。如果提高产出会导致单位成本下降，那么需求的增加会引起商品的长期价格下降。

9.5.2　市场价格

像康替龙一样，斯密也区分了商品的内在价格或自然价格与商品的短期市场价格。根据斯密的观点，在每个社会或地区都存在普通的或平均的工资率、地租率和利润率，他称之为各自的自然率。当一件商品以自然价格出售时，其收益恰好能支付自然率的工资、地租和利润。自然价格是一种长期价格，低于自然价格，企业家将不再继续出售这种商品。在绝境时他们可能会以更便宜的价格出售商品，但这不会一直继续下去。他们通常将会退出这个行业或者转入其他生产。

商品售出的实际价格被称为它的市场价格。它可能高于、低于或正好等于它的自然价格。市场价格取决于短期供给和需求的偏差，而且它围绕自然价格上下波动。如果高于自然价格，更多的商品就会进入市场，从而压低市场价格。如果低于自然价格，一些生产要素就会撤出，供给数量下降，从而市场价格就会上升到自然价格。换言之，短期供给和需求不是价格（交换价值）的根本决定因素，而仅仅引起市场价格围绕商品的自然价格或价值波动。

斯密还区分了商品的真实价格和它的货币价格或名义价格。这里他只是重复休谟和其他经济学家的观点，指出社会中货币存量的增加会引起商品或资源的货币价格上升。斯密提醒读者，商品的真实价格是它可以支配的劳动，而不是它可以支配的货币。价格增加一倍，而工资也增加一倍的话，不会提高商品可支配的劳动数量。

9.5.3　工资

斯密提出工资有三个层面，即工资总水平、工资随时间的增长率、工资结构。关于前两个层面，他运用了工资基金理论：

耕作者大都没有充足的资金来维持生活到庄稼收割的时候的生活。他们的生活费通常是由雇用他们的农场主从他的工资项下垫付的。除非农场主能分享劳动者的生产物，换言之，除非他在收回资本时得到相当的利润，否则他就不愿意雇用劳动者①。

关于工资基金的观点还暗示着，在被支付的现行工资之外，有一个循环资本的存量。这个存量是由资本家的储蓄构成的，并取决于上一个生产和销售过程中获得的收益。结果，这个基金在短期内是固定的，但是年复一年它会增长。由"年平均工资=工资基金/工人数量"可知，年平均工资取决于工资基金的规模与工人数量之比。

最低工资率必须能够使工人和他的家庭生存下去，并且能够不断提供劳动供给。当对劳动的需求上升时，工资会上涨到最低工资率以上。国民财富的增长率决定对劳动的需求，并且通过影响工资基金的规模来决定工资。如果一个国家的财富非常庞大且是静态的，则劳动力的供给最终会超过就业机会数倍，工资就会下降。这也解释了斯密为什么强调资本积累和经济增长。斯密赞赏伴随经济增长而出现的工资的上涨，反对重商主义的低工资信条：

> 下层阶级生活状况的改善，是对社会有利还是对社会不利呢？这个问题的答案极为明显。各种佣人、劳动者和职工，在任何大的政治社会中，都占最大部分。社会最大部分成员境遇的改善，绝不能视为对社会全体不利。有大部分成员陷于贫困悲惨状态的社会，绝不能说是繁荣幸福的社会。而且，供给社会全体衣食住的人，应该在自己的劳动产品中分享一份以达到过得去的衣食住条件，才算是公正②。

而且，斯密认为高工资可以增强工人们的健康与体力，可以激励工人们努力工作，因为高工资给了他们提高生活水平的希望。用现代术语来说，这个概念即所谓的高工资效率或效率工资。

在《国富论》中，斯密将支付给工人的工资与工人的生产率联系起来。他论述道：

> 充足的劳动报酬，鼓励普通人们生育，因而促使他们勤勉。劳动工资，是对勤勉的鼓励。勤勉像人类其他品质一样，与所受的鼓励成正比。丰富的生活资料，使劳动者体力增进，而生活改善和晚景优裕的愉快希望，使他们更加努力。所以，高工资地方的劳动者，总是比低工资地方的劳动者活泼、勤勉和敏捷。

后来，斯密指出金匠和宝石匠得到高工资是"由于有贵金属托付给他们"。斯密的观点就意味着，他们获得的报酬必须足够高，以防止他们携带黄金和宝石逃跑！

斯密将工资与工作绩效联系在一起，在现代的表述就是一组当代效率工资理论。其中的一系列理论认为，一些雇主支付的工资高于市场出清时的工资效率工资——以减少雇员的偷懒和雇员离职的比例，这两种情况会降低劳动生产率和企业的利润率。为了确保拥有这份高工资的工作，工人们不敢疏忽大意或逃避工作。偷懒的减少就会提高每个工人的劳动生产率。而且，获得效率工资的工人辞掉这份工作去从事新工作的可能性就会更小。新雇员的比例减少，需要接受新培训的人员的比例降低，结果是企业现有劳动力的平均劳动生产率得到提高。效率工资理论据称有助于解释摩擦性失

① Smith A. An Inquiry into the Nature and Causes of the Wealth of Nations. New York：G. P. Putnam's Sons，1877：65.
② Smith A. An Inquiry into the Nature and Causes of the Wealth of Nations. New York：G. P. Putnam's Sons，1877：78

业和周期性失业。效率工资吸引了比雇主实际想要雇用的人数多得多的工作申请者。然而，这些申请者宁愿选择处于失业状态，一直等到企业人员正常缩减时获得支付效率工资的工作，在此期间他们不会接受其他工作。因此，等待性失业就会出现，摩擦性失业增加。

而且，效率工资还加强了向下的工资刚性。当对产品的需求下降时，支付效率工资的企业不愿意降低工资——降低工资不仅可能鼓励偷懒，而且可能会增加辞职工人的数量。在辞职的工人中包括技术熟练的工人，在他们身上企业投入了大量的培训费用。由削减工资引起的偷懒增加和工人的大量流失，会进一步降低劳动生产率。

因此，效率工资可能是总需求的降低引发真实产出降低的渠道。也就是说，效率工资有助于解释在衰退时期为什么就业和产出会显著下降，而价格却不会下降。面对疲软的需求，企业会减少生产，解雇那些较不熟练和资历较浅的工人，而不会削减继续雇用的工人的效率工资。因此，总需求的较大减少常常会导致萧条和大范围的失业。具有讽刺意味的是，对于斯密效率工资这些零碎思想的发展，是在质疑斯密更主要的思想——关于自我调节的、充分就业的经济——的过程中进行的。

斯密还意识到了谈判在工资决定过程中起到的作用：

在任何地方，劳动者的普通工资都取决于劳资双方所订的契约，这两方的利害关系绝不一致。劳动者盼望多得，雇主盼望少给。劳动者都想为提高工资而联合，雇主却想为减低工资而联合[1]。

斯密假设了一个完全自由的社会，在这个社会中所有的人都可以自由选择和改变职业。他认为结果是每种工作的利与弊都相等或趋向于相等。在这种"差异均等化"理论下，或在当代经济学家称之为补偿性工资差异理论下，不同工作的实际工资率——工资结构——将随五种因素而变化。

（1）工作的舒适性。斯密认为，如果其他条件相同，那么越是艰苦、肮脏、不舒适、危险的工作，支付的工资就越高。

（2）为获得必要的技巧和知识所付出的成本。斯密指出，一台昂贵的机器设备所能产生的收益必须能够补偿初始成本，并带来投资利润。类似的，他指出，人们的收入必须能够补偿他们接受教育和训练的费用，并且能为这种投资提供一个回报率。那些需要较高的教育和培训的工作，较之不需要这些教育和培训的工作，支付的工资要高，这是必要的。这种早期的人力资本理论是斯密对现代经济思想的另一重要贡献。

（3）工作的规律性。斯密认为，工作越不规律，工资就越高。因为大多数工人都更喜欢规律性的工作而不喜欢不规律性的工作，所以雇主必须向面临大量就业与失业风险的工人支付一部分补偿性工资酬金。

（4）信任与责任水平。有些人，如金匠、珠宝匠、外科医生和律师，他们被给予了更多的信任，得到的工资就应该比那些从事需要承担较少责任与义务的工作的人的工资更高。

---

① Smith A. An Inquiry into the Nature and Causes of the Wealth of Nations. New York：G. P. Putnam's Sons，1877：66.

（5）成功的可能性与不可能性。那些从事具有高失败风险的职业的人，如果获得成功，得到的工资要高于那些从事具有低失败风险的职业的人。

9.5.4 利润

斯密认为，因为每项投资都面临遭受损失的风险，因此最低利润率必须足够高，可以补偿这类损失并仍有企业家剩余。总利润包括损失补偿和剩余。净利润或纯利润仅指剩余，换句话说，是企业的净收益。

在那些财富迅速增加的国家里，企业间的竞争会降低利润率。

如果大量的富商都把资本投入同一个行业中，他们之间的相互竞争自然倾向于降低这一行业的利润；同一社会各种行业的资本，如果全都同样增加了，那么同样的竞争必对所有行业产生同样的结果[①]。

在快速发展的经济中，较低的利润率可以抵消高工资的支出。这样，繁荣的国家也可以和较不富裕的邻国一样，以同样便宜的价格出售商品，尽管邻国的工资率较低。

古典经济学家通常都不把利息看做一个独立的分配份额，而仅仅看成对利润的扣除。最低利息率要略高于有时资金借出会发生的损失。借款者所能支付的利息是净利润或纯利润的一个比例，并且利息率必须低于利润率以便刺激借款。当利润增加时，借款者寻求更多的资金，利息率就会上升；当利润减少时，利息率会随之下降。

9.5.5 地租

斯密提出了几种地租理论，但没有一种是完全正确的。回忆一下大卫·休谟，他曾经批判过斯密的这一论断：地租要包含在这块土地上生产的产品的价格中。但是在那一部分论述中，斯密是在一般意义上考察商品价格的组成部分。当商品被售出时，所获得的收益必须包括工资、地租和利润。地租能来自其他地方吗？

但是在书中的其他部分，斯密又追随配第（以及休谟）的观点，认为农产品的价格决定地主可以索要的地租。斯密说，地租"是使用土地的价格"。它是佃农在扣除工资、资本损耗、平均利润和其他生产费用以后所能支付的最高价格。因此，地租是一种盈余或剩余。农产品的高价格产生高地租，低价格产生低地租。在这些论述中，斯密应用的分析方法和后来李嘉图提出级差地租理论时的方法是相同的。但是李嘉图的理论依据的是收益递减规律，而斯密没有将其应用于农业。这是令人奇怪的，因为更早的时候配第和杜尔阁已经提出了这一概念，而且斯密本人在对鱼类价格的一个讨论中也表明他对其已有初步的了解。相反，斯密试图通过其他几种途径解释地租，包括他把地租看做一种垄断收益，或者看做将土地用于一种用途而放弃其他用途的机会成本。所有这些尝试都没有产生一种完整的、准确的、统一的地租理论，类似于后来李嘉图提出的那样。

---

① Smith A. An Inquiry into the Nature and Causes of the Wealth of Nations. New York：G. P. Putnam's Sons，1877：83.

总而言之，斯密关于工资、利润和地租的这些观点，是阐述收入的功能分配（要素份额）理论的一种尝试。尽管并不完整，但毫无疑问，斯密的这些分析远远超越了重农学派所提出的分配理论。

9.5.6　货币与债务的作用

斯密开创了不强调货币的重要性这一古典传统。作为一种支付手段，货币当然是非常关键的，因为没有货币的话，经济将会受到物物交换制度的束缚。但是货币本身并不增加一个社会的产出或财富。它方便了产品流通，只有产品的生产才构成财富。尽管流通中的金币和银币是一国资本的重要组成部分，但它们是静止的存货，不生产任何东西。后边这一洞见是一个永久的贡献。现代经济学家把货币从经济资源的名单中排除，因为正如刚才所言，货币是非生产性的。

斯密关于货币问题的观点显然是和重商主义者相反的。如果货币的作用是充当交换的媒介，那么纸币就可以和金银起到相同的作用，并且只需要较少的生产耗费。斯密说，金和银就像高速公路一样将商品运送到市场上，而其自身是非生产性的。银行通过提供纸币可以节省用于生产黄金的劳动，就像高速公路从空中通过一样，就可以节约土地并用于其他用途。只要纸币能够兑换黄金，一个很小的黄金储备就足够了。

重商主义者认为，可消费的商品很快就会消灭，而金银则更持久。斯密质疑：如果我们认为用英国的金属器具交换法国的葡萄酒是不利的，那么我们将会使国内罐子和平锅的供给提高到难以置信的程度，但我们只需要有限的器皿供给。硬币的情形也是这样。我们只需要一个特定数额的货币来满足商品流通，过剩的部分是不必要的，将会被出口而不是留在国内。但是，斯密对重商主义者过分重视黄金的反驳忽略了这种贵金属的特殊性质。不像罐子和平锅，黄金作为一种全球范围内普遍被接受的交易媒介，可以用于任何用途。

斯密谴责公共债务和支付公债利息的税收的不断增长。由于是我们欠我们自己的债务，所以国内债务几乎没有任何经济意义，这种许多现代经济学家的观点在斯密的时代就已经提出来了。他做了如下回答：

有人说，支付公债利息，有如右手支付给左手。所有货币都未流出该国。那不过是把一国居民某阶级的收入的一部分，转移到其他阶级罢了，国家不会因此比以前更穷一点儿。这种辩解，全是基于重商学说的诡辩[1]。

斯密担心，需要课征较重的税收来支付债务利息，这可能诱导商人和制造业主将他们的资本投向国外因而损害本国经济。斯密写作的时代还没有出现循环性的商业周期，因此，他不可能预见到将赤字支出作为对付衰退的一种手段的现代实践。在假设充分就业的前提下，斯密认为，如果政府不把这部分资源转而用于政府的用途，政府的债务和利息支出所代表的资源就可能被私人用于生产。军国主义、腐败浪费的政府远离了人们并且偏袒特殊利益者，这种资源转移不能很好地服务于社会。

---

① Smith A. An Inquiry into the Nature and Causes of the Wealth of Nations. New York：G. P. Putnam's Sons，1877：742.

斯密悲观地预测这些增长的债务从长期来看可能会使所有的欧洲大国破产。困扰他的英国债务是 12 900 万英镑，每英镑今天大约价值 1.5 美元。

9.5.7　经济发展

斯密将经济看做一个整体，并且强调经济增长与发展。图 9-1 总结了构成斯密经济增长理论的各主要因素。

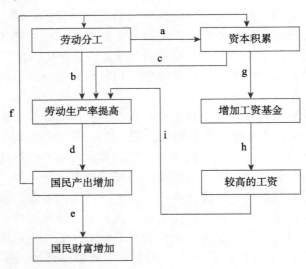

图 9-1　斯密的经济发展理论

斯密认为劳动分工刺激资本积累（箭头 a）并且通过共同作用提高劳动生产率（箭头 b 和箭头 c）。劳动生产率的提高会增加国民产出（箭头 d），这会拓展市场，进一步推动劳动分工和资本积累（箭头 f）。作为资本积累的一个结果，工资基金会增加（箭头 g），工资会上升（箭头 h）。高工资会激发更高的劳动生产率（箭头 i）。国家产出的提高会增加消费品，按照斯密的观点，这些消费品构成了国民财富（箭头 e）。

如图 9-1 中最上方的两个方框所示，斯密将劳动分工和资本积累看做推动一国财富存量增长的主要因素。在这方面，先来看一下连接这两个方框的箭头 a。斯密发现这样一个事实，即劳动分工使机器设备引入成为可能，进而提高人们的生产率。当单个工人自己制造一双完整的鞋的时候，不可能由一台机器来做这项工作，因为太复杂了。但是，当制鞋业被分解成一系列简单的操作之后，就能够发明一些工具和机器来替代手工劳动。箭头 a 仅是单方向的，因为斯密没有认识到新技术往往会创造新工具和新设备，而它们本身可以引起劳动分工。斯密将资本的引入主要是看成劳动分工的结果。

劳动专门化的提高和资本存量的扩大通过共同作用提高生产率（箭头 b 和箭头 c），生产率的提高又会提高国民产出（箭头 d）。更高的国民产出能够使社会消费达到更高水平，而后者，按照斯密的观点，会导致真实国民财富的提高（箭头 e）。

如箭头 f 所示，国民产出的增加会拓展或延伸市场，提供更深层次的劳动专门化的机会。斯密认为，正是基于这个原因而不是重商主义者所指的原因，国际贸易才是重要的。国民产出水平越高，就越允许更高水平的资本积累，因为产出不全是由消费品构成的。注意促进经济增长的各个事件其本身会不断循环往复。

在这个过程中普通人会遭遇什么？图 9-1 最右边的箭头 g 和箭头 h 表明了斯密的答案。正如我们在前面公式所看到的那样，资本积累会扩大工资基金，从基金中支付劳动力的工资。如果工资基金的增长超过了劳动力数量的增长，平均工资就会上升。而且，高工资会提高工人的健康和活力，进一步提高他们的生产率（箭头 i）。后来古典经济学家想当然地认为工人仅获得维持生存的最低工资，因此他们从经济发展中什么也没有得到。这显然不是斯密的观点！

斯密还提到了另一个可能会使生产率提高和经济增长的因素，那就是"更加合理的就业分布"。这里斯密区分了增加产品价值的生产性劳动和不增加产品价值的非生产性劳动。生产性就业将劳动存储在具有市场价值的有形商品之中。非生产性劳动是那些投资于提供服务的劳动，它不生产在市场中进行交易的有形商品。按照斯密的观点，非生产性劳动者包括国王、士兵、传教士、律师、医生、作家、演员、滑稽剧演员、音乐家、歌剧演唱者、舞蹈家等，生产性劳动者包括"技工、制造业者和商人"。

斯密认为在钢琴独奏会上演奏钢琴的人是非生产性的，而印制独奏会门票的人却是生产性的，对于当代经济学家来说这似乎很奇怪。在我们的国民收入账户中，我们把仆人、军事人员、广告商和医生的报酬也加于国民收入之中，这对斯密来说也一样感到奇怪。他把这些支出看做扣除。但是为了理解斯密的观点，我们应该以他看待资本积累和经济增长的方法来看待问题。对他来说，原材料可以积累，而且因此是增进财富的一个潜在手段。即使今天生产的消费品，也可以供工人未来消费，从而可以使他们继续工作和生产产品。但是服务仅仅是瞬间的，它在生产与消费的同时也就消失了，而且不能积累。从这个角度来看，尽管服务确实是有用的，但它是非生产性的。然而，从生产性这个术语的现代意义来看，斯密显然是错误的。这个思想错误在今天仍然很普遍。例如，一些现代观察家对制造业就业相对于服务业就业的长期下降表示痛惜。他们的忧虑经常暗含着这样的思想，服务业的工人是非生产性的，而制造产品的工人则是生产性的。然而事实上这两部分工人都是生产性的，他们都帮助生产有价值的东西。服务业在国内产出中所占份额的上升，仅仅是反映了社会对服务的需求比对制造品的需求增长更快而已。

斯密混淆了生产性劳动与非生产性劳动，但这并没有减损他的杰出成就，他为理解导致国民财富增加的因素做出了巨大贡献。斯密写作的年代是投资与生产迅速发展的时期，他为经济增长和人类进步勾画出乐观的前景。经济周期、生产过剩、失业、资本过剩还是将来的事情。利益和谐盛行，自由和竞争的市场迫使每个个人在为自己服务的同时也为社会提供服务。斯密对未来的预期显然比我们第 12 章的主角托马斯·罗伯特·马尔萨斯要乐观得多。

▶本节拓展材料

◎思考题

1. 简要说明下列各项对劳动经济思想史的重要性：启蒙运动、《道德情操论》、《国富论》、看不见的手、劳动分工、国际贸易中的绝对优势规律、水与钻石的悖论、劳动成本价值论、可支配劳动价值论、工资基金学说、工资差异均等化、市场的深化、资本积累。

2. 《道德情操论》的基本主题是什么？它与《国富论》的关系怎样？

3. 斯密经济学著作的题目与他对重商主义的批判有什么关系？斯密是如何定义国民财富的？哪些因素相互作用引起国民财富的增长？

4. 什么是效率工资？这些工资在斯密的经济发展理论中起到什么作用？按照现代效率工资理论者的观点，效率工资如何影响高摩擦失业率和经济衰退？

【推荐选读书目】

Anspach R. 1972. The implications of the theory of moral sentiments for Adam Smith's economic thought. History of Political Economy，4：176-206.

Blaug M. 1991. Adam Smith. Brookfield：Edward Elgar.

Campbell R H，Skinner A S. 1982. Adam Smith. New York：St. Martin's Press.

Evensky J. 1989. The evolution of Adam Smith's views on political economy. History of Political Economy，21：123-145.

Fry M. 1992. Adam Smith's Legacy. London：Routledge.

Gherity J A. 1992. Adam Smith and the Glasgow merchants. History of Political Economy，24：357-368.

Hollander S. 1973. The Economics of Adam Smith. Toronto：University of Toronto Press.

Levy D. 1987. Adam Smith's case for usury laws. History of Political Economy，19：387-400.

Rae J. 1895. Life of Adam Smith. London：Macmillan Publishers Limited.

Raphael D D. Adam Smith. London：Oxford University Press.

Recktenwald H C. 1978. An Adam Smith renaissance anno 1976? The bicentenary output-a reappraisal of his scholarship. Journal of Economic Literature，16：56-83.

Smith A. 1877. An Inquiry into the Nature and Causes of the Wealth of Nations. New York：G. P. Putnam's Sons.

Smith A. 1976. The Theory of Moral Sentiments. Oxford：Clarendon Press.

Stigler G G. 1976. The successes and failures of professor Smith. Journal of Political Economy，84：1199-1214.

West E G. 1978. The burdens of monopoly：classical versus neo-classical. Southern Economic Journal，44：829-845.

Willis K. 1979. The role in parliament of the economic ideas of Adam Smith，1776-1800. History of Political Economy，11：505-544.

第 10 章 李嘉图的劳动经济思想

▶ **学习目标**

1. 了解大卫·李嘉图劳动经济思想的主要观点。
2. 了解李嘉图的劳动价值理论。
3. 了解李嘉图的工资理论。

虽然斯密是古典学派的奠基人，并且确立了该学派的主要基调，但是与托马斯·罗伯特·马尔萨斯同时代的大卫·李嘉图（David Ricardo，1772~1823 年）却是进一步发展该学派思想的领袖人物。李嘉图阐明了利用抽象推理方法表述经济理论的可能性，还将研究的范围拓展到收入分配领域。在李嘉图周围还聚集了一群热情的学者，他们热心地传播他的思想，这些追随者修正并扩展了他的理论，使之向新古典的方向发展。

本章在介绍完李嘉图的生平大事之后，将讨论他关于英国货币问题的观点，然后逐步阐明他的地租理论以及相关的收益递减理论。这两个理论与以下两大问题有关：第一，交换价值理论；第二，收入分配理论。接下来介绍李嘉图的比较优势原理、关于失业的可能性的观点及对他整体贡献的一个简要评价。

10.1 李嘉图的生平

李嘉图出生于一个从荷兰移居到英国的犹太移民家庭，在 17 个孩子中排行第三。在 14 岁时就开始接受训练从事他父亲所做的股票经纪业务。21 岁时他与一位教友派信徒的女子结婚，之后他放弃了犹太教成为一神教派信徒。因为这件事，他的父亲与他断绝了父子关系，尽管后来两人和解了。利用那些了解并信任他的银行家们提供的资金，李嘉图独立进入股票市场。几年之后他积累了比他父亲更多的财富，并于 43 岁时退出这一行业。但是，在其一生剩余的时间里，他继续关注着他的商业利益。51 岁时李嘉图因患耳部传染病去世，留下了一笔巨大的财产，其中 2/3 是不动产和抵押财产。

李嘉图关于在股票市场上赚钱的原理可能与他很多抽象的经济理论一样有趣。他说，他赚到的所有的钱都是凭借观察到人们总是夸大事件的重要性而获得的。如果有一个因素会导致股票价值小幅度上升，他就会购进该股票，因为他肯定股票价值会过度上升。当股票价格下跌时，他会卖出股票，因为他确信警惕和恐慌会造成进一步的价值下跌。

　　李嘉图还把商业上的成功归因于他对微小利润的满足。如果可以立刻获得微小的利润，他从来不会持有商品或证券太长时间。李嘉图关注每一条新修的公路、每一家新开的银行及新的联合股份企业，当他认为它们的投资前景乐观时，就会买入它们的股票。他声称新建企业的股票不久之后就会上涨到长期价格水平之上，然后他就会迅速卖出股票再投资于其他地方。他作为一个明智的投机者赢得了极高的声望，其他人也追随他在股票市场的买进行为。他经常被引用的一句话是"在这种情况下，很显然常常是我创造了需求，这个需求恰好使我能够在很短时间内以一个微小的利润将购买的商品脱手"。

　　李嘉图是一个信念坚定并且原则性很强的人，他倡导的政策常常和自己的个人利益相悖。尽管他是英格兰银行的股东之一，但他却反对该银行过多地盈利。当他自己已经不再投资于英国政府债券时，他仍然维护其他投资者的利益。即使李嘉图成为一个大地主之后，按照他的评论，他所提出的理论也会损害地主的利益。他热情支持的议会改革，会剥夺他所买到的代表爱尔兰选民的一个席位，他既没有在爱尔兰生活过，也没有去过。虽然他是英国最富有的人之一，但他提倡对资本征税用以清偿国家债务。他赞成的其他改革措施还包括秘密投票、在法律上赋予人们自由讨论宗教信念的权利、减少要遭受资金处罚的犯罪的数量、废除鞭刑、终止针对罗马天主教的歧视法案。就在李嘉图去世之后，通过了一项法案（1829 年），给予天主教徒在议会中占有席位的权利及担任公职的权利。

　　李嘉图在 14 岁之后就没有接受过正规的教育，很晚的时候才开始转向系统的政治经济学研究。在青年时期，他利用业余时间刻苦钻研了物理学和数学。在 27 岁时，他偶然读到斯密的《国富论》，正是这次有幸的事件使他对经济学产生了极大的兴趣。他的第一篇"公开发表的作品"是写给报社的关于货币问题的一封信，但直到 10 年以后才被发现。然而，就在接下来的 10 年里，他完成了他的主要著作，包括他的《政治经济学及赋税原理》（1817 年）。尽管李嘉图具有敏锐的分析思维，但写作对他来说仍然是艰难痛苦的。李嘉图在写给朋友詹姆斯·穆勒的一封信中说"我要是擅长写作就好了！"詹姆斯·穆勒鼓励李嘉图，写道："既然你已经是政治经济学方面最好的思想家了，我坚信你也将是最好的作家。"詹姆斯·穆勒阅读和评判李嘉图的著作，当李嘉图感到写作对自己是件不可能的事情的时候，詹姆斯·穆勒总是鞭策他继续创作。

　　李嘉图是一位擅长推理的杰出的思想家。他从基础的前提假设开始，用逻辑的方法推导出一般性的结论。李嘉图将他得出的一般性结论称为经济规律，他认为这些规律在经济学方面的作用如同物理学规律在自然科学方面的作用一样正确有效。例如，有控制世界范围内贵金属分配的规律、支配国际商品交换活动的规律、调节收入分配的规律等。尽管李嘉图因为其个人经历而熟知商业与经济生活的现实情况，但他在推理过程中并没有使用归纳法。也就是说，他并没有收集历史资料或经验数据；他的论证过程也没有从局部到整体，从特殊到一般，从事实到理论。相反，他却阐述了彻底的规律，有时候利用一些事实来论证这些规律是如何发生作用的。他倾向于利用严格的假设来支撑其论断，这种做法后来被熊彼特称为"李嘉图恶习"。然而，李嘉图感兴趣的理论问题对于解释他那个时代及以后的实际问题具有重要的意义。

▶**本节拓展材料**

10.2 货币问题

1797 年，在英国与法国长达 20 年的战争中，恐慌和黄金外流倾向耗尽了英格兰银行的储备。当政府暂停现金支付后，英国发现它自身处于不可兑换的纸币本位制度之下。换句话说，人们持有的纸币不能兑换成黄金。黄金的价格逐渐上升，从最初的造币平价每盎司黄金价值 3.17 英镑上升到 1813 年的市场价格每盎司 5.10 英镑。同时还伴随着物价的普遍上涨。黄金没有以每盎司 3.17 英镑的价格送到造币厂，而是用于国内的私人交易或者流入了国外市场。焦虑的市民很想知道黄金的市场价格为什么上涨以及如何才能停止这种上涨。

李嘉图与英格兰银行之间有巨额的金钱交易，所以他开始仔细考虑这一问题并围绕这个主题进行写作。关于所谓的货币问题，他的结论再次肯定了之前曾由洛克、休谟和斯密所提到过的货币数量论。李嘉图认为，银行过量发行纸币，因为它不再受到要求用黄金支付的限制。发行纸币和借出银行票据是可以获利的操作，有助于为政府开支融资，却不利于稳定黄金和商品的价格。这类似于封建社会中裁剪铸币的行为，作为一种为贵族们的过度消费提供资金的方式，贵族们从国库的铸币上刮削黄金。通过增加货币供应量，英格兰银行抬高了商品的价格，从而也降低了货币的价值。

根据李嘉图的观点，问题不在于黄金的高价，而在于英镑的低价值。简单表达就是现在需要更多的英镑才能购买 1 盎司黄金。李嘉图提出的补救措施是恢复金本位制。而后，如果黄金的市场价格上升，货币就可以在银行按造币厂价格被兑换成黄金。每一次银行票据的过度发行都将因纸币回流到银行而被自动抵消。恢复金本位制还将遏制通货膨胀。

英格兰银行的主管及他们的朋友们认为黄金市场价格上升是由于其稀缺性的增强，是黄金的价值发生了变化，而不是纸币价值发生了变化。如果恢复金本位制，每一个几尼（几尼为英国旧金币的单位）都会被从银行取出并销售到国外。

李嘉图回答说，有证据表明是纸币而不是黄金的价值发生了变化。1 盎司黄金可以购买到和以前同样多的商品，而以造币平价代表黄金的纸币只能购买到比以前少的商品，因为物价的上涨是根据纸币来衡量的。至于黄金流出一个国家的问题，除了在保险箱保存的国库储备之外，其他的黄金流出早就发生了。如果银行先降低纸币的流通速度，那么金本位制就可以安全地恢复。为了降低铸币费用，并节约黄金，不让黄金作为铸币来投入流通，李嘉图建议实行金块本位制。银行应该根据需求买卖金块而不是金币，并且交易的最低额度不得低于 20 盎司。

　　李嘉图的计划在 1819 年被议会采纳,英格兰银行被要求恢复用 60 盎司的金链支付。1821 年通过了一项法令,要求用金币支付。此后,除了在重大的战争和金融危机期间,金本位制实行了一个多世纪。

▶本节拓展材料

10.3　收益递减与地租理论

　　李嘉图的收益递减规律与地租理论是在关于谷物法的论战中提出来的。回想一下,农业收益递减的概念可以追溯到法国政府官员、重农主义者杜尔阁。但是到 1815 年,李嘉图、托马斯·罗伯特·马尔萨斯、韦斯特和托伦斯重新阐述了这一原理,并将其应用于地租。李嘉图谦逊地将这一发现归功于托马斯·罗伯特·马尔萨斯与韦斯特。但正是李嘉图最为清楚完整地表达了这一概念,在应用这一概念发展他的地租理论时,李嘉图成为第一个在经济分析中表述边际原理的经济学家,他的地租理论也因而成为后来边际学派兴起的基础。

　　李嘉图认为"地租是土地产品的一部分,是因使用了土地原有的和不可摧毁的生产力而支付给地主的那部分"。他把同土地合二为一的、能提高土地生产力的长期资本投资的收益也包括进地租之中,通过这种方式他修正了地租的定义。根据李嘉图的观点,粗放耕种和集约耕种都会产生地租。

10.3.1　粗放耕种的地租

　　在一个新建国家,肥沃的土地很充足的时候,没有人会支付地租。但是:

　　在社会发展过程中,当二等肥沃的土地投入耕种时,一等土地马上就开始有了地租,地租的数额取决于这两份土地在质量上的差别。

　　当三等土地投入耕种时,二等土地马上就有了地租,和前面一样,它由两块土地的生产力来调节。同时,一等土地的地租将会提高,它必然总是高于二等土地的地租,差额就是当资本和劳动数量给定的时候两块土地产出的差额。每一次增加人口,都会迫使一个国家利用质量更差的土地来增加食物供给,与此同时,所有比这份土地肥沃的土地的地租都将得到提高[1]。

---

　　① Ricardo D. The Works and Correspondence of David Ricardo. Cambridge:Cambridge University Press, 1962:70.

　　边际土地的产品将会产生足够的收益，足以弥补生产的一切花费再加上劳动及资本投资的平均利润。农产品的价值取决于最差的土地上每单位产出需要的劳动。在较好的土地上生产的剩余作为地租归地主所有。

　　表 10-1 说明了李嘉图的地租理论，表明在粗放耕作的土地上产生的地租是如何衡量的。表 10-1 中将土地分为 5 个等级（从最好等级的 A 到最差等级的 E）。每英亩（1 英亩≈4 046.86 平方米）土地投资 10 美元，A 土地的收益最高，是每英亩 20 蒲式耳小麦，因为它是最高等级的土地。而最差等级的土地 E 的收益只有每英亩 4 蒲式耳。左边一栏表示小麦的各种价格。如果小麦的价格低于 0.50 美元/蒲式耳，就没有小麦生产出来，因为这时即使在最高等级的土地上进行生产，产量也不足以弥补 10 美元的投入。当小麦的价格是 0.50 美元/蒲式耳时，只能够投资 10 美元/英亩于土地 A，因为 20 蒲式耳的产量提供 10 美元（20×0.50 美元）的收益，这足够弥补劳动与资本的成本并获得平均利润率。但要注意这时的地租是零，收益刚好等于投入的成本。如果小麦的价格升至 0.66（2÷3）美元/蒲式耳，在 A 和 B 土地上都会投资 10 美元/英亩。在 0.66（2÷3）美元/蒲式耳的价格上，B 土地会产生 10 美元（15×0.66）的收益，而 A 土地则产生 13.33 美元（20×0.66）的收益。

表 10-1　粗放地租

小麦的价格/（美元/蒲式耳）	不同等级土地的地租				
	A	B	C	D	E
	20（蒲式耳/英亩）	15（蒲式耳/英亩）	10（蒲式耳/英亩）	5（蒲式耳/英亩）	4（蒲式耳/英亩）
0.50	0[1]				
0.66	3.33	0[1]			
1.00	10.00	5.00	0[1]		
2.00	30.00	20.00	10.00	0[1]	
2.50	40.00	27.50	15.00	2.50	0[1]
投入/美元	10	10	10	10	10

1）在投入 10 美元基础上的地租

　　那么 B 土地的地租是多少？A 土地呢？答案在表 10-1 里相应的栏中列出。B 土地得到的地租为零（10 美元–10 美元），而 B 土地的使用却使 A 土地获得了 3.33 美元（13.33 美元–10 美元）的地租。A 土地可以获得地租是因为 10 美元的投资收益对土地使用者来说可以弥补劳动与资本的成本，并获得平均利润。土地使用者之间的竞争使他们愿意支付每英亩 3.33 美元以获得 A 土地的耕作权，地主则以地租的形式获得了这笔钱。如果小麦的价格上升到 1 美元/蒲式耳，那么 C 就成为零地租的边际土地，土地 B 就会产生 5 美元/英亩的地租，土地 A 则产生 10 美元/英亩的地租。如果小麦的价格升至 2 美元/蒲式耳，那么 D 土地也会被投入生产，A、B、C 三块土地的地租将分别上升到 30 美元、20 美元和 10 美元。

10.3.2　集约耕种的地租

由于收益递减规律，对土地进行集约耕种时地租就会上升。在技术水平不变的条件下，对一份土地连续追加劳动和资本的数量，那么每增加的一单位投资所带来的产出增加量越来越少。如果不是这样，那么全世界的粮食都可以在一个花瓶里种植！最后一单位的劳动与资本投入必须既能补偿其成本，又能提供平均利润。之前那些单位的劳动与资本能够产生剩余收益，即地租。

表 10-2 列出了 3 份等级依次递减的土地的假设数据，并分析集约地租。这里和前面一样，从边际产出中获得的收益必须要和生产这些额外产出的劳动和资本的成本相比较。边际递减规律反映在表 10-2 中的"边际产出"一栏。我们再假设每次投入的增加量是 10 美元。请注意当更多的 10 美元被追加到生产中时，也就是按照每一等级的土地的投入一栏往下，产出以递减的比率增加，这样边际产出或额外产出就下降了。

表 10-2　集约地租（单位：美元）

每蒲式耳小麦的价格	A 级土地				
	投入	产出		边际产出	租金
0.50	10	20			0
0.66	20	35		15	3.33
1.00	30	45		10	15.00
2.00	40	50		5	60.00
2.50	50	54		4	85.00

每蒲式耳小麦的价格	B 级土地				C 级土地			
	投入	产出	边际产出	租金	投入	产出	边际产出	租金
0.66	10	15		0				
1.00	20	25	10	5.00	10	10		0
2.00	30	30	5	30.00	20	15	5	10.00
2.50	40	34	4	45.00	30	19	4	17.50

下一个任务是决定地租。首先我们将注意力集中到最高等级的 A 土地上。当小麦的价格是 0.50 美元/蒲式耳时，将要花费的支出是 10 美元，此时地租为零（20 单位的产出 × 0.50 美元＝10 美元的收益，这可以补偿劳动与资本的成本并获得平均利润）。如果每蒲式耳的价格上升到 1 美元，情况会怎样呢？我们还是只看 A 土地，现在地租是 15 美元。45 蒲式耳的产出以 1 美元/蒲式耳的价格出售，将产生 45 美元的收益。而劳动和资本的成本（投入栏）只有 30 美元。地主将这 15 美元的差额作为地租收走。类似的，如果小麦的价格上升至 2.5 美元/蒲式耳，A 土地的地租就会攀升到每英亩 85 美元。可以看到更高的价格会给使用更多的投入提供理由，即使追加的投入所带来的产出要比之前的追加带来的产出少。

很容易把这一分析扩展到几个级别的土地上。当小麦的价格是 2.50 美元/蒲式耳时，不仅可以投资 50 美元于 A 土地，而且投资 40 美元于 B 土地、30 美元于 C 土地都是可以获利的。这三块土地上，劳动与资本的总成本是 120 美元（50 美元+40 美元+30 美元），而总产量是 107 蒲式耳（54 蒲式耳+34 蒲式耳+19 蒲式耳）。总收益为 267.50 美元（107 蒲式耳×2.50 美元），产生的地租总量为 147.50 美元（267.50 美元–120 美元）。李嘉图还意识到地租可源于地理位置的差异。如果同等肥沃的土地距离市场的远近不同，那么最远的土地必须能够支付给劳动和资本正常利润。位置较好的土地将因较少的运输费用而获得额外的收益，地主将以地租形式获得这些收益。

很明显，不论是由于对进口小麦征收关税还是由于人口增加，小麦价格的每一次上涨都会提高地租。不论是由于降低关税还是技术进步，或是人口减少，小麦价格的每一次下降都会降低地租。还应注意到，地租是超过劳动与资本成本之上的级差收益和盈余，是价格决定地租而不是地租决定价格。也就是说，地租高可以由谷物价格高来解释，但价格高不能用地租高来解释。考察李嘉图的交换价值与分配理论时，我们必须牢记这些要点。

▶ **本节拓展材料**

10.4　交换价值与相对价格理论

10.4.1　交换价值

李嘉图关心的是相对价值而不是绝对价值，他想要揭示出决定商品相互交换的比例的基础，这将使他能够确定出这些相对价值随时间变化而变化的原因。

在他的《政治经济学及赋税原理》（1817 年）一书中，李嘉图写道，一种商品要想具有交换价值，必须具有使用价值。效用（满足主观需要的能力）不是衡量交换价值的尺度，尽管它对效用来说是必不可少的。拥有效用或者使用价值之后，商品通过以下两种途径获得其交换价值：①商品的稀缺性；②获得商品所需要的劳动数量。不可再生的商品，如珍贵的艺术品、经典书籍和古钱币等，它们的价值仅仅是由稀缺性决定的。对这些物品来说，供给是固定的，因此需求是决定交换价值的主要因素："它们的价值和最初生产它们的必要劳动数量已经完全没有关系了，而是由财富的变化和那些渴望拥有它们的人的爱好倾向决定。"但大多数商品是可再生的，李嘉图假定在竞争条件下它们可以被无限制生产出来。李嘉图的劳动价值论所适用的就是这类商品。

斯密在提出原始社会的劳动价值论时，指出在原始社会中不使用资本和土地资源（或者说资本与土地资源都极其丰富，可以免费获得）。当分析较发达的经济时，斯密舍弃了这一方法，而是提出了"可支配的劳动"的交换价值理论。与斯密不同，李嘉图的劳动价值论也适用于较为发达的经济。事实上他认为斯密对两种经济类型的划分是人为的。针对斯密的鹿与海狸的例子，李嘉图指出"如果没有武器，那么既捉不到鹿也捉不到海狸；因此，鹿和海狸的价值不仅仅取决于捕捉它们的必要的时间与劳动的价值，而且取决于提供猎人的资本、用来捕捉它们的武器所必需的时间与劳动的价值"。

按照李嘉图的观点，一件商品的交换价值取决于生产它所必需的劳动的时间。这一劳动时间既包括生产该商品本身所需要的时间，也包括在生产过程中使用的原材料和资本品中所体现的劳动时间。李嘉图认为，这种方法的优点就在于，能够用它来确定交换价值随时间而变化的原因。例如，如果一头海狸与两头鹿的交换比率经过若干年后上升为用五头海狸交换两头鹿，那么我们可以确定这种情况发生的原因，或者是由于捕捉一头海狸所需要的劳动时间减少了，或者是由于捕捉一头鹿需要的劳动时间增多了，或者是由于两种情况同时发生了。

这一简单的价值理论的问题在于它似乎不能对其他情况做出解释，如产业之间资本-劳动比率的差异、不同产业中技术工人与非技术工人组合的差异、不同生产者的工资、利润率和地租的差异等。李嘉图认识到了所有这些潜在的复杂因素，并试图对每一因素进行分析。

1. 不同的资本-劳动比率

回想一下斯密曾提到过，行业间不同的资本-劳动比率意味着如果所有商品都按照以劳动衡量的价值来出售，那么行业之间的资本回报率会有所不同。当然，这种情况不可能发生在竞争经济中，因为资本会从低收益行业流到高收益行业，直到各行业的利润相等为止。下面的例子是从李嘉图的《原理》(第三版)中节选出来的，李嘉图也注意到了这种复杂情况。

假定一个农场主一年雇用 100 名工人来种植谷物，一个纺织厂主一年雇用 100 名工人使用机器纺纱。机器与谷物具有相同的价值。现在假设在第二年，农场主仍然雇用 100 名工人种植谷物，纺织厂主也仍然雇用 100 名工人使用机器纺纱。不考虑机器的磨损折旧，我们可以看到第二年中 100 名工人种植出来的谷物的价值将小于 100 名工人纺出的纱的价值，因为纺纱使用了资本而种植谷物则没有使用。如果工资率是每年每名工人 50 美元，利润率是 10%，那么每年生产出来的小麦的价值与机器的价值都是 5 500 美元 (100 ×50 美元+5 000 美元×0.10)。第二年纺出来的纱的价值将是 6 050 美元 (5 500 美元+5 500 美元×0.10)，因为机器的投资可以获得 10%的利润。否则，这样的资本投资将不会发生。在这里，两个资本家雇用相同数量的工人生产他们的商品，然而他们生产出来的商品价值不同，因为各自使用的固定资产数量不同。

李嘉图是怎样处理这一问题的呢？答案是，他声称引起商品价值差异的因素，其作用是微不足道的。如果一件商品在生产过程中投入的资本高于平均资本，那么它就能以高出其劳动时间的价值出售；反之，如果一件商品在生产过程中投入的资本低于平均资本，那么它将以低于其劳动时间的价值出售。决定一件商品的价值更重要的是生产它必需的劳动时间。

2. 劳动质量的差异

李嘉图意识到并非所有的劳动都是同质量的。很显然高技术工人在一小时内生产的产品要多于低技术的工人。生产不同的商品有着各种不同的雇用工人技术等级组合,那么两种商品的相对价值是如何由各自所必需的劳动时间决定的呢?李嘉图的答案是,如果 A 种劳动的生产能力是 B 种劳动的 2 倍,那么我们可以简单地认为 A 种劳动的 1 小时相当于 B 种劳动的 2 小时。因此,不同行业中不同劳动熟练程度的组合将不会影响交换价值。另一种方法,把 A 种劳动的一个工人替换为 B 种劳动的两个工人,也将不会改变生产该商品所必需的总的劳动时间,因此相对交换价值仍将保持不变。

3. 工资、利润与地租

交换价值并不取决于工资,而是取决于劳动数量。技术熟练工人获得的工资自然要高于非熟练工人。但这并不是交换价值的结果,李嘉图说,因为事实上熟练劳动比非熟练劳动代表着更多的劳动量。此外,工资和利润是反向变化的(其原因将在后面章节讨论)。某一特定等级的劳动获得的工资的增加将会减少相同数量的利润。因此,工资率的变化只会影响利润与工资的比率,而不会影响商品的交换价值。

利润的变化也不是一个难处理的问题。不管利润是提高还是降低,都不会影响商品的相对价值。如果包含 5 小时劳动的鞋子与同样包含 5 小时劳动的衣服相交换,工资上升且利润下降抑或相反的情况,都不会影响这两者的交换比率。这里产生了很重要的一个观点:并不仅仅因为劳动量是衡量价值的尺度和价值的源泉,劳动就必须得到全部商品。在李嘉图的分析中没有剥削的暗示,事实上,他在为私人产权制度辩护。后来马克思修正了李嘉图的劳动价值论,并得出了革命性的结论。

最后,李嘉图指出地租不能计入一件商品的交换价值。回想我们前面讨论过的,李嘉图的理论体系中地租的支付不影响商品的价格。相反,商品价格(反映其价值)是地租的决定因素之一。

10.4.2　相对价格

虽然劳动是商品价值的基础,但由于供给和需求的偶然或暂时波动,市场价格常常偏离价值或自然价格。如果市场价格上升到自然价格之上,利润将会增加,从而会有更多的资本投入该商品的生产中来。如果市场价格下跌,资本就会流出该行业。个人寻求利益最大化的行为将使利润率趋于相等,并使市场价格与其价值相对应。短期价格取决于供给和需求,长期价值取决于生产的真实成本,而两种商品的相对真实成本与整个生产过程所必需的劳动总量成比例。

无论需求多么充足,它都不能将商品的价格永久地提高到包含利润的生产成本之上。因此似乎很自然地要寻找生产成本中导致永久价格变化的原因。减少成本最终会使商品价格下跌,增加成本必定会造成价格上升。这跟需求有什么关系呢[1]?

① Ricardo D. The Works and Correspondence of David Ricardo. Cambridge: Cambridge University Press, 1962: 250-251.

▶**本节拓展材料**

10.5 收入分配

在 1820 年致托马斯·罗伯特·马尔萨斯的一封信中，李嘉图写道：

你认为政治经济学是一门探讨财富的性质及其源泉的学科，而我认为政治经济学更应该被称做是对决定工业产品在那些在其形成过程中共同发挥作用的各阶层之间分配的规律的一种研究。没有任何规律能够对其分配做出数量上的规定，而只能勉强对其分配的比例进行大致的规定[①]。

李嘉图所指的是要素份额或者说我们今天所谓的收入的功能性分配。他所关心的是要理解由工资、利润与地租（利息包含在利润之中）构成的国民收入份额的各种决定力量。我们首先考察他对每一种份额的看法，其次通过一个简单的图示来总结他的分析，最后讨论他从这些分析中得出的政策含义。

10.5.1 工资

李嘉图认为，劳动力和其他买卖的商品一样，具有自然价格与市场价格。劳动力的自然价格就是在人们既定的习惯与习俗前提下，使工人能够生存与延续而其数量不变时的价格。劳动力的自然价格取决于劳动者本人及其家庭所需要的生活必需品的价格。如果生活必需品的成本提高，名义工资也将上升，以便工人能够维持真实工资水平不变，并且可以继续购买足够的必需品使劳动力大军得以延续。如果商品的价格下跌，名义工资将下降。劳动力的市场价格取决于供给与需求，但是和其他商品一样，市场价格围绕自然价格上下波动。

李嘉图认为，由于为不断增长的人口提供食物的难度加大、成本提高，所以从长期来看，劳动的自然价格和名义工资都趋于上升。农业的进步和粮食的进口通过降低生活成本而抵消这种趋势，但是生活成本提高的力量仍占主导地位。因此，名义工资必然伴随着粮食成本的上升而不断上升。

李嘉图认为工人在长期只得到最低工资的观点被称为"工资铁律"。当劳动力的市场价格上升到自然价格之上时，工人可以养活一个大家庭。随着人口的增加，工资会逐渐降低到自然价格及以下水平。当劳动力的市场价格低于自然价格时，穷困就会

① Ricardo D. The Works and Correspondence of David Ricardo. Cambridge：Cambridge University Press，1962：278.

减少劳动人口并使工资上升。因此，长期的趋势就是工人只得到最低的生存工资。这种悲观的分析可以从两个角度修正。第一，在资本扩张的工业化社会，工资基金的增长快于人口增加，这样工资会无限期地保持在生存工资水平之上。第二，李嘉图显然没有像托马斯·罗伯特·马尔萨斯那样，把自然工资看做生物学意义上的生存必要的工资，而是认为自然工资取决于人们的习惯与习俗以及人们认为可以接受的最低工资。

10.5.2　利润

我们已经看到，李嘉图认为在一国之内不同行业的企业利润率趋于均等化。企业家通过考虑比较一个行业相对于其他行业的优势与劣势来寻求利润最大化。价格的变动会影响利润率，进一步会引导资本的流动。特别是富裕的阶层会迅速地将资金转向利润最高的行业。总而言之，自由竞争市场和个人行为将使所有行业的利润率均等或具有同等优势。事实上，李嘉图认为边际土地的利润率（地租为零）决定着整个经济中的利润率。如果工业的利润率高于农业中边际土地的利润率，那么资本就将从农业流向工业，更高等级的土地就成为新的边际土地。如果农业中边际土地的利润高于工业利润，资本就会流向农业，更低级别的土地将成为边际土地来耕种。

李嘉图强调利润与工资成反向变动，一方减少另一方才会增加。为什么较高的工资一定是由利润产生的，而不是由高价格传递的呢？答案在交换方程和国际收支平衡表中。如果价格上升，出售既定数量的商品就需要更多的货币。而货币从哪里来呢？金钱不是从国外流入，而是从本国流出，因为国外的价格比国内的价格便宜。随着货币供给的减少，价格将不可能上升。因此，雇主必须自己承担更高的生产成本，工资的上升只会减少利润。相反，如果工资下降，价格也不会下跌。如果价格下跌，金钱会流入本国，价格会再次上升。因此工资的下降将引起利润的上升。

从长期来看国民收入的利润率和利润份额是怎样的趋势呢？回想一下亚当·斯密的观点，他认为由于企业之间竞争的加剧，利润率会下降，而且他对这一发展趋势表示欢迎。李嘉图认为利润率会下降的原因是为不断扩张的人口提供食物变得越来越困难，这才是他所关心的。他认为，利润率的下降会阻碍资本积累和投资，并最终达到稳定状态。当新的投资不再增加，人口因食物生产有限而不再扩张，以及每一份剩余都当做租金来分配的时候，就达到了稳定状态。然而，对李嘉图来说，这种稳定状态仅仅是一个理论结果，而不是近期的现实。

10.5.3　地租

如前所述，李嘉图看到了工人和资本家之间的利益冲突。他认为地主与其他社会阶层之间存在着更本质的冲突。随着人口的增加，食物需求增长将引起食物价格的上升。从前面的讨论中可以得知，这将使更贫瘠的土地投入耕种，而且较好的土地将以更集约的方式耕种。因此，地租将会上涨。我们已经知道，名义工资也将上涨到自然工资或生存工资的水平。这样，国民收入中利润率和利润份额将会下降。

▶本节拓展材料

10.6　比较成本理论

李嘉图从他对国民收入构成的分析中得出了几个重要结论。首先，他认为对工资既不应该实行管制，也不应该对穷人进行救济：

工资应该像所有其他的合同一样由公平、自由竞争的市场来决定，而绝不应该被立法机关的干预所控制。

济贫法的清晰与直接的倾向就是直接反对那种显而易见的理论：立法机关并不能如它的善良本意，改善穷人的生活条件，而是会恶化穷人与富人的生活条件；他们并不想让穷人变富，而是算计着要使富人变穷[①]。

其次，李嘉图得出了对地租征税只会影响地租的结论（和重商主义者一样）。这样的税收会完全落到地主身上，不可能转嫁给其他任何人。地主不能用提高地租来支付税收，因为边际土地的地租为零，因而不缴纳税收。对地租征税将不会影响边际土地与较好土地之间的生产力的差异。税收不会提高农产品的价格，也不会阻碍土地的耕种。在美国，这种分析使亨利·乔治产生了征收单一税的想法，即对所有土地的地租征税，这并不符合李嘉图的公平思想。

最后，不同于托马斯·罗伯特·马尔萨斯，李嘉图强烈反对谷物法。废除关税和其他限制谷物进口的措施，社会利益将会在损失地主利益的前提下得到增进。为什么呢？答案当然可以从他的分配理论中推导出来。较低的谷物价格将减少地租并增加利润，从而增加资本积累，提高工资基金，并推迟稳定状态的到来。

李嘉图反对谷物法的另一理由是它减少了来自国际贸易的利得。下面我们将分析这一问题。

李嘉图在效率增进的基础上提出了一个支持自由贸易的强有力的论据：

在完全自由的贸易体系下，每个国家自然会将其资本与劳动力投资于收益最大的部门。这种对个体利益的追求可以很好地与整体的普遍利益联系起来。通过激励勤奋、奖励创造以及最有效地使用与生俱来的独特力量，可以最有效、最经济地分配劳动力。而通过增加产品总量，可以分配总收益。通过利益与交往的共同的纽带，整个文明世界的所有国家都可以联系在一起。正是这种原则决定了酒应该由法国和葡萄牙酿制，谷物应该在美国和波

---

① Ricardo D. The Works and Correspondence of David Ricardo. Cambridge：Cambridge University Press，1962：105-106.

兰种植，五金器具及其他商品应该由英国制造①。

斯密提倡没有阻碍的对外贸易是为了扩大市场、减少剩余，贸易的基础是绝对成本的不同。李嘉图则说明了即使一个国家在生产所有商品上都比另一个国家更有效率，两国之间的贸易仍然能够使两国互相得益。他的这一理论对经济学思想做出了辉煌而永久的贡献，他的比较成本理论现在被称为比较优势规律。

李嘉图在对贸易所得的理论证明中明确假定，资本和劳动力不能在国与国之间流动。他暗含的假设是随着产量增加，成本保持不变。否则，专业化就不能达到最大限度。所有的成本都用劳动小时数来衡量，这与劳动价值论的分析方法是一致的。

李嘉图对比较成本规律进行解释的基础，是英国与葡萄牙两个国家生产特定数量的布与酒所必需的单位劳动的数量。假定生产 1 单位的布或酒需要一定数量的劳动，也就相当于假定用 1 单位的劳动可以生产一定数量的酒或布。也就是说，如果生产 1 单位的产品需要 2 个单位的劳动，那么很显然 1 单位的劳动可以生产 1/2 单位的产品。后面我们将用这个专门词语来阐释李嘉图的比较优势规律。

如表 10-3 所示，葡萄牙在生产酒与布两种商品上都比英国具有绝对成本优势。葡萄牙用 1 单位的劳动可以生产 3 单位的酒，而英国只能够生产 1 单位的酒。类似的，葡萄牙 1 单位的劳动可以生产的布的数量（6 单位）也多于英国（5 单位）。葡萄牙在与英国的贸易中能够获益吗？李嘉图斩钉截铁地回答"不能"。每个国家都应该生产它具有比较优势的产品，即国内机会成本最低的产品。葡萄牙生产 1 单位酒的机会成本是 2 单位的布（6/3），英国生产 1 单位酒的机会成本是 5 单位的布（5/1）。葡萄牙专门生产酒的相对成本较低，或者，葡萄牙生产 1 单位布的机会成本是 1/2 单位的酒（3/6），英国生产 1 单位布的机会成本是 1/5 单位的酒。因此，英国应该专门生产布，因为生产布的机会成本要低于葡萄牙。

表 10-3　比较成本的图示（每单位雇佣劳动的假定产量）

项目	酒	布
葡萄牙	3	6
英国	1	5
总产量	4	11

现在假设葡萄牙将生产布的 1 单位劳动转而用于生产酒。如表 10-4 所示，葡萄牙生产的酒增加了 3 个单位（1×3），布的产量则减少了 6 个单位（1×6）。同时，假设英国将生产酒的 2 单位劳动（1 单位不足以表示贸易利得）转而用于生产布。结果呢？布的产量增加了 10 单位（2×5），酒的产量减少了 2 单位（2×1）。专业化同时增加了酒与布的产量！李嘉图强调谷物法就是这样降低了效率得益。

① Ricardo D. The Works and Correspondence of David Ricardo. Cambridge：Cambridge University Press，1962：133-134.

表 10-4   专业化分工与贸易得益（每单位雇佣劳动的假定产量）

项目	酒	布
葡萄牙	+3	−6
英国	−2	+10
总产量	+1	+4

　　李嘉图还探讨了英国制造酒的技术改进之后可能对英葡之间贸易均衡产生的影响。他说，假设这项技术改进使葡萄牙运往英国的酒变得无利可图，但是葡萄牙仍然需要从英国进口布。葡萄牙进口商无法再获得英国为进口酒而支付的英镑，因而不得不用金银来购买英镑。这将会迫使英镑的价格上升，并且可能完全中断葡萄牙对布的进口。但是如果英镑升水幅度小于进口布所能获得的利润，那么为了购买进口布所需要的英镑，金银将流入英国。葡萄牙货币供给的减少将引起国内价格下跌，而英国货币供给的增加将引起国内价格的上升。这将产生新的对外贸易均衡，在此休谟的价格—铸币流动机制又一次发挥了作用。

　　在表 10-4 中李嘉图并没有具体说明利益是如何在英葡两国之间进行分配的。尽管他的理论勾画了国际贸易商品之间交换比例波动的上下限，但是没有试图解释决定这个比例的原因。后来约翰·斯图尔特·穆勒提出了一个相互需求的理论来解决这个问题。

> **▶本节拓展材料**

10.7　李嘉图对失业问题的看法

　　回想一下，托马斯·罗伯特·马尔萨斯认为资本家的需求饱和了，因此储蓄了大笔资金。如果不被地主的消费抵消掉，那么有效需求就不足以购买全部产量。商品供给过剩的结果将迫使生产者减少产量、解雇工人。李嘉图承认暂时的过剩会发生，但他坚持认为充分的生产与就业才是常态。他借助今天被称为"萨伊定律"的观点来捍卫他的立场，这个定律即"供给会创造它自己的需求"。根据这个观点，商品的生产过程创造了足够的工资、利润与地租收入来购买这些商品。并且，购买消费品或资本品的意愿与购买能力相匹配。某种商品的过量生产可能是由于缺乏远见所导致的，但这种情况会自动得到自我纠正。商品将会亏本出售，资源就会转而投向当前有巨大需求的商品的生产中去。此外，资本家的储蓄导致投资支出增加，投资支出会创造对生产要素的需求，进而给生产要素的提供者带来收入。结果，有效需求将始终保持在足以购买产出的水平上。

　　在《政治经济学及赋税原理》的第三版中，李嘉图增加了新的一章，题目是"论机械"，在这一章中他提出了技术失业的可能性。李嘉图说他曾经错误地支持了机器的引入对三个收入阶层都有利的观点。他曾经认为，由于机器的使用，生产出来的商品变得更便宜了，所以这三个阶层的货币收入不变，而真实收入会增加，甚至工人还会受益，因为与使用机器之前相比仍然需要同样多的劳动，因此名义工资不会下降。即使某一个行业工人的数量过多，资本会转移到其他行业进而增加其他行业的就业数量。唯一的不利之处就是当资本和劳动力从一个行业转移到另一个行业时，会发生暂时的失衡现象。

李嘉图修改之后的观点认为，机器的使用像他过去所相信的那样将对地主和资本家有利，但会经常对劳动力造成损害。如果更多的资本投资于机器设备（固定资本），那么用于支付工人工资的工资基金所对应的流动资本就会减少。换言之，资本是稀缺的，转而投向机器设备的那部分资本代表着分配给工资的资本中减少的部分："劳动阶级持有的观点是，机器的使用经常会损害他们的利益，这不是建立在偏见和错误的基础上，而是符合政治经济学的正确原理。"[1]

李嘉图认为使用机器的长期效应可能比短期效应好一些。即使机器投资增加之后资本家获得的货币利润并没有改变，但是由于生产消费品的成本下降了，资本家还是会积累更多财富。这样资本家就可以进行更多的投资，最终需要再次雇用过剩的劳动力。因此技术失业对于工人来说可能只是一个短期问题，而并不是一个真正的问题。

李嘉图认为，在任何情况下，政府都不应该阻碍机器的使用。在国内不允许资本家使用机器获得最大利润时，资本家就会把资本投向国外。在国内，使用机器将导致对劳动力的需求减少；但是，资本投向国外的话，对劳动力的需求又随之消失了。此外，由于新机器降低了生产商品的成本，这就使得一个国家可以和那些允许采用新的优良机器的国家进行竞争。

▶本节拓展材料

10.8　李嘉图劳动经济思想评价

李嘉图对劳动经济分析做出了很多永久的贡献。其中特别重要的贡献包括：对抽象推理方法的使用、比较优势理论、对边际分析的使用、对农业中边际收益递减规律的表述、拓展了包括收入分配在内的经济分析的范围。

另外，他在某些方面的分析是不正确、缺乏说服力的。像托马斯·罗伯特·马尔萨斯一样，他过于强调了收益递减规律在农业中的作用。从历史来看，技术进步与资本积累使发达国家单位劳动的产量不断增加。李嘉图还错误地强调，地主阶级作为一个整体并没有从农业生产率提高中并没有获得利益。地主的改良措施使较差的土地可以投入生产，具有更高生产力的土地产生的支付地租的剩余也就提高了。只有当农业改良没有伴

---

① Ricardo D. The Works and Correspondence of David Ricardo. Cambridge：Cambridge University Press，1962：392.

随着农产品需求增加时，地租才会下降。

　　李嘉图的错误还在于他不现实地假设土地只有单一的用途。这使他得出的结论是地租不构成生产的成本。在现实中，对大多数土地来说，它们都具有竞争性的用途，就像劳动力与资本也具有竞争性用途一样。一块土地将被用于它最具有生产效率的用途上，因此它能支配的报酬必须可以补偿机会成本（所放弃的次优用途的产量）。从这个角度来说，地租确实是一种生产成本，而不仅仅是从收益中减去工资和利润后的剩余。

　　李嘉图关于新机器的增加对就业的影响的观点也容易令人误解。这种新资本的使用既可能增加对劳动力的需求，也可能减少对劳动力的需求，资本与劳动力通常是互补的资源。

　　最后，研究李嘉图的大多数学者都主张他的价值理论对于需求的作用没有给予足够的重视。从这方面来看，沿着逻辑推理路径到最终产生现代价值理论，他的劳动价值论走了弯路。但是在20世纪80年代，有一两位杰出的学者对这一传统智慧提出了挑战。他们对李嘉图交换价值分析的重新解释将其完全置于与阿尔弗雷德·马歇尔及其他新古典经济学家相联系的价值理论的传统之中。尽管结果激发了关于李嘉图在经济思想史中的恰当地位的争论，但是所有的学者都一致认为李嘉图是经济分析发展过程中一位极其重要的人物。

▶本节拓展材料

◎思考题

　　1. 简要说明下列各项对应经济思想史的重要性：货币问题、收益递减规律、粗放耕种、集约耕种、不可再生商品、可再生商品、收入的功能性分配、稳定状态、比较成本理论。

　　2. 对一个发达经济来说，李嘉图的劳动理论与斯密的理论有什么不同？用现代的供给需求图示来解释李嘉图的如下观点：对产品需求的增加不会提高以不变平均成本生产出来的可再生商品的价值（价格）。

　　3. 用休谟的价格—铸币流动机制来解释为什么李嘉图认为支付给工人的名义工资的增加会减少企业的利润。

【推荐选读书目】

Barkai H. 1986. Ricardo's volte-face on machinery. Journal of Political Economy，94：595-613.

Blaug M. 1958. Ricardian Economics. New Haven：Yale University Press.

Blaug M. 1991. David Ricardo. Brookfield：Edward Elgar.

Dobb M. 1975. Ricardo and Adam Smith//Skinner A S，Wilson T. Essays on Adam Smith. London：Clarendon Press.

Hollander S. 1977. The reception of Ricardian economics. Oxford Economic Papers，29：221-257.

Hollander S. 1979. The Economics of David Ricardo. Toronto：University of Toronto Press.

Peach T. 1990. Samuel Hollander's "Ricardian growth theory": a critique. Oxford Economic Papers，42：751-764.

Peach T. 1993. Interpreting Ricardo. Cambridge：Cambridge University Press.

Ricardo D. 2004. Works and Correspondence. Cambridge：Cambridge The University Press.

Roncaglia A. 1982. Hollander's Ricardo. Journal of Post-Keynesian Economics，4：339-359.

Stigler G J. 1958. Ricardo and the 93% labor theory of value. American Economic Review，48：357-367.

第 11 章　其他古典学派的劳动经济思想

除了斯密、托马斯·罗伯特·马尔萨斯和李嘉图之外，还有几位重要的思想家对古典劳动经济思想做出了贡献。本章我们将介绍其中的四位。在这些人中，大家一致认为约翰·斯图尔特·穆勒对经济学做出了最重要的贡献。

11.1　杰里米·边沁的劳动经济思想

杰里米·边沁（Jeremy Bentham，1748~1832 年）生活的时代与大卫·休谟出版经济论文、亚当·斯密出版《国富论》、大卫·李嘉图和托马斯·罗伯特·马尔萨斯出版他们的著作、约翰·斯图尔特·穆勒出版其早期作品，处于同一个时代。边沁不仅是古典学派的热情追随者，而且对古典学派的哲学和经济学都做出了开创性的贡献。边沁自诩道："我是詹姆斯·穆勒的精神之父，而詹姆斯·穆勒是李嘉图的精神之父，因此我是李嘉图的精神之祖。"

边沁是个少年老成的孩子，4 岁起就开始阅读历史和学习拉丁文。他 12 岁时被牛津大学的女王学院录取，15 岁时获得了学位。之后他遵从父亲的意愿开始学习法律。不久之后，他放弃了律师职业而过起了学者生活，这有赖于他宽容而令人钦佩的父亲的支持。边沁周围聚集了一大批情投意合的朋友和热情的信徒，他们发扬了他的思想，但他大量的作品在他去世后一个多世纪才得以出版。

遵照边沁的遗愿，他的遗体被用做科学解剖。他把所有财产都捐赠给了伦敦的大学学院，约定在这些董事局的会议上展示他的遗体。他的遗骸被装扮和衬垫之后放在玻璃箱子中公开展览。他的遗骸坐在椅子上，手上戴着手套拿着拐杖。遗体上的头是蜡制的，而真正的头，以南美洲猎取人头的蛮人的风格保存，摆放在他两脚之间的一个盘子上。

11.1.1　功利主义

边沁思想的核心被称为功利主义或最大限度的幸福原则。它的哲学基础——享乐主义——可以追溯到古希腊时代。这一概念的意思是人们追求可以带来快乐的东西，而回避会产生痛苦的东西，所有的个人都追求总幸福的最大化。功利主义在享乐主义的基础上添加了道德伦理原则，引导人们的行为使之促进最大多数人的最大幸福。因此，通过为社会确立一个积极的角色，功利主义避免了享乐主义的极端个人主义色彩。如果一个人仅仅追求自己的幸福，这种行为能否增进整体的幸福？边沁认为这不一定。但是社会有它自己的各种办法来强制个人促进整体的幸福。法律确立了约束力，以惩罚那些在追求自己幸福的过程中损害其他人利益的人们。还存在各种道德和社会制裁，如流放就是其中一个例子。甚至还有宗教制裁，如害怕受到来世的惩罚，也有助于调和享乐主义的个人私利与最大多数人的最大幸福的功利主义原则。

以功利主义为基础，边沁提出了意在改革的一系列哲学和经济学原理。我们可以让达沁自己来说明他的效用理论，正如他在初版于 1780 年的《道德与立法原理导论》第一章中所说：

大自然将人类置于两个拥有无上权力的主人的控制之下，这两个主人就是痛苦和欢乐。它们指明我们应该做什么，同时也决定了我们将做什么。这些事由两方面决定：一方面是对与错的标准，另一方面是原因与结果的关联。它们决定了我们所做、所说与所思的一切：我们想摆脱屈从的一切努力，都只会证明和证实我们对它的屈从。在口头上一个人可以假装诅咒它们的统治，但现实中，他将始终服从于它们的统治。效用原理承认这种服从，并且假设它为制度的基础服务，而这一制度的目标则是通过理性与法律之手来培育幸福的架构……

所谓效用原理就是按照有利于扩大或减少当事者的幸福，或者换言之，按照有利于促进或反对那些幸福的原则，来赞成或反对任何行动的原理。我指的是无论什么样的行动，因此，它不仅包括个人的每个行动，也包括政府的每项措施。

所谓效用是任何事物所具有的特性，它可以对所考虑的当事人产生利益、好处、欢乐、亲善或幸福……或者……它可以阻止对所考虑的当事人的伤害、痛苦、罪恶或不幸的出现；如果当事人是共同整体，那么它就是这个集体的幸福；如果是一个特定的个人，那么它就是这个个人的幸福。

共同整体是个假想的整体，它由一些个人组成，个人被认为是它的成员。那么，这个集体的利益是什么？——是组成这个集体的各个成员的利益的总和。

如果不理解个人的利益，那么谈论集体的利益是徒劳无益的。当一件事情可以增加个人的幸福的总和，或者，当一件事情可以减少他的痛苦的总和，那么就认为这件事情将增进个人的利益。

如果一个行动所增加的集体的幸福大于所减少的幸福，那么这项行动被认为是符合效用原理的。

同样，当一项政府的措施所增加的集体的幸福大于所减少的幸福，那么这项政府措施就被认为是符合效用原理的[①]。

11.1.2　边际效用递减

在《经济科学的哲学》一书中，边沁主张财富是幸福的尺度，但随着财富的增加，

---

① Bentham J. An Introduction to the Principles of Morals and Legislation. New York：Hafner，1948：1-3.

财富的边际效用是递减的：

　　对于两个拥有的财富数量不相等的人，立法者肯定会认为财富数量最大的人拥有最大的幸福。但是幸福的数量不会按照接近财富数量的相同比例而增长：财富数量的一万倍增长不会带来幸福数量的一万倍增长。甚至一万倍数量的财富能否从总体上带来两倍的幸福都是值得怀疑的。当一个人的财富的数量超过另一个人并且持续增长时，财富在产生幸福方面的效果将不断递减：换言之，每一极小量的财富（每一极小量是等分的）所产生的幸福的数量是越来越少的；第二个极小量产生的幸福比第一个极小量少，第三个极小量产生的幸福比第二个极小量少，依次类推[①]。

　　正如李嘉图在地租理论中提出边际生产力的思想一样，边沁在这里提出了货币的边际效用的思想。

11.1.3　边沁思想的政策含义

　　在边沁那个时代，他的思想推动了进步、改革、更广泛的民主和对各种不合意的社会条件的改善。在边沁生活和写作的时代，普通人，也就是"贫穷的劳动者"，在社会和政治事务管理中几乎没有发言权和投票权。他们理所当然地应该屈从、驯良、勤奋。他们的辛苦和奉献增强了国家的实力、统治者的荣耀、工商业者的财富和贵族的懒散安逸。然而现在有一位哲学家认为，无论社会地位怎样，人们是相同的。因此，如果某件事情给穷人增加的幸福大于从贵族那里减少的幸福，那么它就是值得赞扬的。如果政府介入所增加的集体幸福大于所减少的幸福，那么这种介入就是合理的。

　　边沁强调立法者应该积极提高整个社会的总体幸福。不是人们服务于国家，而是国家应该服务于人们。一般来说，个人自身，而不是政府，对于什么能够最有效地提高他们的福利能够做出最好的判断。边沁得出的结论是，大多数现存的政府控制与管制都是有害的，他对政府的口号是"请保持安静"。但他并不认为自由放任是一个可以盲目接受的原理。边沁倡导这样一种哲学，如果存在特殊的原因，政府应该干预。例如，他认为政府应该垄断纸币的发行权，这样可以免去借款的利息。它也应该经营人寿和年金保险，并且对遗产及垄断征税，等等。当人们的利益并不自然和谐时，政府应该建立一种人为的利益和谐机制，以增进最大多数人的最大幸福。

　　功利主义的哲学家希望能够使道德伦理成为一门精确的科学。按照他们的观点，只有当幸福与痛苦能够定量计量，并能够在不同个人之间进行比较时，每项法律或法案才可以通过平衡其所产生的总幸福和总痛苦来加以评判。边沁认为货币是衡量幸福与痛苦数量的工具。"那些对这种工具的准确性不满意的人必须找出其他更为准确的工具，否则就告别政治与道德。"

　　边沁关于货币的边际效用递减的思想为收入再分配提供了一个论据。如果政府从一个年收入 10 000 美元的人手里拿走一些收入，给予年收入只有 1 000 美元的人，那么这个穷人所得到的幸福将大于这个富人所失去的幸福。但是边沁并不建议将这个理

①　Stark W. Jeremy Bentham's Economic Writings. 3 vols. New York：Franklin，1952，1：113.

论付诸实施。通过列举反对收入再分配的论据，他能够批判他自己的理论结论。他认为，收入均等化，将会使富人惊恐并剥夺他们的安全感，拿走他们对自己劳动成果的享受权，损害工作激励，从而破坏幸福。边沁说，当安全与平等相对立的时候，平等应该让步。

边沁对最大多数人最大幸福的信奉引导他去研究和倡导许多民主改革。他支持普遍的（男性）投票权、平等的选区、年度议会和秘密投票。他反对君主统治和国会的上议院，认为只有在民主的情况下，统治者与被统治者的利益才能统一。在当时那个对教育几乎没有任何热情的时代，边沁极力主张建立国民教育体系，甚至也包括贫民子女。他建议应该组建节俭银行以激励穷人进行储蓄。在萧条时期举办公共工程为失业工人提供就业。他支持有息贷款、自由贸易、竞争和法律改革。他为一个模拟监狱设计了一份详尽的计划，用来改造罪犯而不是惩罚罪犯。无怪乎，边沁和他的学者圈子（包括詹姆斯·穆勒、约翰·斯图尔特·穆勒、李嘉图）被称为"哲学的激进派"。

11.1.4　其他学者对边沁思想的评论

尽管边沁的经济学和哲学具有一些值得肯定的方面，但还是受到了广泛的批评，无论是关于经济学方面还是关于哲学与道德伦理方面。

1. 对经济学的批评

边沁认识到对幸福与痛苦的评价是主观的，在人与人之间存在很大差异。但是，他促进最大多数人的最大幸福的目标，需要个人之间效用的对比。这种对比有必要对效用以基数的形式进行精确的度量，也就是说，效用必须用可以进行加、减、乘、除运算的单位来衡量，就像从 1 到 10 的基数那样。

边沁选择货币作为他进行基数测算的单位。但一个人如何确定幸福的货币价值？可以肯定，许多东西是在市场上交易的，因而对其支付的价格反映了主观价值的信息。若一个购买者对一件物品支付了 10 美元，我们可以合理地假设这个人预期它可以提供至少价值 10 美元的快乐。但是，就像杜普伊和马歇尔后来所表明的那样，在很多按照市场价格进行购买的过程中，实际上购买者宁可支付更高价格也不愿放弃商品。他们获得了经济学家称之为消费者剩余的东西——超过价格的那部分效用。怎么样来衡量这些剩余？类似的，得自于公共物品的好处独立于对其的支付，用什么方式来衡量公共物品（如国防）效用的货币价值？结论是，人们对于物品的价值具有不同的主观评价，以一种有意义的方式来衡量和比较这些评价是极为困难的，即使是可能的话。

2. 对哲学和道德伦理的批评

许多功利主义的批评者认为，功利主义作为一种哲学是不完善的。边沁避开了对幸福性质的所有价值判断，声称"幸福的数量是相同的，图钉和诗歌一样美好"。他开玩笑地描述散文与诗歌的区别："散文是除了最后一行外所有的行都写到了页的边缘——诗歌就是其中的一些行不满行。"如果在最近几十年中一个职业橄榄球队的四分卫比莎士比亚的喜剧给人们带来更多的欢乐，边沁就会说那个四分卫对人类做出的贡献更大。然而批评者指出，幸福的定性和长期方面比数量方面更重要。这些人认为，在人类各种事物的体系中，莎士比亚对人类社会状况的洞察和激励一代又一代人的能力，肯定要比四分卫的触地得分所带来的集体欢乐要重要得多。

按照这种观点，我们关于美好生活的美学和哲学价值判断应该比幸福的狭窄定义要宽泛得多。正如约翰·斯图尔特·穆勒所说："做一个不满足的人比做一头满足的猪好得多，做一个不满足的苏格拉底比做一个满足的蠢人好得多。"或如乔治·萧伯纳所说："幸福并不是生活的目的，生活没有目的，生活本身就是目的，并且勇气一直准备着为更艰苦的生活而牺牲幸福。"

功利主义的诋毁者还指向了人类行为的其他解释，他们反驳人们仅仅被追求最大幸福和最小痛苦的欲望所驱使的享乐主义观点。例如，心理学的行为主义者谈到了条件反射。弗洛伊德的精神病学宣称支配人类行为的根本驱动力是深藏于人的个性之中的相反力量之间的冲突。文化人类学的研究者指出，社会以某种方式将其思想体系、行为模式和生活方式强加在了每个人身上。这些观点都对幸福与痛苦是人类行为的引导力量的原则提出了挑战。

最后，几个不同的道德伦理体系也对边沁的功利主义提出了挑战。很多人并不接受每个社会和每个政府都应该促进最大多数人的最大幸福的观点。柏拉图认为快乐在价值上是附属于知识的，并且它应该是有效成就的一个副产品。斯多葛学派哲学家赞成约束身体的感官欲望，因为他们认为感情和欲望会毒害一个人的精神状态。各种各样的宗教都宣称顺应现实世界的不可避免的困难是美好而有价值的人生的关键，禁欲与克己是战胜罪恶冲动的手段，履行责任是得救的途径。托马斯·霍布斯（1588~1679 年）认为人类有一种从根本上堕落的本性，它驱使人们进行战争、冲突和对他们能够到手的所有东西的自私占有，因此，需要一个强大、独裁的政府以阻止它们的发生。约翰·洛克（1632~1704 年）并不认为每一件好的东西从道德上来看也都是好的，他发现在不存在法律约束的地方，在人们中间存在一种社会责任感和倾向将他们联合在一起。现代法西斯主义者将强大的国家看做至高无上的，而共产主义者将促进阶级利益置于个人对幸福的追求之上。所有这些思想体系和信念都宣称它们也是为了追求最大多数人的最大幸福。当然，区别是其他的这些体系都是间接地去实现这个目标，是在我们这个世界或者在另一个世界，在现在或者在模糊的、不确定的将来。

11.1.5　边沁对经济学的贡献

边沁关于人类天性的概念——尽管不是他的功利主义——成为李嘉图、约翰·斯图尔特·穆勒和早期边际主义者特别是威廉·斯坦利·杰文斯的经济学体系的基础。效用最大化的概念假设每一个人都会对一系列商品中获得的满足程度做出比较。效用最大化和边际效用递减是边际主义需求理论的核心。人们被假定为是完全理性的、精于计算的。劳动被认为是"痛苦的"，因此需要"补偿"。为了获得最大的幸福，人们工作的时间是当人们收入的边际效用与劳动的边际负效用相等时的那个数量。企业家决定产出数量的时候，会通过比较收益与成本来使他们的利润（效用）最大化。

现代经济分析并不依靠边沁的狭隘的"产生幸福的计算"（对痛苦-快乐的计算）作为哲学基础。今天，经济理论还把其他动机和其他行为模式考虑在内。并且，大多数现代经济学家都拒绝个人之间的效用比较。然而，很少有经济学家会否认，强调通过比较成本与收益而进行理性选择的大多数现代经济思想，都深深植根于杰里米·边沁所提出的人类行为概念。大多数现代经济学家都将人类或好或坏的行为看做有目的的活动。事实上，经济学的一个最新趋势就是探索和分析在诸如歧视、婚姻、犯罪、吸毒等非寻常领域中的理性。边沁说："是我栽下了效用之树，我深深种植了它并使它广泛传播。"这时，他是正确的。

▶**本节拓展材料**

11.2　让-巴蒂斯特·萨伊的劳动经济思想

让-巴蒂斯特·萨伊（Jean-Baptiste Say，1767~1832 年）是一位法国人，他在欧洲大陆广泛传播了亚当·斯密的思想。他主要的作品《政治经济学概论》出版于 1803 年。由于拿破仑不喜欢他的极端的自由放任思想，他的职业生涯曾一度受挫。萨伊曾从商数年，在拿破仑滑铁卢战败一段时间后，他成为一名政治经济学教授。

11.2.1　价值理论、垄断成本和企业家精神

萨伊反对古典学派的劳动价值论，而用供给与需求来取代，供给与需求反过来又受生产成本和效用的制约。因此，从某些方面来说，他的分析比李嘉图更先进。但是，萨伊对供给与需求的讨论并不包括马歇尔后来提出的反映价格-数量关系的一系列图表，相反，他对供给与需求这两个术语的使用是相当不严密、不准确的。

萨伊指出垄断者不仅造成了我们今天所谓的效率损失（或绝对损失），而且在竞争中利用各种稀缺资源来获得和保护他们的垄断地位，从而对现代垄断成本理论做出了重要贡献。

最后，萨伊强调将企业家精神作为第四种生产要素，将其和传统的土地、劳动、资本并列，这对经济思想做出了重要贡献。

11.2.2　萨伊的市场定律

但是，为萨伊赢得主要声誉的是他的不可能产生总体生产过剩的理论。正如前面章

节提到的，它后来成了著名的萨伊定律。

在斯密的导师弗朗西斯·哈奇森的著作中，我们可以发现关于这一思想的最早表述。斯密本人也曾暗示过这一定律，并特别指出："某个特定的商人，其仓库中有过剩的产品，他有时可能会因为不能及时卖掉它们而遭受灭顶之灾，（但是）一个国家不可能出现同样的情形。"詹姆斯·穆勒在1808年更简洁地描述了这一思想："如果一个国家的购买力完全可以用其年产出来衡量……年产出提高得越多，通过这种方式就可以更多地拓展这个国家的市场、购买力和真实购买。"而萨伊也表达了这一思想，凯恩斯后来把该理论归功于他。结果就成了萨伊定律，而不是斯密–穆勒定律。让我们看看萨伊是怎么表述的：

如果一个商人说："我不想要其他产品来交换我的毛织品，我只想要货币，"……他将被告知，……"你说你只想要货币，我说，你想要其他商品而不是货币。事实上，你要货币干什么呢？还不是用来购买你进行贸易所需的各种原材料和储备，或者各种食物？因此，你需要的是产品，而不是货币。"①

并且，萨伊还加了一个注脚：

即使得到货币是为了将它储藏或埋藏起来，最终目的还是用它来购买某种东西。如果这个守财奴没有将货币花掉，发现这个宝藏的幸运的人将会把它花掉：对于货币而言，除了用来进行购买，没有其他用途①。

他进一步指出：

值得肯定的是，一种产品一旦被生产出来，它立即就以它的最大价值为其他产品提供了一个市场。当生产者生产出来一种产品时，他非常急切地想把它立即卖掉，否则它的价值将会在他的手中消失。如果他卖掉它得到了货币，他会同样急切地想把货币花掉，因为货币的价值也不是长久的。但是花掉货币的唯一方式就是用它来购买某种产品。因此，仅是一种产品的生产就会立即为其他产品打开销路……②

尽管受到了来自托马斯·罗伯特·马尔萨斯、西斯蒙第和马克思的挑战，萨伊定律仍然继续统治着经济学思想，直到1936年凯恩斯强调了它的弱点。不加批判地接受这个市场定律使对经济周期的研究延迟了数十年。但是，尽管斯密、詹姆斯·穆勒和萨伊错误地假设经济会一直趋于充分就业，这个学说在长期中还是有某种程度的合理性。不发达经济的特征是低产出和相应的人们的低收入。随着经济的增长，它同时会带来商品供给的增加和生产要素报酬的增长，这反过来又使对商品的需求增加。类似的，在国际贸易中，一个国家生产越多，它就可以出口更多，并且因此可以支付更多的进口。在国内和国际贸易中，从长期来看，"供给会创造它自己的需求"。但是，从短期来看，在市场为基础的经济中，这个原理并不正确。即使各生产要素所得的报酬足够购买已经生产出来的所有产品，但这并不能保证这些收入的获得者会把报酬花在

---

① Say J B. A Treatise on Political Economy. Philadelphia：Claxton, Remsen & Haffelfinger, 1880：133.

② Say J B. A Treatise on Political Economy. Philadelphia：Claxton, Remsen & Haffelfinger, 1880：134-135.

现有的产出上。

▶**本节拓展材料**

11.3　纳索·威廉·西尼尔的劳动经济思想

纳索·威廉·西尼尔（Nassau William Senior，1790~1864 年）是一个乡村牧师的儿子，是 10 个孩子中的长子。1825 年西尼尔成为牛津大学的首位政治经济学教授。政府任命他为负责调查重大社会问题的几个皇家委员会的成员。他的经济学思想显著地偏离了古典经济学，而转向了 1870 年之后占主导地位的新古典经济学。

11.3.1　实证经济学

西尼尔希望政治经济学脱离所有的价值判断、政策宣传、增进福利的努力。今天我们将他所建议的这种分析方式称为实证经济学，与之相对应的是规范经济学，规范经济学主要关注"应该怎样"，并用经济学来支持公共政策。按照西尼尔的观点，经济学家应该集中精力分析财富的生产和分配，而不是促进福利提高。西尼尔写道：

但是（经济学家的）结论，不管其如何普遍与真实，都不能赋予他对建议增加只言片语的权利。那种特权属于已经全面考虑了能够促进或妨碍他所代表的人们的总体福利的各种因素的学者和政治家，而不属于那些只考虑了一个因素，尽管可能是最重要的因素的理论家。政治经济学的职责既不是建议，也不是劝阻，而是阐明基本原理[1]。

11.3.2　西尼尔的四个命题

西尼尔提出了经济学的四个原理，他认为这些原理能够得到实证检验，并且从中可以推导出一整套完整的经济学理论。

（1）每个人都希望用尽可能少的损失来获得额外的财富。（收入或效用最大化原理）

（2）世界上的人口数量，或者说居住在世界上的人的数量，只受精神上或物质上的不利条件的限制，或者受到对财富缺乏的恐惧的限制。对于财富的需要是由各个阶层的习性引导的。（人口原理）

（3）创造财富的劳动和其他器具，所生产的产品可以用做进一步生产的手段，因而劳动和其他器具的生产能力可以无限提高。（资本积累原理）

---

[1]　Senior N W. An Outline of the Science of Political Economy. New York：Kelley，1951：3.

（4）如果农业技术保持不变，对特定区域的土地追加额外的劳动，通常会产生一个较小比例的收益；换言之，随着劳动投入的增加，尽管总收益会增加，但收益的增加和劳动的增加并不成比例。（收益递减原理）[①]

11.3.3　节欲论

按照西尼尔的观点，商品的交换价值取决于需求与供给。需求的基础是这样一个概念：随着获得的商品单位数量越来越多，商品的边际效用是递减的。这是个很重要的洞见，后来被边际主义者进一步拓展。供给取决于生产成本。但是，西尼尔认为成本是主观的——将自然界的产物制成有用的商品所需要牺牲的数量。生产成本是工人们的劳动和资本家的节欲。节欲论是西尼尔为政治经济学词典贡献的一个新词汇，西尼尔这样写道：

但是，尽管人类劳动和独立于人类力量之外的自然界的产物是最基本的生产性力量，但它们需要第二种生产性要素的合作以达到充分的效率……对于这第三种要素或生产工具而言，没有它，其他两种要素是缺乏效率的，我们将其命名为节欲：我们用这个术语来表示一个人的行为，他或者可以放弃对他可以支配的东西的非生产性使用，或者故意选择不会立即产生结果的生产……通过节欲这个词语，我们希望表达一种不同于劳动和自然界产物的力量，它的作用对于资本的存在是非常必要的，它和利润的关系与劳动和工资的关系是一样的[②]。

西尼尔对节欲这个词语的使用，暗含了对资本家推迟（或永远放弃）消费其财富的一种价值判断。马克思和德国的国家社会主义者费迪南·拉萨尔强烈嘲笑了这个概念。后者充满讽刺地描写了罗斯查尔德男爵的节欲和英国工人的挥霍浪费，这些工人们将每周几先令的收入全部花在了消费上。后来阿尔弗雷德·马歇尔将储蓄重新定义为等待，也就是推迟消费。这个词比节欲一词既具有较少的感情色彩，又不会引起太多的争议，它并不暗含富人在积累财富过程中的任何痛苦或牺牲。

社会主义批评家在嘲弄关于储蓄这个令人厌恶的概念时，忽视了至关重要的一点：牺牲的不是储蓄的总量，而是边际量——做出决策的那个变化点。一个富翁储蓄 10 000美元，与一个穷人储蓄 100 美元相比，每一美元带给富人的痛苦要少于带给穷人的痛苦。但是，让我们考虑一下处在不确定性边界上的那部分储蓄——在这一点上个人要做出决定是储蓄还是花在消费上。在那些边际点上——第 10 000 美元和第 100 美元——推迟消费所做的牺牲可能是相等的。这些牺牲也可能大到要求得到利息形式的补偿。

从储蓄的定义中可以推导出一个与古典经济学长期相关的有趣的含义。储蓄是能够产生新的投资支出的活动。当放弃消费获得的报酬——利息率（i）——上升时，更多的储蓄（S）就产生了。用数学表示，即 $S=f(i)$。另外，投资支出（I）——对资本品的购买——与投资的机会成本即利息率（i）成正向变化，即 $I=g(i)$。这样就可以得到萨伊

① Senior N W. An Outline of the Science of Political Economy. New York：Kelley，1951：26.
② Senior N W. An Outline of the Science of Political Economy. New York：Kelley，1951：58-59.

定律的扩展：因为储蓄是利息率的正函数，投资是利息率的负函数，因此利息率会调整到全部储蓄都实现投资的水平。如果由于某种原因储蓄量上升（消费下降），均衡利率将会下降，这反过来又会增加资本品的借入和购买。消费品支出的下降将正好被资本品支出的增加所抵消。因此，从古典主义这个观点来看，总需求不足就不会发生，萨伊定律不会因储蓄行为而失效。

11.3.4　生产性劳动

斯密认为服务的提供者都是非生产性的，西尼尔不同意这一观点。西尼尔认为律师、医生和教师都是生产性的，因为他们促进了财富的增长。士兵必须保护农民，在这种情形下二者都是生产性的。假设雇用 1 000 人来制造栅栏和门闩以防止小偷；相反，如果他们中的 100 人成为保安工人就可以达到相同的目的，难道因这种从"生产性"到"非生产性"工人的转变，财富就减少了吗？对西尼尔来说，合理的划分不是生产性和非生产性劳动，而是生产性和非生产性消费。非生产性消费包括对花边、刺绣、珠宝、香烟、杜松子酒和啤酒的消费，它们都会减少商品的数量而不会增加工人的生产能力。

11.3.5　西尼尔的政策立场

西尼尔并没有注意到他自己的规定，即经济学家不应该提供单纯的只言片语的政策建议。在他长期的公共生活职业生涯中，他对政策问题表达了很多看法，但从未解释过他的这些建议是否是基于他的经济学理论而提出的。

1. 济贫法

1832 年西尼尔被任命为济贫法委员会的成员。由他主要执笔的一份报告导致了 1834 年的严格的《济贫法修正案》，这个修正案试图阻止那些有工作能力的人申请社会救济。该法案确立了这样一个原则，即接受福利的人的生活条件应该比那些获得最低工资的工人的生活条件要差。该法案实施了七十多年。

2. 行业协会

作为一个有限政府、经济自由（如他认为的那样）、劳动力流动的热情支持者，西尼尔毫不含糊地反对行业协会运动。他的建议如下：禁止劳动力对行业的共谋与限制、严惩组建协会的一切请求、禁止和严惩一切工会纠察、没收协会的基金、用公共资金补偿那些在抵制协会过程中受伤的人。

3. 工厂法

1837 年西尼尔出版了一本小册子反对英国的工厂法，当时的工厂法将雇用儿童在工厂工作的时间限制在 12 小时。尽管他赞成对童工进行管制的原则，但反对法律限制成年人的劳动时间。在计算更短的工作日的经济效应时，他没有考虑到原材料、供热、供电、折旧等所节省的费用，也忽略了缩短工作日可能提高每小时产出的可能性。他混乱的、错误的推理得出了这样一个结论，即所有的利润都来自于最后 1 小时的工作。如果工作日被缩短 1 小时以上，资本家就不能获得利润，而英国就将在与外国生产者竞争中被摧毁。他主要关心的是抨击日渐高涨的要求 10 小时工作日的煽动行为。

▶本节拓展材料

11.4 约翰·斯图尔特·穆勒的劳动经济思想

11.4.1 约翰·斯图尔特·穆勒的生平与所受到的影响

约翰·斯图尔特·穆勒（John Stuart Mill，1806~1873 年）是古典学派最后一位重要的经济学家，毫无疑问也是自 1823 年李嘉图去世以后最伟大的经济学家。小穆勒做出了一些重要的原创性贡献，并且将他的先辈们的经济思想作为一个整体加以系统化和通俗化。在小穆勒成年时代，古典学派已经开始衰落，他也背离了由斯密和李嘉图创建的古典结构中的一些主要概念。在他去世以前，新古典经济学就已经开始出现在历史的舞台，并最终取代了它的古典经济学祖先。小穆勒的巨著《政治经济学原理》首次出版于 1848 年，直到 1920 年在美国再次出版。至少到阿尔弗雷德·马歇尔于 1890 年出版《经济学原理》之前，这部书一直是经济学领域的主要教科书。

在去世后不久出版的《自传》中，小穆勒描写了他令人惊奇的成长历程。他的父亲詹姆斯·穆勒督促李嘉图进行写作、出版、在国会就职；老穆勒使边沁的思想通俗化并帮助建立了所谓的哲学激进派，推动了英国的政治改革。老穆勒还提出了萨伊市场定律的最早的明确表述。作为一个厉行纪律的人，他亲自指导小穆勒——九个孩子中的长子——的教育。老穆勒坚信人们在出生的时候是相似的，他们内在的、遗传的学习潜力很少或没有重要的差别。任何孩子都可以被塑造成那些被误认为是天才的孩子那样。因此，他培养小穆勒来传承功利主义经济学和政治学的先驱们的伟大事业。小穆勒在 3 岁的时候开始学习希腊语，但是他辩解说："我直到 8 岁时才开始学习拉丁语。"那时他开始阅读古希腊哲学家的原著，但并不是总能理解。11 岁的时候他阅读了父亲的《印度史》一书的校样，并留下了深刻的印象。当他 12 岁时就已经掌握了代数和初等几何，并且开始学习微分学；那时他已经写了一本关于罗马政府历史方面的书，但没有出版。之后他开始学习逻辑学，在 13 岁时开始学习政治经济学。在 15~18 岁他编辑出版了边沁的 5 卷子稿。19 岁的时候他开始发表独创性的学术论文，20 岁时就得了难以避免的神经衰弱。

小穆勒在他的《自传》中写道，他父亲让他阅读许多他并不感兴趣的著作，并要口述这些著作的内容。他只被允许有少量的玩具和儿童书籍，不允许度假或与其他小孩过多联系，以防止工作习惯被打断或养成懒散的习性。"但是我父亲在所有的教导中，不仅要求我做到我所能做的最大限度，而且还要求做许多我根本不可能做到的事情。"无怪乎，小穆勒认为他的父亲"与他孩子之间的精神联系主要缺乏的因素就是温柔"。

尽管在边沁主义的传统中长大，但是，小穆勒拒绝后者的狭隘的、教条的功利主义，因为边沁认为人类的行为动机仅仅受到自爱和自我满足的欲望所驱使，而小穆勒认为这种观点具有很大的局限性。他质疑边沁忽略了人们出于自身的目的而对完美、荣誉和其他目标的追求。小穆勒并没有放弃功利主义思想，而是修正了它们。例如，他关心享乐的数量，也关心享乐的质量。

小穆勒的《政治经济学原理》分为五册，分别是《生产》《分配》《交换》《社会进步对生产和分配的影响》《论政府的影响》。我们将按照这些题目来安排本章其余部分的结构。

11.4.2　生产

在第一册中，小穆勒分析了三种生产要素，即土地、劳动和资本。财富被定义为拥有交换价值的一切有用的东西；只有物质产品才被包括在其中，因为只有它们才能够积累。生产性劳动只包括那些用于创造物质产品的劳动，但那些只能够间接生产物质产品的劳动也被认为是生产性的。因此，教育家和政府官员也是生产性的，因为他们的服务创造了物质产品生产所必需的各种条件。非生产性劳动是那些最终不能创造物质财富的劳动。例如，能产生直接享乐而不带来可积累的存货的增加或者享乐的持久财富，这样的劳动是非生产性的。挽救一个朋友的生命是非生产性的，除非这个朋友是一个生产大于消费的生产性劳动者；传教士和牧师也是非生产性的，除非他们在宣扬宗教信条之外还传授文明技巧。然而，非生产性劳动可能是有用的。

资本，作为储蓄的结果，是劳动产品存量的积累，并且它的总量限制着工业的规模。资本的每一次增加都能不受限制地增加额外的劳动就业。这种趋势削减了富人对非生产性支出的需求，给穷人提供了就业。小穆勒假设资本家通过节欲所储蓄的一切都会被用来投资。如果资本家减少在奢侈品消费上的支出而增加投资支出，工资基金和对劳动力的需求就会上升。如果人口增长了，靠工资收入的人对必需品需求的增加就会抵消资本家对奢侈品需求的减少。如果人口的增长慢于资本的增长比例，工资就会上升，工人们的奢侈消费就会取代雇主们的奢侈消费。这是一个充分就业的乐观世界。"因此，对财富的限制永远不是缺乏消费者，而是缺乏生产者和生产能力。资本的每一次增加给劳动者带来的要么是额外的就业，要么是额外的报酬；要么使整个国家富裕，要么使劳动者阶级富裕。"[1]

增加生产的障碍是什么？小穆勒认为，缺乏劳动力不是障碍之一，因为人口可以按几何级数增长。人口没有按几何级数增长是因为人类的本能超过了纯粹的动物本能。人

---

[1]　Mill J S. Principles of Political Economy. 7th ed. London：Longmans，Green and Co.，1896：43.

类不会像猪那样繁殖，而是受到谨慎的限制，使繁殖数量不超越维持生存的手段。人口不受短缺本身的限制，而是受到对短缺的担心的限制。

资本的增长取决于两个因素：①从事生产的人获得生活必需品之后的剩余产品；②储蓄倾向。从资本中获得的利润越多，资本积累的动机就越强。人与人之间、国家与国家之间的储蓄倾向也是不相同的。

有限的土地范围及其生产能力是生产增长的真正障碍。小穆勒意识到在制造业中存在递增的规模报酬，即在一定限度内，企业规模越大，它就越有效率。他认为农业表现出规模报酬递减；规模更大的农场并没有产生同等比例的产出增加。他将短期的收益递减规律仅仅应用于农业上，即如果土地的供给是固定的，增加劳动力并不能同等比例地增加产出。小穆勒本人并不关心在工业上如果资本保持不变，是否能够保持相同比例的产出。他对这两个部门区别对待的原因是他假设资本的供给能够容易地增加，而土地的供给则不能。小穆勒对短期收益递减规律与长期规模报酬的暗含的区分是一个非常重要的观点，后来新古典经济学家在此基础上构建了企业理论。

11.4.3 分配

在第二册《分配》中，小穆勒开篇提出了他著名的、影响深远的论断：

> 财富生产的规律和条件，具有某些自然真理的特征，它们之中没有可选择的或任意的东西。……而财富的分配不是这样。它仅是人类的一种制度而已。东西一旦存在，人类不管是个人还是集体，都可以以喜欢的方式处置它们[①]。

小穆勒没有认识到生产和分配是相互关联的，对其中一个的干预会牵扯到对另一个的干预。那些"东西"并不是已经生产出来的大量产品存在于那里，而更像通过生产要素报酬提供的激励而生产出来的连续的流量。如果收入分配不利于生产的维持，那么这个流量就会减少或者完全中断。尽管引文中他的这两个命题都很夸张，但它们使得小穆勒提出了这样的观点，即政治程序在决定合理的收入分配方面发挥着更大的作用。可以说这是小穆勒的荣誉，他放弃了李嘉图的无情的"分配规律"思想，在李嘉图的规律下人道主义不起任何作用。小穆勒对古典学派关于自然规律的普遍性和永久性的信念提出了挑战。这可以为他的以下观点提供合理化解释，即他主张对从远亲那里继承遗产进行限制，支持其他一些能够使财富所有权更加分散化的措施。尽管他从根本上赞同以私人企业、利润引导的经济，但他欢迎以"利润分享"和"生产者合作"作为提高人们财富的手段。

11.4.4 约翰·斯图尔特·穆勒论工资基金

小穆勒像他以前的西尼尔、李嘉图、詹姆斯·穆勒和斯密等一样，接受了工资基金的概念。他认为，工资主要取决于劳动需求和供给。对劳动的需求取决于留出来用于支付工资的那部分资本。劳动的供给取决于寻找工作的人的数量。在竞争规律下，工资不

---

① Mill J S. Principles of Political Economy. 7th ed. London：Longmans，Green and Co.，1896：123.

受其他任何东西的影响，而只受资本和人口的相对数量的影响。除非在所雇用的工人中总工资基金上升或雇用工人的数量下降，否则工资率就不可能上升。除非用来支付工人工资的基金有所下降或者需要支付工资的工人数量上升，否则工资率也不可能下降。这个理论预先假设了一个单一的劳动需求弹性；不论工资率是多少，支付给劳动力的数额是相同的。

按照小穆勒的观点，随后可以推出这样的结论，即政府不能通过固定一个高于均衡水平之上的最低工资额来提高总的工资报酬。假设工资基金是一个固定的规模，某些工人获得的较高的工资收入将会被失业工人损失的工资收入完全抵消。为了补救这种状况，政府可以通过税收来设立强制储蓄，以此来扩大工资基金的规模，用这些收益来消除由于最低工资法所导致的失业。

这个工资基金学说为反对工会主义提供了基础，尽管小穆勒并没有将其应用于这个目的。工人们不能通过集体行动来提高他们的收入。如果某一个集体提高了工资率，其他地方的工资就必然要下降。小穆勒热情地支持自由，主张工人们有权利联合起来提高工资，尽管他认为工会很少能有效地提高工资，即使能够有效提高工资，也很少是适当的。

工资基金的概念是错误的，因为没有一个预先确定的资本比例用来支付给工人。基金思想的提出是因为一个季节的成果要用于提供工人下一年的生活必需品。但是一旦一个企业成立，工资就不是由所谓的循环资本的预付资金来支付的，而是来源于销售产品收入的现金流。后来的经济学家指出，雇用工人的决策并不是基于过去得到的收入，而是基于工人帮助生产的产品售出时企业的预期收入。

据推测，小穆勒曾经在 1869 年发表于《豆豆周评价》的一篇书评中反驳过工资基金的概念。我们说"据推测"是因为在这一点上有很多争论。一些经济思想史学家声称，小穆勒确实批判过这一思想，但事实上他并没有做得和他认为已经完成的那样好。而其他一些人认为，他要批评的并不是工资基金的概念，而是这样一个概念，即给定基金的情况下，工会不能提高工资。小穆勒说，工会能够提高工资的一般水平。他们自身的高工资可能会帮助那些有少量子女、品行端正的工人阶层，由此导致的失业可能会提高那些拥有较大家庭的工人阶层的死亡率。如果是这种情况，人口相对于工资基金的规模会下降，而工资总体水平会上升。无论如何，小穆勒得出了如下结论：工资增长的极限是这样一点，在这点上，工资如果进一步增长，雇主就会财务破产或被迫终止企业。

在我们结束对小穆勒著作中关于分配问题的讨论之前，他提出的另外两个观点也值得一提。他认为，利润包括三个组成部分，即利息、保险费、监督工资。这些是对节欲、风险、资本使用过程中的各种努力的报酬。考虑到不同的风险、不同职业的吸引力、自然或人为垄断，资本使用在所有领域所得的利润率趋向于均等。

此外，与在他之前的斯密一样，小穆勒注意到用于教育和培训的支出部分表现了当前的投资，而后来的工资收益证明这是合理的投资。今天，我们将这些支出看做人力资本投资。小穆勒这样写道：

如果一个工匠在能够挣到任何东西以前必须工作几年才能学会他将要从事的行业的技能，而为了能够更好地操作，他还要再花几年才能足够熟练，那么他的前景必须是这样的：他最终能够挣得足够支付以前劳动的工资，并且必须能补偿支付的延迟和他的教育费用。

因此，他的工资必须高于正常的数额，也就是在他期望生活和工作的年数里，他必须得到一个足够重新支付这些数额的年金，并且包括一个正常的利润率[①]。

11.4.5 交换

在他的《政治经济学原理》题为"交换"的这一部分中，小穆勒充满自信地写道：

令人高兴的是，关于价值规律没有任何问题留给现在或将来的学者来澄清；关于这个主题的理论已经非常完备：唯一要克服的困难是解决预期在应用中可能发生的主要的问题[②]。

价格是以货币的形式来表示一种物品的价值，一种商品的价值以它能够购买其他商品的总的能力来衡量。有可能价格会上升，而价值不会普遍上升，因为在相对条件下所有的商品价值不可能同时上升。

一件商品的价值不可能高于买主所估计的使用价值。因此，有效需求——欲望加购买能力——是价值的一个决定因素。但是需求的不同数量表现为不同的价值。如果需求部分地取决于价值而价值又取决于需求，小穆勒问道，这难道不是一对矛盾吗？他通过引入需求表（反映价格与需求数量之间的关系）的概念解决了这个问题，并且通过这样做把价值理论向前推进了一大步。需求数量会随着价值（价格）的变化而变化。市场价值由需求和供给的交点决定，一旦这个价值得以确定，需求的数量就确定了。

小穆勒对供给与需求表、供给与需求弹性及它们对价格的影响有着准确的理解。这些都是非常重要的概念，在此基础上阿尔弗雷德·马歇尔进一步建立了他的详尽的边际主义原理。按照供给弹性，小穆勒将产品分为三大类：第一类是"数量绝对有限的东西，比如古代雕塑和古画"，我们称这类是完全无弹性的供给，价格变化不会导致供给数量的变化。小穆勒认为，需求和供给调节这类商品的价值，其中需求具有极其重要的地位。第二类是那种供给具有完全弹性的商品，小穆勒认为大多数可以买卖的产品都属于这一类。在单位产出成本不变的情况下，生产可以无限扩张，这类商品的价值取决于供给或者生产成本。第三类产品是那些供给具有相对弹性的产品——那些处于两个极端之间的产品。正如小穆勒所言："在既定成本下，只有有限的数量能够被生产出来；如果需要的更多，只能以更高的成本生产。"农产品和矿产品就是这样的例子，它们具有不断上升的生产成本。它们的价值取决于"供给所需要的生产和运输到市场上必需的最昂贵部分的费用"，或者，就是我们所说的边际成本。

当然，前面的分析也适用于长期的商品。在短期，按照供给和需求的关系，价格围绕价值上下波动；当需求上升时，价格上升；而当供给增加时，价格下降。

小穆勒这样描述均衡价格与弹性的概念：

让我们假设在某一特定时间段里，需求超过了供给，即按照市场价值，人们想要买的

---

① Mill J S. Principles of Political Economy. 7th ed. London：Longmans，Green and Co.，1896：236-237.

② Mill J S. Principles of Political Economy. 7th ed. London：Longmans，Green and Co.，1896：265.

数量远远超过供销售的数量，竞争就发生在买者这一方，价值将会上升：但将会上升多少？按照短缺率（一些人可能会这样假设）：如果需求超过供给 1/3，价值也会上升 1/3。但绝不是这样：因为当价值上升 1/3，需求仍可能超过供给；甚至在更高的价值上，需求数量仍可能超过供给数量；买方之间的竞争仍将继续。如果这种物品是生活必需品，人们可能愿意支付任何价格，而不会放弃它们，1/3 的短缺可能使价格上升 2 倍、3 倍或 4 倍。或者相反，在价值上升到与短缺比例持平以前竞争就有可能停止。一个不到 1/3 的上升就可能使这种商品超出购买者的财富或意愿，使购买者不会购买至最大数量。那么，将会上升到哪一点呢？无论如何，将会达到使供给与需求相等的那一点[1]。

11.4.6　经济的动态学

小穆勒说，他的《政治经济学原理》的前三册包含的社会经济规律处于均衡时静止的、不变的状态，他称之为静态学。在最后的两册书中，他增加了关于运动、不断变化和最终趋势的理论，他称之为动态学。在第四册《社会进步对生产和分配的影响》中，小穆勒预测了生产和人口的增长、社会对自然的控制的不断增强、个人和产权安全的不断增加及合作的作用越来越大。随着人口的持续增长，工业发展的进步将会被农业与采矿业的收益递减所抵消。

和斯密及李嘉图一样，小穆勒认为利润率会逐渐下降。他同意李嘉图的观点，即利润率的下降是不可避免的，因为不断增长的人口导致生产食物的成本不断提高。

在一个由地主、资本家和劳动者组成的社会里，社会的经济进步将会使地主阶层渐渐富有；同时，劳动者的生活费用从总体上来说也会不断增长，而利润则会下降。农业进步是后两种效果的一种反作用力；而第一种效果，尽管暂时被阻止也是可能的，但是最终在一种更高程度上会由于那些进步而得到提高；而人口的增长将会把来自农业进步的全部收益都转移给地主这一阶层[2]。

但是，揭示为什么不断下降的利润率是可以接受的且能够带来希望的，在这方面小穆勒比李嘉图更加乐观。

在每时每地都会有一些特别的利润率，它们是最低的利润率以致吸引那个国家和那个时候的人们积累储蓄，并将那些储蓄应用于生产性方面。这个最低利润率随环境的不同而有所变化。它取决于两个因素。其一，积累的实际欲望的强度，人们将储蓄所取得的利息与投资所取得的收入进行对比估计。这个因素主要影响储蓄倾向。其二，应用于工业生产的资本的安全程度，它对储蓄意愿的影响不像将储蓄应用于生产性方面的倾向那样大[3]。

小穆勒写道，社会进步将逐渐降低可接受的最低利润率。更多的安全、更少的战争

① Mill J S. Principles of Political Economy. 7th ed. London：Longmans，Green and Co.，1896：277.
② Mill J S. Principles of Political Economy. 7th ed. London：Longmans，Green and Co.，1896：439.
③ Mill J S. Principles of Political Economy. 7th ed. London：Longmans，Green and Co.，1896：441.

破坏、减少的私人和公共暴力、教育和公正的进步——所有这些都将降低投资的风险，进而降低最低的必要的利润率。另外，人们在为将来的目标而牺牲现在的享受方面将会表现得更加深思远虑和善于自我控制。尽管利润率较低，但这将提高储蓄量，降低利息率，提高资本积累。

资本的增长不会引起市场上供过于求，因为萨伊定律会使经济维持在充分就业状态，但是利润率会下降。然而，这种趋势将会被以下因素所抵消：危机中资本价值的浪费与破坏、生产进步、国外便宜商品的流入、资本流出到殖民地或国外。

小穆勒认为，进步的最终结果将会是一种稳定状态。但是他感到疑惑的是，为什么我们必须要有一个较快的进步速度？为什么我们不满足于一个巨大的产出和更加平等的收入分配？

因此，我不能以一种自然的反感来看待资本与财富的静止状态，而老派的政治经济学家通常对它表现出了这样的反感。我倾向于相信从整体上来说我们现在的情况将会有一个非常可观的改进。我承认我对那些认为人类的正常状态就是不断奋斗以取得进步的那些人的生活观念并不感兴趣；对于认为人们相互践踏、压迫、推搡以及踩踏别人的后脚跟是很多工业进步中最适合的方式的生活观念，我同样不感兴趣，尽管它们构成了社会生活的现存方式……只有在世界上的落后国家中，提高产出仍然是一个重要目标；在较为发达的国家，经济上所需要的是更好的分配，为此，一个必不可少的手段是对人口实行更加严格的控制[1]。

随着工人阶级不断提高他们的知识、教育和对独立的热爱，他们的良好观念也会相应形成。他们的行为习惯将会导致人口相对于资本与就业来说不断减少。利润分享型企业和合作型公司，在竞争的环境中运转，会进一步改善条件。小穆勒主张，这要优于完全的社会主义，因为社会主义会通过降低竞争来促进垄断。

11.4.7 论政府的影响

在最后一册《论政府的影响》中，小穆勒为最小政府的概念辩护：

在所有的较为发达的社会中，如果政府加以干预，绝大部分事情将会比听任这些事情自由发展，让对这件事情感兴趣的个人来做要差。这一真理的依据被大致准确地表述在流行格言中，即人们对自己的事务和利益的理解与关心要超过政府做到或被期望做到的[2]。

但是，小穆勒又列举了足够多的例外来压抑这个思想。他指出，处于市场经济中的个人不一定能够最好地判断社会应该提供多少教育。童工应该受到管制。市政当局应该经营自然垄断部门。例如，天然气和自来水公司，或者它们的利润率应该由政府规定。当个人能够对他们自己的利益做出很好的判断时，政府应该对那些判断施加影响。例如，如果工人们能够从工作日由 10 小时减少到 9 小时中获益，政府就需要采取行动来赢得这

---

① Mill J S. Principles of Political Economy. 7th ed. London：Longmans，Green and Co.，1896：453.

② Mill J S. Principles of Political Economy. 7th ed. London：Longmans，Green and Co.，1896：571.

个让步。如果人们将要接受慈善帮助，这种帮助来自于公共当局要比来自于不稳定的私人慈善机构更加适宜。立法者应该监督和制订殖民计划。政府还应该做那些能够促进所有人的整体利益而对私人却无利可图的事情，如开展地理和科学探索。

在某一特定年代或特定国家的特定环境中，可能几乎没有任何东西对整体利益是真正重要的，这种对整体利益真正重要的事由政府去承担，可能是不合意的甚至是不必要的，这不是因为私人不能有效地完成，而是因为他们不愿意去做。在某时或某地，除非政府去建立，否则将没有公路、码头、港口、运河、灌溉工程、医院、学校、大学、出版社[1]。

11.4.8　对约翰·斯图尔特·穆勒的最终评价

小穆勒在任何思想史中都有杰出的地位。他的重要性不仅局限于他是古典学派最后一位伟大的经济学家——在李嘉图和马歇尔两代经济学家之间最伟大的正统经济学家。他的第一部重要著作《逻辑体系》（1843 年）使他成为一位重要的逻辑学家。他出版的论文，包括《论自由》（1859 年）、《对代议制政府的思考》（1861 年）和《妇女的从属地位》（1869 年），表明他是一位杰出的政治科学家、社会哲学家和民主生活方式的拥护者。在对现状的尖锐批评、对他那个时代激进改革的支持和他对经济学学科做出的具体贡献中，他突出地表现出一种勇敢和诚实的形象。愤世嫉俗者也许会嘲笑他的这一信念，即通过我们知识和道德能力的发展可以获得进步，但不可否认，他对人性的完善有着崇高的设想。在以冷酷的理性和时而悲观的预测闻名的经济科学中，作为一个主要的理论家，小穆勒的热情、人道主义精神和他对穷人与下等人的同情是不同寻常的。

▶ **本节拓展材料**

◎ **思考题**

1. 简要说明下列各项对劳动经济思想史的重要性：边沁、享乐主义、功利主义、萨伊、市场定律、西尼尔、实证经济学、节欲、詹姆斯·穆勒、约翰·斯图尔特·穆勒、需求和供给表、工资基金、国际价值规律、相互需求、约翰·斯图尔特·穆勒的静止状态。

2. 应用边沁的效用理论（快乐和痛苦的计算）来解释下列各项：①在一家快餐店排成的各队将会一样长；②其他方面都相同，具有较高的工伤和死亡风险的职业会比较安

---

[1]　Mill J S. Principles of Political Economy. 7th ed. London：Longmans，Green and Co.，1896：590.

全的职业提供的年收入高；③一些大学生对某一门功课的旷课要比其他课程多；④当两件产品的质量相同时，消费者倾向于选择价格较低的产品。

　　3. 你是否同意边沁的如下观点：团体的利益是组成这个团体的成员个人利益的简单加总，这样，无论何时当某人的净快乐增加时，这个团体的利益也增加了同样的数量？

　　4. 西尼尔和约翰·斯图尔特·穆勒如何修改了托马斯·罗伯特·马尔萨斯的人口理论？

　　5. 比较约翰·斯图尔特·穆勒和斯密、约翰·斯图尔特·穆勒和托马斯·罗伯特·马尔萨斯、约翰·斯图尔·特穆勒和李嘉图。

【推荐选读书目】

Baumol W J. 1977. Say's（at least）eight laws, or what Say and James Mill may really have meant. Economica, 44: 145-162.

Bentham J. 1948. An Introduction to the Principles of Morals and Legislation. New York: Hafner.

Bentham J. 1968. The collective works of Jeremy Bentham//Burns J H. The Correspondence of Jeremy Bentham. Vols. 1 and 2. London: The Athlone Press.

Blaug M. 1991. Jean-Baptiste Say. Brookfield: Edward Elgar.

Blaug M. 1991. Robert Malthus and John Stuart Mill. Brookfield: Edward Elgar.

Blaug M. 1992. Ramsey McCulloch, Nassau Senior and Robert Torrens. Brookfield: Edward Elgar.

Bowley M. 1949. Nassau Senior and Classical Political Economy. New York: Kelley.

Bradley M E. 1989. John Stuart Mill's demand curves. History of Political Economy, 21: 43-56.

de Marchi N. 1974. The success of Mill's principles. History of Political Economy, 6: 119-157.

Hollander S. 1984. The wage path in classical growth models: Ricardo, Malthus, and Mill. Oxford Economic Papers, 36: 200-212.

Hollander S. 1985. The Economics of John Stuart Mill. 2 vols. Toronto: University of Toronto Press.

Mill J S. 1871. Dissertations and Discussions. 2 vols. London: Longmans, Green, Reader, and Dyer.

Mill J S. 1896. Principles of Political Economy. 7th ed. London: Longmans, Green and Co.

Mill J S. 1924. Autobiography. New York: Columbia University Press.

Mill J S. 1948. Essays on Some Unsettled Questions of Political Economy. London: The London School of Economics and Political Science.

Say J B. 1880. A Treatise on Political Economy. Translated by Prinsep C R. Philadelphia: Claxton Remsen & Haffelfinger.

Senior N W. 1951. An Outline of the Science of Political Economy. New York: Kelley.

Stark W. 1952-1954. Jeremy Bentham's Economic Writings. 3 vols. New York: Franklin.

Thweatt W O. 1979. Early formulators of Say's law. Quarterly Review of Economics and Business, 19: 79-96.

West E G, Hafer R W. 1981. J. S. Mill, unions, and the wages fund recantation: a reinterpretation. The Quarterly Journal of Economics, 92: 603-619.

第 12 章　古典学派批评家的劳动经济思想

托马斯·罗伯特·马尔萨斯（Thomas Robert Malthus，1766~1834 年）尽管备受争议，却是古典经济思想中一位很重要的人物。他专注于这样一些主题：人口增长、国内生产总值（GDP）的核算方法、价值理论、收益递减、地租理论及总需求。但是，我们将会发现，他的一些结论有别于古典学派的其他成员。

小马尔萨斯的父亲是丹尼尔·马尔萨斯。老马尔萨斯是一位杰出的乡村绅士，而且是当时著名知识分子让-雅克·卢梭和大卫·休谟的亲密朋友。1788 年小马尔萨斯毕业于剑桥的耶稣学院，并被任命为英国教堂的牧师。他的《人口论》出版于 1798 年，1803 年扩充再版。这部著作确立了他不朽的声望，在 28 年的时间里修订出版了 6 次。他另一部最重要的著作是《政治经济学原理》，于 1820 年出版。

批评古典经济学的社会主义批评家主张激进的改革，他们对资本主义和所谓资本主义的邪恶的反对都是道德上的。除了西斯蒙第之外，"科学社会主义"最重要的理论家卡尔·海因里希·马克思（Karl Heinrich Marx，1818~1883 年）放弃了这种方法。他试图揭示资本主义内在的矛盾将导致其最终消亡。马克思相信，在发达资本主义国家内部社会革命是不可避免的，他和他的同胞弗利德里希·恩格斯（Friedrich Engels，1820~1895 年）倡导全世界的工人联合起来加速这一事件。

12.1　托马斯·罗伯特·马尔萨斯的劳动经济思想

12.1.1　托马斯·罗伯特·马尔萨斯写作的历史背景

在小马尔萨斯写作期间，英国的两大论战吸引了他的注意力。第一个是关于贫困的增加以及怎么去解决的论战。到 1798 年，工业革命和城市化进程的一些负面效应开始显现。失业和贫困越来越成为令人瞩目的问题，需要得到补救。英国最新的一系列"济贫法"——1795 年的《史宾汉姆兰法》（Speenhamland Law）——规定不论穷人收入多少都应为他们提供最低收入保障，而取消了以前的法律限制。这一法令将家庭收入与面包价格联系起来，如果家庭收入降低到规定水平以下，这些家庭就会获得津贴以弥补这一差额。在大多数农村和一些制造业地区比较流行的这一制度，很自然地引起了激烈的争论。即使法国大革命的动乱正在蔓延到其他国家的贫困阶层，英国的有产阶层仍然拒绝对贫困负担任何责任，并强烈反对重新分配收入的法令。

第二个论战是关于所谓的谷物法的。这些法令规定对进口谷物征收关税，并对从外国进口到英国的谷物有力地设定了最低价格。地主拥护这些关税政策，但是遭到了一些人的攻击，用斯密的话说，是那些不曾播种却喜欢收割的人。地主们的政治权力受到了经济地位日趋重要的商人阶层、产业资本家及其追随者们的挑战。1801 年的一项调查表明，不断增长的人口正在给英国的食物供给带来压力。早在 1790 年英国就已经发现进口粮食是必要的。但是拿破仑战争使得进口相对减少，结果造成了极其高昂的国内谷物价格和地租价格。当 1813 年拿破仑被俘获时，操纵着议会的英国地主非常担心新一轮进口谷物的涌入会压低农产品的价格，并大幅减少地租收入。因此，他们要求提高已有的对进口谷物设定的最低价。同时，商业集团反对对谷物征收更高的关税，并主张全面废除谷物法。

12.1.2 托马斯·罗伯特·马尔萨斯写作的知识背景

老马尔萨斯赞成人与社会是完美的这一乐观信念。这个发展着的信念，部分是建立在戈德温与孔多塞著作的基础之上的。在某种意义上，这些思想家对小马尔萨斯起到了关键性的影响，在此基础上他开始有目的地挑战他们的理论。因此，适度详细讨论他们的思想是有用的。

威廉·戈德温（William Godwin，1756~1836 年），诗人雪莱的岳父，是一位牧师、小说家、提倡无政府主义和无神论的政治哲学家，他的观点和法国革命者的观点相似。1793 年他出版了有影响力的著作《关于政治公正及其对美德与幸福的影响的研究》。这部著作是阐述无政府主义哲学的最早的作品之一。戈德温是一个极端的个人主义者，不仅反对政府所有的强迫行为，而且反对公民集会。他完全信赖由最终理性规则引导的个人的自愿亲善和正义感。按照戈德温的观点，通过向更高理性和更大福利的不断迈进，人类是可以完善的。因为一个人的性格取决于社会环境，而不是一成不变的或遗传的，因此完美的社会将创造完美的人类。戈德温认为，进步过程中的主要障碍是私人产权、经济与政治上的不平等、强制性的政府。他相信人口增长不是什么问题。当人口达到极限后，人们将不会再进一步自我繁衍。戈德温后来感到遗憾的是，他的乐观主义居然引起了小马尔萨斯这个天才对人口过多的悲观和对人类生存条件的绝望。

孔多塞侯爵（Marquis de Condorcet，1743~1794 年）是出身于贵族家庭的法国杰出数学家，他 26 岁时被推选进入科学院，39 岁时进入法国研究院。他是一个宗教怀疑论者、政治上的民主主义者、经济上的重农主义者、和平主义者。他的朋友包括杜尔阁、伏尔泰、托马斯·佩恩、托马斯·杰斐逊、本杰明·富兰克林及亚当·斯密等。在他倾注了极大热情的法国大革命爆发之后，他与佩恩一起创办了杂志《共和党人》。

孔多塞赞成男女全体都拥有选举权。他强烈反对 1791 年法国宪法中的这一条款：投票和选举政府官员要具备财产资格。大革命中激烈的党派冲突令他陷入孤立境地，并且在 1793 年被下令逮捕。朋友们把他藏匿了 9 个月。之后为了不使为他提供庇护的女士陷入危险中，他有意离开了避难处。几天后乔装之后的他在游荡时，被当做嫌疑犯逮捕并被监禁。在被捕后的次日早晨，他被发现已经去世，可能是由于环境恶劣，也可能是服毒自杀。

在藏匿期间，孔多塞完成了他最重要的著作《人类知识进步纲要》。尽管在他曾热烈欢迎的大革命中受到了迫害，但他的主题仍然是关于以下三个基本原理的社会进步的思想：①国家之间的相互平等；②一国内部人与人的平等；③人性的可完善性。他写道，最终的国家之间的平等将消灭"最具灾难性与罪恶性的"战争。国家间的永久同盟将能够维持和平和每个国家的独立。在消除了财富、遗产及教育方面的差异后，就可以实现人与人之间的平等。孔多塞赞成将财产、社会保障、免费义务教育在大范围内分配，使男人女人都能够普遍享受这些权利。他认为自然秩序将使经济趋向于平等，而现存的法律和制度却鼓励了不平等。到那时平等将克服社会中的罪恶并使社会趋于完善。只有一种不平等应该得到允许，他认为，那就是由于天生才能差异而导致的不平等。这些有益的改革措施将使人口增加，但食物的供给将增加得更快。孔多塞认为如果生存问题最后不能再通过这种办法解决时，就应控制生育以限制人口。

这些观点就是小马尔萨斯要反对的观点。他认为，困扰社会的罪恶和苦难不应归咎于罪恶的人类制度，而应归咎于人类极强的生育能力。孔多塞所梦想的那样消除战争只会又减少一个消除过剩人口的基本措施。法国思想家的福利计划只会反作用于第二个限制人口的因素——饥饿。戈德温的平等主义、共产主义社会将意味着为大众提供更多的食物，从而导致人口更快增长。戈德温与孔多塞似乎过于支持法国大革命，而小马尔萨斯则呼吁保守派对当时的状况进行理智的、有力的捍卫。

12.1.3　托马斯·罗伯特·马尔萨斯的人口理论

在《人口论》的第一版中，小马尔萨斯从"说明每一个国家的下等阶层中可以观察到的贫困与苦难"开始论述。这里他提出的人口规律是，如果人口不受控制，将以几何级数增长；生活资料最多只能按算术级数增长。也就是说，人口将以 1，2，4，8，16，32……这样的比率增长，而生活资料则最多能以 1，2，3，4，5，6……这样的比率增长。他指出美国（还有当时的印度）人口的迅速增加可以证实他的理论。

一些观察家认为，在 1798 年，小马尔萨斯是一个鲁莽的年轻人，他提出的理论太过热情和太过极端。在他较为成熟的作品中，据推测，他放弃了数学比率的看法。让我们来看一下 1830 年出版的《人口原理》，这本书的出版时间比《人口论》的最后一版还要晚些。《人口原理》比《人口论》第一版晚 32 年，在小马尔萨斯去世前 4 年出版。在这本书中，小马尔萨斯写道：

因此，完全可以断言如果对人口的增长不加限制，人口将以几何级数增长，并且每过 25 年就会翻一番。对于英国、法国、意大利或德国这些人口增长速度还不算太快的国家，假设因为它们致力于农业生产而使农产品的产量在每 25 年的时间增长一倍而持续地增长，那么人口的增长率将不受任何现实问题的限制……然而农产品的产量只能以算术级数增长，无论如何，它的增长必然远远不能满足人口以几何级数自然增长的需求[1]。

---

① Malthus T. A summary view of the principle of population//Glass D V. Introduction to Malthus. London：Watts，1953：119.

小马尔萨斯提出了限制人口增长的两种措施：他称之为"预防性控制"与"积极控制"。

12.1.4　对人口增长的预防性控制

对人口增长的预防性控制就是那些降低人口出生率的措施。小马尔萨斯赞成的预防性控制也称做道德约束。负担不起孩子的养育的人们应该延迟结婚或者不结婚，婚前行为也应该受到严格的道德约束。小马尔萨斯把他不赞成的预防性措施称为罪恶，包括卖淫与节育,这些都会降低人口出生率。在小马尔萨斯生活的时期,英国改革者弗朗西斯·普雷斯和其他一些改革者推广了工具节育。1817年,小马尔萨斯在《人口论》第五版的附录中写道：

事实上，我应该严厉谴责任何人工的及非自然的控制人口增长的方式，因为这些方式是不道德的，而且倾向于减少对工业的必要刺激。如果每对结婚的夫妇都愿意限制他们所要孩子的数量，那么完全有理由担心人类的惰性会极大地增加。并且无论对于个别国家而言还是对于全球而言，永远都不可能达到其自然、合意的人口数量①。

对于人类惰性这一问题的涉及使一些学者产生了疑问，即是否小马尔萨斯更感兴趣的是维持大量的、辛勤劳动的、低工资的人口，而不是设立真正的控制人口增长的有效措施。

12.1.5　对人口增长的积极控制

小马尔萨斯还意识到控制人口增长的某些积极措施，即那些提高死亡率的措施，包括饥荒、穷困、瘟疫和战争。小马尔萨斯将这些因素提高到与自然现象或自然规则同等重要的地位，它们都是削减人口所必需的不幸的罪恶。这些积极的控制措施表现了对那些不遵守道德约束的人的惩罚。如果积极控制在某种程度上占上风，那么人们将面临着饥饿，因为快速的人口增长将超过相对增长缓慢的食物的最大供给。在《人口论》的第六版中，小马尔萨斯描绘了人口增长的积极控制措施：

有确切的证据可以证明，无论生活资料以多么快的方式增长，人口的增长总是会受生活资料增长数量的限制，至少也要受到用来支持生活的被分割成最小份额的食物数量的控制。所有在保持正常的人口水平之外出生的儿童必然都将面临死亡，除非成人死亡从而为他们腾出生存空间……从而，为了保持行动的一致性，我们应该促进大自然在制造死亡率方面的作用，而不应该愚蠢徒劳地致力于阻碍其作用。如果我们担心饥荒这种灾难形式频频光顾，我们可以采取积极措施迫使大自然采取其他形式的破坏性措施。我们不应该建议穷人保持清洁卫生，而是应该鼓励相反的习惯。在我们的城镇里，我们应该使街道变得更窄，让房子里住进更多的人，从而招致瘟疫的发生。在农村，我们应该将村子建在死水塘

---

① Malthus T. An Essay on the Principle of Population. 5th ed. London：John Murray，1817：Appendix.

附近，并且特别鼓励定居在沼泽地及其他不卫生的地方。但更重要的是，我们应该谴责对破坏性疾病进行的任何治疗措施，并谴责那些认为他们通过采取措施消灭各种疾病而为人类做出了贡献的人们，他们虽然是善意的，却犯下了极大的错误。如果这些措施或者类似的措施，使年死亡率上升了……我们中的每一个人都将有可能在青春期就结婚，并且几乎没有人会处于绝对饥饿的状态[①]。

12.1.6　政策含义：济贫法

按照小马尔萨斯的观点，贫穷与苦难是对"下等阶层"没有控制人口再生产的自然惩罚。从这一观点中可以得到一项非常重要的政策结论：对穷人一定不能提供政府救济，给他们提供帮助会让更多的儿童生存下来，从而最终将使饥饿问题更加恶化。1830 年小马尔萨斯在《人口论》第二版中这样写道：

一个人出生到世界上，如果他不能从他的父母那里得到他所需要的生活资料，如果社会并不需要他的劳动，那么他就没有权利拥有哪怕是最小份额的食物，事实上他的存在是没有任何意义的。自然界的大餐中也没有空余的位置留给他。她告诉他，如果他不能得到她的一些客人的怜悯，他就必须离开，并且她也会迅速执行她自己的指令。如果这些客人站起来为他腾出一点空间，那么其他与他一样的人也会立即要求同样的待遇……宴会的秩序与和谐被打乱了，在此之前的充足也将变成稀缺[②]。

在《人口论》后来的版本中小马尔萨斯收回了这种刺耳的言论，但他在第六版中却提出了一个关于济贫法的特别建议：

我反复考虑了关于济贫法的问题，因此我希望我不应该对大胆建议逐渐废除济贫法而负责……我们正式以公正与荣誉的名义拒绝穷人获得支持的权利。

最后，我应该提议一项管理措施，即宣布任何已婚夫妇在这一法令生效之日起一年内出生的孩子，以及从该生效日起两年内出生的非法出生的儿童，都不应该给予教区补助……

至于非法出生的儿童，在被给予了足够多的关注之后，他们不应该拥有获得教区补助的权利，而应该完全由私人的慈善机构来提供帮助。如果父母遗弃了他们的孩子，那么父母将受到相应的法律制裁。与其他立即可以填补空位的儿童相比而言，这些非法出生的儿童对社会基本上没有什么价值[③]。

在 1834 年严格的《济贫法修正案》中，小马尔萨斯的部分观点得到了采纳。这项法案取消了对济贫院之外的健全的人们的一切救济。一个申请救济的人在获得救济之前，必须先抵押他的全部财产并进入济贫院。他的妻子和孩子或者进入济贫院，或者被送到棉纺厂工作。这两种情况下，这个家庭都会被拆散并受到残酷对待，以便使其不成为公共的负担。济贫院代表着一种耻辱，进入济贫院要承受很重的心理负担。该法案的目的

① Malthus T. An Essay on the Principle of Population. 6th ed. London：John Murray，1826：465-466.

② Malthus T. An Essay on the Principle of Population. 2nd ed. London：John Murray，1803：532.

③ Malthus T. An Essay on the Principle of Population. 6th ed. London：John Murray，1826：485-487.

就是使公共资助让人无法忍受,以至于大多数人宁愿默默地挨饿也不愿忍受这样的侮辱。直到 20 世纪早期,这一体系一直是英国济贫法令政策的基础。在《济贫法修正案》通过四个月之后,小马尔萨斯去世,他可能把这一法案的通过看做对他的思想的支持,即大自然的宴会没有给每一个人都留有足够的空间。因此,当托马斯·卡莱尔在读了小马尔萨斯的著作之后,把政治经济学称为"可怕的学科"就不足为奇了!

小马尔萨斯和大卫·李嘉图是忠诚而亲密的朋友,尽管事实是除了小马尔萨斯的人口分析之外,他们两人在政治经济的每一个观点上都有分歧,甚至在人口分析这一主题上李嘉图也远不及小马尔萨斯武断。在《政治经济学与赋税原理》中,李嘉图这样写道:

在合意的环境下,可以计算出人口数量每过 25 年增长一倍;但是在同样合意的环境下,一个国家的总资本可能在更短的时间内就能增加一倍。如果是这样的话,这整个期间的工资水平将会呈上升趋势,因为对劳动力的需求将比劳动力的供给增长得更快[1]。

在一封信中,李嘉图以一种较轻松的风格写下了以下这段话:

我是一个祖父,对于在马尔萨斯先生的帮助下计算我子孙的加速增长比率,我会感到困惑。我可以肯定的是,这一比率既不是算术的也不是几何的。我想请教欧文先生(第 9 章)提供一个最好的方案,为我和我的子孙建立一个村庄,只允许另外的足够数量的家庭存在,以防止独身的必然性[2]。

小马尔萨斯 38 岁结婚,有 3 个孩子,但没有孙子女。李嘉图 21 岁结婚,有 8 个子女和 25 个孙子女。如果以这一速度繁衍下去,李嘉图的后代将遍布整个英国!

12.1.7　市场供给过剩理论

在《政治经济学原理》第二册中,小马尔萨斯提出了有效需求可能不足的理论。他假定工人获得生存工资。雇主雇用这些工人是因为工人生产出来的价值要远远大于工资,也就是说,雇主可以获得利润。因为工人们不能买回全部产品,所以必须由其他人来购买。利润不可能以高工资的形式返还给工人,因为利润消失将导致生产和就业停止。那么谁将购买这些额外的产品呢?资本家会以资本品的形式购买其中的一部分。用于资本品的支出能够刺激产出和就业,这与用于消费品的支出一样。但是,小马尔萨斯说,从事生产性劳动的工人,其消费从来也不能单独给资本的持续积累与就业提供充分的激励。在最终的分解中,投资仅仅是为了提供消费所需,如果最终产品不能售出,投资就将不再发生。固然资本家有能力来消费他们的利润,但这样做不符合他们的习惯。他们生活的中心目标是积聚财富,并且他们太忙于在会计室的工作以至于不能全部用于消费:

因此,必须存在一个人数相当可观的阶层,这个阶层的人们既有意愿也有能力消费比

---

[1] Ricardo D. The Works and Correspondence of David Ricardo. 10 vols. Cambridge:Cambridge University Press,1962:98.

[2] Ricardo D. The Works and Correspondence of David Ricardo. 10 vols. Cambridge:Cambridge University Press,1962:177.

他们自己创造出的物质财富更多的产品，否则商人阶层就不可能持续盈利地生产比他们的消费多得多的产品。在这一阶层，地主无疑占据着显著地位；但是如果他们得不到他们所供养的从事个人服务的大量个人的帮助，仅凭他们自身的消费将不足以维持和增加产品的价值，并且不足以使其数量的增加多于抵消其价格的下降所必需的部分。在这种情形下，资本家也将无法有效地维持相同的储蓄习惯[①]。

12.1.8　非生产性消费的必要性

为了避免市场上过量的商品供给造成经济停滞，地主的消费支出是必要的。小马尔萨斯说，地租是农产品价格与成本（工资、利息与利润）之间的差额。因此，地租的消费可以增加有效需求而并不增加生产成本。其他的收入形式——工资、利息和利润——虽然能够提高购买力，但同时提高生产成本。而一个国家为了保持在世界市场上的竞争地位，必须要把成本维持在较低水平。

12.1.9　政策含义及贡献

市场供给过剩理论与非生产性消费的必要性有几个政策含义。根据小马尔萨斯的观点，最重要的一点是必须保留谷物法。对进口谷物征收关税可以使地主变得富有，从而促进非生产性消费的增加，而后者是避免经济停滞所必需的。

尽管小马尔萨斯赞成地主进行的非生产性消费，包括雇用大量仆人，但是他却反对政府支出过多的非生产性消费资金。政府官员、士兵、海员及那些依靠国债利息生活的人们的消费，会不可避免地使税收提高，这可能会阻碍财富的增长。社会应该考虑私人财产的神圣不可侵犯，通过超额税收对财富进行再分配是不允许的。增加国债也是不适宜的，因为它引致的通货膨胀会损害固定收入者的利益。

在《政治经济学原理》一书中，小马尔萨斯间接表示战争可以作为消除供给过剩的另一项措施：

英国和美国在拿破仑战争中损失最少，或者应该说它们在战争中发了大财更恰当些，但是它们现在却承受着和平所带来的巨大压力。当然，历史上没有任何一个时期所处的环境像现在这样恶劣，从这一意义上来看，很明显的是和平与贫困联系在了一起[②]。

因为出现了几次严重的经济衰退，小马尔萨斯建议政府用于公共事业支出：

在目前我们致力于帮助工人阶层的时候，非常重要的一点是要知道一个非常好的办法是雇用工人从事修路及其他公共事业劳动，而这也将不会对市场销售形成冲击。反对以这种方式大量使用通过税收筹集起来的资金，并不倾向于减少生产性劳动中使用的资金，因为从某种意义上说，这恰恰就是我们所需要的；但是它可能会导致过多地隐藏国家对劳动力需求方面的失败，以及阻碍人们逐渐适应不断下降的需求。但是，在相当程度上，这可

---

① Malthus T. Principles of Political Economy. 2nd ed. New York：A. M. Kelley，1951：400.
② Malthus T. Principles of Political Economy. 2nd ed. New York：A. M. Kelley，1951：422.

以通过给定的（较低的）工资得到校正[①]。

在第 10 章中我们会发现，李嘉图否认长期失业的可能性，对小马尔萨斯的观点做了如下回应：

从未来生产的角度看，非生产性劳动者群体就像火把一样必需且有用，他们将消费掉生产者仓库中的产品，如果他们不消费，生产性劳动者会消费这些商品……在不需要支付给我任何回报的情况下，一个人以何种方式消费我的产品才能使我得到财富呢？如果产品的消费者回报给我一个相等的价值，我想我才更有可能实现我的财富[②]。

小马尔萨斯的理论被富有的地主充分接受了，地主群体长期以来占据着统治地位，但是他们很快丧失了政治权力和社会地位。小马尔萨斯的人口理论使富人免除了对穷人的任何责任；穷人自身应该对他们的处境负责。他反对济贫法，当财产的所有权只集中在相对较少的人手中时，如果废除这一法令将有效减少财产权上的税收。他捍卫谷物法和非生产性消费同样也是服务于地主的利益。在《政治经济学原理》中他有些惊讶地写道："有点奇怪的是，李嘉图先生，一个相当大程度上接受地租理论的人，本来应该大大低估地租的重要性；而我，从来没有接受，也不打算接受任何地租理论的人，却可能因为高估了他们的重要性而受到指责。"

小马尔萨斯确实高估了地租和地主消费的重要性。他对生产性消费与非生产性消费的划分是不准确的。经济中所有群体的消费都能够创造对商品和服务的需求，从而使商品和服务得以生产出来，从这个意义上说，这些消费都是生产性的。然而，供给过剩理论也确实意识到了总需求不足会引起潜在的失业问题。从这方面来看，他对被历史证明为是资本主义经济的一个偶然的问题做了重要的深入研究，这一研究的结果在 20 世纪 30 年代被凯恩斯接受并做了极大的扩展。

小马尔萨斯不仅高估了地租的重要性，也高估了人口相对于生活资料的增长率。在他所处的时代，需要对大范围的贫困做出解释，小马尔萨斯提出了一个似乎合理的理论。但后来的证据并没有支持理论的预测。尽管世界人口急剧增长——从 1800 年的约 10 亿人增长到 1960 年的 30 亿人，再到 2000 年的 60 亿人——但增长速度却远远低于 25 年的几何级数。而且更重要的是，世界的产出增长得更快，结果是世界人均产出与收入都上升了。

小马尔萨斯提出了农业上的收益递减理论，其基础是认为在固定量土地上的改善带来的产量增长的幅度越来越小："随着可耕土地的增加，直到所有肥沃的土地都被耕种了，年粮食产量的增加就必须依赖对已耕种土地的改善（改良）。从所有土壤的特性来看，土地的收益肯定是逐渐递减，而不是递增的。"但是小马尔萨斯低估了扩大农业产出的可能性。在今天，作为技术创新与资本积累的结果，农业生产中只需要投入比以前较少的劳动，就可以生产出比以前更多的产量。自从小马尔萨斯时代以来，工业经济中的工资并没有下降到维持基本生存需要的水平，反而有了极大的提高。

---

① Malthus T. Principles of Political Economy. 2nd ed. New York：A. M. Kelley，1951：429-430.

② Ricardo D. The Works and Correspondence of David Ricardo. 10 vols. Cambridge：Cambridge University Press，1962：421-422.

至于人口增长问题，小马尔萨斯更倾向于断言与说教，而不是分析，而且他也没有意识到道德规范的观念也是不断变化的（例如，有利息的借贷曾经被认为是一种罪恶）。他把节育当成一种罪恶而将其排除在外，结果，他的人口预测没有考虑避孕方法的广泛使用这一现实。事实上，在那些广泛采取避孕措施的社会中，国民产出的增长还会降低出生率。如果真实工资增加，养育孩子的机会成本会上升，许多人的反应是限制家庭的规模。

然而，在认识到这些批评的同时，我们也必须强调小马尔萨斯的人口理论对当今世界仍然具有相当强的适用性。70%的世界人口生活在发展中国家，在 2000~2010 年，世界上每出生的 10 个人中就有 9 个将生活在发展中国家。世界上 20% 的人口每天的生活费用还不足 1 美元。对于世界上许多贫困的居民来说，小马尔萨斯关于饥荒、营养不良和疾病的预测都是非常真实的。但是今天，我们只是将这些现实看做需要解决的生产和分配问题，而不是自然规律所导致的必然的、不可避免的结果。

最后，我们必须认识到，在小马尔萨斯感兴趣的政治经济问题中，人口理论与市场供给过剩仅仅是其中的两个主题。他对价值理论的表述也特别值得注意。虽然该理论并不完整，但是对它的分析建立在供给与需求的基础之上，而不是仅仅考虑生产成本。在致李嘉图的一封信中，小马尔萨斯写道：

当你在商品价格中拒绝考虑供给与需求而仅考虑供给手段时，在我看来，你只看到了你研究的主题的一半。除非对商品的需求或者估价超过生产成本，否则就不会存在任何财富。考虑到大量的商品，难道不是需求实际上决定了成本吗？若非人口与需求的状态所决定，那么谷物的价格、被耕种的最后一块土地的质量是如何确定的？金属的价格如何确定[①]？

李嘉图反驳说他已经完全认识到需求在决定不可再生商品（用今天的话说，是指供给完全无弹性的商品）价格中的作用。李嘉图认为，对于可再生商品而言，商品的长期成本将决定其价值。然而，小马尔萨斯是在"通往这个理论的路上，直到 20 世纪末新古典价值理论才完整表述了该理论"。

▶本节拓展材料

---

① Ricardo D. The Works and Correspondence of David Ricardo. Vol.1. Cambridge：Cambridge University Press，1962：70.

12.2　西蒙·德·西斯蒙第的劳动经济思想

西蒙·德·西斯蒙第（Simonde de Sismondi，1773~1842 年）是一位法裔瑞士经济学家和历史学家。在 1793~1794 年的革命动乱时期，他和他的家人逃到英国避难。回到瑞士以后，他们变卖了大部分财产，在意大利购买了一个小农场来自己经营。后来西斯蒙第回到日内瓦，在那里他完成了大量的学术著作，其中包括 16 卷的《中世纪意大利共和史》和 29 卷的《法国民族史》。

尽管西斯蒙第早年曾是亚当·斯密的一个热情的追随者，但他是最早向古典经济学发起直接攻击的学者之一。从现代意义上讲，他绝不是一个社会主义者，但是他帮助社会主义思想铺平了道路。在沉寂 24 年之久看到英国可怕的社会条件之后，他于 1819 年出版了《政治经济学新原理》。在这本书中他说，自由的资本主义企业一定会导致广泛的贫穷与失业，而绝不会产生斯密和萨伊所期望的那种结果。早在现代工业社会兴起的初期，他就提出了对萨伊市场定律的批评，并否定自由竞争的经济将趋于充分就业的观点。"让我们警惕这个假设能够自动达到均衡的危险理论吧。一定的均衡确实可以在长期重新实现，但是要经历非常大的损失之后才能实现。"回想一下，约翰·斯图尔特·穆勒在半个世纪以后仍然声称不可能发生总供给过剩。

西斯蒙第提出了生产过剩与经济危机的可能性，是经济周期理论的早期贡献者之一。他认为，当工资位于维持生存的最低水平时，就会有更多的资金投资于机器设备。银行家通过扩展信贷，也加入投资的繁荣景象中。制成品的产量因此增加了，而消费品的需求是有限的。结果就造成了生产过剩和周期性的经济危机，后者对于清算大规模工业中的过剩的资本投资是必要的。当然，伴随着这些危机也将出现大范围的失业。此外，由破产带来的财富的愈益集中将使国内市场越来越狭窄。因此，工业越来越迫切需要打开国外市场，这必然会导致国家间的战争。西斯蒙第因而是最早明确阐释如下理论的人之一，即现在我们熟悉的马克思主义认为经济帝国主义是资本主义固有的观点。

只有国家的干预才能保证工人的生活工资和最低社会保障。西斯蒙第并不认为最大可能的总产量必然会给人们带来最大限度的幸福，而是认为能够合理分配的较小产量更为可取。因此，从整体利益着眼，国家应当颁布法律来规范分配。小规模的家庭农场，相对于租佃农场，更能促进平等的收入分配。他还鼓励人们在城镇中进行小规模生产，以避免生产的产品过剩。应该牺牲城市化而鼓励农业生产。他赞成遗产税，通过废止专利权阻止新的发明，以便"发明的热情逐渐降温"，强迫雇主为年老、有病和失业的工人提供保障，促进工人与雇主的合作与团结，利润共享。

西斯蒙第声称，每个人的能力都是不同的，个人利益不一定符合社会利益。他认为，农民想尽量提高他们的总产量，而大地主只关心他们的净收益。他说，假设一块适宜耕种的土地可以生产 1 000 先令的总产量，其中 100 先令作为地租付给地主。如果这块土地作为牧场出租，可以得到的地租假设是 110 先令。这个地主就会辞掉佃户以多获得 10 先令，而国家将损失 890 先令（1 000 先令–110 先令）的产量。当然，现代经济学家会反对这个推理过程。如果土地作为牧场出租可以获得更多的地租收入，那么它对社会福利所做的贡献必将大于用做其他用途的贡献。

西斯蒙第是第一个用无产者来形容工资收入者的人。这个词的最初含义是指罗马共和国那些一无所有、不纳税、对国家的唯一贡献只有他们的子孙——无产者——的人。

西斯蒙第为解决某一具体产业的生产过剩开出了一剂较为现代的药方：

事实上，政府应该帮助人，而不是帮助工业；它应该保护它的公民，而不是商业。政府绝不应该帮助制造业主，鼓励他们生产直至造成浪费，政府应该更多地贡献资金，从就业中培育熟练工人，以改善这类公民的困窘状况。政府应该雇用工人进行公共工程建设，这类产品不会给市场增加压力，也不会加剧供给过剩。公共建筑、市政大厅、市场、公路，都是国家的财富，尽管它们不能被买卖……

但是，通过公共工程来帮助萧条的工业行业中的工人，政府原则上必须遵循如下规则：不与已有企业竞争而给市场带来新的扰动；不使它成为长久的职业，不给新增加的劳动力（无产者）提供永久的就业，而是要让他们意识到雇用会持续多长时间、到哪里会结束以及他们不可能在这个不稳定的情况下结婚……

我们无论从哪一方面看，同样的教训都随处可见，保护穷人（工人阶级）是立法者和政府应该上的最重要的一课……保护穷人，使他们可以拥有……社会收入的一定份额，那是他们的劳动使他们获得的；保护穷人，因为他们需要支持，他们可以有一些闲暇、一些智力教育，以便增进他们的才能；保护穷人，因为对法律、公众和平和稳定而言，最大的危险就是穷人相信他们是受压迫的以及他们对政府的敌意；保护穷人，因为如果你希望工业繁荣，穷人是最重要的消费者[①]。

与其说西斯蒙第是一个社会主义者，还不如说他是一位社会批评家和古典理论的反对者。他对经济周期问题的浓厚兴趣和他的人道主义观点使他有别于当时的正统经济学家，他启发了社会主义者，但是社会主义者没有从根本上攻击私人产权制度，也没有提倡公社的生活方式。

▶ 本节拓展材料

12.3　马克思的劳动经济思想

12.3.1　马克思的生平细节与影响其的各种学术思想

马克思出生于普鲁士的一个犹太家庭，在他童年时期他的家庭转为奉行新教教义。

---

① de Sismondi S. Political Economy and the Philosophy of Government. London：Chapman，1847：220，221，223.

他曾经在波恩、柏林、耶拿大学学习法律、历史和哲学，23 岁时获得哲学博士学位。两年之后他与一位担任政府高级官员职务的男爵的女儿燕妮·冯·威斯特华伦结了婚。她是马克思沧桑的职业生涯的忠实伴侣。

由于思想激进，马克思无法在大学谋得教职。于是他转向了报纸杂志，后来被驱逐出德国来到法国巴黎，在巴黎他研究了法国的社会主义和英国的政治经济学。在那里他遇到了到法国短期旅行的恩格斯。恩格斯成了马克思的亲密朋友、合作者和经济赞助人。两人一起写作了发表于 1848 年的《共产党宣言》。

1849 年马克思被驱逐到伦敦。除了到欧洲大陆的几次短暂旅行外，其余时间他一直居住在英国，他常年在大英博物馆的阅览室里，钻研"复杂的政治经济学分支"。尽管受到疾病、极度贫困、三个孩子夭折的折磨，马克思还是继续研究、写作与组织工人运动。他为《纽约论坛报》写了大量的文章，依靠稿酬维持生活。他组织和领导了国际工人协会，从 1864 年持续到 1867 年，是"最早的国际性工人协会"。1867 年马克思出版了他的鸿篇巨著《资本论》的第一卷。马克思去世之后，恩格斯编校了他的手稿，将第二卷和第三卷也出版了。恩格斯去世之后，将剩余的手稿留给了当时最主要的马克思主义者卡尔·考茨基，他出版了马克思的另外三卷作品，题为《剩余价值理论》。

除了恩格斯之外，还有几个人影响了马克思，主要有李嘉图、早期社会主义者、达尔文、黑格尔和费尔巴哈。

1. 李嘉图的影响

马克思研究了斯密和李嘉图的著作，他尤其对李嘉图的劳动价值论感兴趣。他认为李嘉图的理论有几个缺陷，于是着手勾画了他自己的劳动理论——一个具有革命意义的理论。

2. 社会主义者的作用

马克思对前一章讨论过的几位社会主义者的宣言有着清醒的认识。他赞同他们反对当代资本主义的道义愤怒、对古典政治经济学的尖锐批评、对未来社会的社会主义憧憬。然而，马克思认为，只有当工人阶级的状况恶化到公开反抗时，社会主义才能到来。他试图解释为什么在资本主义制度中这种恶化是不可避免的。

3. 与达尔文的联系

查尔斯·罗伯特·达尔文（Charles Robert Darwin，1809~1882 年）受到了小马尔萨斯的启发，而达尔文的不朽著作又影响了马克思。达尔文称，当读到小马尔萨斯的人口理论时，他大脑突然意识到在他所观察到的争取生存权利的斗争中，那些适应环境变化的物种将生存下来，而那些不适应环境的物种则将灭亡。这一"自然选择"的结果就是物种的进化。达尔文在 1859 年出版的著名作品《物种选择》中，正式表达了这个理论。

马克思在 1860 年读了达尔文的著作，在他自己思考的政治经济学中看到了相似的倾向。在给恩格斯的一封信中，马克思写道："在过去四周的时间里，我读了各种各样的书，其中包括达尔文关于'自然选择'的著作。虽然这本书是以拙劣的英国风格写作的，但这本书却包含了我们观点的自然历史基础。"一个月以后，在给拉塞尔的一封信中，马克思写道："达尔文的书是非常重要的，我将它看做历史上阶级斗争的自然科学基础。"①
对马克思来说，当时经济中的组织关系就像当时的生物组织一样，是过去的变迁和将要
发生的变迁的结果。达尔文通过强化以下观点而影响了马克思，即动态的而不是静态的
分析才是达到正确见解的途径。

　　4. 黑格尔的影响

　　对马克思的思想影响最为深远的是乔治·黑格尔（Georg Hegel，1770~1831 年）提
出的辩证法。根据这位杰出的德国哲学家的观点，历史知识与进步是在相反观点相互斗
争的过程中产生的。一个现存的观点或论题，受到一种相反的观点或反论题的挑战。随
之发生的两种观点的斗争都转变成为一种新观点，或者综合后变成一种新的论题。这个
过程会周而复始。马克思修正了黑格尔的辩证法思想，并根据辩证法思想形成了自己的
历史唯物主义理论。

　　5. 费尔巴哈的唯物论

　　在通常的用法中，唯物论这个词是指一个人或一个社会过分强调对消费品的追求。
但我们讨论马克思时，在上下文中不是应用这个定义。哲学上的"唯物论"强调的是"物
质"、"真实存在的事物"或者"现实世界"，是与"思想领域"（唯心论）相对而言的。
虽然马克思接受了黑格尔的历史辩证法思想，但他用修改了的路德维希·费尔巴哈的哲
学唯物论替换了黑格尔的唯心论。

　　在《基督教的本质》一书中，费尔巴哈区分了理想与现实。人们设计了理想化的人
类品质，诸如关爱他人、完善的知识和理解力，能够影响全人类利益和"不现实的"神
性能力。于是，个人崇拜这些神，似乎他们是超自然或神圣的，即使实际上这些神都是
人类想象的产物。费尔巴哈认为历史就是人们通过其感觉逐渐认识与接受现实的过程。

　　马克思对宗教在某种程度上也持有类似的观点。在 1844 年，他写道："宗教是人的
鸦片。废除让人们感到虚幻的幸福的宗教，是人类获得真正幸福的需要。"更重要的是，
与费尔巴哈一样，马克思强调唯物论——物质现实的重要性——反对黑格尔的唯心论。

12.3.2　马克思的历史唯物主义理论

　　马克思将黑格尔的辩证法与唯物论结合起来提出了自己的历史唯物主义理论。在每
一个历史时期，占主导地位的生产方式或生产力都会产生一套支持它们的生产关系。但
是生产的物质力量（技术、资本类型、劳动的技术水平）是动态的，它们不断发展变化。
与之形成对比的是生产的物质关系（规章、人们之间的社会关系、财产关系），它们是静
态的，是由上层建筑决定的。上层建筑由艺术、哲学、宗教、文学、音乐、政治思想等
构成。上层建筑的所有要素都要维持现状。马克思认为历史是一个静态的生产关系（命
题）最终与动态的生产力（反命题）相互斗争的过程。结果如何？斗争改革了旧体制，
产生了允许生产力进一步发展的新的生产关系（综合和新命题）。颠覆旧社会的机制是阶

---

　　① Ureña E M. Marx and Darwin. History of Political Economy，1977，9（4）：548-559.

级斗争。马克思这样描述了历史唯物主义理论：

> 我已经得到的与曾经得到的一般结论将在我的研究中继续作为一条主线，这些结论可以简单归纳如下：人们在社会生产过程中结成了一定的关系，这些关系是不可或缺的，也是不以他们的意志为转移的；这些生产关系是与它们的物质生产力的一定发展阶段相适应的。这些生产关系的总和构成了社会的经济结构，在这个现实基础上产生了法律与政治的上层建筑，这一经济结构也是与一定形式的社会意识相适应的。物质生活的生产方式决定了社会、政治与精神生活的一般特征。并不是个人的意识决定了它们的社会存在，相反，却是社会存在决定人们的意识。当社会的物质生产力发展到了一定阶段，它就会与现存的生产关系发生冲突，或者只是同一事情的另一种法律表述与以前曾经起过作用的财产关系产生冲突。随着生产力形式的进一步发展，这些关系逐渐转变成了束缚生产力发展的障碍，于是就产生了社会变革。由于经济基础发生了变化，整个庞大的上层建筑也或多或少迅速地发生了转变[①]。

马克思认为社会演进要经过六个阶段。最早的阶段，他称之为原始共产主义，没有对立的阶级，没有剥削，没有阶级斗争。人们共同拥有土地，共同合作，从自然界费力地获取贫乏的生存资料。生产效率非常低下，劳动者生产的产品在满足劳动者本人及其家属的基本生存资料之外，往往没有什么剩余。因此，奴隶和剥削是不可能出现的，因为这要求劳动者生产的产品多于生存必需品。在欧洲人到达美洲之前，美洲印第安人社会就是一个原始共产主义的例子。

生产效率逐渐地提高到一定的水平，劳动者生产出的产品多于生存资料，于是奴隶制度变得有利可图，剥削与阶级斗争开始出现。这里马克思所指的是古老的奴隶制度，如希伯来、埃及、希腊、罗马等；并不是指出现在美国的奴隶制度，他认为那是存在于一个资本主义社会中的时代错误。奴隶制度使社会生产力获得了一次更高的发展，但最终它也成了生产力进一步发展的障碍。奴隶不能得到最好的激励，他们的反抗动摇了奴隶社会，使整个社会变得一团糟。最后奴隶制度被推翻了，被封建制度取代，这是适应新的生产力的一套新型生产关系。

马克思认为封建制度是特殊的，因为对农奴的剥削显而易见。在奴隶制度下，虽然奴隶确实获得了生存资料，但是看上去他们从劳动中一无所获。在资本主义制度下，尽管资本家实际上占有了一部分未付酬的劳动时间，但是看上去工人的全部劳动时间都获得了报酬。在封建制度下，农奴被允许在分配给他们的土地上每周劳动几天，但是其他时间被迫在地主的土地上耕种，这就是十分明显的剥削。农奴有更大的激励比奴隶工作得更好，封建制度也为社会生产力带来了一次更高的发展，但是这一制度也限制了生产力的进一步发展，最终被资本主义制度推翻并取代。

虽然马克思强烈地憎恨资本主义制度，但他称赞资本主义解放了生产，极大地提高了生产力。然而，资本主义也存在内部矛盾，这会产生阶级斗争并导致最终被推翻。马克思认为，在资本主义制度下，生产技术变得高度集中化，资本的私人所有权制度成为

---

① Marx K. A Contribution to the Critique of Political Economy. translated by Stone N I. Chicago: Kerr & Co., 1913: 11-12.

生产力进一步发展的障碍。失业人数的增加和"工人阶级的贫困"的出现，引起了工人起义。国家成为资本家对抗工人的一种工具。但是工人阶级将获得胜利，推翻资产阶级政权，建立起自己的无产阶级专政。在这种社会主义制度下，消费品的私人所有权是得到允许的，但是资本与土地由中央政府、地方政府或国家设立和管理的合作社公有。随着作为经济引导力量的利润动机和自由市场的消除，生产是有计划的，投资率也是有计划的。辩证的过程还会继续，直到最终国家消亡，纯粹的共产主义制度确立。

12.3.3　资本主义社会的"运动规律"

以历史唯物主义理论作为依据，马克思试图"揭露现代社会的经济运动规律"。他没有描绘一幅社会主义的蓝图，这不是他的目标。他想要分析的是在资本主义社会内部不断变革的生产力。换句话说，他想要确定的是，在资本主义内部，生产力产生它的反命题并不可避免地走向灭亡的过程，就像以前的奴隶制度和封建制度一样。

马克思采用六个相互联系的重要概念构建了他的资本主义理论，即劳动价值论、剥削理论、资本积累与利润率下降、资本积累与经济危机、资本积累与财富集中、阶级斗争。每一个理论都需要详细说明。

1. 劳动价值论

马克思以"商品"作为起点分析资本主义社会。他认为，商品就是为获得利润而生产出来的产品，并且具有满足人们需要的能力，不管这种需要是"来自于胃还是来自于想象"。这种商品可以作为生活资料直接满足人们的需要，也可以作为生产资料间接满足人们的需要。使用价值构成了一切财富的存在形式。马克思并没有试图从数量上衡量使用价值，也没有考虑随着商品数量的增加其效用递减的问题。因此，他说较大的小麦产量，比之较少的小麦产量，代表了更多的效用，进而代表了更大的财富。这是正确的，即使需求缺乏弹性，更多数量的小麦可能产生较少的交换价值。

除了具有使用价值或效用，商品还具有交换价值，通常简称为"价值"。什么决定商品的价值？马克思的重要回答如下：在现有的社会正常的生产条件下、在社会平均的劳动熟练程度和劳动强度下，生产该商品所需要的社会必要劳动时间。而社会必要劳动时间包括生产该商品的直接劳动、该商品生产过程使用的机器与原材料所包含的劳动以及在生产过程中转移到该商品上的价值。

假设一双鞋子包含的平均劳动时间是 10 小时。这个社会平均必要劳动时间决定鞋子的价值。如果一个工人因不熟练或懒惰而花费了 20 小时生产一双鞋子，鞋子的价值仍然只有 10 小时。假设一个工人或雇主在技术和效率上领先，生产一双鞋子只需要 5 小时劳动，鞋子的价值仍然还是 10 小时，是整个社会的平均劳动成本，即社会必要劳动时间。

商品的价值是由简单平均劳动来衡量的，熟练劳动是倍乘的不熟练劳动。因此，一个工程师 1 小时的生产性劳动创造的价值可能相当于 5 小时简单劳动创造的价值。市场将各种不同熟练程度的劳动时间均等化，形成不熟练劳动的平均水平。

市场决定的价格还以隐含的劳动成本为基础。一种商品，如黄金，就成为反映所有价值的一般等价物。1 件大衣可以与 2 盎司黄金相交换，因为二者在生产过程中需要相同数量的社会必要劳动时间。如果 2 盎司黄金被铸成 2 英镑货币，那么 1 件大衣就会卖 2 英镑。供给与需求的暂时波动会使价格偏离真实价值，有时高于价值，有时低于价值。价格的持续振荡使偏离的价值可以互相抵消和缩小，达到反映商品价值的平均价格。

马克思的劳动价值论与李嘉图的劳动价值理论有着重要区别：马克思认为劳动时间决定商品与服务的绝对价值，李嘉图则认为不同商品的相对价值与各自包含的劳动时间成比例。马克思认为他的劳动价值论剔除了一种错觉（这里又一次用到了唯物论）：土地与资本所有者对商品价值的形成做出了贡献。这样，他的理论打开了劳动剥削理论的大门。

2. 剥削理论

在《资本论》第 1 卷中，马克思假设所有的商品都按照它们的价值出售。那么，资本家怎样才能获得利润呢？按照马克思的观点，答案是购买一种能够创造出比它自身价值大得多的商品。这种商品就是劳动力！这里我们必须仔细区分马克思的劳动力与劳动时间的概念。

1）劳动力与劳动时间

劳动力是指一个人劳动和生产商品的能力，劳动时间是工作的实际过程和劳动的持续。劳动力本身是一种在市场上买卖的商品，它是资本家创造利润所需要的。什么决定劳动力的价值？马克思认为，答案是，生产劳动力及其家庭所消费的生活必需品需要的社会必要劳动时间。如果这些生活必需品能够每天花费 4 小时生产出来，那么劳动力商品的价值就是每天 4 小时的劳动时间。如果劳动生产率提高一倍，生活资料可以每天花费 2 小时生产，劳动力的价值就会下降 50%［（4-2）/4］。这里需要强调非常重要的两点：第一，雇主支付给工人的工资等于工人的劳动力价值，也就是说，他们支付市场工资。第二，这个市场工资仅够用来购买维持与延续劳动力所必需的生活资料。在马克思看来，这一生存工资水平的产生并不是由于人口的过快增长——他极力反对小马尔萨斯的人口原理，而是资本主义制度造成了大量的"失业后备军"，这种劳动供给过剩决定了在长期内平均工资将会保持在基本生活工资的水平上。

2）剩余价值

如果劳动生产率极其低下，工人消费的商品的价值刚好等于他们创造的满足生存的产出的价值，那么对工人的剥削——资本家榨取剩余价值——将不可能发生。在这种情况下，一天的劳动力价值就是一天的劳动时间。按照马克思的观点，只有当工人每天能够生产的价值高于维持他们自身及其家庭所必需消费的价值时，对劳动的剥削才会出现。雇主付给工人全部的劳动力市场价值，但日工资只是劳动力所创造的价值的一部分。通过他们的资本所有权，资本家占有了工人为生存而不得不进行的劳动，即支付报酬的劳动。因此，资本家能够延长工作日，在某种意义上对工人来说，"我们制定或选择的工作时间长短根本不是为了我们自己"。生存需要迫使工人们选择了工作。但是他们在工作日上耗费的劳动时间，创造了远远高于他们的劳动力价值——生存成本的价值。生产资料的所有者获得了剩余价值。

马克思举了一个数字例子来阐释这些思想，我们总结为图 12-1。假设典型的工人及真家庭每天必须消费的商品包含的社会必要劳动时间是 6 小时。工人的每个工作日为 12 小时（通常情况），那么一半时间的劳动就可以形成 1 天的劳动力价值。如果生产 3 先令中包含的黄金也需要半天的社会必要劳动时间，那么 3 先令就代表了 1 天的劳动力价值。如果这就是工资率，那么工人就得到了他们出卖的劳动力商品的全部价值。

根据马克思的观点，资本家按照劳动力的市场价值支付给工人工资，在本例中是 3 先令。但是只需要 6 小时的劳动时间就可以生产出足够的产出来支付劳动力工资，通过让工人每天工作 12 小时，资本家得到了 3 先令的剩余价值（阴影部分），这个剩余价值来自对劳动的剥削。在这里，剥削率是 1（3 先令的剩余价值除以支付的 3 先令工资）或者说是 100%。

资本家雇用工人，提供必要的机器设备和原材料。假设在 6 小时的劳动时间中每个工人可以将 10 磅棉花纺成 10 磅棉纱。让我们再假设这 6 小时劳动时间内消耗掉的棉花价值 20 小时的劳动或 10 先令。最后，假设在半天的劳动中，纱锭的磨损相当于 4 小时的劳动或者 2 先令。因此，每半天生产出来的棉纱总共价值 30 小时的劳动：6 小时的劳动力、20 小时的棉花、4 小时的纱锭磨损。图 12-1 左边方框表示总计的货币生产成本为 15 先令：劳动力 3 先令、棉花 10 先令、纱锭 2 先令。如果利润不能来自于贱买贵卖，如果所有商品按照它们的价值出售，那么棉纱必须以 15 先令出售。

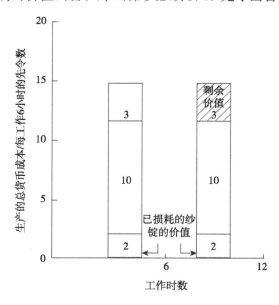

图 12-1 马克思的剥削理论

我们的资本家愣住了。产品的价值等于预付资本（不变资本加上包含劳动的可变资本）的价值……他们会说："哦！我预付钱的意图是要由此赚更多的钱。"但是，通向地狱的道路是由良好的意愿铺就的；他不进行生产，也同样可以有赚钱的意图。他威胁到各种各样的东西。他说人们再也抓不住他的把柄了，以后他要在市场上购买现成的商品，不再自己制造。但是，如果他所有的资本家兄弟都这样做，他又到哪里去找商品呢？而他又不能拿货币当饭吃。他进行劝说："想想我的节欲吧。我本来可以把 15 先令挥霍掉。但是我没有这样做，我是生产性地消费掉它们，把它们制成了棉纱。"作为回报，他得到的是好的棉纱而不是坏的良心。……我们这位朋友刚才还以资本自傲，现在却突然变得和自己的工人一样谦逊了。他说："难道我自己没有劳动吗？难道我没有从事监视和监督纺纱工人的劳动吗？我的这种劳动不也形成价值吗？"听到这种说法，他的监工和经理忍俊不禁；而他也得意地笑了笑，又恢复了原来的面孔。他反复向我们宣讲经济学家的一大套理论，实际上，他说，为此他不费一文钱。他把这一类虚伪的遁词和空话都交给他为这一目的雇用的政治经济学教授们去讲。他自己是一个讲求实际的人，虽然对于本职之外所说的话，并不总是很好地考虑，但对于本职内所做的事，他始终是知道的[①]。

要解决资本家的难题，在本例中就要把 6 小时的工作时间延长。可以从图 12-1 中看到，如果工人每天再工作 6 小时，就会多生产 10 磅的棉纱。这额外的 10 磅棉纱在市场上也是价值 15 先令，但是它们只花费了资本家 12 先令（0 先令劳动+10 先令棉花 +2 先令纱锭磨损）。这样，资本家获得了 3 先令的利润或剩余价值。工业资本家利润的一部分可以以利息的形式转移给银行家，一部分可以以地租的形式转移给地主，也可以以商业利润的形式转移给商业资本家，这些都无关紧要。所有的这些收入都来自于生产过程中对劳动的未被察觉的剥削。马克思认为，在资本主义制度下期望所有的劳动都得到报酬是个幻想。资本家是剥削工人的罪人："宣称这种决定劳动力价值的方法是由事物本身的性质规定的，是一种残酷的方式，只能算是一种廉价的同情。"他们向工人支付了市场工资，但是他们不会理解的重要事实是他们自己的利润来源于对劳动的剥削。

3）剩余价值率

马克思将投资于机器与原材料的那部分资本称做不变资本 c。不变资本的价值转移到最终的产品中去，价值不会增加。用于购买劳动力、支付工资的那部分资本，是可变资本 v，它能够生产出大于自身价值的价值。由工人生产出来并被资本家无偿占有的那部分额外价值，是剩余价值 s。剩余价值率 s'，或剥削率，由下面的方程给出：

$$s' = \frac{s}{v} \qquad (12\text{-}1)$$

请注意剩余价值率是剩余价值与可变资本的比率，它也可以被认为是剩余劳动时间与必要劳动时间的比率。上例中的剩余价值率用式（12-1）计算，是 $s'=1$ 或 100%，因为 $s=3$，$v=3$（3/3 × 100%）。或者，用第二种定义，是 6 小时除以 6 小时。如果工作时间延长到 15 小时，剩余价值率就是 150%（9/6 × 100%）。如果工作时间减少到 9 小时，剩余价值率将是 50%（3/6 × 100%）。

工作日的长度多少是合适的呢？马克思写道：

资本家要坚持他作为买者的权利，他尽量延长工作日，如果可能，会把一个工作日延长为两个工作日使用。可是另一方面，这个已经卖出的商品的特殊性质给它的买者规定了一个消费的界限，并且工人也要坚持他作为卖者的权利，他要求把工作日限制在一定的正常量内。于是，这里出现了二律背反，权利同权利相对抗，而这两种权利都同样是商品交换规律所承认的。在平等的权利之间，力量就起决定作用。所以，在资本主义生产的历史

① Marx K. Capital. vol.1. Chicago：Kerr，1906：212-215.

上，工作日长度的确定表现为规定工作日界限的斗争，这是全体资本家即资本家阶级和全体工人即工人阶级之间的斗争①。

即使不延长工作日，也可以通过提高生产效率从而降低劳动力价值而增加剩余价值。如果工人的必需品能够在更短的时间内生产出来，新价值中就有更大的份额归属资本家。假设工作日从 12 小时缩短至 10 小时，但劳动时间的划分不是 6 小时为工人自己劳动、6 小时为资本家劳动，而是 4 小时为工人劳动、6 小时为资本家劳动。那么剥削率将会从 100%（6/6 × 100%）提高到 150%（6/4 × 100%）。

4）利润率

马克思所说的利润率（p'）是指剩余价值与投入的总资本的比率，用公式表示为

$$p' = \frac{s}{c+v} \tag{12-2}$$

再用图 12-1 中的数据进行计算，我们可以发现本例中的利润率是 11.1%（3 美元/27 美元 × 100%）。

5）转化问题

式（12-2）有助于说明马克思所说的"重大矛盾"或"转化问题"。考虑以下命题。

（1）马克思在《资本论》第一卷中假设所有的商品都按照它们的价值出售。

（2）式（12-2）中的劳动力 v 是价值的唯一源泉。

（3）由命题（1）可知：使用相对较多数量的机器与原材料 c 和相对较少数量劳动力 v 的行业，与那种使用相对较少不变资本 c 和较多数量劳动力 v 的行业相比，将获得较少的剩余价值 s 和较低的资本利润率 p'。这是由于劳动是创造利润的唯一商品。

（4）命题（3）与马克思自己观察到的现象是矛盾的：使用较多资本与较少劳动的机器大工业，与使用较少资本与较多劳动的工业至少有一样高的利润率。像古典学派的经济学家一样，马克思也认为各行业之间的利润率有均等化的趋势。

（5）如果各行业之间的利润率是一致的，而资本−劳动比率却是不同的，那么商品就不会像马克思在第一卷假设的那样按照它们的价值出售。这似乎在马克思的分析中是一个重大矛盾。

马克思在写作《资本论》第一卷之前就意识到了这一问题，并试图在第三卷解决这个问题。他的结论是，在生产成本一定的情况下，资本密集型行业生产的商品将按照高于价值的价格出售，而劳动密集型行业生产的商品将按照低于价值的价格出售。因此，按照马克思的观点，此时劳动价值论仍然成立，只是整体上是为资本主义制度服务的。单个商品以高于或者低于它们价值的价格出售，以便整个经济中利润率实现均等。对于马克思是否成功地解决了这个转化问题存在许多争议。一个有缺陷的劳动理论在他的整个资本主义发展理论中有何意义也存在着争议。

3. 资本积累与利润率下降

根据马克思的观点，资本家得到的利润率，即式（12-2）中的 p'，在长期中会呈下

---

① Marx K. Capital. vol.1. Chicago：Kerr，1906：190.

降趋势。原因是机械化和节约劳动的发明导致了生产效率的提高。它提高了马克思所谓的资本有机构成，即式（12-3）中的 Q。请注意它是不变资本 c 与总资本 $c+v$ 的比率。

$$Q = \frac{c}{c+v} \tag{12-3}$$

利润率公式还可以用式（12-4）来表示，它可以从式（12-2）和式（12-3）中推导出来：

$$p' = s'(1-Q) \tag{12-4}$$

注意这个新公式表明利润率 p' 与剩余价值率 s' 呈同方向变化，与资本有机构成 Q 呈反方向变化。因此，如果资本家相对较多地投资于机器而较少地投资于劳动力，那么 Q 将上升而 p' 将下降。这对马克思来说是至关重要的一点，因为这意味着资本主义面临着加速其灭亡的内部矛盾。较多资本的使用降低了利润率；劳动力是一切价值包括剩余价值的源泉，随着工人使用量的减少，利润率下降了！但是如果价值与利润仅仅是由劳动创造的，资本家难道没有动力使用更多的劳动和较少的资本吗？马克思的答案是"没有"。他认为资本主义的社会力量运动将不可避免地导致资本有机构成提高，这主要有两个原因。第一，那些使用质优量多的不变资本的企业，率先提高生产效率，并会通过降低生产成本而暂时获得额外的利润。最终，成本的下降会导致产品价格的下降，在某一行业中那些落后于机械化进程的资本家将不能生存下去。第二，生产效率越高，劳动力价值——需要生产生活必需品的小时数——就越低，每个工作日生产出来的利润总量就越高。

资本对劳动的替代还有一个次效应：产业后备大军的规模上升了。机器排挤了工人，用现代术语来说，就是技术性失业。个别资本投资的增加导致了"不断增长的资本集中（伴随着资本家数目的不断增多，尽管程度并不相同）"。

马克思发现还有某些力量抵消了利润率下降的趋势。第一，剥削的强度，式（12-4）中的 S，可以通过强迫工人加快工作节奏或者延长工作日而提高。第二，工资可以暂时削减到劳动力价值以下。第三，不变资本可以变得更便宜。不变资本与劳动的比率是一种价值关系，随着机器与原材料变得越来越便宜，资本有机构成提高的速度与利润率下降的速度都变得越来越慢了。第四，劳动人口的增加和技术性失业工人的增加都有利于创立使用较多劳动与较少资本的新工业。这种高利润率的工业行业也参与了整个经济系统的利润率均等化过程。第五，对外贸易通过降低不变资本与生活必需品的价格而提高了利润率。另外，因为不变资本与可变资本的比率较低，而且对殖民地工人的剥削比对国内工人的剥削程度更高，所以在殖民地的资本投资可以获得更高的利润率。最后，通过提高生产率降低劳动力的价值，也提高了剥削率。

请注意在一定程度上抵消利润率下降的这几个因素都提高了剥削率，加剧了无产阶级的"贫困化"。因此，无产阶级的阶级意识加强了，革命的可能性增加了。

4. 资本积累与经济危机

马克思认为，利润率下降只是资本主义无法解决的问题之一，资本主义的另一个趋势是日益严峻的经济危机。

马克思反对萨伊定律，认为它最多只适用于简单商品生产。自给自足的手工业工人以获得使用价值为目的，其生产商品也是为了交换期望消费的其他商品。织麻布者卖掉麻布，用得到的货币来购买食物，这个过程可以用 $C \rightarrow M \rightarrow C$ 来表示，其中的两个 C 分别代表麻布与食物。这些商品具有相同的交换价值和不同的使用价值，货币 M 仅仅是交换的媒介。

但即使是简单的商品生产也有产生危机的可能：

有一种最愚蠢不过的教条：商品流通必然造成买和卖的平衡，因为每一次卖同时就是买，反过来也是一样。如果这是指实际完成的卖的次数等于买的次数，那是毫无意义的同义反复……没有人买，也就没有人能卖。但谁也不会因为自己已经卖，就得马上买。流通之所以能够打破产品交换的时间、空间和个人的限制，正是因为它把这里存在的换出自己的劳动产品和换进别人的劳动产品这二者之间的直接的同一性，分裂成卖和买这二者之间的对立。……如果买与卖的时间间隔很明显，它们之间的密切联系即同一性就要通过导致危机而显示出来[①]。

在大规模的资本主义生产条件下，交换的过程变成了 $M \rightarrow C \rightarrow M$，人们是为了卖而买，而不是为了买而卖。货币被换成劳动力、原材料和机器等商品，商品的出售是为了得到货币。但如果两个 M 是相等的，这个过程就没有意义了。所以，对资本主义过程的正确描述应该是 $M \rightarrow C \rightarrow M'$，其中 M' 大于 M 的部分就是资本家从生产性工人身上榨取的剩余价值，这就是扩大的投资过程。"积累，再积累！这才是摩西和先知的法则！"

资本与劳动力投资的迅速增加暂时提高了对劳动力的需求，提高了资本家必须支付的工资。但是这部分高工资降低了剩余价值率和利润率，抑制了扩张，使经济向相反的方向发展。由此产生的萧条摧毁了固定资本的货币价值，使得一些较大的资本家可以以便宜的价格兼并小的资本家，一些工厂倒闭，商品价格下跌，信用萎缩，工资下降，剩余价值率和利润率得到恢复，投资再次增加。"在资本主义限度内，当前的生产停滞为下一次生产的扩张做好了准备。"按照马克思的观点，每一次经济周期都比前一次规模更大，加剧了阶级斗争，促进社会变革的产生。

5. 资本积累与财富集中

资本积累的运动过程和经济危机的重复出现，使得资本所有权集中，财富积聚到少数人手中。

资本之所以能够在一个地方大量增长，是因为在另一个地方许多人失掉了资本……竞争是通过使商品便宜来展开的。在其他条件不变时，商品的便宜取决于劳动生产率，而劳动生产率又取决于生产规模。因此，较大的资本战胜较小的资本。我们记得，随着资本主义生产方式的发展，在正常条件下经营某种行业所需要的单个资本的最低限量会提高。因此，较小的资本挤到那些大工业还只是零散地或不完全地占领的生产领域中去。在那里，竞争的激烈程度同互相竞争的资本的多少成正比，同互相竞争的资本的大小成反比。竞争的结果总是许多较小的资本家垮台，他们的资本一部分转入胜利者手中，一部分归于消失。

① Marx K. Capital. vol. 1. Chicago：Kerr，1906：686-687.

除此而外，一种崭新的力量——信用事业，随同资本主义的生产而形成。

起初，它作为积累的小小助手不声不响地挤了进来，通过一根根无形的线把那些分散在社会表面上的大大小小的货币资金吸引到单个的或联合的资本家手中；但是，很快它就成了竞争斗争中的一个新的可怕的武器；最后，它变成一个实现资本集中的庞大的社会机构[①]。

6. 阶级斗争

财富越来越集中到少数资本家手中，这与工人的绝对贫困及相对贫困一起，为阶级斗争创造了条件。越来越多的遭受"贫困、压迫、奴役、贬低、剥削"的工人团结起来开始进行反抗。"资本主义私有制的丧钟敲响了，剥夺者要被剥夺了。"资本主义制度的生产关系与生产力产生了冲突，前者将"迅速发生变革"。工人将推翻资本家的统治，建立无产阶级专政。生产资料的国家所有取代私人所有，资本扩张的速度达到稳定，对工人的剥削消除了。在某种意义上，工人变成资本的所有者。

7. 资本主义的运动规律总结

图 12-2 总结了马克思的资本主义运动规律。如我们所指出的那样，他的劳动价值论是整个理论的出发点。工人是所有价值的源泉，但是如箭头 a 所示，他们并不能得到所有的价值，资本家只支付给工人劳动力的价值。这个价值小于产出的价值，差额部分是资本家以所有权收入的形式占有的剩余价值。如箭头 b 所示，剩余价值是资本积累的源泉。箭头 c、d、e 分别表示资本积累产生了不断下降的利润率、逐渐恶化的经济危机和技术性失业。所有这三个方面都扩大了失业的后备大军的规模，直接或间接地加剧了无产阶级的贫困（箭头 h、i、j）。利润率的下降和经济危机的恶化还导致了资本积累与财富集中（箭头 f 和 g）。如箭头 k 和 l 所示，这个过程的最终结果是阶级斗争。

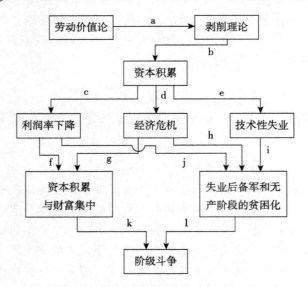

图 12-2　马克思的资本主义"运动规律"

---

① Marx K. Capital. vol.1. Chicago：Kerr，1906：686-687.

按照马克思的观点，劳动是一切价值的源泉，所以剩余价值和利润都来自于对工人的剥削（箭头 a）。资本家之间的竞争导致了资本积累（箭头 b），它引起了利润率的下降、经济危机和技术性失业（箭头 c、d、e）。这些结果产生了资本积累与财富集中（箭头 f 和 g），同时加剧了失业和贫困（箭头 h、i、j）。资本家与工人的两极分化最终导致了阶级斗争（箭头 k 和 l）与资本主义的灭亡。

▶本节拓展材料

12.4   对马克思劳动经济学的评价

马克思在几个方面对劳动经济思想的发展做出了贡献。但是，他的分析在几个方面也存在着缺陷。

12.4.1   马克思对劳动经济思想的贡献

一些社会主义者认为马克思是经济思想史上特别的、最重要的作者。当然，大部分经济学家并不同意这个观点。但即使是批评马克思的经济学家也同意马克思在以下几个方面对经济学分析做出了贡献。

第一，在为经济学创建一个适当的价值理论的努力中，马克思是一个重要的参与者。与劳动价值论相关的这些问题激励了经济学家们去探索理解交换价值的其他途径。

第二，马克思是最早注意到经济周期是资本主义经济一个常见现象的经济学家之一。回想一下，小马尔萨斯曾经描述了供给过剩的可能性但并没有提出经济周期的观点。马克思和他之前的西斯蒙第一样，提出市场经济中周期性的经济高涨和下降趋势。现在这些波动仍不时地困扰着资本主义经济，受到全世界经济学家的强烈关注并被详细研究。

第三，马克思正确地预测了大规模企业和垄断力量的增长。随着这种形式的企业的兴起，经济学家不得不为此发展新的经济行为理论、资源分配理论和收入分配理论；在分析现实世界的市场和公共政策时，经济学家不再假设世界是由诸多完全竞争企业构成的斯密式世界。

第四，马克思将替代效应应用于劳动节约型资本的研究，突出强调了替代效应。确实在某些情况下，新的资本可以替代劳动。他还比他的先辈们更为详尽地讨论了劳动节约型创新的观点。

第五，马克思还通过强调动态的而不是静态的分析，对经济学做出了贡献。后来的制度学派、增长学派及奥地利学派的经济学家都强调动态方法。

12.4.2 马克思的分析存在的缺陷

马克思对资本主义"运动规律"的分析有几个缺陷。我们对它们的讨论将围绕图 12-2 所总结的马克思理论的主要思想展开。

1. 劳动价值论的缺陷

马克思的劳动价值论存在几个问题。现代经济学家驳斥了工人是一切交换价值的来源的观点。土地和资本也是生产性的资源，它们独立于并超出劳动价值之外，而劳动力的生产是需要它们的。因此，土地和劳动力资源的所有者都应该得到足够的回报，以便可以继续使用这些资源来生产某一特定商品。资本的一部分确实是由过去的劳动创造的，但是过去的劳动已经按照它创造资本过程中的贡献支付了报酬。于是资本就变成了可以独立买卖的资源。这样，它创造的价值就超过了生产它时使用的劳动力的价值。

一个技术方面的批评就是先前提到的与马克思的劳动价值论相关的"转化问题"。据称，还存在其他的技术性问题。例如，在《资本论》第一卷中，马克思假设所有行业的剩余价值率趋于一致，其目的是说明劳动是所有价值的唯一源泉。但正如埃德温·韦斯特指出：

> 但是如果剥削率在所有行业都是相同的，那么工作的小时数也应该是一致的。于是，马克思坚持事实就是如此，并引用了当代的证据来支持他的观点。然而，对他的资料（19 世纪的工厂监工的报告）的一次严格考察却并没有证实他的预测。相反，数据与杰文斯最先提出的新古典竞争假设更为一致，即由于工人对劳动与闲暇的偏好不同，劳动的小时数不同[①]。

2. 马克思的剥削理论中存在的问题

按照马克思的观点，由于有大量失业的后备军的存在，支付给工人的工资会趋向于维持基本生活的水平。工人们被迫工作足够长的时间，以便为资本家创造剩余价值，但是并没有那么多失业的后备大军。人们通常是失业后又重新就业了，在失业大军中的人通常都是暂时性失业。长期的大规模失业只是例外现象，而不是资本主义国家的规律。在相对充分就业的条件下，资本家之间必然会相互竞争以吸引高素质的工人，就像工人之间为了得到一份较好的工作而竞争一样。资本家纷纷提高工资水平，改善工作环境，缩短工作时间，或者同时采取这三种措施来进行竞争。从历史上看，在马克思的著作问世后的几十年时间里，真实工资水平得到了极大的提高，而且在大多数工业化国家，劳

---

① West E G. Marx's hypotheses on the length of the working day. Journal of Political Economy, 1983, 91: 266.

动力占国民收入的份额或者得到了提高，或者保持了相对稳定。

3. 马克思对资本积累分析的缺陷

从图 12-2 中可以得知，马克思相信资本积累导致利润率下降，加剧了经济危机及技术性失业。现代经济学家认为虽然这些结果在理论上来说是可能的，但是在理论上还有其他一些可能的结果存在，而且事实上常常导致后面这些结果。确实，资本深化——资本的增长速度快于劳动力的增长——降低了资本的回报。但是，还有其他一些因素在起作用，特别是新技术提高了资本的生产率，抵消了利润率下降的趋势。从历史上看，资本收益率和利润率是随着经济周期波动的，而不是呈下降的趋势。

资本积累和经济周期恶化的分析是怎样的呢？迅速扩张的资本确实会导致生产能力过剩，接着带来过量存货、生产缩减、失业增加等后果。正如我们所说的那样，马克思在这方面的贡献是很重要的。但是，投资的繁荣并不是准则。在许多时期，投资的增长与稳定的经济增长步调是一致的，而在即将到来的经济危机中则不会增长。

资本积累是否如马克思所说的那样引起了失业呢？如果资本只是劳动在生产过程中的替代品，那么答案也许是肯定的。但即使在这种情况下，较低的生产成本也可能造成一个行业规模的充分扩张，从而使总就业水平保持不变甚至上升。而且，许多类型的资本在生产过程中是劳动的互补品。例如，一家新工厂需要雇用一些新工人，也就是，导致劳动需求的增加以及可得的就业岗位的增加。要点在于不变资本的积累并不必然引起失业。在《资本论》出版后一个多世纪以来，尽管股本增加与就业增长的关系因行业而有所不同，但资本积累一直伴随着总就业量的快速增加。

4. 阶级斗争观点中存在的问题

马克思"阶级斗争将不可避免"的预测建立在他的剥削和资本积累理论的基础之上，资本积累造成了利润率下降、经济危机加剧以及技术性失业，我们认为这些理论存在严重的缺陷，历史表明工人和资本家分化为两个对立的阶级并没有发生。相反，在大多数发达资本主义国家出现了强大的中产阶级，中产阶级的成员包括小商业主、自我雇佣者、科学家、工程师、教师、销售员、广告商、管理人等。马克思肯定会感到惊诧，一部分是因为资本积累，工人收入的积累是国民储蓄增长的主要来源。他还会诧异地发现许多工资收入者都有使他们步入社会中产或者中上"阶级"的年收入。

马克思认为，国家充当整个资产阶级的执行委员会，将会确保资产阶级对无产阶级压迫的条件，马克思却没有看到国家也会受到经济条件改善的影响。他也没有预见到福利中央集权制、公共事业管理、确立工会组织罢工的法律、财政和货币政策等。他也没有理解资本家阶级作为一个整体的利益并不一定与其中每个人的利益相一致。例如，单个的资本家可能会抵制对支付养老金规定的上限。但是，当所有资本家都不得不在同等条件下支付养老金时，负担就不是那么重了，因为只有某一个资本家付出这一成本时，必须牺牲竞争的优势。

具有讽刺意味的是，成功的马克思主义革命并没有发生在马克思预期的发达资本主义国家（如英国、法国、德国）。很遗憾，发生革命的国家（苏联、中国）在革命的时候缺乏资本积累，历史证据并没有支持马克思的阶级斗争理论。

➤本节拓展材料

◎ 思考题

1. 简要说明下列各项对经济思想史的重要性：托马斯·罗伯特·马尔萨斯、《人口论》、《史宾汉姆兰法》、戈德温、康替龙、对人口增长的预防性控制、对人口增长的积极控制、济贫法、市场供给过剩理论、非生产性消费、谷物法。

2. 简要概括托马斯·罗伯特·马尔萨斯的人口理论，并将这一理论与他对济贫法的立场联系起来。这一理论与他的土壤"改良"中的收益递减概念有何联系？

3. 托马斯·罗伯特·马尔萨斯的人口理论是如何解释饥荒的？在哪些方面它不符合甚至是扭曲了对现代饥荒理论有用的那些见解？

4. 按照托马斯·罗伯特·马尔萨斯的观点，什么是市场供给过剩？市场供给过剩是怎样发生的以及为什么会发生？怎样才能避免这一问题的出现？谷物法对于解决上述问题有什么意义？

5. 解释下面这段话：虽然托马斯·罗伯特·马尔萨斯的市场供给过剩理论是解释失业问题的首次尝试，但该理论并不是一个经济周期理论。

6. 简要说明下列各项对经济思想史的重要性：恩格斯、《共产党宣言》（1848 年）、《资本论》（1867 年）、达尔文、黑格尔、费尔巴哈、唯物论、生产力、生产关系、不变资本、可变资本、社会必要劳动时间、劳动力、剩余价值、剥削率、转化问题、资本有机构成、产业后备军、无产阶级。

7. 联系黑格尔和费尔巴哈的早期思想，解释马克思的历史唯物主义理论。

8. 联系马克思对资本主义制度"运动规律"的分析，解释以下各个公式：

（1）价值$=c+v+s$。

（2）$s'=s/v$。

（3）$Q=c/(c+v)$。

（4）$p'=s'(1-Q)$。

9. 马克思的历史唯物主义理论和他对资本主义制度的分析与达尔文的进化论思想有何联系？

10. 按照马克思的观点，如果工人只得到劳动力的价值，那么从哪种意义上来说他们受到了剥削？

11. 讨论马克思下列说法的缺陷：新机器和新生产技术的使用会引起技术性失业劳

动力人数的增加。

12. 在马克思的整个资本主义发展理论中,经济危机理论扮演了一个什么样的角色?

13. 当一个人非常希望出现某一特定结果时,"希望事实如此"的推理谬误就会产生,这样的推理谬误会使他或她的分析产生偏见。举例说明马克思这样的一个推理谬误。

【推荐选读书目】

Baran P A,Sweezy P M. 1966. Monopoly Capital. New York:Monthly Review Press.

Blaug M. 1991. Karl Marx. Brookfield:Edward Elgar.

Blaug M. 1991. Robert Malthus and John Stuart Mill. Brookfield:Edward Elgar.

Bonar J,Fay C R,Keynes J M. 1935. A commemoration of Thomas Robert Malthus. Economic Journal,45:221-234.

Brewer A. 1995. A minor post-Ricardian? Marx as an economist. History of Political Economy,27:111-145.

Brue S L,Craig M. 1995. From Marx to markets:reform of the university economic curriculum in Russia. Journal of Economic Educationn,26:182-194.

Dillard D. 1984. Keynes and marx:a centennial appraisal. Journal of Post-Keynesian Economics,6:421-432.

Dorfman R. 1989. Thomas Malthus and David Ricardo. Journal of Economic Perspectives,3:153-164.

Foley D K. 1986. Understanding Capital:Marx's Economic Theory. Cambridge:Harvard University Press.

Gilbert G N. 1980. Economic growth and the poor in Malthus' essay on population. History of Political Economy,12:83-96.

Godwin W. 1926. An Enquiry Concerning Political Justice and Its Influence on General Virtue and Happiness. 2 vols. New York:Knopf.

Hollander S. 1990. Malthus's vision of the population problem in the essay on population. Journal of History of Economic Thought,12:1-26.

Hollander S. 1997. Economics of Thomas Robert Malthus. Toronto:Toronto University Press.

Hutchison T W. 1978. Friedrich Engels and Marxian economic theory. Journal of Political Economy,86:303-320.

Levy D. 1978. Some normative aspects of the Malthusian controversy. History of Political Economy,10:271-285.

Malthus T R. 1798. An Essay on the Principle of Population. London:Printed for J. Johnson,in st. Paul's Church-Yard.

Malthus T R. 1903. An Inquiry into the Nature and Progress of Rent. Baltimore:Johns Hopkins University Press.

Malthus T R. 1951. Principles of Political Economy. 2nd ed. New York:Kelley.

Marx K. 1798. Capital. 3 vols. Translated by Moore S,Aveling E,Untermann E. Chicago:Kerr.

Marx K. 1913. A Contribution to the Critique of Political Economy. 2nd ed. Translated by Stone N I. Chicago:Charles Kerr.

Marx K. 1951. Theories of Surplus Value. Translated by Bonner G A,Burns E. London:Lawrence and Wishart.

Marx K. 1964. The Economic and Philosophic Manuscripts of 1844. Translated by Milligan M. New York：
　　International Publishers.

Marx K，Engels F. 1948. Manifesto of the Communist Party. New York：International Publishers.

Oser J. 1956. Must Men Starve? The Malthusian Controversy. London：Cape.

Schapiro S J. 1934. Condorcet and the Rise of Liberalism. New York：Harcourt，Brace & World.

Smith K. 1951. The Malthusian Controversy. London：Routledge and Kegan Paul.

Sweezy P M. 1942. The Theory of Capitalist Development. New York：Oxford University Press.

Winch D. 1987. Malthus. New York：Oxford University Press.

第四编　新古典学派劳动经济思想

第 13 章　边际学派的劳动经济思想

▶学习目标
1. 边际学派产生的背景与条件。
2. 边际学派主导的劳动经济思想。
3. 杰文斯的劳动经济思想。
4. 庞巴维克的劳动经济思想的影响。

19 世纪 60 年代约翰·斯图尔特·穆勒的折中主义体系宣告古典经济学的统治地位结束，边际学派取代古典经济学成为这一时期西方经济学发展的主要特征。边际学派是 19 世纪末 20 世纪初资产阶级经济学各流派中影响最大的一个新流派。这个流派是以欲望为出发点，以效用为中心，以边际分析为工具，以主观评价经济现象为基础的一个学派，包括奥地利学派、数理学派及美国学派，其中涉及不少有关劳动经济思想史的内容。

1. 社会背景与历史条件

19 世纪 70 年代兴起的边际主义，并不是偶然产生的，而既有其产生的特定的社会历史条件，又有其必然的思想来源。工业革命开始一百多年后，一些严重的经济与社会问题仍然没有得到解决。尽管劳动生产率得到了极大的提高，但贫穷仍很普遍。尽管总体生活水平有了提高，但财富和收入分配的极端不公平导致了许多不满。经济波动对许多人产生了负面影响：个人不再能够仅仅依靠他们自己的主动性和能力来克服他们所面临的各种情况。农民和农业劳动者也有他们的困难：受到更好机会这种胡萝卜的诱惑和农村的贫穷这种驱使，许多人漂流到了城市。而另外，城市的劳动条件令人担忧，在充分的工人补偿法实施以前，许多工业事故给工人和他们的家庭带来了严重的灾难。许多问题，如较长的劳动时间、危险和不健康的工作环境、雇主在和工人们进行谈判的过程中所拥有的经济优势、垄断企业的崛起和人们在老年时的不安全感，都迫使人们从古典经济学思想狭窄的范围以外去寻求解决问题的答案。

随着社会的发展，传统古典经济学劳动价值理论的缺陷越来越明显。由于经济条件的变化，以反对封建主义和宣扬经济自由主义为己任的资产阶级古典经济学早已结束了它的历史使命，并走向解体。其主要表现：一是李嘉图体系的两大难题，在资产阶级经济学那里一直没有得到解决；二是长期占据统治地位的约翰·斯图尔特·穆勒经济理论体系面临挑战。约翰·斯图尔特·穆勒的折中主义体系既不能在理论上"修补"古典经济学派的缺陷，又不能在实践上解决新的经济任务，折中主义体系四面楚歌。总之，古典经济学已经不适应资产阶级的需要。

另外，产生于 19 世纪 40 年代的马克思主义，在工人中广泛传播并指导工人运动，对资本主义形成了强大的压力。马克思主义劳动价值论和剩余价值论的影响之广泛与深远，令人瞩目。因此，资产阶级迫切需要一个有力对抗马克思劳动价值论和剩余价值论的新学派。因此，针对此批判的需要，边际学派适时产生。边际学派的主要代表人物，如庞巴维克把批判的矛头指向马克思的《资本论》，撰写了《资本利息理论的历史与批判》《马克思〈资本论〉的几个争论问题》等著作，集中攻击马克思的劳动价值理论和剩余价值理论。

19 世纪 70 年代，是资本主义走向垄断的过渡时期。资本主义向垄断阶段的过渡产生了一些新的现象、新的问题，为边际分析提供了客观条件。一是规模巨大的垄断公司和企业集团的形成，有利于对边际成本和边际收益等范畴进行分析和研究。二是日益成熟的国内外市场，有利于关于市场均衡和资源最优配置的研究。三是制度的发展及股东和食利者阶层的出现，有利于利息率、投资者和消费者心理的研究。而对这些蕴藏着大量边际量关系的经济现象的分析，正是处于日益频繁的经济危机中的资产阶级最关注的问题。另外，19 世纪后期微积分的完善以及其他自然科学的发展给经济学以启示，从技术上为边际革命提供了新的工具和新的思路。

19 世纪 70 年代的资产阶级经济学家们面临着理论危机，力图重新建立"真正的经济学体系"，边际主义的主要代表人物无一例外地把批判的矛头指向李嘉图和约翰·斯图尔特·穆勒，提出用边际效用价值论取代古典学派的劳动价值论，并以此建立起不同于传统经济学的理论体系。

基于以上的社会背景和历史条件，边际学派应运而生。

边际革命发端于价值理论领域，杰文斯、瓦尔拉斯和门格尔分别在英国、瑞士（瓦尔拉斯任教于瑞士洛桑大学）和奥地利的卢地阐述了以边际效用递减原理为基础的交换价值理论。他们的理论强调边际效用而不是生产成本在决定交换价值中的作用。通过边际效用概念，他们建立了使用价值和交换价值之间的联系。他们的理论标志着西方正统经济学在价值论上彻底脱离了生产成本论和劳动价值论，将价值的分析转向了主观因素。

2. 主导思想及代表人物

边际主义一词，可能最早出现于约翰·霍布森的《工业与财富》（1914 年）一书中，他原意是在贬义上使用这个词语，用于概括边际效用论和边际生产力论。边际主义经济学并不是一个具有统一经济理论观点的学说，而是泛指那些在研究经济问题时防范运用边际分析方法的理论[①]。从 19 世纪 30 年代到 50 年代，随着李嘉图体系的崩溃，随着经济生活中日益显示出的边际增量的存在及其意义，英国、法国和德国出现了一批试图依据边际分析来创立经济学新体系的思想家。

边际主义实际上是西方经济学在价值理论上的新的发展和突破。也就是说用边际效用学说来分析和说明价值问题。所以，边际效用价值论是边际主义的主要理论，也是边

---

① 颜鹏飞：《西方经济思想史》，中国经济出版社，2010 年，第 179 页。

际革命的主要成果，其主导思想围绕着边际效用价值论。边际效用价值论讨论效用的问题。效用是消费者对物品或劳务满足自己欲望能力的主观评价，物品或劳动满足人们欲望的能力就是效用。效用因人、因地、因时不同而不同。物品越稀缺，人们对它的评价就越高，效用越大。一种物品或者劳务越稀缺，边际效用越大，价值就越高。随着人们所消费的物品或者劳务的增加，该物品或劳务的边际效用递减。边际效用强调消费、需求、欲望和主观心理的作用，为现代微观经济学的价格理论和消费者行为理论提供了依据。边际学派中的边际效用价值理论强调对有别于阶级的个体与个人的分析的重要性，对微观经济学对象的形成有直接的影响。边际学派中的边际效用价值论强调运用边际分析方法，这是微观经济学的基本分析方法。

边际学派是 19 世纪 70 年代到 20 世纪 20 年代初西方经济学中影响最大的一个学派，是以边际效用价值论和边际分析为基础的几大学派的统称。其基本特征体现在以下几方面。

（1）物品或劳务的价值取决于效用。

（2）在具体的研究方法上以抽象演绎法与历史学派的历史归纳法相对立。

（3）在价值论和分配论上，以边际效用价值论、时差利息论、一般均衡论，对抗古典经济学派，对抗马克思的劳动价值论和剩余价值论。

（4）边际学派对现代西方经济学的形成有重大影响，其理论核心和主要方法是现代微观经济学的基本理论支柱和基本分析方法[①]。

不过，当时的边际理论，特别是边际效用价值论尚处于缺乏完整和系统论证的初级阶段，在当时经济学领域中尚处于微不足道的地位，但是他们的经济思想为 19 世纪末期"边际革命"的崛起准备了思想材料。

在边际学派中，先驱者是伯努利，以屠能、古尔诺、戈森等影响力最为突出。

13.1　边际学派先驱者的劳动经济思想

13.1.1　伯努利的劳动经济思想

1. 伯努利的生平及著述

丹尼尔·伯努利（Bernoulli Daniel，1700~1782 年），生于荷兰格罗宁根，大部分时间居住在瑞士巴塞尔，最后也卒于巴塞尔。他是约翰·伯努利的儿子，雅各布·伯努利的侄子。父亲希望他经商，但是他却从事数学研究。他是欧拉的密友，并与他有过合作。1724 年伯努利前往圣彼得堡出任数学教授，但他并不喜欢那里，于 1733 年因病离开。之后回到巴塞尔大学，先后担任医学、形而上学和自然哲学的教授，直至去世。

伯努利不但是数学家，还是物理学家、医学家。伯努利的学术著作非常丰富，他的全部数学和力学著作、论文超过 80 种。他最早的数学著作是 1724 年发表的《数学习题》，

---

①赵羽翔：《经济学说史研究》，中国社会科学出版社，2004 年，第 97 页。

他最重要的著作是《流体动力学》。

2. 伯努利的主要劳动经济思想

伯努利是使用边际效用分析的第一人，他在 1738 年发现：随着财富的增加，财富带来的边际效用递减。但是，由于他的论文是用拉丁文写成的，直到 1896 年才有第一个德语翻译本，1954 年才有英译本，所以在边际革命发生时其并不为人所知。

13.1.2　戈森的劳动经济思想

1. 戈森的生平及著述

德国经济学家戈森（Wilhelm Gossen）1810 年出生在德国西部的迪伦，1829~1833 年在波恩大学学习法律和公共管理学，毕业后当过律师、地方政府税务官。退休后，与他人合办过保险公司，后来专心著述。他隐居多年完成的在 1854 年出版的《人类交换规律与人类行为准则的发展》一书中，已经比较系统地阐述了边际效用理论，试图在消费者主观心理感觉基础上构建学说体系，并推崇经济自由主义政策。但是，当时德国的主流经济学是历史学派的经济学，戈森的观点并未引起注意。该书作为异见者而无人问津。戈森苦闷至极，于 1858 年要求停止发行并销毁存书。1879 年，杰文斯在《政治经济学理论》的再版序言中，详细介绍了戈森的学说，并承认其原创性。瓦尔拉斯也推崇戈森为自己的思想先驱。此后，戈森的影响力与日俱增，其著作于 1889 年重印发行。

戈森运用边际分析方法，通过数学的形式阐述了边际效用理论的两个基本原理：第一个原理是边际效用递减，后来被称为"戈森第一定律"；第二个原理是在不同的选择中实现效用最大化的条件，即边际效用均等，后来被称为"戈森第二定律"。

戈森尽管在边际效用问题上做出了比较完整的阐述，但是他未能将边际效用分析与价值和价格问题联系起来，加之他的著作长期被忽视，所以他只不过是边际革命的先驱，在思想史上的地位远不及边际革命的三位奠基人。

2. 戈森的主要劳动经济思想

1）关于劳动与享乐关系的思想

戈森探讨了最初在研究享乐法则时所抽象掉的劳动因素。他把劳动或"运动"归结为人们在创造效用过程中的一种主观心理感受过程。他首先区分了两种享乐：一种是间接享乐，即劳动成果给人带来的享乐；一种是直接享乐，即劳动（运动）本身带来的享乐。他着重分析了后者，并对劳动（运动）本身引起的人的感觉变化的规律做了理论概括和数学论证[1]。他最后指出："要使生活中获得最大的享乐，人们应在获得各种享乐时，这样来分配自己的时间和能力，即对每种享乐而言，生产的最后原子的享乐程度应该等于他在消耗自己能力的最后时刻所能经受的疲劳或痛苦。"[2]

戈森理论的出发点是最大幸福原则。他认为，每一个人的目的都是要将他的生活享

---

① 颜鹏飞：《西方经济思想史》，中国经济出版社，2010 年，第 187 页。

② 戈森：《人类交换规律的发展及人类行为的准则》，麻省理工学院出版，1983 年，第 53 页。

乐提高到最大限度，其理论人物便是研究其实现途径。戈森指出，人的享乐受两大条件制约：一是可以变化的享乐的多样化；二是人一生的长度。当人们在寻求快乐时，要遵循一定的规律以使享乐总和最大化。

　　2）劳动所带来享乐的数学论

　　戈森将劳动或者运动归结为人们在创造效用过程中的一种主观心理感受过程。他区分了两种享乐：一种是间接享乐，即劳动成果给人带来的享乐；一种是直接享乐，即劳动或者运动本身所带来的享乐。他着重分析了后者，对劳动（运动）本身引起的人感觉变化的规律做了理论概括和数学论证，如图 13-1 所示。

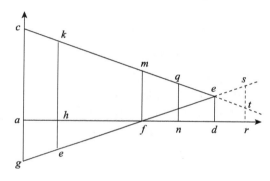

图 13-1　戈森的劳动享乐数学图表

　　在图 13-1 中横坐标为时间轴，纵坐标为享乐轴，线段 ce 表示效用递减法则，线段 ge 表示劳动过程中的主观心理感受（f 点之前是享乐递增增势，f 点之后是痛苦递增增势）。当劳动时间为 a 时，从劳动成果获得的享乐为 ac，从劳动中获得的享乐为 ag，所以 a 的价值为 cg。超过 f 点，得自劳动成果的享乐虽然较前为 r，但仍然是 e 值，而得自劳动中的享乐则转化为痛苦，把劳动时间停止在 a 点则使来自劳动的享乐达到最大值。若超过 d 点，痛苦就会大于享乐[1]。

　　戈森最后阐述了他的政策主张。在他看来，只要增强生产力、提高工作效率及强化法律和秩序，从而增加享乐绝对量，才能增加人们自己的福利。因此，他认为应该采取措施，改善教育、稳定通货、实行土地国有化、推行国债制度等。这对于促进德国资本主义发展有进步意义[2]。

13.1.3　屠能的劳动经济思想

1. 屠能的生平及著述

　　屠能（Johann Heinrich von Thunen，1783~1850 年），又译杜能，德国经济学家，1826 年出版《孤苦国》（中译本为《孤立国同农业和国民经济的关系》，商务印书馆 1986 年版）。屠能出生于奥尔登堡，是佛里斯兰自由地主家族的后裔。屠能早年丧父，其继

① 蒋雅文、耿作石、张世晴：《西方经济思想史》，科学出版社，2010 年，第 180 页。
② 颜鹏飞：《西方经济思想史》，中国经济出版社，2010 年，第 187 页。

父是一个精通数学的商人，对他学习数学产生了较大的影响。1799 年，他开始在田庄学习农业，后就读于汉堡附近的大佛罗特贝克农学院。1803 年屠能获罗斯托克大学名誉博士学位，1848 年当选法兰克福议会议员。屠能的代表作是三卷本《孤立国同农业和国民经济的关系》（简称《孤立国》）[①]。

边际革命前的边际生产力分配论。屠能假设了一个与世隔绝的孤立国，它的土地全是肥力相同的沃野平原。全国只有一个城市，位于平原中央，其他地方都是农村。离城市最远的地方是尚未开垦的荒野。城市所需的食物由农村供给，全国所需的工业品由城市供给。屠能分析了如何使用与城市的距离不同的土地，也就是产业布局问题。他以城市为中心，在生产布局上形成了六个同心圆境，每个圆境生产各自的产品。产品运往城市的过程中，发生的费用最高的产品被安排在城市附近生产，易腐烂的鲜活产品也安排在城市附近生产，不易损坏的、其价值足以承担高额运费的产品被安排在离城市较远的地方生产。

屠能对生产布局的分析中包含了这样的原理：生产布局应该按物品运往城市的边际成本来安排。在不同圈境中的产品生产过程中，生产要素的追加将在增加的成本等于增加的产品价值时停止，生产要素的收益取决于投入的最后一单位的生产力。这种公式相当于边际生产力分配论，尽管他在分析中没有使用这个术语。但是，他在这方面的贡献方式并未引起注意。

2. 屠能的主要劳动经济思想

1）关于生产力的理论

屠能认为生产物是由劳动和蓄积劳动产生的，即资本（生产工具、机器和建筑物等）创造的，资本的作用在于提高劳动生产率。在他看来，工人单靠双手创造的超过他在生产时所消费的生活必需的余额就是工资。屠能把工资归结为劳动的边际生产力。在他看来，随着雇佣劳动者人数的增加，新增工人所增加的产量呈递减趋势，从而劳动的生产率趋于下降。他进而认为，最后雇佣的工人的劳动价值就是他的劳动报酬（工资），因而工资应等于在大规模经营中最后雇佣的生产率最低的工人所增加的产量。如果工资提高，最后雇佣的工人收入就会超过他的劳动价值。因为不能弥补生产费用的劳动必然会耗尽财富，因此雇主就会解雇工人，直至最后留用工人的生产价值等于提高的工资额。他指出，在最后一名工人之前的那些劳动者为资本所有者提供了超过工资的剩余。因而他强调，劳动最后（边际）生产率法则也就是剥夺劳动的法则。

2）关于自然工资

屠能还提出了自然工资理论。他看到，资本和劳动的利益是背道而驰的。社会上人数最多的阶级的劳动率越来越高，创造越来越多，然而却最受压迫，这是违背自然的矛盾现象。他时而认为工人与产品相分离是产生这种弊端的根源，时而又认为工人贫困来源于无产者人数增长过快及工人所受的教育较少。他力图将资本主义的一切弊病归咎于分配问题。针对这一问题，屠能提出了自然工资理论，要求把现行低下的工资提高到自然工资的水平。所谓的自然工资就是既非由供求关系形成的，也不是由工人的需要计算

① 吴宇晖、张嘉昕：《外国经济思想史》，高等教育出版社，2014 年。

出来的，而是工人自己自由决定的工资。自然工资就是工人的需要及其劳动产出之间的中项比例数。屠能在对自然工资公式进行求证时，假设总工资为 A，总劳动产品为 P，总利润为 $P-A$，利润率为 $(P-A)/A$，总工资中用于必要消费资料的那部分数额为 a，那么工人所得到剩余总量就可以表示成 $A-a$。这个剩余总额在给定利润率条件下投资，则收入为 $[(P-A)/A]×(A-a)=P-A-ap/A+a$。要得到工资的最优值，则须满足 $P-A-ap/A+a$ 的一阶导数为 0，则有 $A^2=ap$，$A=\sqrt{ap}$。

屠能提出了将现行的比较低的工资提高到自然工资的水平上。而自然工资是由工人自己自由决定的，如前所述，自然工资在数量上等于工人的需要与劳动产品乘积的平方根。屠能还运用边际分析方法说明了级差地租的存在。由于农产品的市场价格是由最边远的，也就是成本处于边际状态的地区生产和运输谷物的费用决定的，这样边际状态比较好的地区农产品都有地租。屠能比较完整地提出了边际生产力分配论的基本思想[1]。

大部分西方经济学者贬低屠能，而少数有影响的人物如马歇尔、熊彼特却对他推崇备至。屠能的经济学说在经济学说史上，特别是在边际分析史上占一定的地位。他是较为完整的边际生产力分配论的主要先驱者，并且也是较早地将边际分析方法应用于经济研究的少数经济学家之一[2]。

屠能提出"劳动最后生产力工资理论"。他写道："工资等于在大规模经营中最后雇佣的工人所增加的产品。"并且，最后雇佣的这名工人的工资，必然是同等基数和同等能力的全体工人的标准。如果工资提高，最后雇佣的工人的收入就会超过他的"劳动的价值"。此时，雇主将解雇工人，直到最后留用的工人的产品价值等于提高了的工资。"增雇工人的界限就在于，最后一名雇佣工人的增产量能够弥补他所得的工资；反过来说，工资等于最后一名雇佣工人的增产量。"[3]

▶ 本节拓展材料

13.2　边际学派发展者的劳动经济思想

13.2.1　杰文斯的劳动经济思想

1. 杰文斯的生平及著述

杰文斯（1835~1882 年）出生于英国利物浦的一个制铁机械工程师家庭，1851 年进

① 李薇辉：《西方经济思想史概论》，华东理工大学出版社，2005 年，第 266 页。
② 蒋雅文、耿作石、张世晴：《西方经济思想史》，科学出版社，2010 年，第 179 页。
③ 屠能：《孤立国同农业和国民经济的关系》，吴衡康译，商务印书馆，1986 年，第 459 页。

入伦敦大学学习数学、生物、化学，后因经济原因离开学校到澳大利亚谋生。1859 年他又回到英国继续他的学业，1862 年获得了文学硕士的学位。1863 年至 1876 年在曼彻斯特大学欧文学院任教，教授逻辑学、道德哲学及政治经济学。他从 1866 年开始担任欧文学院逻辑、道德哲学及政治经济学教授。1871 年发表代表作《政治经济学理论》（此书中译本曾于 1936 年由中华书局出版，当时题为《经济学理论》）；1872 年当选为英国皇家学会研究员；1875 年转任伦敦大学政治经济学教授；1880 年当选为伦敦统计学会（英国皇家统计学会前身）副主席；1882 年，杰文斯在一次游泳中不幸溺死，年仅 47 岁。

杰文斯兴趣广泛，多才多艺，除统计学和政治经济学外，对哲学、逻辑、自然科学也颇有研究。杰文斯在伦敦大学念书的时候就形成了边际效用思想，时年 24 岁。尽管他的生产理论和分配理论本质上仍然是古典经济学的理论，但他的主观价值论以及数学表达使他脱离了古典经济学。但是，古典传统在英国占据着微弱的地位，使得杰文斯的思想在英国鲜有追随者，直到 19 世纪末马歇尔才在英国确立了新古典经济学的地位。杰文斯对边际主义的主要贡献在于他的边际效用价值论。

2. 杰文斯的主要劳动经济思想

1）劳动论

杰文斯意识到在他的理论中还必须对劳动决定价值的观点做出某种回应。他坚持苦乐主义的基本原则，将劳动定义为"心或身所忍受的任何含有痛苦的努力，而以未来利益为全部目的或唯一目的者"[1]。在此基础上，他讨论了均衡的劳动时间（量）的决定及各种产品生产中劳动的均衡分配问题。

杰文斯认为劳动会给劳动者带来正的效用，在一定时间长度以内，劳动时间越久，带来的成果也越多，所以这些成果的边际效用也越来越小；另外，劳动也会带来痛苦，这些痛苦就是劳动的负效用，且劳动时间越久，边际负效用就越大。这样，劳动成果的边际正效用和劳动的边际负效用相等的那一点就决定了均衡的劳动时间。

2）劳动者的苦乐主义

19 世纪 50 年代、60 年代的英国，经济一派繁荣，但是劳动者的贫困、恶劣的劳动条件、童工、女工、公共卫生等问题却日益尖锐，针对这种情况，杰文斯从"苦乐主义"出发，指出"如何以最小的努力换取欲望的最大满足"。杰文斯认为劳动者消费的目的是获取快乐减少痛苦，快乐的产生反映为效用，因此物品能给人带来快乐的性质便是物品的效用。效用不是物品自身的客观属性，而是与人发生关系时的属性[2]。杰文斯认为，劳动是心或身所忍受的任何含有痛苦的努力。并且，随着劳动量的增加，劳动所引起的痛苦程度也增加；但是，劳动生产物又会给人带来效用，这种效用随着劳动生产物的增加而下降。因此，当劳动增加到某一点时，最后劳动增量所引起的痛苦会恰好等于其生产物的效用，劳动时间即由此决定。

杰文斯经济学说的特点是以主观心理为出发点，以效用论为基础，以数学分析为工具。他吸收了边沁的追求快乐、避免痛苦的功利主义思想，把主观心理概念用于经济学

---

① 杰文斯：《政治经济学理论》，郭大力译，商务印书馆，1984 年，第 133 页。
② 李晓蓉：《西方经济学说史》，北京大学出版社，2014 年，第 218-219 页。

分析。他在《政治经济学理论》一书的序言中说:"在本书,我尝试经济学为快乐与痛苦的微积分,……这个经济学理论与静力学相类似。交换法则颇与杠杆的平衡法则……相似。财富与价值的性质,由无限小量的快乐与痛苦之考虑来说明,正如静力学的理论以无限小量能力的均等为根据。"[①]

杰文斯从边沁的功利主义出发,认为快乐和痛苦的量受强度、持续时间、确定性及远近等多种因素影响,其变化呈现一定的规律:一是随着享乐持续时间的延长,享乐量会递减;二是预料的感情是未来的实际的感情及间隔时间的某种函数,它随实现时刻的临近而增加;三是未来事务具有不确定性,所以,对任何未来事物所带来的感情量应打一定量的折扣[②]。

若设 t 为劳动时间, l 为劳动痛苦, x 为劳动生产物数量, u 为生产物的效用,则 dl/dt 表示最后劳动增量的痛苦程度, $du/dx \cdot dx/dt$ 为最后劳动增量的生产物的效用程度,劳动时间决定公式也可以写成 $dl/dt = du/dx \cdot dx/dt$ 。

杰文斯接着讨论,若设劳动时间已经确定,但生产的产品有两种或更多种,应如何将该定量劳动时间分配于各种生产上呢?杰文斯的结论是,当最后劳动增量在各种该产品生产商所带来的效用增量相等时,满足达到最大[③]。

杰文斯是相对独立提出他的主观价值论的,他的"最后效用程度"即边际效用,在杰文斯的著作中还有其他一些有影响的观点。例如,他把劳动解释为给劳动者带来痛苦的"反效用",并以劳动者在劳动过程中苦乐感的均衡点来说明劳动日的最佳长度;他把资本的功能与时间因素相联系;等等。

杰文斯以效用理论为基础,从消费开始,通过交换一直分析到生产,并建立了相应的理论。杰文斯自我标榜说,他从经济过程的终端(消费)追溯到其开端(劳动),从而解决了经济学的基本问题,即如何花费最少量的劳动来获得最大的满足。实际上,杰文斯对这些问题并没有做出科学的说明。从他对劳动所下的定义可以看出,他是以主观主义心理学为出发点的。他应研究的是资本主义商品生产条件下的社会劳动的分配,而他却撇开了市场价格,用个体生产者根据产品效用和劳动感受来分配自己的劳动,即以自然经济的劳动分配来加以说明,实际上把商品经济乃至资本主义经济完全等同于自然经济。

杰文斯认为,既然快乐与痛苦是我们最关注的东西,那最好的办法,就是把我们对于快乐和痛苦的注意力转移到决定快乐和痛苦的物质或者行为上。而那些可以产生快乐和痛苦的东西无疑是对我们有使用价值或有效用的商品。于是,杰文斯引出了效用概念,并继而指出,效用不是商品的固有属性,它是一种无法直接度量的主观快乐感受,对于饥不择食的穷人和刚刚饱尝美餐的有闲阶级,面包的效用显然是不同的[④]。

3)地租论

杰文斯在提出他的边际效用的基本见解之后,转而考察地租的问题。严格而论,杰

①　杰文斯:《政治经济学理论》,郭大力译,商务印书馆,1984 年,第 2 页。
②　姚开建:《经济学说史》,中国人民大学出版社,2000 年,第 257 页。
③　颜鹏飞:《西方经济思想史》,中国经济出版社,第 210 页。
④　郭冠清:《西方经济思想史导论》,中国民主法制出版社,2012 年,第 116 页。

文斯没有自己的地租理论。他全盘接受了詹姆斯·穆勒关于地租性质的结论，即使用资本于利润丰度不同的土地，或使用连续的资本增量于同一的土地，则有若干资本部分的生产物较大，从中减去效果最小的一部分资本提供的报酬即得地租。因此，"公认"的地租理论可以作为他的边际效用的一个佐证。

为了方便起见，杰文斯在把上述地租理论翻译成数学语言的时候，用劳动投入代替了约翰·斯图尔特·穆勒的资本投入，劳动投入用 x 表示，劳动投入于土地上得到的生产物则以 y 表示，于是有下列函数关系 $y=f(x)$。按照杰文斯的术语，劳动生产物对劳动的一阶导数，即 dy/dx，是劳动的最后生产率（亦即边际生产率）；这个最后生产率将随着劳动量的不断增加而不断下降。假定劳动的报酬决定于劳动的最后生产率，则全部劳动的报酬就等于 $x \cdot dy/dx$。但全部劳动的生产物确是 y。全部劳动的生产物减去全部劳动的报酬就是地租，即地租$=y-x$[①]。

13.2.2　瓦尔拉斯的劳动经济思想

1. 瓦尔拉斯的生平及著述

瓦尔拉斯（1834~1910 年）生于法国。其父亲奥古斯丁·瓦尔拉斯曾是法国卡因学院的哲学教授，后来转而研究经济学，在 1831 年写了《财富本质和价值来源》一书。该书对瓦尔拉斯的影响很大，为他的著作提供了不少线索和概念。

瓦尔拉斯早年进入巴黎的矿业学院学习，后曾从事多种职业，做过新闻记者，担任过银行经理，编辑过杂志，但是都没有成功。在他父亲，哲学教授和经济学家奥古斯丁·瓦尔拉斯的勉励下，他于 19 世纪 50 年代后期开始研究经济学。1870 年，瓦尔拉斯被聘为瑞士洛桑大学政治经济学教授，直到 1892 年退休。在他的影响下，出现了名副其实的数理经济学派，洛桑学院成为数理经济学派的中心。

他在洛桑大学建立了经济学中的"洛桑学派"。瓦尔拉斯的代表作是 1874 年用法语出版的《纯粹经济学要义》（中译本为商务印书馆 1989 年版），尽管瓦尔拉斯被公认为边际革命的领袖之一，但他的这部著作却直到 1953 年才有了英译本。瓦尔拉斯一生致力于宣传和推广他所创建的一般均衡理论，经常免费散发他的有关著作，甚至因此而欠下债务。

瓦尔拉斯从魁奈、孔狄亚克、萨伊以及他父亲那里吸收了诸多思想，建立了自己的理论。从他父亲那里，他得到了所有社会现象总体上都是相互关联的思想；从魁奈那里，他吸收了经济体系的一般均衡观念；从萨伊和孔狄亚克那里，他接受了价值源于效用和稀缺的理论。他本希望写作三部著作——《纯粹经济学》《应用经济学》《社会经济学》，可遗憾的是，后两部著作并没有完成。

瓦尔拉斯倡导的一般均衡分析，直到今天仍然是经济学研究的一个重要主题。此外，瓦尔拉斯邀请因政治原因而离开祖国的意大利经济学家帕累托（Vilfredo Paraeto）继承了他在洛桑大学的教授席位。帕累托运用瓦尔拉斯的一般均衡理论发展出来的无差异曲线，后来成为经济学的重要分析工具。所以，从追随者的影响来看，瓦尔拉斯超过了杰文斯。

[①] 颜鹏飞：《西方经济思想史》，中国经济出版社，第 211 页。

瓦尔拉斯有个经济学三部曲的写作计划：首先完成纯粹经济学纲要；其次是应用经济学纲要或者关于财富的农业、工业和商业的生产理论；最后是完成社会经济学纲要或者通过财产和税收分配财富的理论。但实际上 1974 年完成《纯粹政治经济学要义》，而后两部书没有完成，只是出版了《社会经济学研究》（1896 年）和《应用经济学研究》（1898年）两本文集。

2. 瓦尔拉斯的主要劳动经济思想

1）对劳动价值论的批判

瓦尔拉斯首先批判了劳动价值论，他认为"经济学这门学科对价值起源问题提出了三种比较重要的解答"。瓦尔拉斯对劳动价值论，进行了批判，他认为："经济学者们对价值起源问题提出了三种比较重要的解答。第一种是亚当·斯密、李嘉图和麦克库洛赫提出的，是英国学派的解答，把价值的起源归之于劳动。这种解答过于褊狭，因为它对事实上确有价值的那些物质，没有能给予价值。"[1]

瓦尔拉斯在对劳动价值论提出批判之后，还对其错误的原因给予了分析。瓦尔拉斯认为，批评亚当·斯密的那些人指出，还有某些不是劳动得来的物品，它们也具有价值，可以交换，这是一种肤浅的批评。问题的关键在于：为什么劳动会有它的价值？为什么它是可以交换的？对于这个问题，亚当·斯密既没有提出，也没有答复。瓦尔拉斯认为，劳动之所以有价值和可以交换，那是因为它既有用又数量有限，一句话，它是"稀少的"。"劳动以外的事务，只要是稀少的，就同劳动一样具有价值，一样可以交换。因此，把价值的起源归于劳动的这个理论，与其说是过于褊狭，不如说是缺乏意义，与其说是不能接受，不如说是理性不足。"[2]

至于劳动价值论相关的效用价值论，瓦尔拉斯认为，效用价值论的错误在于他们不懂得单是效用不足以产生价值，一种物品要具有价值，除有用以外，还必须是"稀少的"。对于孔狄亚克和萨伊苦费心机地论证空气、阳光和水有价值的问题，瓦尔拉斯不无讽刺地说道："我们对于空气、阳光和水，有时候的确是要付出代价的——例如，当它们是稀少的时候。"[3]

事实上，效用价值论遇到的问题与李嘉图的劳动价值论遇到的问题有些类似，就是存在着内在逻辑缺陷，不能自圆其说。至此，瓦尔拉斯不仅完成了对劳动价值论和效用价值论的批判，而且，把两种价值论都引到了"稀少性"上来[4]。

2）劳动生产过程的一般均衡

当瓦尔拉斯解决了"交换"的一般均衡之后，他加入更加现实的假定，把各种消费品不再视为既定的存量，而是视为生产的结果，把生产过程引入分析，探讨了生产的一般均衡。在这部分理论中，瓦尔拉斯提出了"资本-收入理论"。他把资本概念的外延扩展为"一切现存的社会财富以及土地和人力"，包括土地资本、人力资本和资本物品，并

---

① 瓦尔拉斯：《纯粹经济学要义》，蔡受百译，商务印书馆，1989 年，第 55 页。
② 瓦尔拉斯：《纯粹经济学要义》，蔡受百译，商务印书馆，1989 年，第 200 页。
③ 瓦尔拉斯：《纯粹经济学要义》，蔡受百译，商务印书馆，1989 年，第 201 页。
④ 郭冠清：《西方经济思想史导论》，中国民主法制出版社，2012 年，第 137 页。

认为资本的本质是产生收入，收入同时称为"服务"。土地资本、人力资本和资本物品在一定时期内提供的服务，在市场上具有一定的价格，分别为地租率、工资率和资本利息率。资本所有者出售各种资本所产生的服务，便获得一定的收入，即地租、工资和利息。此外，瓦尔拉斯还进行了企业和资本家的区分，让企业家处于经济活动的中心。企业家从资本家那里借来资本，从工人那里买来劳动，从地主那里租来土地，然后，把生产出来的产品卖给资本家、工人和地主。市场被分为产品市场和要素市场，企业家把这两个市场连接起来并通过竞争实现均衡。这种竞争是完全竞争，每个生产者和消费者都是市场价格的接受者。将某种产品的各生产系数和相应的各种资本服务价格的乘积相加，便构成这种商品的单位成本。生产成本与商品价格的相互关系，表示为生产方程。将各种商品生产中所需要的一种生产服务的数量加总，便构成生产服务的总需求。表示这种服务的总需求和总供给关系的便是生产服务的供求方程。在交换均衡基础上的劳动生产过程的一般均衡条件，除了效用最大化和产品供求相等之外，还需要各种生产服务的供求相等和每种商品的价格等同于该商品的生产成本，因为如果商品的价格高于商品的生产成本，则会有更多的厂商进入，导致供给数量增加，结果价格降低，反之，则需求增加，价格升高，最终达到商品的价格等于商品的生产成本，实现生产的一般均衡[①]。

3）边际生产力论

瓦尔拉斯考察了边际生产力法则在经济发展中的最重大作用。他是在论述经济发展问题时谈到边际生产力论的，他认为有两种发展，一是经济的发展，也就是在生产技术不变的条件下，变动生产函数生产系数的量值，降低土地服务的使用系数，提高资本服务的使用系数。二是技术的发展，也就是由于生产技术的发展，生产函数的系数性质发生了变动，即增加了技术系数。他主要探讨经济的发展。

瓦尔拉斯认为，边际生产力决定着企业家需要的生产要素和提供产品的动机，并从土地、劳动和资本三大生产要素的比例关系的消长中来进行生产发展的研究。他的边际生产力理论的概要包括两个方面：一是自由竞争会促使生产成本下降到最低限度；二是在平衡状态下，生产成本与售价相等时，服务的价格与其边际生产力，也就是生产方程的偏导数成比例。可以看到，瓦尔拉斯的边际生产力论包含着生产要素实现最优配置和生产要素报酬等于其边际产量的价值这样两层意思[②]。

13.2.3　门格尔的劳动经济思想

1. 门格尔的生平及著述

门格尔（1840~1925 年）出生于原为奥地利领土、现属波兰的加利西亚。他先后在维也纳大学和布拉格大学研修法律和政治科学，1867 年在克拉科夫大学获得法国博士学位。毕业后，他做过记者，曾在奥地利首相办公厅新闻部工作，在这期间，他于 1871年用德语出版了代表作《国民经济学原理》(中译本为上海人民出版社 2001 年版）。1873

---

① 郭冠清：《西方经济思想史导论》，中国民主法制出版社，2012 年，第 140 页。
② 李薇辉：《西方经济思想史概论》，华东理工大学出版社，2005 年，第 292 页。

年，门格尔被提名为维也纳大学法律系的"杰出教授"，这使得他决定弃政入学。1876
年，他担任奥地利王储的导师，并陪同这位 18 岁的王储游历欧洲各国。1879 年回国后，
他被任命为维也纳大学政治经济学讲座教授，从此安心于学术生活。1883 年，他出版了
第二部著作《关于社会科学、尤其是政治经济学方法的探讨》。这本书引发了奥地利学派
与德国历史学派关于经济学方法的大论战。1900 年成为上议院议员。1903 年，门格尔辞
去一切教职，致力于修正和扩展自己原有的经济理论框架。

2. 门格尔的主要劳动经济思想

1）否认劳动唯一源泉论

门格尔完全从主观心理感觉出发来解释价值、地租、利息、利润等，他否定劳动是
价值和剩余价值的唯一源泉。门格尔提出理论经济学应当研究在消费中人与物的心理反
应关系。

他从人对财货的满足欲望出发，从对人的生命和福利具有意义的评价中引出价值，
并由此论述了主观价值论的基本观点。门格尔指出，只有人们认为自己所支配的一定量
财货对于满足欲望具有一定意义时，该财货才获得了价值。一切财货的价值都只是它们
在人的欲望满足上所具有的意义的体现，价值量的大小是由该财货满足欲望意义的大小
决定的。

他强调财货价值的本质和尺度都是主观的，并极力否认生产中所耗费的劳动同商品
价值有关。在他看来，价值既不是财货本身的属性，也不能独立存在，只是人对财货满
足欲望的意义判断。

门格尔将财货划分为不同等级：消费资料为低级财货，生产消费资料的各种生产
要素如土地利用、资本利用、劳动力、企业家的活动等为高级（第二级、第三级、第
四级……）财货。他认为，高级财货的价值由其将要生产出来的低级财货的"预期价
值"确定；高级财货总体的价值减去其中生产技术要素（机器、工具等）价值后的差
额，构成土地利用、资本利用及劳动力的价值；这几种高级财货价值的大小，分别由人
们因拥有或缺少它们所实现的欲望满足的意义差额决定；地租、利息、工资分别是这几
种高级财货价值所决定的价格[①]。

2）生产性物品价值论

门格尔指出，生产性物品的价值是由它们生产出来的消费品的价值决定的。他把物
品分为若干等级，说明生产性资料价值形成过程是价值从消费品转化为生产资料的过
程[②]。每一个消费所具有的各种欲望，其重要性是不同的。例如，吃饭用来维持生命，
当然是最重要的；穿衣是为了温暖和舒适，也比较重要；抽烟或喝酒是为了满足个人嗜
好，就不太重要；奢侈品的拥有或消费就更不重要；而娱乐应该是最不重要的。

门格尔在为生产要素定价时最先提出归算理论。他认为，高级财货的价值取决于低
级财货的价值。生产资料之所以有价值，是因为它所生产出来的消费品有价值。价值的
传递是一个从消费品到生产资料的过程，这就是所谓的价值回归。生产手段的现值等于

① 蒋雅文、耿作石、张世晴：《西方经济思想史》，科学出版社，2010 年，第 199 页。
② 姚开建：《经济学说史》，中国人民大学出版社，2000 年，第 250 页。

他们将要生产出来的消费品（建立在边际效用基础上）的预计价值，这个预计价值中不包含资本利息和企业利润[①]。

门格尔认为：对于"高阶"产品的需求，来自于相关"低阶"产品的需求。

门格尔以香烟为例，对他的"归算理论"给予了说明。首先，如果人们停止吸烟，那么，无论在香烟生产中投入多少劳动，香烟的价格都会降为零；其次，用于生产香烟的高阶品即各种工具器械、企业里雇佣的专业劳动，就会失去了部分价值或者全部价值，这取决于个体消费者的需求。门格尔的结论是，消费品的价值不是由劳动生产中投入劳动和其他生产资料（即生产成本）决定的，而相反，生产资料的价值决定于人们对消费品的预期价值[②]。

门格尔认为能满足人类欲望的有用的人类行为也是财货（劳务），但是他分析的主要是物质财货。接着，他指出并非人所需求的各种财货都能得到充分供给，经济人消费欲望的满足往往受到财货稀缺的约束。他把需求大于供给的财货称为经济财货，把需求小于供给的财货称为非经济财货。这样，经济财货与非经济财货的区别不依存于是否为劳动的产物，也不依存于社会经济制度。

根据财货与满足欲望的直接程度，门格尔又将财货区分为低级财货和高级财货。直接服务于人的欲望的是低级财货，如面包；而用来制作面包的面粉和烤制器具等间接满足人类需要的是高级财货。在高级财货中，根据对欲望满足保持较近和较远的因果关系，又可以分为若干级[③]。

13.2.4　庞巴维克的劳动经济思想

1. 庞巴维克的生平及著述

庞巴维克是 19 世纪末 20 世纪初最有影响的一位资产阶级经济学家，是奥地利学派的一大巨头，同时是边际学派的最重要的代表人物之一。他毕生的著述都是以宣扬边际效用价值论、时差利息论，反对马克思的劳动价值论和剩余价值论为核心的。

庞巴维克 1851 年出生于奥地利梅伦省，在维也纳大学法科毕业后，曾在奥地利政府任职，他还和维塞尔同在俄国海德堡、莱帕西克和叶纳大学学习政治经济学。1889 年，他入奥匈帝国财政部供职，并于 1895 年、1897 年、1900 年三任奥匈帝国财政部部长。1904 年，他离开奥匈帝国接受维也纳大学邀请，任教授职位。他的主要著作是《利息理论的历史与批判》（1884 年，后编入《资本与利息》一书）、《资本实证论》（1888 年，后编入《资本与利息》一书）、《奥地利经济学者》（1890 年）、《马克思体系的崩溃》（1896年）。庞巴维克最完整地表现了边际学派的理论，是其三个代表人物中最出名的代表，同时是最激烈地反对马克思主义的经济学家。

[①] 张世贤：《西方经济思想史》，经济管理出版社，2009 年，第 199 页。
[②] 郭冠清：《西方经济思想史导论》，中国民主法制出版社，2012 年，第 129 页。
[③] 李晓蓉：《西方经济学说史》，北京大学出版社，2014 年，第 201 页。

2. 庞巴维克的主要劳动经济思想

1）反对马克思主义的劳动价值论

马克思主义学说在尖锐的阶级斗争的环境中，指引了无产阶级的斗争，越来越受到广大群众的欢迎。19 世纪 40 年代，马克思还只是众多的社会主义派别中的一支，但是到了 70 年代巴黎公社失败后，马克思主义已经逐步战胜了其他派别而占有了压倒性优势。

庞巴维克的主要著作是《资本与利息》，这部著作的第一卷《资本利息理论的历史与批判》是专题经济学说史——利息理论的批判史著作，从古希腊的柏拉图和亚里士多德，一直到与他同时代的经济学家的各种利息理论，他都进行了论述与评价。实际上，他的理论的主要批判对象是马克思的劳动价值论和剩余价值论。他认为，马克思的学说之所以广泛传播是由于"反对它的人力量太差"[1]，因此，需要有像他那样力量不差的人用新理论来做出有效地反对。他在其著作第二卷《资本实证论》中正面说明了他的理论，特别是与马克思劳动价值论和剩余价值论相对抗的边际效用价值论和时差利息论。

《资本实证论》由"序言"、"导论"和七篇正文组成。庞巴维克说他的书是论证两个问题：一是研究"生产资本"；二是研究"获利资本"。在第一篇和第二篇中，他首先说明了资本的性质、作用、分类及资本的构成，资本在生产过程中发挥什么作用等问题。他的出发点是：人们的需要和需要的满足是消费。他认为人们是为追求需要的最大满足而努力的，所以"一切生产的最终目的，是创造满足我们需要的物品，亦即制造用于直接消费的财货或消费品"[2]。生产有两种："赤手空拳的生产"（或"不用资本的生产"），即劳动作用于自然，直接生产消费品；"资本主义的生产"，即先生产制造消费品所必需的生产资料。因此，他认为，"资本知识迂回形成中某些阶段里出现的中间产物的集合体"[3]。另外，资本又是可生产利的产品，叫做"获利资本"。可以把生产资本称为社会资本，把获利资本称为私人资本，前者同生产有关，后者同分配有关，需研究利息问题。庞巴维克批评以前的经济学，认为把资本单纯看做"勤勉"的结果，或把资本看做"积蓄"的结果的观点都是片面的。在他看来，作为生产工具的资本和自然共同生产出来的资本是二者结合的产物，所以它不是独立的生产力，但是它本身确实是生产的，因为人们可以借助资本进行迂回的、间接的资本主义生产，制造出更多更好的产品。利用资本生产包括有利与不利两种后果，有利的是能提高生产力，不利的是要花更长更久的时间。在"生产资本"论述之后，他加了第三篇和第四篇，论述"价值论"和"价格论"。他认为，为了阐明人们为什么能够并愿意积蓄，就必须研究价值理论，价值理论既可以补充他的资本形成论，又可以为他的利息理论奠定基础[4]。

庞巴维克认为社会是由各个孤立的个人集合而成的，因此，作为研究国民经济规律的政治经济学，必须先从研究个人经济开始。但是边际学派所谓的"个人"是只务消费不务生产的"个人"。庞巴维克在资产阶级庸俗经济学界出名的主要原因归纳起来，有以

① 姚开建：《经济学说史》，中国人民大学出版社，2000 年，第 247 页。

② 庞巴维克：《资本实证论》，陈端译，商务印书馆，1983 年，第 53 页。

③ 庞巴维克：《资本实证论》，陈端译，商务印书馆，1983 年，第 54 页。

④ 姚开建：《经济学说史》，中国人民大学出版社，2000 年，第 248 页。

下三点：第一，他的价值论的欲望（需要）、效用、边际效用、主观价值到市场价格，连贯成已完整的辩护理论体系，被认为是边际效用价值论的典型。第二，他认为资本收入边界，即现在财货（资本家交付的工资）边际效用大于将来财货（工人出卖给资本家的劳动）边际效用的差额是时间之赐，与剥削工人的劳动无关，独创了他的时差利息论。第三，反对马克思主义理论。例如，为什么有的东西花很大劳动，但若没有使用价值，就不会有什么价值？为什么没有花费劳动的东西，如土地、天上作为陨石掉下来的黄金、随便捡到的金银财宝，一样具有很大的价值？等等，这些都成了一些资产阶级经济学家反对马克思主义劳动价值论和剩余价值论的传家宝[1]。

2）迂回生产过程的理论

庞巴维克第一次提出了"迂回生产过程的理论"，而在他以前的经济学家从没有对资本和利息的关系做过深入分析。这一理论的要点是，现在的财货较未来同类同量的财货具有更高的主观价值，这是利息产生的根源。并认为其原因有三：第一，是由于需要和供应之间的差别。人们为了解决当前的迫切需要，并期望将来会有好转，对现在物品的评价必然大于未来。第二，低估未来，由于未来的不确定性，产生了对未来物品效用的低估。第三，是基于迂回生产方法的优点，现在的财货有利于资本家用迂回生产方法，取得未来更大的收益。由于现在财货大于未来等量财货，资本家运用现在财货生产就得对现在和未来财货之间的差额进行补充，也就是说予以贴水，即利息[2]。

庞巴维克的"时差利息论"与马克思主义剩余价值论是完全对立的。这种时差利息论颠倒了利息和利润的关系，把剩余价值各种形态都归结为利息，掩盖了剩余价值生产的真正过程。时差利息论把利息、利润、地租一律说成现在物品和未来物品的差额，歪曲了这些范畴的本质，抹杀了它们的历史性，把它们说成心理的和自然的产物。

3）生产财货价值论

在庞巴维克看来，生产财货本身不具有价值，它们的价值是派生的，来自于其生产的消费财货的价值，"匈牙利土凯葡萄酒并不是因为有了土凯葡萄酒园而有价值，是因为土凯葡萄酒的价值高"[2]。价值原理不是在成本之中而是在成本之外，在劳动产品的边际效用之内。庞巴维克比较完整地论述了生产财货的价值决定。首先根据进入消费的时间的远近，他将生产财货划分为不同级别的物品，进而论证各级生产性物品的价值都是由最终产品的边际效用或价值决定的原理。

庞巴维克总结了生产财货的价值原理：第一，由于所有的各级生产手段都依赖于同一个效用，所以，所有各级物品组的价值一定是相同的；第二，所有这些物品组的价值量，即它们的共同价值量，最终是由它们的最后制成品的边际效用量所规定的；第三，每一物品组的价值是由它的下一级产品的价值来衡量的。

实际上，从边际效用论出发并不符合逻辑，也不能得出生产财货的价值决定，因为两者讨论的前提是不同的。边际效用论的前提是把生产完全抽象掉的消费经济，而且现

① 苗英华：《最著名的经济学家　最经典的学说》，中国经济出版社，1994年，第85-86页。
② 张世贤：《西方经济思想史》，经济管理出版社，2009年，第201页。

有的财货数量是既定的、有限的，在这种条件下，可以从消费者的心理规律中引申出效用价值论。但是谈到生产财货，就避免不了生产过程，由于生产，就可能增加财货的数量，边际效用论的一个前提也就不存在了。另外，涉及生产过程就避免不了成本及劳动问题，也就出现了成本规律与效用规律的矛盾。例如，从生产过程中来看，由于劳动的作用，从原料到产品的过程是价值逐渐增加的过程，而根据庞巴维克的理论，生产过程的每一个环节的生产性物品的价值归根结底取决于最终的消费品的边际效用或价值，即从原料到产品的所有物品的价值是一样的，这显然是错误的[①]。

▶本节拓展材料

13.3　边际学派劳动经济思想的影响与评价

通过比较杰文斯和门格尔的劳动价值理论与约翰·斯图尔特·穆勒的价值理论，我们能够看到，杰文斯和门格尔对古典价值理论的批判，在很多方面是不正确和不充分的。

杰文斯和门格尔使用的例子表明，价值或者价格并不完全取决于效用或需求，而是取决于供给与需求两者。尽管这些经济学家和他们的弟子宣称，价值唯一地取决于效用，然而，他们自己的分析否定了这一假设。首先杰文斯没有提供成本或供给理论。此外，该假设认为一连串的因果关系是从生产成本到价值或者价格。如果这样的一连串因果关系的确存在，那么将有可能忽略这一连串的中间部分，得出生产成本决定价值的结论。杰文斯和门格尔的错误在于，他们试图寻找边际效用与价格之间简单的单行道的因果关系。他们没有觉察到成本、供给、需求及价格是彼此相互依赖、相互决定的。

第一代边际理论家杰文斯、门格尔及瓦尔拉斯，通过提出边际分析改变了经济学方法。像大多数知识史上的发展一样，19 世纪 70 年代早期的新经济学家证明了连续性，也证明了变革，它重新提及过去的基本观点和方法，但更为显著的是，它结束了约翰·斯图尔特·穆勒的古典经济学。这些经济学家发现了一种边际分析的工具，但他们只能部分地想象出这种工具的有用性。他们不能理解其发现的全部分量：他们强调其理论内容与古典学派的区别，远甚于强调其方法与古典方法的分离。

李嘉图是一位构建高度抽象模型的大师，这些模型都以一些严格的假设为基础。约翰·斯图尔特·穆勒试图将描述与历史融入对英国经济的理论分析中，他代表了向更加接近亚当·斯密方法的回归。因为早期边际主义者如此着力强调他们与李嘉图劳动价值

---

① 李晓蓉：《西方经济学说史》，北京大学出版社，2014 年，第 210 页。

理论的区别。所以，他们未能认识到他们与李嘉图抽象模型构建的密切关系。李嘉图在解释地租决定力量时，也运用了边际分析。因此，边际分析与抽象模型构建在 19 世纪70 年代早期并不生疏。生疏的是对边际分析重要性慢慢显露出的认识，以及随着时间的推进，将边际主义完全应用于微观经济学理论的各个部分。

在研究第二代边际理论家对生产理论、成本、生产要素价格及收入分配的具体贡献之前，考察杰文斯、门格尔、瓦尔拉斯所提出的微观经济理论的缺点将是有益的。

尽管杰文斯、门格尔、瓦尔拉斯通过扩展边际分析的应用，对微观经济理论的发展做出了重大贡献，但是，他们的理论内容在很多方面是不完善的。他们将边际分析几乎专门用于需求理论，大多完全忽视了供给理论。杰文斯和门格尔很少注意供给，原因是他们为价值几乎唯一地取决于边际效用的观点所困扰。瓦尔拉斯也没有明显地专注于供给方面，因为他的一般均衡模型集中于经济变量的相关性。

他们的模型绝大部分都假定供给是既定的，并且资源配置问题仅仅是在可替代的用途之间分配固定供给的问题。更具体地说，他们没有解释生产要素供给不固定时这些要素价格的决定力量，没有解释收入分配的决定力量，没有对厂商经济学进行有意义的分析，没有洞察到一些独特的问题，这些问题是在发展理论的过程中为了解释工资、地租、利润及利息而必须加以解决的。

事实上，边际分析已经被两位较早期的经济学家应用于要素定价和收入分配中，然而像戈森一样，他们的成就在很大程度上被同时代的人忽视了。蒙迪福特·兰格菲尔德在《政治经济学讲义》（1834 年）中批评了劳动价值理论，提出了一种边际生产力分配理论。但他并不为杰文斯、门格尔、瓦尔拉斯及马歇尔所知，他的著作直到 1903 年才通过 E.R.A.塞利格曼的介绍而引起经济学界人士的注意。尽管冯·屠能对微观经济学问题具有比较重要的见解，但是，阿尔弗雷德·马歇尔似乎是受到冯·屠能影响的边际生产力早期唯一的发现者。

实际上，冯·屠能看来是将微积分应用于经济理论中的第一人。其数学才能使他能够洞察到市场的相互依赖性，他用一系列联立方程来表示这种相互依赖。他不仅能够形成不同要素边际产品的概念，而且提出了一个基于这些原理的相当正确的分配理论。在用将近二十年的努力来应对"所有经济力量决定要素价格"这一简单陈述所表达的问题后，冯·屠能非常满意他的最终结果，所以，他要求在他的墓碑上刻上他关于劳动工资的公式。但不幸的是，他的成就对后来的经济思想几乎没有直接的影响，虽然马歇尔大方地向冯·屠能致谢。

第二代边际主义者凭借一种广泛应用于需求和供给理论的新工具，使经济理论得以复苏。然而，这一工具几乎专门用来分析需求方面，尤其是家庭理论，很少用来分析供给理论或者厂商理论。

来自奥地利、英国、瑞典及美国的经济学家们，都对这一理论主题有着显著的贡献，这不仅表明这些成就代表了众多学者的共同努力，而且表明经济学作为一种学术上的努力，正变得日益专业化。尽管我们对一些话题的论述将会适当地延伸到 20 世纪，但是，在介绍阿尔弗雷德·马歇尔的经济学之前，我们先论及对这一理论的大部分批判性评价，马歇尔 1890 年出版其著作《原理》之前，用了二十多年的时间来推敲他自已的观点。

▶本节拓展材料

◎ 本章小结

边际学派的兴起有其必然的历史原因，其中奥地利学派是边际革命的发起者之一。他们的心理研究和数理分析方法不仅拓展和深化了经济学研究的内容，也在一定程度上奠定了现代经济学研究的方法论基础。门格尔的边际效用价值论和庞巴维克的时差利息论都构成了现代经济学的重要内容。在分析方法上，边际分析对新古典经济学及后来的现代劳动经济学都提供了很好的借鉴。但是也应该看到，由于边际学派否定了古典经济学的传统，对经济现实的客观性描述减弱，因此对实际经济生活的解释能力下降。

◎ 思考题

1. 边际主义先驱者的劳动经济思想是什么？
2. 边际主义发展者的劳动经济思想主张有哪些？
3. 边际主义的劳动经济思想史对后世有哪些影响？

◎ 推荐阅读材料

劳动是剩余价值的唯一源泉吗？
——再谈剩余价值的来源问题

张子阳

马克思价值理论的基础是劳动价值论，他认为价值是凝结在商品中的一般人类劳动，同时推导出劳动是剩余价值的唯一源泉。这两个理论已被现代经济理论及实践证明是不科学的至少是不完善的，但它也给了诸多经济学者探究价值理论提供了不可多得的支点。作为经济学爱好者的笔者也想借此谈一下认识，在笔者看来马克思剩余价值理论同样存在不科学性。

1. 自然的物资资料也会产生剩余价值

大家可以看到自然的林木或果树在没有人类劳动的作用下仍然会长大或结出果实，也就是较前一年而言出现了剩余，并且也能满足人类的需要即具有使用价值，有谁说它来源于人类劳动或者说凝结着人类的劳动？又有谁能说出剩余的唯一来源是人类劳动？也许有人会说你总要雇人采摘果实不就是人类的劳动吗？那么请问这些果实的性能及数量并没有因此而发生变化，至多不过转移了一部分劳动力价值而已，有劳动创造的价值吗？凭什么说劳动是剩余价值的唯一源泉呢？

2. 自然物资资料的差异即级差地租本身也是自然的物资资料产生的剩余价值

地主在两块不同肥力的土地上雇用了同一组农民使用了相同量的劳动量，经过一个收获季节，结果出现了不同产量的农产品，其中较肥的一块比较瘦的一块产量超出了1 000千克，这1000千克农产品难道也是劳动产生的吗？很显然这是自然的馈赠，并非来源于劳动。也许有人会说，劳动者付出的劳动力可能是相等的，但创造的价值不是相等的，那为什么不让瘦地也创造出相同的价值呢？

3. 知识（科学技术或文学艺术）条件的改进或提高也是产生剩余价值的来源

企业主或资本家在投入劳动量不变的条件下，由于采用了新的机器或技术方案，产品产量及质量得以大幅度提高，这在现代企业生产活动中是常见的事，由此产生的剩余价值难道也是来源于劳动？有人会说知识也是人类的劳动产物！那么请问，这种劳动是不是已物化为知识或产品上的劳动价值？如果是那就对了，不过它在下一次生产活动就成了死劳动价值并同样会对产生剩余价值做出贡献！这说明知识这种过去的劳动成果（死劳动）也是产生剩余价值的来源。

4. 资本也是产生剩余价值的来源

从前面三条所述可知，在生产条件不变的情况下通过追加资本（即价值本身也包括资源的价值、前人的劳动价值和知识价值等）也可以产生更多的剩余价值，即所谓的劳动价值，只要在下一轮生产活动中参与进来，它就和其他要素一起成为下轮经济活动的资本或本钱。因而，上述各要素都可以转化成资本，成为剩余价值的来源。

由此可见，劳动是产生剩余价值的唯一源泉是不成立的，至少是不科学的论断！在笔者看来，马克思价值理论只有在特定的假设条件下才是可行的，那就是自然资源及知识都是全人类共有的。在这种条件下，一切价值可以通过打上劳动的标签来实现。但那样的情形只在原始社会及马克思设想的共产主义社会的假设条件下才可以成立。而对我们现在所处的社会条件来说，绝对地适用其价值理论及剩余价值理论是极其有害的，也是不可行的！

资料来源：http://blog.sina.com.cn/s/blog_4913cd09010009w5.html

【推荐选读书目】

赫尔曼·海因里希·戈森. 1997. 人类交换规律与人类行为准则的发展. 陈秀山译.北京：商务印书馆.

蒋雅文，耿作石，张世晴. 2010. 西方经济思想史. 北京：科学出版社.

莱昂·瓦尔拉斯. 1989. 纯粹经济学要义或社会财富理论. 陈受百译. 北京：商务印书馆.

李晓蓉. 2014. 西方经济学说史. 北京：北京大学出版社.

门格尔. 2013. 国民经济学原理. 刘絜敖译. 上海：上海人民出版社.

庞巴维克. 2010. 资本与利息. 何昆曾，高德超译. 北京：商务印书馆.

庞巴维克. 2012. 资本实证论. 陈端译. 北京：商务印书馆.

斯坦利·杰文斯. 2012. 政治经济学理论. 郭大力译. 北京：商务印书馆.

姚开建. 2000. 经济学说史. 北京：中国人民大学出版社.

约翰·冯·杜能. 1986. 孤立国同农业和国民经济的关系. 吴衡康译. 北京：商务印书馆.

张世贤. 2009. 西方经济思想史. 北京：经济管理出版社.

第 14 章 马歇尔及发展者的劳动经济思想

▶学习目标
1. 马歇尔劳动经济思想产生的背景与条件。
2. 马歇尔主导的劳动经济思想。
3. 马歇尔经济思想发展者的劳动经济思想。
4. 马歇尔的劳动经济思想的影响。

19 世纪末的西方经济学出现了第二次综合,主要是由英国经济学家马歇尔将斯密和李嘉图的古典经济学和 19 世纪以来的边际主义经济学的内容结合起来,形成了一个全新的经济学综合体系。比起约翰·斯图尔特·穆勒的第一次综合,这次综合更具有新的里程碑式的意义。

1. 社会背景与历史条件

19 世纪 80 年代到 20 世纪初期,正是西方国家自由竞争向垄断过渡的时期。英国作为一个先进的资本主义国家,虽然一直处于西方世界列强的前列。但是,其经济和政治状况却发生了很大的变化。1870 年以前,英国的经济发展水平和国际贸易水平都一直居于世界首位,经济上一向被称为"世界工厂",政治上则以"日不落帝国"自居。但是,19 世纪 70 年代以后,英国经历了长期的经济萧条。工农业生产的衰退,使国民经济发展停滞。农业方面,由于海上运输的便利,北美的谷物大量输入,农产品价格不断下降,农业发展受到严重影响。工业方面,德国和美国的大机器工业迅速发展,使英国在国际市场上的地位遇到了巨大的挑战。

英国的垄断资本为了保持其国际垄断势力,进一步加强对工人的残酷剥削,导致工人阶级的贫困加剧,失业现象日益严重,从而使劳资矛盾进一步升级。宪章运动以后,长期处于低潮的英国工人阶级,在马克思主义的广泛传播和影响之下,工人运动又重新高涨。工会组织显示了空前的力量,迫使英国政府承认了它的地位。传统的资产阶级经济学受到了马克思主义的无情揭露和批判,已经不能有效地充当辩护士的角色。边际学派和历史学派的理论也对传统的经济学构成了严峻的挑战。英国资产阶级迫切需要一种新的经济学说来为自己服务。

这就是马歇尔所处的历史时代。他目睹了贫富不均和穷人的生活状况。正是出于对穷人的同情,马歇尔将"贫困是否必然的问题"看做经济学应当给予最大关心的问题。

他提出了一些改良主义的方法：一是提倡劳资合作；二是反对公有制，反对社会主义性质的变革，主张在保存私有财产权的基础上进行改良。马歇尔认为公有制会挫伤人们的工作积极性和创造精神，阻碍经济进步。他在反对马克思主义经济学的斗争中，吸收了从古典经济学到新历史学派、边际学派的各种思想观点，逐渐形成了适应时代需要的带有综合特色的经济学思想。

2. 马歇尔及其发展者的主导经济思想

经济学不是真理本身，而是发现具体真理的发动机。

——阿尔弗雷德·马歇尔

阿尔弗雷德·马歇尔被认为是新古典微观经济学之父这一头衔的两个竞争者之一（另一个是莱昂·瓦尔拉斯）。以斯密、李嘉图及约翰·斯图尔特·穆勒的工作为基础，马歇尔发展了一种分析框架，该分析框架今天依旧作为通用的大学本科经济理论及大多数经济政策的基础。对马歇尔的观点进行彻底的考察，将几乎包括今天所有的局部均衡微观经济理论。

马歇尔带着大学本科数学训练的经历，以及改善穷人生活质量的强烈人道主义情感走进了经济学的世界。早年的教育和家庭环境，使他愿意在英国的教堂担任神职。但是，他在剑桥的大学本科学习展示了他对数学的强烈偏好与天赋。因此，毕业之后他就留在剑桥讲授数学。然而不久，他便对学习形而上学、理论学及经济学产生了兴趣。到了19世纪60年代后期，他对经济学产生了强烈的兴趣，以至于决定做一个学者型教师而不是牧师。他开始在剑桥讲授经济学，在两位早期数理经济学家古诺与冯·屠能著作的影响下，他开始将李嘉图和约翰·斯图尔特·穆勒经济学转化为数学。

马歇尔是在有利的历史时期开始其经济学研究的。托马斯·罗伯特·马尔萨斯的人口学说主张实际工资将随着人口的增加而下降。但是，英国的经济持续表明实际情况与此相反。约翰·斯图尔特·穆勒已经不满意于工资基金理论，到1869年他明确地放弃了该理论。当时的学派和某些英国经济学家，如T.E.克利夫·莱斯利与沃尔特·贝格豪特，反对古典经济理论的一些基本原则。1871年，杰文斯与门格尔对古典理论几乎专门强调供给进行了抨击。由古典理论而来的政策也受到了围攻。例如，日益增多的英国工厂工人的贫困生活和工作状况，与自由放任的主张不相适应。因此，出现阿尔弗雷德·马歇尔这样一个拥有巨大学识与智慧的人的时机成熟了。从1867年至1890年，马歇尔仔细地铸就着供求分析的原理。

杰文斯草率地出版了其著作，宣称摧毁了古典价值理论，彻底改革了经济理论。而在1890年在《经济学原理》中谨慎地提出其观点之前，在二十多年的时间里，马歇尔只是向他的学生与同事提出过他的这些观点。正如凯恩斯曾经描述的那样："杰文斯看到壶中的水沸腾了，像个孩子似的欢呼起来；马歇尔也看到壶水沸腾了，却悄悄地坐下来，造了一台发动机。"[1] 马歇尔建造的分析发动机既反映了他的个性，也反映了养育他的环境。他早年的宗教信仰，后来显示为成熟的人道主义，引发了他对穷人的深切关心，也

---

[1] 凯恩斯 J M：《传记文集》，子午线出版公司，1956年，第58页。

使他乐观地确信经济研究能够提供改善整个社会福利的方法。他的学识使他熟悉那些历史导向的经济学家们的抨击，这些经济学家反对如下观点，即经济理论是一种适用于所有时间和地点的绝对真理的主体。1885 年在被选举为剑桥教授的一次就职演讲中，马歇尔谈到了这一批评："就经济学说能够独自宣称具有普遍性这一点来说，并没有什么教条。它不是具体真理的主体，而是发现具体真理的发动机。"[①]马歇尔试图将他早期的数学训练与他的历史学背景结合起来，建造一台适用于变化时代的"发动机"。然而，由于意识到约翰·斯图尔特·穆勒 1848 年得出的"价值理论是完全的"这一结论的草率性，马歇尔预见到：随着新理论的不断出现以适应不断变化的社会，他自己对经济学的贡献将变得陈旧。他也明白杰文斯因为用一种完全取决于需求的理论替代生产成本价值理论，而拥有独创和被信任的权利。虽然马歇尔希望他自己的观点可能既是原创的也是持久的，但是他最希望的是能够被理解——不仅被他的经济学家同事们，而且普遍被社会，尤其是那些做生意的人所理解。因此，尽管到 1870 年他已经设计出其理论的基本数学结构，并在稍后发展了用图表说明供求分析的基本方法，然而在 1890 年之前，他并没有公布他的发现。当时，他仅在脚注和附录中使用了数学与图表。马歇尔，这位前所未有的集理论家、人道主义者、数学家及历史学家于一身的人，试图为他所处时代对方法论的争论指明道路；同时，用边际主义的新工具调和古典分析的最佳之处，以此来解释价格的决定力量与资源的配置。

马歇尔指出，每个经济学家都应当界定经济学的范围，以符合他或她自己的意愿，因为一些经济学家在比较窄的经济学范围内，更有可能全力以赴地工作，另一些则在比较宽泛的框架内工作。他警告说，那些选择宽泛的经济学定义，并向社会科学的其他领域扩展其分析的人，行为必须极其谨慎，但如果他们仔细工作，他们就为经济学及其他社会科学提供了巨大的帮助。

马歇尔在他对经济学范围的讨论中，提出了另外一个引人注意的问题，即社会的需要与社会经济活动之间的关系的复杂性。能把经济学描述为研究经济活动满足社会需要的方式的学科吗？马歇尔否定了这个定义，原因在于它暗示着需要是独立的既定量，相对于需要而言，经济活动是第二位的。

马歇尔基于宗教的人道主义关心，使他将消除贫困作为经济学的首要任务。他认为，解决这些问题的关键存在于事实中及经济学家的理论中，他最大的愿望是他正在建造的分析发动机能够揭示出贫穷的原因，并最终识别出如何加以补救。他对古典理论家，尤其是李嘉图没有认识到贫穷滋生贫穷进行了严厉的批评。贫穷之所以滋生贫穷，是因为穷人没有足够的收入获得能使他们挣更多钱来健康与培训。与古典理论家相对照，马歇尔一心一意地相信能极大提高劳动阶层福利的可能性。

他对经济学范围的讨论，首先显示出他希望对以历史为导向的经济学家的批评进行回应，这些经济学家要求比较宽泛的经济学定义；其次显示出他希望讨论如下问题，即经济学应当作为一门狭窄的抽象学科来发展，还是应当发展成一门统一的社会科学；再次显示出他希望回答边际效用经济学家的问题，他们坚持认为消费理论应当优先于成本

---

① 庇古 A C：《阿尔佛雷德·马歇尔纪念集》，美国凯赖与米勒曼出版公司，1956 年，第 159 页。

与供给理论；最后，因为它为消除贫困提供了很小的希望。通常的，马歇尔试图就这些问题提出一种折中的看法，而很少采取清晰的态度。

14.1 马歇尔的劳动经济思想

14.1.1 马歇尔的生平及著述

阿尔弗雷德·马歇尔（1842~1924 年），是近代英国最著名的经济学家，英国剑桥学派的创始人，他出生于英国西部克拉芬地区的一个中产家庭，父亲是英格兰银行职员。马歇尔幼年信奉宗教，也酷爱数学，中学毕业后入牛津大学学习，1861 年他放弃牛津大学的奖学金，进入剑桥大学圣约翰学院学习数学，1865 年以优异的成绩毕业，并留校任研究员，转修物理，兼修数学。所以在经济学研究中，马歇尔的数学功底特别深厚。达尔文的《物种起源》和斯宾塞的《第一原理》等书问世后，他深受这些书的影响。1868~1877 年，他任剑桥大学圣约翰学院讲师，讲授经济学及逻辑和近代哲学。在此期间，他也曾赴德国研究康德哲学和黑格尔的历史哲学，接触过德国历史学派的经济学说，并到美国考察过保护政策。他特别研究过约翰·斯图尔特·穆勒的《政治经济学原理》。1877~1882 年，他任布里斯托尔大学政治经济学教授和学院院长。1883~1884 年他接替牛津大学著名经济史学家汤恩比任巴里奥学院讲师，讲授经济史。1885 年马歇尔回到剑桥大学任经济学教授，直到1908 年退休。1891~1894 年，他曾任皇家劳工委员会委员。退休后，马歇尔继续从事著述活动。他既是英国皇家经济学会的奠基人，又是著名的《经济学杂志》的发起人。

马歇尔的第一部经济学著作是与他的夫人合写的《工业经济学》，出版于 1879 年。从这一年起，他着手撰写《经济学原理》，该书于 1890 年出版。他的代表性著作还有《工业与贸易》（1919 年）、《货币、信用与商业》（1923 年）。马歇尔还写过许多关于工资、税制等方面的论文，他去世后这些论文被他的学生凯恩斯编为《马歇尔官方文集》。

马歇尔的《经济学原理》一书有着广泛的影响。该书使马歇尔名声显赫。马歇尔长期在剑桥大学任教，他的许多学生成为著名经济学家，如庇古、罗宾逊、凯恩斯等。他的学生们有的也在剑桥长期任教，因此，马歇尔及其学生被称为剑桥学派，马歇尔本人成为该学派的创始人。马歇尔的《经济学原理》被看做与斯密的《国富论》、李嘉图的《政治经济学及赋税原理》等齐名的"划时代"著作，是对英国古典政治经济学的继承和发展。因此，以马歇尔为代表的经济学说被称为新古典经济学。

14.1.2 马歇尔的主要劳动经济思想

1. 劳动报酬

马歇尔认为，工资是劳动的报酬，它的多少由劳动这一生产要素的需求和供给来决定。劳动在马歇尔的观念中指人类的经济工作，不论是用脑还是用手。他认为，一切劳动都是用来产生某种结果的，那些只是为了娱乐而做的努力不算为劳动。他说："我们可以对劳动下这样的定义：劳动是任何心智或身体上的努力。部分地或全部地以获得某种好处为目的，而不是以直接从这种努力中获得愉快为目的。"[1]在他看来，说劳动是生产要素就是说人是生产要素，从劳动供给角度看，就是研究人口在数量上、精力上、知识上和品性上的增加。

马歇尔认为，劳动也像其他商品一样，具有需求价格和供给价格，工资是劳动的需求价格和供给价格相一致时的均衡价格。劳动的需求价格是由劳动的边际生产力决定的。所谓劳动的边际生产力是指，在生产资料不变、劳动生产力随劳动者的增加而递减的情况下，最后一个劳动者所提供的生产力。所谓劳动的供给价格是由养活、训练和维持有效劳动的成本决定的。他说："从另一方面来看，工资有同培养、训练和保持有效率的劳动的精力所用的成本保持密切关系（虽然是间接而复杂的）趋势。"[2]

在马歇尔看来，工人提高劳动生产率就是提高劳动的边际生产力，从而会提高劳动的需求价格并使工资上升。但他又认为，由于劳动的边际生产力逐渐作用，劳动的需求价格也可能下降并使工资降低。至于劳动的供给价格，由于它的生产费用构成复杂，有时又可能受非经济因素影响，因而它也是不断变动的[3]。

马歇尔的劳动报酬理论在更多的时候被称为工资理论，其中马歇尔工资理论中另一有价值的观点是他的效率工资的主张[4]。他十分赞同美国经济学家沃克等的看法，认为报酬优厚的劳动一般是有效率的劳动，因此劳动高工资不仅能够提高工资领受者的效率，而且能够提高他们子孙的效率。显然，马歇尔已经清楚认识到，工资应当成为劳动激励的手段，劳动是否昂贵要和效率比较，高效率的劳动，报酬优厚也不是昂贵；低效率的劳动，报酬低廉也是昂贵。这种观点，可以说是今天西方效率工资理论的先声。

2. 劳动者的贫困和失业

对劳动者的失业问题，马歇尔承认失业是一种巨大的灾祸，却又尽量冲淡甚至否定这种灾祸的严重性。一来他把失业根本不说成是失业，而说成是"就业的不经常性"和"工作的间断"。二来他又认为这种灾祸经常容易被人夸大，并且硬说这种"就业的不经常性"并非日益增加。三来他臆断："工作的间断"有规则地发生，这使劳动者对于日后工作并不心怀恐慌。而且，这也是对紧张的劳动者赋予一个休息机会，使其养精蓄锐，以便日后奋勉地从事劳动。

对于劳动者的贫困化问题，一方面他表现得非常关切，在《经济学原理》一书中，一开始就指出"贫困的迫切性"，认为免除贫困，使全体人类均从小享有共同的机会去过一种有教养的生活，是经济学具有极大兴趣的问题。但另一方面，经过一番狡辩之后，他又得出这样的结论：必须反对把我们时代作悲观主义的描述，并对过去时代的愉快作狂妄的夸大，则势必会把促进经济进步的方法束之高阁[5]。

---

① 马歇尔：《经济学原理》，下卷，朱志泰译，商务出版社，1991年，第208页。
② 马歇尔：《经济学原理》，下卷，朱志泰译，商务出版社，1991年，第204-205页。
③ 姚开建：《经济学说史》，中国人民大学出版社，2000年，第292-293页。
④ 葛扬、李晓蓉：《西方经济学说史》，南京大学出版社，2003年，第336页。
⑤ 《经济学动态》编辑部：《当代外国著名经济学家》，中国社会科学出版社，1982年，第336页。

　　马歇尔把劳动者的贫困也归于边际生产力上，他运用边际生产力论解释生产要求，把边际生产力看做各个生产要素需求价格的决定因素。所谓边际生产力，就是一种生产要素的边际增量产品，换言之，一种生产要素的每个增加单位所增加的产量依次递减，最后增加一个单位生产要素的产量（产值）就是这一生产要素的所谓边际生产力，这是克拉克创建并运用的理论，以揭示生产要素的收入报酬。他认为资本的边际生产力决定利息的高低，劳动的边际生产力决定工资的多寡。马歇尔只是部分地采用了边际生产力论，认为边际生产力论只能说明生产要素的需求，而生产要素的供给则需另行解释。因此，按照马歇尔的解释，所谓劳动需求价格取决于"劳动国际生产率"。他认为，在生产资料不变的情况下，劳动生产率随着劳动者数量的增加而递减，最后增加的一个劳动者所提供的生产率就是"劳动边际生产率"。所谓劳动供给价格，是由养活、训练和维持有效劳动的成本决定的。马歇尔的工资理论掩盖了工资的本质，把工资说成是劳动的报酬，似乎劳动者取得了工资，就得到了劳动的全部报酬，因此工人在资本主义社会里并没有受到剥削。马歇尔还利用这个"劳动边际生产率"的谬论向工人灌输一种思想，似乎工资的提高只能靠工人提高劳动生产率，而不能靠阶级斗争。实际上，在资本主义社会里，劳动生产率的提高是生产相对剩余价值的最重要方法，工人的生活并没有随劳动生产率的提高而相应提高①。

　　3. 对劳动者教育的重视

　　由于所处的历史条件不同，马歇尔比之早期的古典经济学家来说，更加重视知识（科学技术）和企业组织形式对生产发展的作用，并把知识和组织列入资本的范畴来加以研究。他说："资本大部分是由知识和组织构成的……知识是我们最有力的生产动力；它使我们能够征服自然，并迫使自然满足我们的欲望。组织则有助于知识。"②

　　马歇尔指出科学的知识是"整个文明的财产"，是"世界的财富"，它比之有形的东西更为重要。他认为，科学的发展及其在农业上的运用，基本上促进了报酬递减的倾向。因此，在现代不仅存在报酬递减倾向，也存在报酬不变或报酬递增的倾向。马歇尔对经济进步和福利增长的乐观预期，在一定程度上是建立在对科学发展及其重要性的认识之上的。

　　与此相联系的，马歇尔认为教育能提高一国的生产力，促进经济的发展，并强调指出：一个伟大的工业天才的经济价值，足以抵偿整个城市的教育费用；发展和改良中等教育，培养熟练的有技术的工人，对于财富的增长也具有重大作用③。

▶本节拓展材料

① 白永秀、任保平：《影响世界的 20 位西方经济学家思想评述》，中国经济出版社，2011 年，第 168 页。
② 马歇尔：《经济学原理》，上卷，朱志泰译，商务印书馆，1983 年，第 142 页。
③ 颜鹏飞：《西方经济思想史》，中国经济出版社，2010 年，第 243 页。

14.2　剑桥学派发展者的劳动经济思想

14.2.1　庇古的劳动经济思想

1. 庇古的生平及著述

庇古是英国著名经济学家，剑桥学派的主要代表人物之一。庇古出生于英国的一个军人家庭，是这个家庭的长子。青年时代，他进入剑桥大学学习。其最初的专业是历史，后来因受当时英国著名经济学家马歇尔的影响而转向了经济学。

1901 年，庇古毕业后投身于教书生涯，成为宣传马歇尔经济学说的一位学者。1908年，时年 31 岁的庇古接替马歇尔担任剑桥大学经济学讲座教授，成为剑桥历来经济学讲座中的最年轻者。庇古担任讲座教授达 35 年之久，直到 1943 年退休。退休后，他仍留在剑桥大学从事著述研究工作。另外，庇古还曾担任英国皇家科学院院士、国际经济学会名誉会长、英国通货外汇委员会委员和所得税委员会委员等职。

《福利经济学》是庇古最著名的代表作。此书的价值在于开创了西方福利经济学的完整体系。福利经济学就是从福利的观点出发对经济体系的运行进行评价，它以一定的伦理价值判断为前提，因此被认为是一种"规范经济学"[①]。这里所说的价值判断，主要是对人类经济行为的"是非善恶"做出的伦理学方面的评价。该书将福利经济学系统化，标志着其完整理论体系的建立。它对福利经济学的解释一直被视为是"经典性"的，庇古也因此被称为"福利经济学之父"。

庇古的其他主要著作还有《工业和平原理和方法》（1905 年）、《财富与福利》（1912 年）、《论失业问题》（1914 年）、《工业波动》（1927 年）、《公共财政研究》（1925 年，1956 年）、《失业理论》（1933 年）、《社会主义与资本主义的比较》（1937 年）、《静态经济学》（1935 年）、《就业与均衡》（1945 年）、《收入理论》（1946 年）、《凯恩斯"通论"的回顾》（1956 年）等。

2. 庇古的主要劳动经济思想

1）国民收入与劳动的关系

决定国民收入大小的主要是劳动，所以在《福利经济学》第 3 卷中，庇古涉及的问题相当广泛，如一般的劳动纠纷、工作时数、工资的支付方式、影响劳动在不同区域及职业间分配的因素、提高工资的可能性、减少失业的方法及公平工资和最低工资等问题。庇古对这些问题的探讨既有理论分析，又有政策建议。

庇古讨论了劳动在各地区各职业间的配置问题。他认为，即使各类劳动的需求价格及工资在不同的地区与职业间都相等，劳动在不同地区与职业间的配置也不可能达到理想状态。这主要是由于工人的无知、流动所需要的费用（包括交通费用与离乡背井的心理代价）及传统与习惯对流动的人为限制。劳动配置不当会引起失业，从而减少国民收入与经济福利，而解决这种失业的办法则是政府采用干预手段，如由政府提供必要费用或使工人终身受雇等。

---

① 蒋雅文、耿作石、张世晴：《西方经济思想史》，科学出版社，2010 年，第 236 页。

在工资方面，庇古重点讨论了公平工资的问题。公平工资就是确保在所有地区与职业中支付给工人的工资应该等于其劳动的边际净产值，并保证各种工人在不同地区与职业间的配置使国民收入达到最大。从此标准来看，不公平工资可以分为两类：一种是虽然不公平，但在工人所从事工作的地区与职业中工资等于劳动的边际净产值；另一种是有剥削存在，工资低于劳动的边际净产值。前一种不公平要通过促进劳动在地区与职业间的流动来解决，后一种要由政府进行干预来解决。此外，即使工资是公平的，但如果低于最低生活工资，政府也应制定最低工资法来提高工资[①]。

对于贫穷的劳动者如何增加他们的收入呢？有两种转移的办法：一类是直接的转移，可以设立一些社会保险或者社会服务设施。另一类是间接的转移。例如，政府采取对穷人必需品的生产部门进行补贴的办法，来降低房屋造价，降低房租，使穷人受益；或者，补贴垄断性的公用事业，以降低服务价格，如公共交通的票价等。庇古认为不能实行无条件的普遍补贴制度，应该救济的是穷人，如果救济有工作能力而不工作的人，就会减少国民财富的生产。他主张训练身强力壮的低收入工人，让失业工人学习新技术，给工人优秀子弟提供上学的机会并补贴他们的膳食。他说：有充分理由可以相信，如果把适当数量的资源从较富的人那里转移给较穷的人，并把这些资源投资于穷人，以便使他们更有效率，那么这些资源由于增强能力而在额外生产上所得到的报酬率，是会大大超过投资于机器厂房的通常的利息率的[②]。

2）收入均等化

庇古接受了马歇尔关于分配不均是资本主义制度的一个严重缺陷和希望通过不会伤害人们的主动性，从而不会大大限制国民收入的增长又可以改善分配不公的方法，来增长社会福利的观点。他根据边际效用递减原理，认为随着货币收入的增加，货币的边际效用递减。贫穷阶层的货币收入很少，所以他们的货币边际效用很大。与此相反，富裕阶层的货币收入较多，所以他们的货币边际效用很小。这样，如果把富人的一部分钱转移给穷人，就会增大货币的效用总量，社会福利总量也会增加，因为穷人的所得大于富人的所失。庇古的结论是，从分配方面来说，要增加社会经济福利，就必须实现收入分配的均等化。

如何实现收入的均等化呢？庇古提出了福利经济学的政策主张：政府一方面采取向富人征收累进所得税、遗产税之类的措施；另一方面采取一些社会福利措施，如养老金、免费教育、失业保险、医药保险、房屋供给等，将货币收入从富人那里"转移"给穷人，就可以增加穷人的所得，增加货币的边际效用，从而使整个社会的满足总量增加。

庇古认为，福利措施应当以不损害资本增值和资本积累为原则，否则就会减少国民收入和社会福利。在涉及转移收入的具体措施时，他认为"自愿转移"（即资本家自愿拿出一部分所得）比"强制转移"（即政府征收累进税和遗产税）要好。但收入的"自愿转移"往往会少于社会所需要的收入转移的数量，因此还需要政府对收入的"强制转移"。庇古把向穷人转移收入的办法分为两类：一类是直接的转移，如设立一些社会保险和社会服务设施；另一类是间接的转移，如对穷人最迫切需要的食品、住宅及公共交通事业

① 蒋雅文、耿作石、张世晴：《西方经济思想史》，科学出版社，2010年，第236、239页。
② 李薇辉：《西方经济思想史概论》，华东理工大学出版社，2005年，第330页。

实行政府补贴，降低售价、租金和票价，使穷人受益。他还提醒，不论实行哪一类收入转移措施，都要防止懒惰和浪费。

庇古的分析表明，国家运用经济政策的调节，可以改变资本主义的分配关系，从而避免无产阶级和资产阶级之间的对抗。庇古福利经济学的出现在经济学说史上具有重要意义，它标志着西方经济学中一个新分支的产生[①]。

3）关于生产资源的配置

按照庇古的第一个基本命题，要增加社会福利，就必须增加国民收入总量，要增加国民收入总量，就必须满足社会需求的社会产量。而要增加社会产量，就必须使生产资源在各个生产部门实现最适宜的配置。这样，生产资源的最适宜配置问题便成为庇古福利经济学的重要内容之一。

为了研究社会资源配置问题，庇古在马歇尔关于"外部经济"和"内部经济"概念的基础上，提出"边际私人纯产品"和"边际社会纯产品"两个概念。所谓"边际私人纯产品"，即生产者个人每增加一个单位投资所获得的纯产品，用货币来表示就是"边际私人纯产值"。"边际社会纯产品"，即社会每增加一个单位生产要素或社会资源所增加的社会产品或劳务数量。二者的关系是，边际社会纯产值就是投资者在所得到的边际私人纯产值之外，再加上因这种投资和生产而使社会上其他人可能得到或损失的利益。如果在边际私人纯产值之外，社会上其他人还能得到利益，那么，若社会上其他人的利益受到损失，边际社会纯产值就小于边际私人纯产值，在此情况下，社会福利的增加有赖于减少此种经济活动[②]。

关于边际私人纯产值和边际社会纯产值之间的关系，庇古做了这样的说明：如果在边际私人纯产值之外，其他人还得到利益，如建成一条公路使附近土地的价值得到增加，那么，边际社会纯产值就大于边际私人纯产值；反之，如果其他人受到损失，如工厂喷出煤烟而对社会有害，那么，边际社会纯产值就小于边际私人纯产值。庇古把前者叫做"边际社会收益"，把后者叫做"边际社会成本"[③]。

总之，庇古认为，要使生产资料的配置达到最适宜的程度，必须使"边际私人纯产品"和"边际社会纯产品"相等，从而使"边际私人纯产值"和"边际社会纯产值"相等。然而，二者在通常的情况下是不相等的。因此，应当由国家来进行调节，使之趋于一致。当边际社会纯产品大于边际私人纯产品时，国家应通过补助金政策扩大该部门的生产；当边际社会纯产品小于边际私人纯产品时，国家应通过税收政策缩小该部门的生产[③]。

4）失业论

《失业理论》是庇古面对 20 世纪 30 年代英国严重的失业做出解释的著作，但里面也不乏新颖的观点。以庇古看来，在完全竞争的情况下，劳动的供给等于劳动的需求，二者相等时所决定的起初工资率使愿意接受此工资率而就业的人们均能获得就业，此情况即为充分就业，即没有失业；如果还存在失业的话，那就是自愿失

① 吴宇晖、张嘉昕：《外国经济思想史》，高等教育出版社，2007 年，第 271-272 页。
② 吴宇晖、张嘉昕：《外国经济思想史》，高等教育出版社，2007 年，第 271 页。
③ 颜鹏飞：《西方经济思想史》，中国经济出版社，2010 年，第 278 页。

业，即虽然没有工作，但他本人也没有找工作的动机，所以可以不予考虑，但是市场竞争并不完全，而货币工资率的较大伸缩性，致使货币工资率与实际工资率不相一致，必然出现非自愿失业。

解决失业的办法除减少对市场的干扰外，更重要的是使货币工资有伸缩性，更具体地说是工资能被缩减，则市场活动自会使货币工资与真实工资趋于相等而实现充分就业[①]。

14.2.2　罗宾逊的劳动经济思想

1. 罗宾逊的生平及著述

琼·罗宾逊（Joan Robinson）是当代国际杰出的女经济学家，也曾执教于剑桥大学。她一生著述甚多，仅著作就有 24 部之多，对经济学的许多领域都做出了重要贡献。她既受马歇尔经济学的熏陶，又受庇古的影响。罗宾逊对马歇尔经济学的重要发展是对不完全市场竞争的状况进行了分析，把价格歧视纳入她的理论体系中，并对之进行了新的阐述和发挥，在分析方法上强调运用边际分析方法来分析利润的最大化行为。

她认为传统的完全竞争或纯粹竞争的市场假定是不现实的，现实的市场处于垄断与竞争之间，是一种不完全的竞争。而不完全竞争市场的一个特点就是存在着价格歧视。罗宾逊还最先提出了买方垄断的概念。买方垄断，又叫做独买，是指一种商品、劳务或要素市场只有一个买主而有众多个卖者的市场结构。买方垄断意味着独买者对所购买的商品具有绝对的控制权，因而可以控制买物的价格，因此，其垄断价格与购买数量较之竞争的市场要低。买方垄断的市场结构往往产生于商品是同质、无差别的，任何一个卖者都无法对价格施加影响，而买者可以决定购买物的价格。

2. 罗宾逊的主要劳动经济思想

1）对劳动剥削的认识

罗宾逊的劳动经济思想体现在对劳动剥削的分析的认识上，在罗宾逊的《不完全竞争经济学》中，最著名的或许就是她提出的"剥削"的概念。罗宾逊所认为的剥削，是指工人所得到的工资小于他们创造的价值（边际产品价值或边际物质产品乘以价格）。她认为，在完全竞争条件下，不存在剥削，因为工人获得的收入必然等于他们创造的价值，即工资必然等于边际产品价值。但是，一旦垄断存在，剥削就会产生。这里所说的垄断包括卖方垄断和买方垄断两个方面。从上面的分析中我们不难发现，罗宾逊关于剥削的概念是非科学的。首先，她把剥削产生的原因归结为买方垄断和卖方垄断，显然只看到了经济现象的表面。其次，她错误地否定了完全竞争条件剥削的存在。最后，她提出通过建立完全竞争的方法消除剥削的想法也是不可能的。不过，作为资产阶级经济学家，能在经济学著作中公开提出并分析对劳动的剥削，也实属难能可贵。

[①] 苗英华：《最著名的经济学家　最经典的学说》，中国经济出版社，1994 年，第 97 页。

2）劳动力市场的买方垄断

我们可用图 14-1 来说明罗宾逊关于劳动力市场的买方垄断的分析过程。罗宾逊指出，一个雇主的短期需求曲线和他的边际收益产品曲线 MRP 重合。由于一个买方垄断者是某一类特定种类劳动力的唯一雇佣者，因此，他面对的是向右上方倾斜的市场劳动供给曲线。这条曲线同时表示平均工资成本 AWC。在买方垄断市场条件下，边际工资成本 MWC 高于平均工资成本 AWC。为了实现利润最大化，他会限制雇工的数量即雇佣量为 B，而不是雇主相互竞争时的 A。因为此时，雇佣的最后一个工人带来的边际收益产品正好等于边际工资成本 N。如果 MRP>MWC，减少雇佣量就能增加利润。买方垄断所支付的工资为 R，这低于竞争时的工资 S。因此，买方垄断剥削为 NR，这是边际收益产品 MRP 与买方垄断工资之间的差额。在垄断或垄断竞争条件下，工人的边际产品价值 VMP 将会超过边际收益产品 MRP。罗宾逊指出，当工人的工资低于其劳动的边际产品价值（VMP）时就产生了剥削；或者说，工人受到剥削是指以低于其边际产品的工资被雇佣。图 14-1 的 TR 衡量对劳动力的总剥削程度：NR 衡量由于买方劳动所导致的剥削；TN 表示在产品销售过程中由垄断或垄断竞争所导致的剥削。

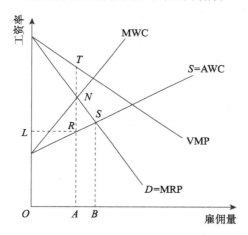

图 14-1　劳动力市场的买方垄断

罗宾逊提出了消除 NR 和 TN 的方式：①为消除 NR，行业工会应当设置此行业的最低工资水平。由此，该行业的垄断供给在强制的工资率约束下就会变为完全有弹性的，劳动的边际工资成本就会与平均工资成本相同。如图 14-1 所示，如果工资率 S 是强制性的，买方垄断者在增加雇佣工人时就不能再提高劳动价格。新的供给曲线将会是一条从纵轴出发经过点 S 的水平线，雇佣工人数由 A 增至 B。工资将等于边际收益产品，买方垄断所导致的剥削消失[1]。②为消除 TN，必须使销售价格等于边际成本和平均成本。这意味着，市场必须是完全竞争的。此时，企业会扩张规模并处于新的均衡，获得正常利润，成本和价格也都会下降[2]。

---

[1] 吴宇晖、张嘉昕：《外国经济思想史》，高等教育出版社，2014 年，第 276 页。

[2] 吴宇晖、张嘉昕：《外国经济思想史》，高等教育出版社，2014 年，第 277 页。

▶本节拓展材料

14.3　对马歇尔及发展者劳动经济思想的评价

马歇尔对西方劳动经济学的影响是极其巨大的。现代西方经济学的内核可以说是在马歇尔之后才奠定的。马歇尔对效用递减规律、需求定理、供给法则、需求曲线、供给曲线的表述都已经成为经典，他提出的局部均衡分析法也成为以后劳动经济学界最流行的热点问题。他的学生庇古所创立的福利经济学也成为经济学的重要分支。马歇尔开创的微观经济学体系直到现在都极富意义。

在经济政策方面，马歇尔虽然没有像其后的凯恩斯那样提出轰动一时的政策建议，但是马歇尔继承并且宣传了斯密"看不见的手"的定理和自由市场原理，其所建立的经济学体系是可以用来论证市场经济完美性的。可以说，马歇尔的经济理论为自由市场经济做出了最好的辩护，也对政府不干预主义进行了早期的诠释。1929~1933 年大危机之前，大部分经济学家和经济政策的制定者都相信市场经济是完美的。所以，马歇尔是继斯密、李嘉图和约翰·斯图尔特·穆勒之后又一位支持自由放任的经济学大家[1]。

马歇尔及其发展者对后世劳动经济学的影响甚大。马歇尔首先论证了单个市场均衡的存在。在市场均衡状态下，每个人和企业都实现了各自的利益最大化，同时所有经济当事人的行为都处于相互协调、相互兼容的状态之中，市场价格使供给和需求达到相等，即市场"出清"了。马歇尔以消费者的效用最大化目标和厂商的利润最大化目标为出发点，分别说明两方面情况。在产品市场上，当需求大于供给而导致某种产品价格上升时，消费者在既定的收入水平下会减少对这种产品的购买，因而需求减少；而厂商在价格上升时必然会增加对这种产品的生产，导致供给增加，这种价格机制的调整可以达到供求双方的均衡。无论消费者还是厂商都不再有改变自己行为的趋势。

马歇尔根据对大机器工业实践发展的观察，在《经济学原理》中提出了一个"哥德巴赫猜想"式的命题：社会经济发展可能要长期面临规模效益和竞争效益的两难选择。马歇尔提出：高效大型机器设备的广泛应用必然带来规模扩大，而规模扩大可以带来单位产品的成本大幅度降低；但是规模经济造就的生产集中又极易造成垄断，垄断又会使经济丧失竞争活力。他认为，规模经济和垄断是难以分割的，社会要取得规模效益，就得牺牲竞争效益；要取得竞争效益，就得牺牲规模效益。这就是经济学与产业组织理论中著名的"马歇尔两难"。马歇尔将这道世纪难题留给了后人。围绕着这个问题，经济学家们展开了一场旷日持久的辩论，并逐步形成了一门新的经济理论——产业组织理论[2]。

---

① 蒋雅文、耿作石、张世晴：《西方经济思想史》，科学出版社，2010 年，第 236、239 页。
② 白永秀、任保平：《影响世界的 20 位西方经济学家思想述评》，中国经济出版社，2011 年，第 172 页。

马歇尔经济学是 19 世纪中叶以来西方经济学发展的一个总结，是自约翰·斯图尔特·穆勒后的又一次综合。马歇尔经济学的整个经济学体系中真正创新的观点不是很多，主要体现在方法论上"连续原理"为基础的个体分析和需求供给理论中的"弹性概念"，而其他观点主要是对以前经济学家的经济学说的继承和发扬。当然，他在自身所处的那个时代各个学派的争论中得到了许多好处，这些争论不但激发了他个人智慧的火花，更为他作一次大的综合提供了丰富的素材。

马歇尔把经济学定义为研究财富，同时研究人的学问。这里本质上与传统的经济学并没有什么区别，但吸收了边际学派的理论分析。他所说的研究人，即研究人的动机。他把人类动机分为两类，即追求满足和避免牺牲。人类经济生活由这两类动机支配。前者促进人类的某种经济行为，后者制约人类的某种经济行为。人们的动机从性质上是无法衡量的。经济学家不能衡量心中任何动机本身。但满足和牺牲在程度和数量上却可采用间接的方法，即通过货币作为标准来衡量。因此，经济学主要就是用货币来对活动的动力和阻力来进行分析。这样，马歇尔就使经济学建立在心理分析的基础上。不仅如此，马歇尔还吸收了历史学派对劳动经济学研究对象的广义界定，主张经济学与社会学合流。

▶本节拓展材料

◎本章小结

马歇尔建立的劳动经济理论，论述了生产要素的供给及其要素变动规律，通过长期和短期这一对概念，把时间因素引入经济分析，从而引出主要成本与辅助成本等概念，创建了工资的边际生产理论，并以外部经济和报酬递增为主要分析工具建立了对垄断的分析。马歇尔还探讨了劳动力增长通过劳动力人口和劳动生产率的高低而作用于经济发展等问题，在论述劳动力与经济的关系中主要强调积极因素。这种研究对劳动经济思想的发展是具有积极意义的，有助于人们正确认识资本主义条件下劳动经济基本理论的内在机制。

◎思考题

1. 马歇尔劳动经济思想产生的背景与条件如何？
2. 马歇尔主导的劳动经济思想是什么？
3. 评述马歇尔经济思想发展者的劳动经济思想。

◎推荐阅读材料

马歇尔的《经济学原理》中关于经济竞争的认识

马歇尔对"竞争"研究比较深入，在《经济学原理》的导言中，他指出：竞争可以是建设性的，也可以是破坏性的。他认为"竞争"这个词充满了罪恶的意味，而且还包含着某种自私自利以及对他人的福利漠不关心的意思。

马歇尔认为人的自私性在古代同样存在，近代不过是"有着有意的自私自利的特点"，他认为"近代的特点是有意识性而不是自私性"。同样近代具有的有益的无私奉献之心，在古代同样存在但只不过古代不具有有意性的特点。有意性、自觉性成为现代自私、无私的特点。

马歇尔一方面说竞争充满了罪恶，另一方面认为限制竞争会生成特权阶级。他说了这么多，实际上是通过评判竞争，推出一个词：经济自由。他认为经济自由是近代企业和产业的特征，不含有任何好的或坏的道德评价的意味，只是一个更有远见以及更为谨慎和自由的选择。经济自由的观念实开自由主义之先河。

马歇尔的竞争理论把竞争建立在"恶"的基础之上，最后走向了一个极端。他认为，如果将竞争与为公众利益义务无私工作的积极合作相对比的话，那么即使是最好的竞争形式也有害，"在一个人人都十分善良的世界里，竞争就不会存在了"。

显然，马歇尔的竞争观念中，恶是肯定方面，善是否定方面，当善的一面达到尽善时，竞争就不存在了。但我们知道，善恶是相对的，有了善才有恶，二者不可能单独存在。没有恶的一面的竞争是不存在的，没有善的一面的竞争也是不存在的，但竞争确实有两种，一种是恶的竞争，一种是善的竞争，只不过恶的竞争是恶的一面具主要方面的竞争，善的竞争是善的一面具主要方面的竞争。

马歇尔的竞争观没有看到善与恶的对立统一性，没有看到有善意的竞争和恶意的竞争两者的存在，没有动态地历史地去看竞争的善与恶，对经济自由也陷入了绝对化泥潭，需要扬弃。当然其竞争思想研究是很深入的，表达方式也具有独特性，具有很高的学术价值，读后可以给我们很多启发。

资料来源：http://baike.haosou.com/doc/3439378-3619510.html

【推荐选读书目】

蒋雅文，耿作石，张世晴. 2010. 西方经济思想史. 北京：科学出版社.

李薇辉. 2005. 西方经济思想史概论. 上海：华东理工大学出版社.

李晓蓉. 2014. 西方经济学说史. 北京：北京大学出版社.

李仲生. 2015. 西方劳动经济学说史. 北京：中国人事出版社.

姚开建. 2000. 经济学说史. 北京：中国人民大学出版社.

张世贤. 2009. 西方经济思想史. 北京：经济管理出版社.

第15章　新古典经济学批评者的劳动经济思想

▶学习目标

1. 新古典经济学批评者劳动经济思想产生的背景与条件。
2. 新古典经济学批评者所主导的劳动经济思想。
3. 新古典经济学批评者劳动经济思想的影响。

1. 社会背景和历史条件

从 19 世纪 70 年代到第一次世界大战，新历史学派一直是德国经济学的主流。他们把经济学的研究对象确定为特定国家（德国）的经济状况；着力于寻找适合特定国家（德国）的经济发展道路。他们强调历史方法的经济学意义，对内提倡经济自由，对外力主保护主义。新历史学派具体理论和方法与旧历史学派略有不同，但主张国家对经济进行干预的思想未变。新历史学派的代表人物很多，其中瓦格纳提出的社会政策财政论影响最大。

在此以前，所有的经济思想都是来自欧洲。19 世纪初，在德国出现了以国家干预为特征的历史学派，这个学派与欧洲经济自由主义相抗衡，在德国经济学界占主导地位长达 80 年左右。在它的发展过程中，先后出现了新旧历史学派。

19 世纪初，德国还是一个封建农奴制度占统治地位的国家，政治上是分散的，分为数百个小邦。1834 年，德国成立了统一的关税同盟，这就为加速工业发展创造了条件。19 世纪三四十年代，德国某些地区的工业发展达到相当高的水平，资本主义生产方式迅速发展起来，但是同英国、法国相比，差距还很大。

19 世纪 40 年代，德国产生了自己的政治经济学，这就是历史学派。这个学派最大的特点就是，当本民族处于落后的情况下，能够不甘落后，通过国家的力量来保护自己的工业，与强势力进行抗争。但此学派又否认经济规律的普遍意义[1]。

---

① 李薇辉：《西方经济思想史概论》，华东理工大学出版社，2005 年，第 197 页。

2. 主导思想及代表人物

旧历史学派中的重要经济学家有佛里德里希·李斯特、威廉·罗雪尔、布鲁诺·希尔德布兰德及卡尔·克尼斯。他们主张：不能将古典经济理论应用于所有的时期与文化中，尽管斯密、李嘉图及约翰·斯图尔特·穆勒的结论对于像英国这样工业化中的经济体来说是正确的。然而，并不能应用于农业化的德国。这些经济学家的经济分析中包含大量的民族主义情感。此外，他们断言，经济学与社会科学必须使用一种以历史为依据的方法，在李嘉图及其追随者的控制下，古典理论在试图模仿自然科学方法上是错误的。学派中一些比较中立的成员承认，理论演绎法与历史演绎法是一致的。但是，一些人特别是克尼斯反对抽象理论的任何一种应用。

李斯特尤其表达了强烈的民族主义观点，他拒绝接受如下看法，即古典理论关于自由放任的结论适用于那些不如英国发达的国家。古典理论主张：国家的福利来自于个人在自由放任的环境中对私利的追求。而李斯特则认为：国家的指导是必要的，尤其是对于德国和美国而言，关税与保护则是必要的。从 1825 年至 1830 年李斯特在美国花了 5 年时间以及后来在德国花了大约十年时间出版了《政治经济学的国民体系》一书，该书汲取了他在美国的经验。其保护主义观点在美国得到热烈的认同，以至于他通常被称做美国保护主义之父。

这些经济学家所提倡的历史方法是什么呢？他们的工作反映了如下信仰，即经济学的首要任务是发现支配经济增长与发展阶段的规律。例如，李斯特声称，处于温带的经济体将经历五个阶段，即游牧生活、畜牧生活、农业、农业与工业、工农商业。希尔德布兰德断言，理解经济增长阶段的要诀是在交换条件中找到的。因此，他设置了基于物物交换、货币及信用的三个经济阶段。对增长阶段的这些描述，显然包含了一定量的理论并且高度抽象。然而，这些经济学家的确收集了大量历史与统计资料来支持他们对经济发展的分析。在更近的时期，沃尔特·惠特曼·罗斯托提出了一种遵循旧历史学派传统的经济发展阶段理论。正如可以预料到的那样，与经济学家自身的认同相比，他的著作获得了其他社会科学中学者们更好的认同。

第二代德国历史学派有一位杰出的领导者古斯塔夫·冯·施穆勒。像旧历史学派的成员一样，新历史学派的经济学家们抨击古典经济理论，尤其是古典理论适用于所有时间与地点的观点。在历史方法的应用上，他们一般不如旧学派那样雄心勃勃，他们愿意创作关于经济与社会不同方面的关系，而不是阐述重大的经济发展阶段理论。在努力创作的过程中，他们更喜欢运用归纳方法，似乎认为收集到足够的经验证据之后，理论就可能出现。他们也对借助国家行为的社会改革非常感兴趣。因为这一点，他们被称为"讲坛社会主义者"，这是他们乐于接受的一个称号，他们认为，不接受诸如所得税一类建议的批评家是反对进步的人。

门格尔、杰文斯及瓦尔拉斯在 19 世纪 70 年代早期应用边际分析，并构建抽象演绎模型，这在德国只有很小的影响或者说没有影响。尽管门格尔这位奥地利人用德语创作了他的《经济学原理》，但是，在德国的大学中并没有被加以研究，因为这些学校排外性地赞同历史方法。在其早期著作中，施穆勒乐于承认两种方法在经济研究中都占有一席之地，虽然他并不推荐构建抽象的理论模型。1883 年，门格尔出版了一本关于方法论的著作《社会科学尤其是政治经济学方法的研究》，它开启了一场一直持续到20世纪的长久的、沉闷的、无果而终的争论。关于方法的这场争论，是经济理论发展中曾经发生的最为激烈的方法上的争论之一；只有美国制度主义者与正统理论家之间最近的争论能与之相比。门格尔的著作中包含了对经济学与社会科学中方法问题的一般性概述。然而，他也抨击了历史方法的错误。施穆勒回应了这一抨击，于是战争开始了。门格尔发表了对施穆勒回应的驳斥，其他人也参与到争论中来。双方都摆出攻击的架势，都认为自己的理论几乎是唯一可以使用的。正像施穆勒指出的那样，双方都用表示尊敬的术语将自己的方法表述成经验的、现实的、现代的、精确的方法，同时将对方的方法称做投机的、无用的、次要的方法。

从某种观点看，这场争论可以看做经济文献的纯粹死胡同，是经济学作为一门学科加以发展的有害物，因为有才能和心智的人把他们的时间都耗费在没有意义的争论上了。另外有可能是这场争论帮助经济学家认识到，在他们的学科中理论与历史、演绎与归纳、抽象模型构建与统计数据搜集并不是相互排斥的。

尽管个别经济学家可能倾向于将其主要精力专门投入这些方法中的一种上，然而，一个健康发展的学科要求方法的多样性。因为没有哪一种方法能够完全排斥另一种方法而被加以认同。所以，实际问题在于给予每种方法应有的重视。我们的观点是，学科的内在发展将决定这个问题，为此进行争论是没有意义的。

从这场争论中能够得到另外一个教训。如果某种特定方法的创立者，对方法的正确性变得如此确信，以至于不允许其他观点在从事研究和研究生培养的大学中表现出来，那么，经济学的发展将会受到损害。这一点发生在德国，自以为是且刚愎自用的智力领袖施穆勒在德国极具影响力，以至于遵循门格尔、杰文斯、瓦尔拉斯及马歇尔所创立路线的抽象理论家们，无法在祖国找到大学职位。结果，经济思想的主流忽视了德国经济学家，经济学作为一门知识学科在德国遭受了几十年的损害。

19世纪最后25年期间，许多英国经济学家批评正统古典理论，并提倡运用历史方法进行经济学研究。这些经济学家与德国经济学家不同，他们未能形成一个聚合的群体，也没有受到德国经济学家的直接影响。在经济思想中，对于英国的传统来说历史归纳方法并不陌生。亚当·斯密的《国富论》是历史材料与描述性材料的混合，再配合一个松散的理论结构。李嘉图代表了经济学方法向抽象演绎模型构建的一次主要变动，模型几乎完全没有历史的或制度的内容。西尼尔拥护并扩展了李嘉图对演绎推理的运用。然而，约翰·斯图尔特·穆勒和阿尔弗雷德·马歇尔回归斯密方法，利用他们对历史材料和制度材料的渊博学问与知识，赋予其理论结构以实质内容。

历史方法在英国的首要倡导者是T.E.克里夫·莱斯利，他对古典经济学的方法（主要是李嘉图及其追随者的方法）进行了批评。莱斯利主张，斯密的经济理论不适用于现代英国的情况。但是总的来说，斯密的方法还是相当合理的，因为斯密广泛运用历史材料来得出结论。尽管阿诺德·汤因比英年早逝，使其成为一名经济史学家的伟大心愿未能得到完全实现。然而，他的《18世纪英国工业革命讲稿》则是运用历史方法来了解发生在英国的根本变革以及因此出现的工业化经济体问题的一个例子。正是阿诺德·汤因比创造了工业革命这一术语。威廉·阿什雷与威廉·坎宁安关于英国经济史的著作，仍旧受到高度的尊重。其他经济学家运用历史方法来分析具体的主题。沃尔特·贝格豪特创作了《朗伯德街》，它是一部研究英国银行业的经典；约翰·K. 英格拉姆出版了《政治经济学史》，它是用英语创作的关于经济理论史的第一部系统性著作。

尽管历史学派没有对理论的新发展产生重要影响，然而，它的经验一直都是有用的，并且影响到了很多经济理论批评家。

15.1 历史学派的劳动经济思想

15.1.1 旧历史学派的劳动经济思想

1. 旧历史学派先驱者李斯特的劳动经济思想

李斯特，德国资产阶级著名的思想家和积极的社会活动家，是德国历史学派的先驱者之一。他于 1789 年出生于德国符腾堡的一个皮革匠家庭。1817 年，他被聘为图宾根大学财政学和经济学教授，由于他的主张与当时统治者意见不同，1819 年被解聘。但李斯特仍旧积极从事社会活动：由他倡导的旨在联合德国各邦建立统一关税同盟的德国工商业协会于 1819 年成立。次年，他被选为符腾堡国民议会的议员。由于他的改革主张难以被当时的王宫贵族所容忍，于 1822 年以美国驻莱比锡领事的身份返回德国。1841 年他的主要经济著作《政治经济学的国民体系》出版。反动势力的迫害和政治幻想的破灭的双重打击致使李斯特的精神完全崩溃，1846 年 11 月 30 日在奥地利自杀身亡，终年57 岁。

李斯特的经济学说主要存在于他的大量的关于现实社会经济问题的文章和演说中，这些思想在他的主要经济著作中得到了系统阐述。这些著作包括《美国政治经济大纲》（1827 年）、《政治经济学的国民体系》（1814 年）、《农业制度、小农经济和国外移民》（1842 年）、《德国政治经济的国民统一》（1846 年）等。其中，《政治经济学的国民体系》是其代表作。

李斯特的主要劳动经济思想包括以下几方面。

1）生产力理论

李斯特提出了一套发展德国的民族工业生产理论，这是他的经济理论体系的中心。在西方经济思想史上，李斯特是第一个提出生产力理论的经济学家。他以生产力理论反对古典政治经济学的价值理论，并认为，古典经济学从世界主义经济学出发，只重视财富和交换价值，而忽视了生产力。

李斯特强调生产力的重要性。他认为生产力比财富（价值）本身重要得多。财富是交换价值，财富的原因则是生产力。如果一个人只有财富，而没有生产财富的生产力来生产大于他所消费的价值，他将越过越穷。反之，如果他没有财富，而有生产财富的生产力，他就会富起来。一个国家也是如此。在李斯特看来，劳动本身并不一定能使一国致富，因为历史上所发生的事实表明，就整个国家而言，尽管其国民克勤克俭，还是会陷入贫困境地，劳动本身并不能说明一个国家的强盛或衰落的问题。一个国家的发展程度，主要不是取决于它目前所积累的财富的多少，而是取决于它的生产力的发展程度。

李斯特还系统地论述了生产力这一概念的内容及其发展的源泉。他把一切影响生产发展的直接的和间接的因素统统都包括在内以解释此概念：生产力不仅包括人的劳动及其创造的物质资料，还包括精神力量、社会状况和天然资源。其中，精神力量包括个人的身心力量、个人智力、感情、对未来幸福的认识、深思远虑、积极活动、仿效榜样的习惯等，在某种程度上接近于当代西方经济学家所使用的"人力资本"概念。社会状况包括科学、艺术、公共制度和法律、国内物质发展、农工商业的均衡、国家力量、教育、宗教、社会道德等。天然资源包括国内和国外的自然资源。

在李斯特的生产力理论中还提到了生产力的协作与综合的重要思想。他认为要推进生产力，不仅要有分工，还要有各种历练，更要有为了共同生产而进行的联合。他实际上看到了分工和协作的互相补充对生产力发展的重要意义。他突破了亚当·斯密仅仅把分工原则运用于各单位内部的局限，提出分工协作原则的作用可以扩及整个国家经济，并强调一国之中最重要的工作划分是精神工作与物质工作之间的划分，双方是相互依存的。而在物质生产中最重要的工作划分与最重要的生产力协作是农业与工业之间的划分与协作。这就把亚当·斯密的着眼于微观的分工法则升华为宏观的分业法则。从宏观上考察分工过的结果，使他感到把社会总劳动力按比例地分配于全社会的各行各业（包括精神生产部门）之中的重要性，他称之为生产力的平衡或协调[1]。

李斯特认为落后国家要发展生产力必须实行保护关税，保护自己的工商业。他说："保护关税如果使价值有所牺牲的话，它却使生产力有了增长，足以抵偿损失而有余，由此使国家不但在物质财富的量上获得无限增进，而且一旦发生战事，可以保有工业的独立地位。工业独立以及由此而来的国内发展，使国家获得了力量，可以顺利经营国外贸易，可以扩张航运事业，由此文化可以提高，国内制度可以改进，对外力量可以加强。"[2] 反之，如果不在价值上做出暂时牺牲，不发展本国工业，而是向外国购买廉价商品，结果是本国工业得不到发展，国家将长期处于落后状态。

李斯特是斯密理论在德国的后继者。他在一般经济理论上信奉斯密的观点，但其著作更具实践性、技术性和农业性。他的边际生产力论对边际主义有较大的影响。屠能对以往的工资和利息的理论甚为不满。他认为，"最低限度的生活资料说"容易使劳资矛盾激化，而劳动供求论又不能说明自然工资率。因此，他试图给工资和利息以全新的解释，提出了劳动和资本的边际生产力论。

2）物质资本与精神资本的联系

李斯特批评流行学派把物质财富或交换价值作为研究的唯一对象，把单纯的体力劳动认为是唯一的生产力，只重视交换价值的物质财富而忽视了"精神的资本"。李斯特所说的"精神资本"在某种程度上接近于当代西方经济学家所使用的"人力资本"概念[3]。

但是，李斯特并非单纯强调"精神的财富"和"精神的资本"，他的生产力理论

---

① 杨建飞：《西方经济思想史》，武汉大学出版社，2010年，第253页。
② 季陶达：《资产阶级庸俗政治经济学选辑》，商务印书馆，1963年，第296页。
③ 颜鹏飞：《西方经济思想史》，中国经济出版社，2010年，第171页。

的核心是"物的生产力"，这一理论是建立在农业的、工业的与商业的物质资本之上的。他批判流行学派忘记了这样一点：使整个国家能增加物质资本总量的能力，主要是在于能够把未经使用的天然力量转变成为物质资本，转变成为有价值、能产生收入的工具。

值得指出的是，李斯特还论述了物质资本和精神资本、物质资本内部的相互关系。这些关系如下：①国家物质资本的增长有赖于国家精神资本的增长，反之亦然；②农业物质资本的形成有赖于工业物质资本的形成，反之亦然；③商业物质资本处处作为一个中介者存在着，在工业资本与农业资本两者之间起着协助与扩充作用；④工业对农业、商业，以及整个国民经济的发展起主导作用[①]。

2. 威廉·罗雪尔的劳动经济思想

旧历史学派的经济观点对当时德国的国家政策产生了影响。由于支持政府干预主义和国家主义，他们否认阶级矛盾，但要求政府改善劳动阶级的生活。当时德国首相俾斯麦受到旧历史学派观点的影响，在 1883 年通过了人类历史上第一个社会保障法案，这个社会保障法案最终成为全世界效仿的样板。

15.1.2　新历史学派的劳动经济思想

1. 瓦格纳的劳动经济思想

瓦格纳出生于德国的埃尔朗根，1853~1857 年在哥廷根和海德堡大学学习法律和国家学，1857 年获博士学位。从 1858 年起，他先后在维也纳大学、汉堡大学任教，讲授财政学、经济学和统计学。曾担任过普鲁士国会下院和上院议员。他的主要经济学著作有《租税纲领》（1872 年）、《政治经济学读本》（1876 年）、《财政学体系》（1877~1901年）、《政治经济学原理》（1892~1894 年）、《社会政策思潮与讲坛社会主义和国家社会主义》（1912 年）等。

瓦格纳是积极的社会活动家，是基督教社会党的重要组织者和成员、社会政策学会创立者之一。他积极支持俾斯麦的政策，反对古典经济学的自由主义，也反对马克思主义，提倡洛贝尔图斯和拉萨尔的国家社会主义。瓦格纳强调国家的作用。他认为国民经济的结构可分为三类，即营利性的经济组织、慈善性的经济组织和强制性的共同经济组织。其中，强制性的共同经济组织必须保障历史赋予国家的任务的完成。在社会改良中，他认为国家是最主要的支柱。

瓦格纳劳动经济思想主要有以下几方面。

1）用国家福利政策来保护劳动者

瓦格纳曾提出国家社会主义的简短纲领，主张用国家力量来实行社会的改良，其中涉及不少关于保护劳动者的政策，如形成更好的生产程序；让下层阶级能享受由生产力提高所获得的物质生产成果和文化财富，包括提高工资、缩短工时、废除童工和女工、

---

① 颜鹏飞：《西方经济思想史》，中国经济出版社，2010 年，第 172 页。

扶助老弱病残、保护寡妇和孤儿等。

2）财政赋税上对劳动者的扶持

瓦格纳的财政思想集中体现在保护劳动大众、牺牲富裕阶级的想法上。其著作《财政学》中，主要包括国家经费理论、赋税理论和公债理论三个部分。

瓦格纳关于赋税论的核心思想就是保护劳动大众、牺牲富裕阶级的社会政策。瓦格纳指出，国家经费的连年攀升，需要有强大的税收收入作后盾。但是，扩大消费税，会招致工人阶级的不满，他主张在所得税上采用累进制税制代替比例税制，并依照课税目的对所得加以补充；对奢侈品税加以补充；对奢侈品、财产与继承权的课征，要比对劳动所得课税更重；对赌博利得与行情利得等不劳所得，课征财产税与资本税。这些措施都旨在调整原来的所得及财产分配，缩小正在扩大中的贫富悬殊差别，避免社会主义势力的攻击[①]。

2. 布伦塔诺的劳动经济思想

布伦塔诺出生于巴伐利亚州的阿沙芬堡，先后在都柏林大学、慕尼黑大学、哥廷根大学、海德堡大学和柏林大学学习，获海德堡大学法学博士和哥根廷大学经济学博士学位。在柏林大学时，他是统计学家恩格尔的研究生。恩格尔曾鼓励他去英国工会研究问题。1867~1871 年他在普鲁士统计局工作，1871 年以后先后在柏林大学、布雷斯劳大学、史特拉斯堡大学、维也纳大学、莱比锡大学和慕尼黑大学任教。他于 1871~1872 年发表《现代工会》，这是他的成名之作。他的主要著作有《论英国基尔特的历史和发展》（1870 年）、《关于社会的发展以及工会的起源》（1870 年）、《劳动与今日法律的关系》（1877 年）、《与生产有关的小时和工资》（1911 年）、《历史中的经济人》（1923 年）、《英国经济发展史》（1927~1929 年）、《我为德国社会发展而奋斗的生活》（1931 年）。

布伦塔诺的主要劳动经济思想如下：布伦塔诺主张工人阶级的团结和自由，强调工会的作用。他认为，工会的宗旨构成资本主义经济的组成部分。他不反对资本主义，反而认为资本主义能使社会获得进步。因此，他强调工会的作用是可以使"劳动力"在出售时获得有利的条件，说明工人阶级只有通过自己的团结，才能贯彻自己的"利己心"，从而按"劳动力"价值出卖。布伦塔诺是社会政策学会的积极推动者，他的研究与政策主张许多是以工会和工人为中心的。不过，他是站在反马克思主义立场上的，从"有组织的资本主义"角度出发，力图以不需更替政权的和平途径来实现社会改革[②]。

3. 施莫勒的劳动经济思想

施莫勒于 1838 年出生于海尔布隆维坦姆堡的一个文官家庭，毕业于图宾根大学。从 1846 年到 1913 年，他历任德国哈莱大学、斯特拉斯堡大学、柏林大学经济学教授。1884 年被任命为普鲁士枢密院顾问，1887 年被选为布鲁士学士院院士，1907 年被政府封为贵族。作为新历史学派的重要代表，施莫勒实际上统治了德国的理论经济学界。

他的主要著作有《论法律和国民经济的基本问题》（1875 年）、《重商主义及其历史

---

① 艾春歧：《西方经济学说简史》，首都经济贸易大学出版社，2008 年，第 229-230 页。
② 姚开建：《经济学说史》，中国人民大学出版社，2002 年，第 275-276 页。

意义》(1884 年)、两卷本的《国民经济学大纲》(1900~1904 年)、《国民经济、国民经济学及其方法》(1911 年)。此外,他还发表了若干专题研究和文章,如《十七、十八世纪普鲁士国家的状况、行政及经济史的研究》(1898 年)[①]。施莫勒创立并主编了被称做"施莫勒年鉴"的《德国立法、行政和经济学年鉴》。

施莫勒的主要劳动经济思想有以下几方面。

1)关于资本家与工人的伦理关系

施莫勒指出,过去经济学家的错误就在于他们只是从自然和技术的观点来研究经济,而完全忽视了伦理道德的因素。"在国民经济学和一切国家科学中利用心理学的命题,就是人们从自私心、名誉观点、爱的冲动,简言之,就是从一切成熟的心理学的命题出发去归纳地找出自己所需的结论。"[②]将这种思想扩展开来,资本家与工人的关系也是一种伦理关系,而劳工问题就是由资本家与工人之间伦理关系的改变而产生的。具体讲,工资属于道德范畴,决定于工人"习俗的稳定性"和"工人保持和发展某些生活需要的倾向"。工资的变化受道德观念变化的影响,工资的水平决定于工人们的稳定性格的程度。所以,解决工资问题的途径在于加强对工人的教育、稳定他们的性格、培养他们的道德等。

显然,这种观点是在力图掩盖资本主义生产关系的实质,力图把阶级关系和阶级矛盾说成是基于道德关系,而不是基于社会经济关系而产生的。这是对伦理道德与社会经济基础之间的相互关系的扭曲,企图论证社会经济问题的解决不需要阶级斗争,更不需要革命,而只要一个资产阶级的伦理道德标准,通过国家自上而下的改良主义经济政策措施就可以达到[③]。

2)生产、分配、分工、交换的伦理分析

施莫勒认为人类的经济生活并不仅仅局限于满足本身物质方面的欲望,还要满足高尚的、完美的伦理道德方面的欲望,"由始至今无论是谁在经济的活动上总是受到与其时代和种族、与其习俗和教养相适应的一切情感和冲动、一切想象和理想的激发和制约"[④]。施莫勒还把这种伦理道德的影响归于生产、分配、分工、交换等问题上,他认为这些生产环节等不仅是技术范畴,而且是道德范畴。因此,经济组织不能不是为伦理道德规范所制约的一种秩序,经济问题只有和伦理道德联系起来才能得以说明,才能得到解决。

3)对劳工问题的认识

施莫勒非常重视经济学在现实经济问题中的作用。当时德国的经济问题主要是"劳工问题"。而这种矛盾在他看来主要是两个阶级在理想、精神和世界观方面的对立。施莫勒强调,只能通过国家的社会经济政策和道德教育来解决这个问题,自由放任原则不会起任何作用。施莫勒对工人的处境抱有同情,主张通过施行各种法令改善劳动阶级的现状,其办法是制定工厂立法、劳动保险、工厂监督、劳动纠纷仲裁、孤寡救济、干涉劳

---

① 李晓蓉:《西方经济学说史》,北京大学出版社,2014 年,第 177 页。
② 季陶达:《资产积极庸俗政治经济学选辑》,商务印书馆,1963 年,第 360 页。
③ 李晓蓉:《西方经济学说史》,北京大学出版社,2014 年,第 177、180 页。
④ 季陶达:《资产积极庸俗政治经济学选辑》,商务印书馆,1963 年,第 343 页。

动契约等法令,实行某些生产资源和企业国有化,限制土地私有制,改革财政赋税制等[①]。

4. 桑巴特的劳动经济思想

桑巴特出生于德国的艾尔姆斯利本[②],曾在柏林、比萨、罗马的大学攻读经济学、历史学、哲学和法律。他在 1888 年获得德国柏林大学博士学位,先后在布雷斯劳大学、柏林高等商业学校任教,1917 年转到柏林大学任教。他早期受到了马克思主义理论的影响,是一名社会改革的支持者,而后由于对工业社会的厌恶转而与右翼反资本主义势力结盟,并转向了法西斯主义的立场。他的代表作有《现代资本主义》(1902 年),尽管他宣称这本书沟通了抽象理论与经验历史的方法论,但是由于在书中大量的历史描述超过了其理论上的意义,被熊彼特称为"没有施莫勒的施莫勒"。桑巴特在《现代资本主义》中对中世纪初期及现代时期的资本主义历史起源进行了卓越的研究,并在研究过程中对资本主义发展进行了历史的总结,提出了一些对发展市场经济有指导意义的思想。

桑巴特的主要劳动经济思想有以下几方面。

1)技术进步对生产力的作用

桑巴特指出,"国民经济生产力的提高有两种方法:一是由于生产力的扩充,这是指劳动力的增加与较好的利用,以及物品生产所用的有形物的增加;二是由于劳动方法的改善"[③]。显然两者都与技术进步相联系。在书中,他以专门一篇考察了各个产业部门以及军事工业的技术改革对欧洲各国经济发展的影响,并总结说:"技术的革新对于经济生活的形态发生不小的影响。这些改革引起了全新的工业的创立,或者至少引起旧的工业一种决定的更新,使它们近于一种新的建立。"[④]他进一步强调现代技术不同于以往资本主义社会的本质特征在于,它不是以经验为根据,而是建立在科学的基础上,即"现代技术是科学的、合理的",而不是"经验的、传统的"。因而,对劳动者的素质和培养方式也必然发生变化。在以往的经验技术的时代,技巧能力是结合在劳动者的身上,只能通过人对人的实际传授来培养,而现代技术则要求劳动者具有理论知识,只有通过"工业的人民教育"才能培养出现代技术所需的大量的、合格的劳动者[⑤]。

2)经济精神、民族精神的作用

桑巴特认为经济精神在社会经济发展中发挥了十分重要的作用。资本主义社会主要有两种精神,即企业家精神(表现为征服与盈利)和市民精神(表现为秩序和保存),二者一同构建了资本主义精神。民族国家对资本主义的形成和发展发挥了重要作用。首先是国家代表着企业家精神,并经过国家发生作用,国家通过战争和对外掠夺实践了盈利的原则,极大地促进了资本主义精神的形成;其次国家对资本主义发展的其他条件的形成——技术进步、贵金属的生产、劳动力的获得等,都发挥了重要作用[⑥]。

---

① 杨建飞:《西方经济思想史》,武汉大学出版社,2010 年,第 261 页。
② 有说法认为是生于德国哈茨,参见李薇辉:《西方经济思想史概论》,华东理工大学出版社,2005 年,第 205 页。
③ 桑巴特:《现代资本主义》第 2 卷第 2 分册,李季译,商务印书馆,1958 年,第 892 页。
④ 桑巴特:《现代资本主义》第 2 卷第 2 分册,李季译,商务印书馆,1958 年,第 350 页。
⑤ 李晓蓉:《西方经济学说史》,北京大学出版社,2014 年,第 183 页。
⑥ 吴宇晖、张嘉昕:《外国经济思想史》,高等教育出版社,2014 年,第 205 页。

▶本节拓展材料

15.2　制度学派的劳动经济思想

15.2.1　凡勃仑的劳动经济思想

1. 凡勃仑的生平及著述

托尔斯坦·邦德·凡勃仑通常被称为制度主义的美国非正统分支的学术创始人。他与正统理论在科学上和道德上的不同意见，极大地影响了美国非正统思想的发展。凡勃仑的观点部分地可以通过其背景得到解释。他是挪威移民的儿子，在美国威斯康星州和明尼苏达州的农村长大。他进入卡尔顿学院时，对英语的掌握就像他对美国社会的了解一样不充分，他从来没有完全融入美国主流社会。他就像一个从火星上来的人一样，以其讽刺智慧评述着经济与社会秩序的荒谬。在卡尔顿，他的才华得到了约翰·贝茨·克拉克的认同，后者当时对边际分析做出了开创性的贡献。在克拉克的鼓励下，凡勃仑去了东部的研究生院，做出了开创性的贡献。他在耶鲁获得了哲学博士学位，但是未能得到一份从教的工作，这显然是由于他的无神论观点。所以，凡勃仑回到农场，并与他的大学情人结婚，花了七年的时间继续读书思考。

35 岁时，他获得了康奈尔的博士后奖学金。在仍然未能找到一份学术工作后，他又接受了芝加哥大学的奖学金，在那里他终于得到了一份经济学讲师的工作，并被给予《政治经济学》杂志编辑的职位。他从未受到大学管理者的欢迎，从来没有获得正教授的级别，他将其生命的剩余时间，花在从一所大学迁往另一所大学上。无法确定的是，他未能获得专业认可，是由于他对美国资本主义做出尖锐的批判，除了个别几乎完全漠视其他人，并且他的个人生活、情感生活的复杂，这一切都使他无法获得专业上的认可。然而，在 20 世纪 20 年代中期，经过几年政治上的暗斗之后，美国经济学会向凡勃仑提供协会的任期，条件是他要加入协会并发表一篇演说。凡勃仑拒绝了这一提议，声称当他需要的时候这一荣誉并没有出现。

凡勃仑在偏僻的土地上接受的教养、他的哲学训练、他在社会科学方面的广泛阅读，以及他对达尔文进化论重要性的深入评价，都反映在他对美国资本主义的分析中。他的文体和对文字的选择，赋予其作品一种品质，一些经济学家发现这种品质非常令人愉快，另一些经济学家则对这种品质予以谴责。他是一个擅长创造警句的人，喜欢通过使用像炫耀性的消费一类的术语来描述新兴富足社会的购买方式，从而使读者不舒服。他认为，我们要么是受控制的阶级成员，要么是基本人口成员；大学校长是学识首领，生意人的主要工作是实行破坏；工业无度地多产，要获利就要切实地消除效率。凡勃仑将教会描述为"一种公认的发泄,以使堕落的事物从文化机体中流出"。

2. 凡勃仑的主要劳动经济思想

1) 对生产产品与获得的认识

凡勃仑指出,经济学是不科学的,这一提法的一个原因是,亚当·斯密"看不见的手"的概念从来没有被证明。因此,经济学建立在一个从未予以考察的假设之上:赚钱就等于生产产品。按照正统理论,生意人在追求利润的过程中,将以最低可能的成本生产那些消费者需要的产品。竞争性市场促使生意人的私利符合社会利益。追求他或者她自身私利的每个生意人,推进了社会利益。凡勃仑认为,除了经济学家之外,对所有人来说,下列结论都是显然的,即生产产品与获得是两种不同的事情,企业界为利润而奋斗,这对经济与社会经常会产生有害的效应,追求他或她自身私利的个别生意人,将只推进他或她的自身的私利。有人提出,凡勃仑对经济与社会的这种观念,在他年轻的时候,即当他离开其位于明尼苏达州路德教会家庭的边境农场迁往卡尔顿学院时就已经形成了。在卡尔顿学院上学的主要是来自新英格兰、具有公理会背景、很会赚钱的人家的孩子,这些学生带给凡勃仑思想上的启发。19 世纪最后 25 年中,大公司规模与实力的增强以及托拉斯的形成,也影响了凡勃仑。此外,耕种土地的平民主义者对工商业——谷物升降机、铁路、农用设备制造商及银行——的敌对,也势必影响到凡勃仑的思想。

凡勃仑主张:亚当·斯密时代,赚钱与生产对社会有用的产品两者之间,存在一种相当紧密的联系。但是,随着经济的发展,这一点发生了变化。凡勃仑严格区分了设计生产产品的人——生产经理、监督者及工人——和设计企业管理的人。工商业的目标是金钱收益,凡勃仑直指一般利益受到逐利侵害的例子,并为自己的做法感到高兴。他的观点是,利润增加是产量减少的结果,这对社会显然是有害的。凡勃仑时代正在形成的大公司的目标,不是提高效率,而是获得垄断实力并限制生产。他指向厂商的广告行为,质疑它们对整个社会的有用性。厂商之间的国际市场竞争导致冲突,最终引发战争。大企业首脑们的金钱活动,将不可避免地导致经济萧条与大量失业。本质上说,凡勃仑否定关于完全竞争市场的正统假设,否定生意人控制下的市场将会产生对社会合意的结果的观点。正统理论评价生意人为了获利并最终导致经济萧条,资本主义下的不和谐发展。

2) 对人类生产性、技术性职业的认识

当个体出现在文化中,他们发现自身依照已经确立的行为模式来行动,这种行为模式是个体与文化之间过去相互作用的产物,并且具有制度的特征与力量。凡勃仑将这些相对不变的人类行为的根本特征称做本能。他深受伯努利学当代发展的影响,即强调本能在指导人类行为中的作用。凡勃仑认为,塑造人类经济活动最重要的本能有亲体、技艺、闲散的好奇心及获得。亲体本能最初就是对家庭、部族、阶层、国家及人类的关注。技艺的本能使我们希望生产高质量的产品,为技艺而自豪并赞美它,并关心工作中的效率和经济性。闲散的好奇心引导我们提问,并寻求对周围世界的解释,它在解释科学知识的发展中是一项重要因素。获得本能与亲体本能相对,因为它使个体关心他或她自身的福利甚于关心其他人的福利。

人类本能的驱使产生了某些紧张状态。亲体、技艺、闲散好奇心的本能,将导致人类以极大的效率生产高质量的、有益于同类人的产品。然而，由于获得本能是利己主义的，所以它将导致有益于个体的行为，尽管它可能对社会上的其他人产生有害的结果。凡勃仑说，对经济体的分析，揭示了这种根本的紧张与对抗。每种文化都能通过观察人类行为链各个方面而得到分析：一个是推动经济生活过程的方面；另一个是抑制社会生产能力充分发展，对人类福利有负面效应的方面。

凡勃仑将主要从亲体、技艺、闲散好奇心本能中产生的活动称为生产性的职业。它们包括事务性的、因果性的关系。他在推测的历史中进行研究——尽管他激烈地批评了正统理论的这一行为——并解释说在遥远的过去，人类通过使用符咒祈求超自然力量发生作用，通过绕着茎秆跳舞，诉诸超自然的力量种植谷物，并试图以此来解释未知的东西。凡勃仑将这种非制度的、非技术的、近代科学之前的接近未知并寻求解释或效果的方式，称为礼仪性行为。礼仪性行为是静态的，并与过去相黏合。它用图腾与禁忌、用对权威与情感的诉求来表明自身，对人类福利来说，它产生了不受欢迎的结果。然而，生产性或技术性职业是动态的，并且，我们越是运用科学的、事务性的观点来解决问题，我们的工具、技术及解决问题的能力就越强。技术并不倒退，但是礼仪性行为则根植于过去。

凡勃仑对他所处时代文化与经济体的分析，建立在这种二分法的基础上。他的全部论文和书籍，几乎都在反复地阐明这一主题。他认为，这一框架及其运用不包括规范性的判断，而是构成了对发展及文化与社会结构的事务性实证分析。在他的散文《生产性职业和金钱性职业》，以及可能是他的一部最好的经济分析著作《企业论》中，能够最为清楚地看到二分法的纯经济运用。现代文明中的礼仪性行为，在凡勃仑所谓的金钱性或生意兴隆职业中最能体现出来。在工业经济出现之前的手工业时期，工匠拥有自己的工具和材料，用他自己的劳动，生产能够表达其技艺本能和亲体本能的商品。从这些活动中获得的收入，是对所付出努力的合理度量。随着经济体的发展，很多东西发生了变化。工人不再拥有生产工具或者材料，企业所有者现在对赚钱比对生产产品更感兴趣；获得本能比记忆本能和亲体本能更重要。经济发展起来了，确系所有权变得更平常了，个人现在拥有"依时效而取得的权利，以免费得到某种东西"。大企业的首领出现了，跟着是一段激烈竞争的时期。大企业的首领很快意识到了竞争是不合意的。所以，借助投资银行家的手段，形成了控股公司、托拉斯及连锁董事会，也形成了既定利益的全世界大公会和缺席的所有者。对于工人和工程师以及大企业的首领和缺席者来说，所有这些发展都导致了不同的思想习惯。基于生产性职业的日常基础——产品生产，工人和工程师被包括进来。这促使他们在应用方面进行思考，表达出他们的技艺本能和亲体本能。但是，大企业的首领和缺席所有者只关注利润，凡勃仑的观点是，获利与生产产品经常发生冲突。

推动凡勃仑对他所处时代工业社会进行分析的主要力量是，他认为正统理论的下列主张是错误的，即生意人引导下的经济体将促进社会利益，他无情地指向工商业导致的"逆境"。拥有垄断实力的厂商，为了获得更大的利润而实行"经过考虑的赋闲"。产量的这种减少，提高了利润，导致了一种"无效率的股本"。"生产为了生意上的缘故而继续着，而不是相反。"①大量活动被误导，生产对人类没有用的产品，并加以营销和广告，生意人并不是社会的恩人，而是社会的破坏者。

3）对有闲阶级——有产业而不从事生产的积极的认识

礼仪性-生产性二分法也适用于凡勃仑所谓的有闲阶级。1899 年，凡勃仑出版了被证明是其最广泛阅读的书籍《有闲阶级论》。这是在他所处时代很多知识分子特别喜欢的一本书。他在书中运用其基本的二分法来讨论炫耀性消费、炫耀性闲暇、炫耀性浪费、金钱竞赛及表达金钱文化的注重。凡勃仑推论在不发达的文化中，一个人或一个部族的捕食能力受到高度的尊重，具有这种能力的人，被给予首位尊敬的地位。在现代工业经济体中，这些捕食能力通过为社会少数成员带来高收入就业表现出来。然而，如果高收入不能得到认可就将毫无价值，所以，我们的文化提供了很多允许它们得以展示的机会。因为攀比是一种有力的动机。所以，这些财富展示活动会很快遍及社会。

对我们所购的商品的炫耀性消费，是展示我们捕食能力的一种有效的手段。我们的汽车、住房，尤其是服装，清楚地表明了我们在捕食次序中的地位。如果家庭中的男性过分忙于从事其捕食活动，那么，他的妻子就被指望承担展示家庭财富的重任。她通过穿着和展示其他商品，以及小心避免任何类别的工作来完成这一重任——所雇用的仆人数量是经济能力的一项可靠指标。此外，因为有闲阶级是高收入阶级，所以所从事的工作应当在严格的金钱性职业中，确系所有权受欢迎。但是，如果必须做一些实际工作，那么，高级管理、金融及银行都是可以接受的礼仪性行为。律师是一项很好的职业，因为"律师的工作充满了有关捕食诡计的细节"。凡勃仑说：闲暇活动也反映了在文化中获得受人尊敬的地位这一愿望。高等教育使一个人不适合从事正当工作，却具有重要价值。有闲阶级也培养对体育活动的极大兴趣，并以它们促进了身体健康和男子汉气概为由，使之合理化。凡勃仑评论说："有种说法，即足球和体育的关系与斗牛和农业的关系极为相同，并非不恰当。"

凡勃仑认为：与技术性职业相关联的个人，如发明家与工程师，都是胆大而足智多谋的，美国的生意人展示了一种寂静主义精神——"折中、谨慎、共谋以及诈骗"。但是，生意人以非劳动所得收获了技术性社会的利益。他曾提到："有一种加长的但被充分认同的美国俗话——'寂静的猪吃猪食'。"凡勃仑的观点是，学术与科学训练使一个人不适合工商业，工商业的经历与研究学问是不相容的。

从董事会变动到学术行政，凡勃仑称大学校长为"学识首领"。他说，尽管通常他们都是以前的学者，但是，他们被卷入社会的金钱价值中，误导了大学的努力；像工商业的首领一样，他们在手段与目的之间变得困惑了。大学之间相互竞争，资源的浪费比得上工商业竞争造成的浪费；相对于教育项目和政策，校长与董事会对建筑物、场所、房地产更感兴趣；资源浪费在既对大学没有价值，也对社会毫无用处的体育运动、法律与商学院、典礼及盛会上。凡勃仑没有宽恕"教授会"，那些教授认为"他们的薪水不具有工资的性质"，他们没有集体谈判的权利，他们立志成为"乡绅"。为了控制全体教员，校长任命院长和洽谈具有"现成的信仰多样性，并坚定忠诚与其生计"的人。凡勃仑所

---

① 凡勃仑 T：《企业论》，蔡受百译，商务印书馆，2010 年，第 26 页。

推荐的使大学回到研究学问上来的主要行动计划是取消校长与董事会。很难断定凡勃仑对于这一讽刺性的结论有多么认真。但是，至少他认识到这是很不可能发生的。

凡勃仑将他对金钱性职业与生产性职业的区别用于发展经济周期理论，思考资本主义在相当长时期的趋势。在周期的繁荣阶段，生意人的金钱活动导致信用扩张，公司获取利润的无形能力被赋予了较高的价值。增加的资本价值用于附加的新增信用。这一过程暂时得到自我增强，因为信用的数量和资本产品的附加价值，继续随着资本产品价格的上升而扩张。但是，在资本产品的获利能力和其以证券市场体现的价值之间，存在着较大的差距。这一点很快就变得明显了，清偿与紧缩阶段开始了。

下降的价格、产量及就业，还有减少的信用，导致厂商在更加现实的基础上改变资本结构。在周期的萧条阶段，较弱的厂商被排挤出去，或者被大而强的厂商兼并，使美国行业的所有权与控制权集中在较少人手中。周期的萧条阶段包含了自我纠正的力量。因为实际工资下降，利润边际提高。最后，超额信用被从经济中挤出来，资产负债表中表示的工商业的金钱价值，反映了对行业产量更加合理的评估。

凡勃仑所有的著作都推测了制度的长期趋势，他在《有闲阶级论》、《企业论》及名为"社会主义理论中一些被忽视的观点"的短文中，最为明确地涉及了这些问题。

凡勃仑根据金钱性职业与生产性职业碰撞所产生的冲突与紧张，对未来进行推测。他在《有闲阶级论》中指出，竞赛、奉承及产品消费中招人反感的比较，将导致一个专心于炫耀性消费、炫耀性浪费及广告和营销成本增加的经济体。只要生产受到追求利润的生意人的控制，我们就能预期到，阻止人类进步的产品流将增加。但是，生产的职业造成了事务性的因果关系，如果工人与工程师凭借他们与这些关系的日常联系，那么工业化的经济体就可能实现其承诺。

凡勃仑认为，资本主义条件下所形成的消费模式竞赛，力量是如此强大以至于它可能在制度中产生紧张和引起工人阶级的不满，并导致私人财产的终结。任何数量的个人实际绝对收入增加都会减缓这些紧张，因为个人都希望比其他人得到更多，而不是多一点点。

15.2.2　米切尔的劳动经济思想

1. 米切尔的生平及著述

韦斯利·克莱尔·米切尔（1874~1948 年）是美国第二代制度学派的代表人物。他出生于美国伊利诺伊州，在芝加哥大学就读时曾拜师凡勃仑。1899 年在芝加哥大学获得博士学位后留校任教。

米切尔的主要著作有《美国货币史》（1903 年）、《黄金价格与工资》（1908 年）、《商业循环及其原因》（1913 年）、《经济学及人类行为》（1914 年）、《货币在经济理论中的地位》（1916 年）、《经济学的展望》（1924 年）、《商业循环问题及其调整》（1927 年）、《落后的花钱艺术》（1937 年）。

米切尔进入芝加哥大学主要学习古典文学专业。在修完约翰·杜威和托尔斯坦·凡勃仑的课程之后，他对哲学与经济学变得更感兴趣，并最终决定研究经济学。米切尔后来成为 20 世纪美国最主要的一位经济学家：经济周期的权威、建立研究机构研究经济体的先驱、经济理论发展的敏锐观察家。尽管米切尔不完全接受凡勃仑的很多思想，但他的经济学也不是正统经济学。所以，他通常被确定为所谓的制度学派。他认同并补充了凡勃仑对正统经济理论的一些批评。但是，他没有试图构建一个完整的理论结构来解释工业经济体的演进。米切尔试图遵循凡勃仑在其关于方法的短文中所推荐的方法，运用经验材料仔细调查，并为其全部理论研究打基础。他作为一名学者和研究者的风范，以及他为建立全国经济研究局来分析和收集宏观经济数据所做的工作，比他对纯粹理论的贡献更为重要。

米切尔的许多短文，以及他的《经济理论类型演讲笔记》，都表达了他对正统经济理论的看法（这些笔记是由一个叫约翰·梅椰斯的学生在 1926~1927 学年记录，并以油印形式复制的。增加部分是由梅椰斯在后来年份完成的，直至 1935 年，那一年的版本比 1926~1927 年的版本多了大约百分之三十）。米切尔于 1948 年去世，1949 年的油印版由奥古斯塔斯·M. 凯莱出版公司出版。最佳的原始资料是在由约瑟夫·道夫曼编辑的书籍中，他也写了导言。同时请求参与编写韦斯利·克莱尔·米切尔的《经济理论类型》一书，该书由美国奥古斯塔斯·M. 凯莱出版公司于 1967 年出版。

米切尔说，年轻时他就开始喜欢具体的而不是抽象的问题和方法。他回忆他的婶祖母："她是最好的亲信会教友，确切地知道上帝是如何规划世界的。"米切尔记得他如何开发了"一种顽皮的乐趣，方法是显摆我的婶祖母无法应对的逻辑难题。她总是溜回到逻辑安排中而无视实际，我却逐渐对实际产生了个人兴趣"。

2. 米切尔的主要劳动经济思想

米切尔将凡勃仑对金钱性职业与生产性职业的划分，作为对其经济周期研究方法的一种广泛指导。经济活动中的波动，在很大程度上能够通过工商业对利润率变化的反映得到解释。因为经济决策是在预期与不确定环境中做出的。所以，生意人的投资决策总是反映出对未来乐观或者悲观的看法。在具有发达货币制度的经济体中，能预期到经济活动中的波动；因此，具有常态、静态及均衡这些概念框架的正统理论是不适当的。米切尔并未试图构建经济周期的另一种抽象模型。取而代之的是，他努力解释经济周期期间发生了什么，并提出他所谓的对周期的描述性分析。因为每个周期都是独特的。所以，发展一种一般性理论的可能性就受到限制；然而，所有的周期都具有某些相似点，原因是所有的周期都揭示出了在萧条、复苏、繁荣、危机不同阶段经济力量的相互作用。

15.2.3 约翰·R. 康芒斯的劳动经济思想

1. 康芒斯的生平及著述

约翰·R. 康芒斯（1862~1945 年）比凡勃仑小 5 岁，但比米切尔大 12 岁，是另一位来自美国中西部的非正统经济学家。他出生于俄亥俄州，在印第安纳州长大，就读于奥柏林学院，接受了当时一流的古典教育，包括一门繁重的神学课程。他当过排字工人，在大学期间受到奥柏林学院的经济学家凯里和霍普斯金大学的理查德教授的教诲。凯里的阶级利益调和主义、益利的改良主义和制度主义倾向对其影响颇深。1890 年起，他曾先后在威斯理安等大学任教。因为同情社会主义而被迫多次转校，1904 年才在威斯康星大学获得稳定的教师职位，并在此执教三十余年。康芒斯一生除了在大学讲授经济学及其他课程如人类学、犯罪学、都市行政学以外，也参加过威斯康星产业委员会、美国劳动立法协会、美国产业关系委员会、美国消费者联合会等公共机构和社会团体的活动。其社会工作的重心是从事劳资关系的调整与调停，他参与制定了一系列的劳工立法，以劳工问题专家而闻名全国。他还担任过美国货币学会会长、美国经济调查协会会长和美国经济协会会长等职务。

康芒斯的著作多而庞杂，在美国劳工史和劳动立法方面取得了一定成就，包括主编《美国工业社会的历史记述》（共十卷，1910 年）、《美国劳动史》（1918 年）、《劳动立法》（1918 年）、《资本主义的法律基础》（1924 年）等。其经济学代表作是《制度经济学》（1934 年）和遗作《集体行动经济学》（1950 年）[1]。

2. 康芒斯的主要劳动经济思想

在康芒斯看来，现代资本主义社会关系本质上是一种交易关系。这种交易关系并非那种一般意义上的"物物交换"模式，而是包括三种类型的交易模式：一是买卖的交易，这是一种买卖双方在交易时法律地位上平等的交易；二是管理的交易，这是一种交易双方在法律上是不平等的交易模式（如工头和工人）；三是限额的交易，这是指交易各方在集体方面法律上是不平等的交易（如立法机构和公民、工会和工人）。

康芒斯认为在交易时社会关系存在三种基本的状态，即冲突、依存和秩序。他说："在每一件经济的交易里，总有一种利益的冲突，因为每个参加者总想尽可能多地取多予少。然而，每个人只有依赖别人……才能生活或成功。因此，他们必须达成一种实际可行的协议。并且，既然这种协议不是完全可能自愿地做到，就总有某种形式的集体强制来判断纠纷。"[2]

15.2.4　加尔布雷斯的劳动经济思想

1. 加尔布雷斯的生平及著述

加尔布雷斯是美国新制度学派的主要代表。他出生于加拿大安大略省。1930 年获得安大略农学院文学学士学位。1933 年获加利福尼亚大学硕士学位，1934 年获哲学博士学位。加尔布雷斯先后在加利福尼亚大学、哈佛大学、普林斯顿大学任教。他曾任美国价格管理局局长助理、民主党经济委员会顾问。第二次世界大战后，加尔布雷斯担任过印度、巴基斯坦和斯里兰卡政府顾问。1961~1963 年任美国驻印度大使。1972 年被选为美国经济学会会长。

加尔布雷斯的主要著作有《美国资本主义：抗衡力量的概念》《1929 年的大崩溃》

---

① 吴宇晖、张嘉昕：《外国经济思想史》，高等教育出版社，2014 年，第 254 页。
② 康芒斯：《制度经济学》，于树生译，商务印书馆，1997 年，第 74 页。

《丰裕社会》《经济发展》《新工业国》《经济学、和平与欢笑》《经济学和公共目标》《不确定的年代》等。

2. 加尔布雷斯的主要劳动经济思想

1）生产者主权论

加尔布雷斯认为，在以往的社会里，生产者是根据消费者的需要来决定生产的，即"消费者主权"，而在现代资本主义社会，这种情况已经不存在了。恰恰相反，即生产者自行生产和设计产品，并控制价格产量，然后通过庞大的广告网、通信网和推销组织机构，对消费者进行游说，这就是加尔布雷斯所谓的"生产者主权"的思想。他认为，生产者主权对消费者主权的替代在大工业发达时代是必然发生的事情，合乎经济发展和社会进步的要求，因为人的要求分为两种，一种是自然的需要，如吃、穿、住等；另一种则是心理需要，为了满足其虚荣心、舒适感、享受、美感等。生产者主权正适合于这种包括自然需要和心理需要的高级阶段，适合于商品供给充足，人们收入普遍较高的时期[①]。

2）企业权力结构论

加尔布雷斯认为，现代资本主义社会收入不平等的根源在于权力的不平等。这个权力的不平等是指社会经济中两大体系权力的不平等，小企业无权，大企业权力过大。大企业之所以拥有大权力，是由于企业的结构发生了变革。所谓企业结构的变革，是指大公司已经不是资本家掌权，而是技术结构阶层掌权。这里技术结构阶层是指大公司中的经理、科学家、工程师、会计师、律师等所有在企业决策过程中提供专门知识的人。这些人之所以拥有公司的决策权，是因为他们有着公司决策所需要的专门知识。在加尔布雷斯看来，技术结构阶层掌权是不可避免的历史趋势。在不同历史阶段，不同的生产要素占据主要地位。农业经济中土地是主要的生产要素，拥有土地的地主是当时的掌权者，当资本成为主要生产要素后，资本家自然拥有权力。先进专门知识成为主要生产要素，是关系企业成功的决定性因素，那么谁拥有专门知识谁就掌握权力。

加尔布雷斯认为，现在技术结构阶层掌权后，必然带来公司目标的变化。因为技术结构阶层的收入主要是薪水和奖金，而不是股息，如果企业追求最大限度利润得到好处的是股东，而技术结构阶层却要承担风险。技术结构阶层从自身利益出发，只要做到使企业获得一定的利润，保证必要的股息就可以了。技术结构阶层的主要目标是稳定和增长。所谓稳定是指企业要保持一个稳妥可靠的收入水平，这样才能巩固技术结构阶层的地位。所谓增长是指企业要保持尽可能最高的增长率，这样会给技术结构阶层带来好处：可以增加技术结构阶层的薪水和奖金；增加他们提升职务的机会；也使企业的规模越来越大，所带来行使企业的权力越来越大。技术结构阶层的另一个目标是与增长有联系的"技术兴趣"，他们把这看成是一种乐趣。加尔布雷斯根据技术结构阶层掌权后所追求的目标，认为在这些目标的指引下，技术结构阶层关心科学技术的发展，从而推动了社会经济的增长[②]。

---

① 杨建飞：《西方经济思想史》，武汉大学出版社，2010 年，第 335 页。
② 李薇辉：《西方经济思想史概论》，华东理工大学出版社，2005 年，第 363 页。

15.2.5　美国制度学派劳动经济思想的影响

美国制度学派对制度的强调使人们看到了制度对经济发展的重要作用，为后人展开更加深入的分析提供了思路，它对道德、法律、心理和国家等因素的重视使政府开始从更多的角度调节经济。它对资本主义制度展开批判，有力地支持了当时美国的进步运动，为穷苦民众争取到了一些利益。而美国制度学派的劳动经济思想不足之处主要表现在两个方面：其一，美国制度学派虽然有自己的分析方法，但其核心思想却都是从历史学派那里借来的。其二，美国制度学派对于美国当时的资本主义的批判较为肤浅，其提出的政策措施基本不可能实行。例如，凡勃仑所提出的让技术人员掌管企业的建议和康芒斯提出的使用"法律看得见的手"来代替市场"看不见的手"。最后，美国制度学派劳动思想对主流劳动经济思想发展的影响不大。例如，康芒斯认为，传统的以人为主的分析方法，应该被以集体行动的制度分析法所代替，可至今经济学仍然热衷于找到宏观经济模型的微观基础。凡勃仑认为"功利主义"和"理性人"假设应该遭到抛弃，但是，正是这两个假设支持了此后经济学将近一个世纪的发展[①]。

▶本节拓展材料

◎本章小结

新古典经济学批评者包括新旧历史学派，其一直是德国经济学的主流。他们把经济学的研究对象确定为特定国家（德国）的经济状况；着力于寻找适合特定国家（德国）的经济发展道路。他们强调历史方法的经济学意义，对内提倡劳动经济自由，对外力主保护主义。新古典经济学批评者的代表人物很多，劳动经济思想以瓦格纳提出的社会政策财政论、凡勃仑的有闲阶级的认识及加尔布雷斯的企业权力结构论的影响最大。

◎思考题

1. 新古典经济学批评者劳动经济思想产生的背景与条件。
2. 新古典经济学批评者所主导的劳动经济思想。
3. 美国制度学派劳动经济思想的影响。

◎推荐阅读材料

凡勃仑的生长环境与其所受的教育使他与周遭的世界格格不入。他从未真正融入美国社会，也不被自己所在的挪威社区接纳。他举止粗鲁，不修边幅，生活方式放荡不羁。他对宗教的怀疑、个人的怪癖，使很多美国的大学和学院不愿聘他为教师。因为在那个时代，这些学术机构往往是由教会资助的，而且这种资助绝非是无足轻重的。获得博士学位后，没人愿意给他一个大学教师的职位。大学里的教师，特别是教哲学的，主要以

---

① 蒋雅文、耿作石、张世晴：《西方经济思想史》，科学出版社，2010年，第138页。

神学院为师资来源。没有一个学院会要一个"挪威佬",特别是一个似乎散发着不可知论色彩或更糟糕东西的人。

虽然几经波折,凡勃仑在康奈尔、芝加哥、斯坦福等大学都担任过教职,不过他的教学方法比起他的生活方式更属异端。凡勃仑认为评价学生的学习以及批改试卷都是让人厌烦的。因此,他会凭借自己的心情随意给全班学生打上一个"C"或"B"。他在课堂上说起话来总是令人困惑,当学生们具体问他想表达什么的时候,他要是被问得着急,就会给出"你知道,其实我自己并不怎么理解它"之类的答案。

凡勃仑还有一些很有趣的想法,如他认为铺床被是无用的仪式,被子只需要推到床脚以便于晚上拉来盖就行。他还认为盘碟应当只是在没有干净的可用的时候才洗,做衣服应当以废纸为原料。当然最后一条他从未实践过。

凡勃仑的经济学说在美国经济学界曾经引起热烈的争论。许多经济学家相继成为凡勃仑学说的信徒。在罗斯福实行"新政"的时期,制度学派的一些成员还参与了"新政"的筹划。在英国的思想家西美尔看来,凡勃仑可以叫做"美国的陌生人",他从未适应美国学术界的绅士文化,甚至对这种文化有过不少讽刺,但这种文化又对他产生了很大的吸引力。他不愿接受当地礼仪习俗,不愿被同化,但实际上他又没办法不受到同化的诱惑。这从他一生都致力于创造出让学术界震动的理论就可以看得出来。

正是因为凡勃仑是美国社会的陌生人,他在理论和实践上都更加自由,他看自己和别人的关系时更少带有偏见;他能用更一般、更客观的标准来衡量它们,他在行动中不受习俗、信仰或者惯例的限制。陌生人有能力把别人看做神圣的东西视为俗物,揭露社区成员的真实动机。凡勃仑用他清醒的头脑看待头脑简单的盲信者生活着的世界,他是一个思想冷静的破坏者。

资料来源:http://www.huxiu.com/article/114800/1.html

请讨论,凡勃仑的背景经历与有闲阶级论的产生。

【推荐选读书目】

李仲生. 2015. 西方劳动经济学说史. 北京:中国人事出版社.

马培生. 2011. 劳动经济理论研究. 北京:经济科学出版社.

杨伟国. 2010. 劳动经济学. 大连:东北财经大学出版社.

张林. 2008. 经济思想史. 北京:科学出版社.

第五编　现代劳动经济思想

在第一次世界大战结束后的一段时间里，由于自由经营的恢复，战时管制的解除，以及战后重建的刺激，英国经济曾一度出现了繁荣景象。但是这种繁荣随着经济危机的到来草草收场，随之而来的是漫长的萧条。到了1929年10月，从美国纽约股票市场崩溃开始，一场震撼世界、惨状空前的世界性大危机爆发了。这次危机持续了5个年头，金融危机与工农业危机相互交织，生产力遭到了严重的破坏。到了1933年，整个资本主义工业生产比1929年下降了37.2%，倒退到了20世纪初的水平，在各国造成了高达四五千万的失业人口。这场最深刻、最持久、破坏最严重的经济危机使英国经济陷入了空前的困境。

当时在理论界占据统治地位的是新古典主义经济学，新古典主义坚信经济危机只是局部的、暂时的、偶然的，在完全竞争的条件下，通过价格体系的自动调整，经济必然实现充分就业均衡。但是面对这场空前严重的经济危机，这些理论教条完全失去了解释能力，无论是在英国还是在美国，以自由放任为原则的挽救危机的努力都失败了，新古典理论陷入了深深的危机之中。

在这样的背景下，主张政府以货币政策和财政政策治理危机的干预主义思潮出现了，并与新古典的自由主义展开了激烈的论战，为凯恩斯经济学的形成奠定了重要的基础[①]。

---

① 李晓蓉：《西方经济学说史》，北京大学出版社，2014年，第275页。

第16章　凯恩斯学派的劳动经济思想

▶ 学习目标
1. 凯恩斯劳动经济思想产生的背景与条件。
2. 凯恩斯学派所主导的劳动经济思想。
3. 凯恩斯学派劳动经济思想的影响。

1. 社会背景和历史条件

西方主流经济学的"凯恩斯革命",是西方经济学尤其是宏观经济学发展史上的一个里程碑式的重大事件。20 世纪五六十年代以来,凯恩斯的追随者沿着凯恩斯革命的理论路径大致分为两大派系。

凯恩斯否定了剑桥学派的新古典经济学中关于市场经济可以实现充分就业的均衡状况的信条,提出了一整套旨在解决就业问题的有效需求理论,并主张通过国家干预经济生活的办法来消除大规模失业问题,从而摆脱经济萧条。他的这些理论和观点都被后世的经济学家认为是对以马歇尔、庇古等新古典经济学自由放任经济思想和政策的一种"革命"。

凯恩斯的经济理论产生于 20 世纪 20~40 年代。这一时期,由于第一次世界大战改变了原有的世界资本主义政治格局,美国成了唯一的债权国,而当时的协约国(即英国、法国)都成了债务国,于是各个国家都需要调整各自的战略和政策以挽救第一次世界大战后受损的经济形势。首先,1929~1933 年,这些资本主义国家的失业人数从 1 000 万人增加到了 3 000 万人。其次,这场经济危机的规模和影响范围都是历史上从未有过的,它不仅对工商业造成了巨大的损失,同时影响到了金融市场和资本市场等各领域。许多银行宣布倒闭,资本市场纷纷破产,美国仅在 1932 年就有 1 400 家银行倒闭。同时,西方资本主义国家的货币信用制度彻底崩溃,金本位制再度垮台。最后,这场经济危机持续了约五年之久,是历史上资本主义国家经济危机持续时间最长的一次,它使得人们的生活水平倒退了二十多年,劳动者生活境况恶化,工人罢工时有发生,社会危机严重。

在这种历史背景下,传统的新古典理论在面对这种经济情形时就显得一筹莫展,既在理论上无法给予支持,在实践中也没有有效的摆脱困境的政策。这是由于,斯密在其经典著作《国富论》中所奠定的基本信念就是在充分的自由竞争条件下,追求个体经济利益最大化的当事人以及进行各行其是的理性经济活动的各个当事人也都会达到各自的预先目标。在史无前例的经济大危机面前，这种"自动调节""自动放任""自由竞争"的规律显然不可能揭示也不可能克服当时的经济大萧条，这就在西方经济学发展历史上出现了第一次大的理论危机。而资本主义国家急需找到一种新的能够挽救经济危机的政策理论。这样，凯恩斯的经济学说应运而生[①]。

2. 主导思想

关于凯恩斯经济学说的主导思想，可以概括为三大内容：第一，有效需求原理。这部分主要阐释《就业、利息和货币通论》（简称《通论》）的出发点和核心问题及凯恩斯研究失业问题的逻辑起点——有效需求原理：当就业增加时，国民收入也随之增加，社会实际收入就会上升，从而国人消费也会增加但没有收入增加得快，因而造成有效需求经常不足。第二，凯恩斯对人类萨达心理规律的分析。其主要包括：边际消费倾向规律、资本边际效率、流动性偏好规律。在他看来，心理上的"消费倾向"决定消费需求，心理上的"对资本资产的未来预期收益"决定资产边际效率，心理上的"流动性偏好"和货币数量决定了利率水平，而资本边际效率和利率共同决定了投资需求。第三，乘数原理。该原理表明了投资对国民收入和就业量所产生的影响的程度。乘数原理是凯恩斯就业理论的重要组成部分。凯恩斯对工资和物价问题的讨论和对经济周期和危机问题的解释及其政策建议都是在这三部分理论的基础上所延伸出的内容[②]。

16.1 凯恩斯的劳动经济思想

16.1.1 凯恩斯的生平及著述

凯恩斯、斯密和马克思都是经济学中一个时代的开创者。与马克思不同，凯恩斯的生活条件非常优越；与斯密不同，凯恩斯的人生经历非常丰富。早在伊顿公学和剑桥大学的学生时代，凯恩斯就表现出了非常广泛的兴趣，逐渐成为一个业余艺术爱好者。结束学生生活后，他进入英国政府的印度事务办公室，两年后回到剑桥大学。但凯恩斯不是一个全职学者，他对经济政策有着浓厚的兴趣，一生中担任了很多政府职务。

凯恩斯在各种政治场合职位上实践着自己的政策主张。他曾经作为英国财政部的代表出席了巴黎和会，但由于反对强加给德国的赔偿而辞职，并写下了《合约的后果》（中译本为华夏出版社 2008 年版）这本畅销书。1925 年，当时的英国财政大臣丘吉尔恢复了金本位，丘吉尔的政策迫使英国降低实际工资，并抑制经济增长。他的预言后来不幸变为现实。1943 年，他提出了一个称为"凯恩斯计划"的国际货币体系，这就是后来的布雷顿森林体系的雏形。1944 年，凯恩斯作为英国代表团的团长，出席了布雷顿森林会议，后来被视为布雷顿森林体系的缔造者之一。不过 1936 年《通论》的出版使凯恩斯的其他所有成就都显得黯然失色，这本书创造了现代宏观经济学。

① 杨建飞：《西方经济思想史》，武汉大学出版社，2010 年，第 338-339 页。

② 杨建飞：《西方经济思想史》，武汉大学出版社，2010 年，第 339 页。

　　凯恩斯出生在显赫的家庭，他的父亲是马歇尔同时代的著名经济学家（他比儿子长寿，活到 1949 年以 97 岁高龄辞世），他的母亲是剑桥的第一位女市长。凯恩斯出生的那一年——1883 年，马克思逝世。凯恩斯获得了数学和古典文学奖学金而进入剑桥大学的皇家学院学习，并因其在经济学方面的天赋深得英国经济学泰斗马歇尔的赏识。1906 年，凯恩斯获得了在印度事务局工作的机会。1908 年，他应马歇尔的邀请回到剑桥大学讲授经济学原理、货币理论，并担任了该校皇家学院研究员。第一次世界大战爆发后不久，他应召进入财政部工作，直到 1919 年因强烈反对《凡尔赛合约》向德国索取战争赔款而辞去巴黎和会代表职务。随后，他又重新回到剑桥大学任教。1911 年至 1945 年，凯恩斯担任皇家经济学会《经济学杂志》主编一职。1929 年至 1931 年，凯恩斯在国家财政与工业调查委员会任职，1930 年担任内阁经济顾问委员会主席。1940 年 7 月，凯恩斯被任命为财政部顾问，成为英国战时财政体制建立者之一。1942 年，凯恩斯被封为勋爵。1944 年他率领英国代表团出席在美国布雷顿森林城举行的国际货币金融会议，积极策划建立了"国际货币基金组织"和"国际复兴开发银行"，并担任这两个国际金融组织的董事。1945 年他又在华盛顿的一次谈判中为英国争取了一笔庞大的财政援助。此外，他还经营了一家大型的保险公司，创办过国家投资公司，做过外汇投机和一些商品投机生意，家产甚丰。1946 年 4 月 21 日，凯恩斯因为心脏病突发离开人世。

　　凯恩斯一生著作很多，英国皇家经济学会将他的主要作品选编成《凯恩斯选集》，共计 30 大卷。凯恩斯的理论不论是论文还是小册子、专业著作，往往与实践紧密结合在一起，与其同时代的学者相比，他更加注重理论研究的政策意义和实践作用。

　　他的主要著作有《印度的通货与财政》（1913 年）、《凡尔赛合约的经济后果》（1920年）、《概率论》（1921 年）、《财政改革论》（1923 年）、《自由放任主义的总结》（1926 年）、《货币论》（1930 年）、《通论》（1936 年）。《通论》是凯恩斯最主要的著作，也是凯恩斯主义的代表作。在这本著作中，凯恩斯针对当时严重困扰资本主义的经济危机、失业增长等现象，利用了"消费倾向""资本边际效率""流动性偏好"三个心理规律进行了解释，认为"有效需求不足"是导致资本主义经济危机的主要原因，并提出了以财政为主的需求管理方案。该书的出版表明凯恩斯主义经济学完整的理论体系的形成，被认为是现代宏观经济学的开始[①]。

　　凯恩斯的传记也很多，仅中译本就至少有四种。这些传记作品不仅篇幅越来越长，披露的细节也越来越多，如凯恩斯年轻时曾是同性恋者。凯恩斯到美国拜会罗斯福总统，用了一些数学语言向罗斯福讲述自己的理论和政策主张。后来，罗斯福对身边的人说，凯恩斯"是个数学家，不是经济学家"。

16.1.2　凯恩斯政策主张的哲学背景

　　要更好地理解凯恩斯革命，我们需要理解那个时代经济学家普遍的哲学观。《通论》出版后，凯恩斯被视为激进分子，其实不然。凯恩斯关于社会结构变革的观点是保守的，

---

① 李晓蓉：《西方经济学说史》，北京大学出版社，2014 年，第 273-274 页。

他仅仅是希望提倡一些变化，从而保持资本主义的核心元素。他认为，如果不解决资本主义的一些缺陷，那么人们将抛弃资本主义。他反对马克思主义，同时批评马克思主义的经济学，认为马克思主义设想的社会体制是对凯恩斯自己所属的那个社会阶级的摧毁。

德国和意大利的极权主义政府和专制也让凯恩斯感到不安。他希望接纳的是能够解决某些经济问题的社会变革。但是，对经济问题的解决不能破坏个体主义及其带来的经济或政治上的优势。

大萧条使很多经济学家相信，不能实现充分就业是资本主义的重要缺陷。第二次世界大战后的经济学家面临的一个重要问题是，什么样的政策可以用于保持最好的资本主义，同时又能防止严重的萧条？凯恩斯的政策主张最初对于很多美国人来说显得过于开明，但他们最终接受了凯恩斯关于货币政策和财政政策的主张，因为他们不需要直接的政府干预。但凯恩斯的这些政策也遭到了一些激烈的批评，有人将信奉凯恩斯学说的人称为"凯恩斯主义的社会主义者"。例如，第一本介绍凯恩斯主义经济学的教科书的作者塔西斯就遭到了一些激烈的批评。一些人找学校拒绝录取使用过这本教科书的学生，并要求斯坦福大学解雇塔西斯。但是，萨缪尔森的教科书却取得了空前的成功，这在一定程度上得益于他用科学的外衣将凯恩斯的经济学包裹起来，从而避免了意识形态上的攻击。

16.1.3　凯恩斯主义经济学

凯恩斯的经济学掀起了一场革命，众多经济学家迅速被凯恩斯的理论所吸引，并纷纷接受了这一理论。同时他们根据凯恩斯在《通论》中的叙述，开始了解释和发展（一定程度上可以说是简化）凯恩斯学说的工作，形成了一个可称之为"原凯恩斯主义"的学术流派。这一流派的学说在第二次世界大战后一直到 20 世纪 70 年代，在宏观经济学中处于主导地位。

《通论》出版之初，凯恩斯的模型并未被人们解释为一个总体经济的非均衡调账模型，人们的焦点在于消费函数和乘数。20 世纪四五十年代，大批经济学家都把注意力放在对乘数模型的探索上，使其在细节上得到了发展。乘数这个工具被扩展到包括了国际贸易的影响、各种类型的政府支出，以及各种类型的个人支出在内的各个领域。诸如平衡预算乘数之类的术语成为经济学术语的一部分，每一个经济学研究者都在学习凯恩斯的模型。

今天教科书中标准的消费函数模型及货币政策、财政政策这些凯恩斯主义经济学的内容，在凯恩斯的《通论》中并未阐明。凯恩斯自己并没有画出消费函数的任何图标，也没有提及货币和财政政策。那么，消费函数模型是如何成为 20 世纪 50 年代宏观经济学争论的焦点的呢？原因在于：一方面，整个模型比其他理论更好地描述了现实；另一方面，更重要的是，关于凯恩斯主义经济学的有效的争论，最初是围绕着财政政策展开的。由于消费函数模型很好地描述了财政政策的影响，逐渐变成了凯恩斯主义的基本模型。

消费函数分析首先在美国流行起来。萨缪尔森和汉森将这个模型发展为凯恩斯主义的基本模型。萨缪尔森的教科书《经济学》将它引进了经济学教育，其他教科书加以仿效，使这个模型迅速流行开来。消费函数分析在数学上有它的优势，很容易讲授，也很容易理解。它允许宏观经济学通过提供一个核心的分析结构而发展成为独立的领域，就像微观经济学中的供求分析一样。

　　同时，凯恩斯主义的政策逐渐被解释为通过货币政策和财政政策对经济进行调整。在这里，勒纳起到了关键的作用。他在 1944 年出版的《统制经济学》中指出：政府不应该再坚持平衡预算政策，而应代之以"功能财政"政策，这种政策考虑的是其结果，而不是政策本书。"功能财政"使得政府可以去"驱动"经济。勒纳坚持认为，货币政策和财政政策是政府用于实现高就业、高增长、物价稳定这些宏观经济表面的工具。对于勒纳来说，政府赤字的规模无关紧要。当存在失业的时候，政府应该增加赤字和货币供给；当存在通货膨胀的时候，政府则采取相反的行动。

　　勒纳对"凯恩斯主义"观点的这种直率的阐述引起了很多凯恩斯主义者的反应，激起了相当多的讨论，甚至使凯恩斯都否认自己是凯恩斯主义者。但凯恩斯很快改变了自己的看法，并同意勒纳的观点，许多经济学家同样如此。于是功能财政几乎成为凯恩斯主义的同义词。货币政策和财政政策在政治上也是受到欢迎的。许多经济学家相信，大萧条表明：政府应该在引导经济中能够发挥更大的作用，财政政策和货币政策的使用就是最大限度地发挥这种工具的作用。通过这种政策，政府不会直接去决定投资的水平，只不过是通过预算的赤字或者盈余来间接地影响总收入。对很多人来说，赤字的合法性还有另一个受欢迎的特征，它不再要求政府"量入为出"，即根据税收来决定支出。

　　理性预期假说在宏观经济学中的理论使本已面临信任危机的凯恩斯主义雪上加霜，凯恩斯主义者必然要回应新古典宏观经济学的挑战。在回应中，凯恩斯主义者本身也产生了分歧，从而分成了不同的学派，即"原凯恩斯主义"和"新凯恩斯主义"。"原凯恩斯主义"这个流派的观点通过 IS-LM 分析重新阐述了凯恩斯的思想，认为这个分析就是对凯恩斯本人思想的反映。第二个流派的经济学家主要集中在英国剑桥大学，他们认为 IS-LM 分析不能代表凯恩斯的思想，因此与原凯恩斯主义者发生了冲突，被称为"后凯恩斯主义"或者"凯恩斯左派"。"新凯恩斯学派"是在新古典宏观经济学的压力下形成的新学派。这个学派的经济学家赞同新古典宏观经济学的某些观点，但他们大体上坚持了凯恩斯的理论，被称为"新凯恩斯主义"。在与新古典宏观经济学的争论中，新凯恩斯主义是凯恩斯主义中的主力。

　　新凯恩斯主义者关注的重点问题是"微观经济学的宏观基础"。他们基本上接受了新古典宏观经济学对原凯恩斯主义模型的批评，但他们认为凯恩斯主义经济学与理性预期假说之间并不存在本质上的矛盾。这种认识使他们相信，要恰当地回应新古典宏观经济学，不应该去为宏观经济学寻求更加现实的微观基础；相反，他们认为理解凯恩斯宏观经济学的关键，是意识到需要为微观经济学寻找宏观基础。他们的理由是，我们不可能去分析一个脱离宏观环境的个体的选择；个体的决策要视其他人预期的决策而定；经济有可能陷于预期的难题之中。也就是说，社会的所有个体都做出了理性的决策，但是所有个体理性决策的净结果对于社会来说却是非理性的。

　　新凯恩斯主义者认为，这是一个特设的假设，而不是逻辑分析的结果。例如，所有个体可能预期需求将下降，那么整体的产量水平就会因为这种预期而减少，也就是说，供给的减少是因为预期的需求下降。除非存在一种预期的协调机制，在个人降低需求预期的时候，这种机制可以抵消个人供给决策中预期的降低，否则过少的供给就是过低的预期需求的结果。新凯恩斯主义者认为，经济必然在某个合意的产出水平上出清这个假设并不是理性预期的假设，他们不能接受这个假设。大多数新凯恩斯主义者阐述理论的方式都是非常抽象的，从抽象的博弈论模型出发，论证存在多重均衡的可能性。

凯恩斯主义经济学理论的复兴并不意味着凯恩斯主义经济政策恢复了过去的地位。20 世纪 70 年代以前，主要西方国家的经济政策基本上都以凯恩斯主义的理论为基础。但此后的经济学家开始意识到，经济政策并非以经济学原理为基础，而是由政治本身决定的。今天西方国家的经济政策，即便表现出凯恩斯主义的特征，也不再被称为凯恩斯主义的经济政策。

16.1.4 凯恩斯的主要劳动经济思想

1. 凯恩斯的非充分就业理论

凯恩斯的非充分就业理论是凯恩斯经济学的前提，凯恩斯经济学和传统理论的分歧源于前提假设不同。凯恩斯认为，新古典经济学的根本错误不在于理论本身，而在于它的前提。这一前提是把充分就业当成资本主义经济的一般情况，而资本主义经济的常态是非充分就业。

所谓"充分就业"是指一个社会的现有资源（劳动、土地、资本、生产技术）被充分利用，没有失业者，没有闲置的设备。而"非充分就业"是指经济体系中有大量的生产设备闲置，工人失业。在对失业的理解上，传统学说只承认存在由于资源在转移过程中造成的"摩擦失业"和因工人拒绝接受现行工资的"自愿失业"。这两种失业和充分就业不悖。凯恩斯则认为资本主义社会还存在第三种失业情况——"非自愿失业"，即一部分工人愿意按现行工资工作，却找不到工作。他声称《通论》的写作目的就是要解决失业问题。他说："本书……着重研究何种决定力量使得总产量与总就业量改变。"[1]

凯恩斯的就业理论以"有效需求原理"为基础。他认为，在资本主义社会，就业的水平取决于生产的水平，生产的水平取决于有效需求的大小。按照凯恩斯的说法，所谓有效需求就是商品的总供给价格和总需求价格达到均衡状态时的社会需求量。它由总供给价格和总需求价格两个因素决定，其数值在于总需求曲线与总供给曲线相交点，这一点决定实际就业量，见图 16-1。

总需求曲线（DD）：预期从不同就业量（N）所生产的产物所提供的收益或收入（P）。总供给曲线（ZZ）：刚好诱致一定就业量（N）的收益或收入（P）。

所谓总供给价格就是诱致一定就业量所必需的收益，这一收益必须等于生产这些产品所付出的生产要素（劳动、资本、土地）成本加上企业主所预期的最低利润。总

---

[1] 凯恩斯：《就业、利息和货币通论》，徐毓枬译，商务印书馆，1983 年，第 2 页。

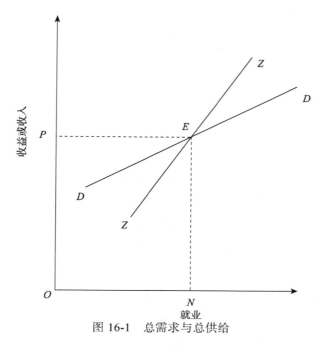

图 16-1　总需求与总供给

供给价格是全体企业主雇用一定量的工人进行生产时对总产量预期的最低限度收益，即售价。凯恩斯认为，一个特定的总供给价格总是相对于一定的就业量而言的。随着就业量的增加，总供给价格相应提高，二者之间存在函数关系。若以 Z 代表总供给价格，N 代表总就业量，则总供给函数可表示为 $Z=\Phi(N)$（ZZ 曲线）。

所谓总需求价格是指全体企业主预期社会上人们愿意用来购买商品的价格的总和。总需求价格 D 和总就业量之间也存在一种函数关系。总需求函数可表示为 $D=f(N)$（DD 曲线）。DD 向右上方倾斜，表示需求随着就业量增加而增加。有效需求决定于总供给曲线和总需求曲线相交之点，即 E 点。"有效"这个形容词有两层含义：①它是指市场上有支付能力或有购买力的社会总需求；②其他各点对决定总就业量并不是有效的。因为，当总需求价格大于总供给价格时，预期收益会超过诱致一定就业量所必需的收益，资本家会压缩生产，减雇工人。只有当总需求价格等于总供给价格时，资本家才使生产规模稳定，此时他所预期的利润额最大。因此，就业水平和总产量水平是由总供给价格和总需求价格相一致的有效需求决定的。

凯恩斯假定了总供给函数为已知。因此，其理论的精髓是对总需求函数的分析。由于就业决定于总需求，总需求决定于总收入，凯恩斯的一般就业理论也就是总需求或总收入理论。《通论》的主题是，就业量决定于总需求，总需求又决定于消费倾向和一定时期的投资量。在资本主义社会，失业源于有效需求不足，有效需求不足则是消费不足和投资不足的缘故，而消费不足和投资不足又是由于"三个基本心理规律"所致[1]。

① 吴宇晖、张嘉昕：《外国经济思想史》，高等教育出版社，2014 年，第 287 页。

2. 凯恩斯的工资理论

传统经济学认为，劳动供给和劳动需求都是实际工资的函数。由于工资率具有充分弹性，所以充分就业的均衡可以自动实现。在《通论》中，凯恩斯首先否定了传统经济学的劳动曲线，认为劳动供给量的大小并不取决于实际工资的高低。这主要是因为：①实际工资水平不但取决于货币工资的多少，而且还取决于商品价格水平的高低。如果说劳动供给量取决于实际工资，那么意味着货币工资不变、物价水平上升时，工人会放弃工作。这与实际情况明显不符。②实际工资水平受多种因素影响，因此，劳资双方进行工资谈判时，无法制定实际工资水平，他们所能够确定的只能是货币工资。既然劳动供给量不取决于实际工资，那么劳动供给曲线也就不是实际工资的函数。

凯恩斯还否定了传统经济学的工资率具有弹性的观点。他认为货币工资具有刚性。由于工会对货币工资下降会竭力反对，货币工资不具有充分的弹性。自由市场经济体系不具有运用工资政策来维持充分就业的自动调整功能。即使降低货币工资是可行的，也不可能因此而导致实际工资的降低而引起就业量的增加，因为总需求不可能不受货币工资下降的影响。随着货币工资的下降，工人的消费需求也会随之下降，通过货币工资下降而增加的产量会由于购买力不足而滞销，资本家在这种情况下也不可能再增加工人。同时，因为产品价格会随着工资的下降而同步下降，所以实际工资也不会下降太多。由此看来，用降低货币工资的办法来降低实际工资以实现充分就业的目的，就不可能实现。

凯恩斯认为，就业量只与有效需求发生联系，而有效需求的变化又是由三个心理因素决定的。由于货币工资的降低不会对消费倾向产生影响。降低货币工资来影响就业量的途径主要是引起资本边际效率的提高或导致利息率的降低[①]。凯恩斯认为，唯一可行的方法是在经济衰退时实施通货膨胀政策，即通过提高物价的方法降低实际工资。这不仅可以提高资本边际效率、刺激投资、增加就业，而且可以使工人产生货币幻觉，而不招致众怨。他说："只有愚蠢之徒才会挑选有伸缩性的工资政策，而不挑选有伸缩性的货币政策。"[②]

相比传统经济学主张降低货币工资以增加就业量的方法，凯恩斯则主张在货币工资不变的条件下，通过提高价格水平降低实际工资以增加就业量的方法更具有迷惑性。凯恩斯把货币理论融入就业理论之中。他认为：个别企业的产品价格一部分取决于边际成本，一部分取决于市场规模，货币只起计价作用，此时的价格与货币数量无关。对全部工业来说，如果假定技术不变，则生产规模就是就业量。如果生产要素与单位工资同一比例变动，则一般物价水平部分取决于工资单位，部分取决于就业量。由于宏观经济运行中不可能没有货币流通的作用，物价水平与货币数量有关。货币数量对一般物价的影响，实际上是货币数量对工资和就业量影响之和。为了说明货币数量对一般物价水平的影响，凯恩斯分别分析了失业存在和充分就业两种情形："有失业存在时，就业量随货币数量作同比例改变；充分就业一经达到后，物价随货币数量同比例改变。"[③]

---

① 张世贤：《西方经济思想史》，经济管理出版社，第 279 页。

② 张世贤：《西方经济思想史》，经济管理出版社，第 280 页。

③ 凯恩斯：《就业、利息和货币通论》，徐毓枬译，商务印书馆，1963 年，第 255 页。

3. 研究失业原因的新视角——"有效需求"

就业理论是凯恩斯宏观经济理论的核心，其基本内容就是阐明失业的原因和寻求解决失业的办法。新古典经济学认为普遍性失业是不存在的，只承认存在摩擦性失业和自愿性失业。摩擦性失业是指由于劳动力市场出现暂时或偶然的供需失衡而出现的失业，不是真正的劳动力需求不足。自愿性失业是指客观上有工作岗位，但有工作能力的人由于不愿意接受现行的工资水平或工作条件所造成的失业。

新古典观点的理论基础是萨伊定律。萨伊定律认为供给会自行创造需求，任何一种产品的供给都是对其他产品的需求，除非有暂时的或特殊的原因，生产的产品都可以卖出去。由于生产方向的错误，某一产品也许会暂时性过剩，但只要供给能为自己创造需求的原则不变，普遍性的过剩就不会发生，自然就不存在普遍性失业，有工作能力而又有希望就业的人不会因为这些偶尔的、暂时性的因素而长期失业。所以，传统经济学认为失业并不是一个普遍而又严重的经济问题。

然而，传统经济学无法解释 20 世纪 30 年代初资本主义社会出现的大规模失业现象。凯恩斯认为，资本主义发展过程中始终存在"非自愿失业"，将当时长期存在的大量失业现象简单理解为工人不肯接受相对较低的货币工资而自愿选择失业，显然与事实不符。在凯恩斯看来，当时失业的原因并非劳动者不愿意接受当时的工资率，而是由于整个社会对商品的需求不足，产品销售困难造成大面积失业。这种失业是需求不足导致的失业，即非自愿失业。另外，凯恩斯进一步阐述了充分就业的概念，经济中没有非自愿失业的状况即为"充分就业"，也就是说，充分就业不等于没有失业，充分就业的时候仍然存在摩擦性失业和自愿性失业。针对非自愿失业，凯恩斯认为需要通过降低实际工资水平来解决[1]。

16.1.5　简要评述

凯恩斯经济学是 20 世纪 30 年代的直接产物，是国家垄断资本主义的必然产物。与否认资本主义经济危机和失业的新古典经济学不同，凯恩斯敢于面对事实，大胆承认资本主义社会存在经济危机和失业。但是，凯恩斯的这一异乎寻常的行为，丝毫没有引起资产阶级的恐惧和不安。这是因为，凯恩斯在大胆承认上述事实的同时，小心翼翼地掩盖了资本主义经济危机和失业的真正原因。对垄断资本来说，凯恩斯的高明之处在于：他一方面隔断了经济危机和失业同资本主义制度之间的联系；另一方面建立起抑制经济危机和失业的方案同发展国家垄断资本主义之间的联系。

资本主义经济危机和失业的根本原因在于资本主义制度，在于资本主义的基本矛盾，在于社会资本再生产中的矛盾和冲突。可是凯恩斯在解释经济危机和失业的原因时，只字不提资本主义制度和资本主义的基本矛盾，不提社会资本再生产的矛盾和冲突，而是把问题仅仅归结为社会资本流通中的一种现象，归结为流通领域中的社会总产品的供给和需求的关系。在这一点上，凯恩斯经济学与传统经济学的分歧只在于：传统理论认为总供给和总需求等于充分就业状态，从而充分就业是正常现象；凯恩斯经济学则认为，自发形成的总供给和总需求不一定等于充分就业状态，从而危机和失业也同样是正常现象。

在把危机和失业只作为流通领域中的问题来说明时，凯恩斯认为危机和失业的根源在于有效需求不足，包括投资需求不足和消费需求不足。这种有效需求不足论实际上是经济思想史上的消费不足危机论的变种，是一种特殊的消费不足危机论——包括生产消费不足和个人消费不足在内的消费不足危机论。

在说明有效需求不足的原因时，凯恩斯求助于主观心理因素：心理上的消费倾向、心理上的资本边际效率和心理上的灵活偏好。可见，这种有效需求不足论又是经济思想史上的心理危机论的变种，是主观心理危机论。

总之，危机和失业是消费不足造成的，而消费不足是主观心理因素造成的，同资本主义制度及其固有的矛盾无关。这就是凯恩斯在危机和失业问题上得出的令资产阶级感到放心的结论。由此也可以明白，为什么凯恩斯曾经直率地说："在阶级斗争中会发现，我是站在有教养的资产阶级一边的。"[1]

消费不足危机论和主观心理危机论的共同之处都是用现象的描述来代替对事物本质的揭示。广大劳动群众消费不足是包括资本主义社会在内的一切建立在剥削基础上的社会的一个必然结果，这种消费不足只是在资本主义社会才达到了发生经济危机的地步。问题的本质在于，资本主义制度，资本主义生产的社会性和占有的私人性之间的矛盾，才是资本主义经济危机存在的根本原因。同样，心理因素与经济的关系在一切社会都是存在的。相对于心理因素而言，经济因素是第一位的。当然，心理因素又会反作用于经济因素。但是，在资本主义生产方式出现以前，人类社会并没有因为出现了某种带普遍性的心理现象而发生过普遍生产过剩的经济危机。用一切社会都存在的所谓不变的主观心理来解释特定社会才发生的经济危机，无疑是一种逻辑悖论。

凯恩斯经济学在西方经济学中占有十分重要的地位。凯恩斯是迄今现代西方经济学中最有影响的经济学家。在经济理论方面，凯恩斯经济学开创了西方宏观经济学的先河，西方宏观经济学的历史正是从凯恩斯经济学开始的。在经济政策方面，凯恩斯的经济政策主张有一定的实用性。为了寻找和确定资本主义宏观经济的主要可控变量，以便政府进行宏观管理，凯恩斯提出了宏观经济的均衡条件，指出市场机制的自发调节不能实现充分就业的均衡，必须实行国家干预，通过财政政策和货币政策调控经济，才能保持宏观经济的稳定和发展。对西方国家政府来说，凯恩斯经济学政策主张的重要性正在于此。对社会市场经济来说，凯恩斯经济学的借鉴意义也在于此[2]。

▶本节拓展材料

① 凯恩斯：《劝说集》，蔡受百译，商务印书馆，1962年，第245页。
② 吴易风：《当代西方经济学流派与思潮》，首都经济贸易大学出版社，2005年，第12页。

16.2　新凯恩斯主义的劳动经济思想

新凯恩斯主义是凯恩斯主义者汲取凯恩斯主义的基本原则及其与对立学派的斗争经验而形成的，是凯恩斯主义在新的历史条件下的创新和复兴。

16.2.1　社会背景与历史条件

1929~1933 年的经济大危机，打破了以马歇尔为代表的新古典经济学关于市场机制可以对经济进行完美调节的神话，美国的"罗斯福新政"也在实践上开始了政府对经济的强有力干预。在此大背景下，凯恩斯的《通论》于 1936 年发表并且在美国被发扬光大。一大批著名的美国经济学家在传播和运用凯恩斯理论的过程中，对凯恩斯理论加以注释、补充和发展，并在美国经济学界长期占据主导地位，因而对美国政府的经济政策产生了持久的影响，从而在 20 世纪 50 年代逐渐形成新古典综合派或称后凯恩斯主流经济学。

从新古典综合派"原始的综合"到"成熟的综合"这一演变的过程来看，它的一大特征就是兼容并蓄，尽可能地把当时影响较大的"诸子百家"学说包括其反对派的学说综合进来。从把 20 世纪 30~60 年代影响最大的新古典经济学和凯恩斯主义综合在一起，到把 70~80 年代影响较大的现代货币主义、供给学派和理性预期学派乃至新凯恩斯主义综合进来，显示了其理论体系的包容性。这种包容性也是新古典综合派在西方久盛不衰，长期居于正统和主流地位的重要原因。其实，在西方经济学说史上，一直都是围绕经济自由主义和国家干预这两条轴线展开理论研究和提出政策主张的，而新古典综合派把这两者综合在一起，可以使其理论体系无所不包，政策主张左右逢源。

新古典综合派的另一特征就是及时反映不同时代不同时期世界经济现实的重大变化，力图使其理论研究反映现实并指导现实，从而使其总能跟上时代发展的步伐而不过时。萨缪尔森的《经济学》教科书自 1948 年首版以来，至今已经出版到第 17 版，他本人还预料这本《经济学》教科书会长久地保持到 21 世纪。

凯恩斯主义理论认为失业与生产的过剩是资本主义经济的常态，其根本原因是价格和工资是刚性的，而非充分弹性的。因此，在发生了供给或需求方面的冲击后，工资和价格不能迅速做出调整已达到市场出清。这样，产品市场存在过剩产品，劳动市场存在过剩劳动供给。以此为基础，凯恩斯主义者主张通过政府需求政策进行干预，以消除失业和经济过剩的危机。第二次世界大战后，以萨缪尔森、莫迪利安尼、托宾等为代表的经济学者，以微观为视角发展了消费函数、投资函数等理论，将其与凯恩斯的国民收入决定理论结合在一起，提出以政府的需求管理为主，结合市场自发调节机制的政策主张。这种结合只是将宏观经济学与微观机制在局部的范围内机械地"焊接"在了一起，这种"一、三、五是萨伊定律的信徒，二、四、六是凯恩斯的仆人"式的结合，并没有解决凯恩斯主义缺乏微观基础的根本缺陷。

20 世纪 60 年代中期以后，特别是 70 年代，西方发达经济体相继出现了通货膨胀与失业并发的问题，即"停滞通胀"（滞胀）。滞胀的发生使菲利普斯曲线陷入了非常尴尬的境地，也直接引发了以卢卡斯、巴罗和萨金特为首的一批中青年经济学家对凯恩斯理论的猛烈攻击。以卢卡斯为代表的理性预期理论认为，政府企图提出系统性稳定经济的政策实际上是毫无意义的，其原因是微观经济主体是理性的，他们会对政策制定者可能制定的政策进行预测（理性预期），并可以根据政府的政策迅速调整自己的决策，由于他们的决策比政府更加灵活，政府的政策效应会很快被抵消，从而使政府的政策失灵。这是政策制定者和经济主体之间的一种博弈过程，这一博弈会使政策的效果在这些微观主体的理性预期行为面前变得非常微小，根本不可能像凯恩斯所预言的那样有效。后来的研究甚至发现，即使动机很好，由于预期的存在和微观主体的博弈行为，政策制定者的决策往往会导致不良的后果。

理性预期理论提出后，很快得到了经济学界的普遍认可，围绕着这一思想所展开的研究贯穿了整个 20 世纪 70 年代、80 年代的经济学说史。随着对理性预期理论研究的深入，凯恩斯主义经济学陷入了深深危机，西方各国政府纷纷抛弃凯恩斯主义，开始返归新古典经济学。然而，80 年代世界经济屡遭重创的经历证明了新自由主义的理论并没有什么独到之处，于是人们又对理性预期理论产生了疑问：在经济决策过程中，个人、企业及金融市场的参与者是不是都能理性地形成预期？人们的现实预期与理性预期之间的差异到底有多大？进入 90 年代后，有一批经济学家开始针对现实市场的不完美性重建凯恩斯主义经济学。他们重点分析了微观经济主体追求利益最大化的行为最终更导致市场非出清的重要机制，揭示了微观市场机制与宏观总量矛盾之间的关系，为宏观经济理论奠定了微观基础，在继承与修补凯恩斯理论方面做出了贡献。

新凯恩斯主义者主要的成员有哈佛大学的格雷戈里·曼丘、萨默斯，麻省理工学院的布兰查德，哥伦比亚大学的菲尔普斯等。主要的代表著作有曼丘的两卷本的《新凯恩斯主义经济学》、贝纳西等的《新凯恩斯主义经济学》。与原凯恩斯主义理论相比，新凯恩斯主义理论更为完善，也更具有解释能力[1]。因此，有西方学者评价，"新凯恩斯主义较好地解释了西方 80 年代高工资和高失业率并存的现象，给宏观经济学研究开辟了新的领域"[2]。

16.2.2 新凯恩斯主义关于工资黏性论

所谓工资黏性是指工资不能随需求的变动而迅速地调整，且工资上升容易下降比较困难。新凯恩斯主义者用工资黏性理论解释非自愿性失业现象，认为由于黏性的存在，当社会有效需求减少而导致劳动需求减少时，工资不能自动降低，从而导致了失业。与价格黏性理论类似，工资黏性论也分为名义工资黏性论和实际工资黏性论。

1. 名义工资黏性论

名义工资黏性是指名义工资不能随着名义总需求的变化而变化的情况，主要包括交错调整理论和长期劳动合同理论两种。

---

① 李晓蓉：《西方经济学说史》，北京大学出版社，2014 年，第 362-363 页。
② 转引自王建：《当代西方经济学流派概览》，国家行政学院出版社，1998 年，第 352 页。

1）交错调整理论

实际经济生活中，厂商往往以签订长期劳动合同的方式将工资水平确定下来，并在若干年中保持不变。而各部门工资合同的签订时间往往不同。这样，在一定时期内，社会总体调整工资的决策是交错做出的。一些合同到期的厂商因为受到其他尚未到期厂商不变工资的影响，在签订新的劳动合同时也不易变动工资。这样从社会的角度，工资水平在一定时期内就保持了较高的稳定性。

从厂商决策机制上分析，当一个部门的工资水平确定了之后，厂商将根据"劳动的边际产品收益等于劳动的边际成本"原则决定就业量。也就是说，对劳动的需求取决于产品市场的供给与需求函数，也取决于企业的生产函数。在合同期内，名义工资保持不变，而产品市场的供求关系及生产函数等都是可变的，这样就会出现一方面工资水平保持稳定不变，另一方面就业和产出水平出现波动的现象。当政府企图稳定实际工资水平时，通货膨胀就会出现，由于预期的影响，失业增加、产出下降，从而出现失业与通货膨胀并存的滞胀。

2）长期劳动合同理论

这一理论指出，在实际生活中，厂商往往以与工人签订长期劳动合同的方式将名义工资固定下来，以避免因不确定性而带来损失。这样，即使厂商已经了解到了需求变动的信息，也不能立即调整工人的名义工资。另外，由于各个厂商的劳动合同起始时间是错开的，一些合同到期的厂商因为受到其他未到期合同的影响，在重新签订劳动合同时也不容易变动。

2. 实际工资黏性论

实际工资黏性是指实际工资与需求的变动几乎不存在正相关的情况，包括隐含劳动合同论、效率工资论、局内人-局外人理论等。

1）隐含劳动合同论

隐含劳动合同论认为，虽然厂商和工人都是风险厌恶的，但是由于企业归众多分散的股东所有，所以厂商承担风险的能力较强，是风险中立的，而工人则希望通过工作获得稳定的收入，因而是风险厌恶的。如此，劳资双方确定的劳动合同实际上是一种涉及较长时期的合同保险关系，这种关系避免了工人工资收入的不确定性。这样，合同工资就不再等于劳动的边际产品，而是相对固定的，从而导致实际工资水平不随经济波动变化而相对稳定。

2）效率工资论

所谓的效率工资是指对于厂商而言能够实现一定水平的生产效率的最低工资水平。这个工资水平并不一定是使供求相等的均衡价格水平，而且实际的情况往往是效率工资高于市场均衡工资水平。厂商之所以愿意以高于均衡水平的价格支付工资，是因为劳动生产率是工资的函数，实际工资的高低影响工人的生产效率，而工人生产效率的高低又直接影响了企业的利润。高工资可以激励现有工人的生产积极性，而一个人的工作能力越强，要求的最低工资也就越高，当厂商降低工资时，最先离开的将是优秀的工人。因此，厂商宁愿以高工资雇用现有工人以提高劳动效率，也不愿降低工资雇用不熟练的低效率的人员，从而形成了工资黏性。这样，即使是在信息完全的市场上，也会存在非自愿失业的现象。

3）局内人-局外人理论

局内人是指企业里的在职工人，而局外人是指失业工人。传统理论认为，工资水平的确定是劳动力市场供求关系的竞争结果，但是新凯恩斯主义者却提出工资水平的调整在很大程度上取决于在职工人。而且，实际上失业工人对工资调整几乎没有影响，因为失业者并不是就业工人的替代品。他们进一步分析认为，在职工人拥有所在企业所需的专用资本，包括丰富的经验和技术技能等，企业是了解的。但是企业并不了解失业工人，同样，失业工人也不了解企业。这样，如果要用失业工人代替在职工人，厂商就要承担相应的劳动转换成本，包括培训、谈判、诉讼和解雇的成本。由于存在转换成本，即使需求下降，厂商宁愿以原有的工资雇用局内人，也不愿以较低的工资雇用局外人。这样，局内人的工资并不会因为有大量局外人的存在而下降，从而出现一定的黏性[1]。

▶本节拓展材料

◎本章小结

凯恩斯经济学是 20 世纪 30 年代的直接产物，是国家垄断资本主义的必然产物。与否认资本主义经济危机和失业的新古典经济学不同，凯恩斯敢于面对事实，大胆承认资本主义社会存在经济危机和失业。但是，凯恩斯的这一异乎寻常的行为，丝毫没有引起资产阶级的恐惧和不安。这是因为，凯恩斯在大胆承认上述事实的同时，小心翼翼地掩盖了资本主义经济危机和失业的真正原因。对垄断资本来说，凯恩斯的高明之处在于，他一方面隔断了经济危机和失业同资本主义制度之间的联系，另一方面建立起抑制经济危机和失业的方案同发展国家垄断资本主义之间的联系。

◎思考题

1. 新凯恩斯主义劳动经济思想产生的背景与条件。
2. 新凯恩斯主义劳动经济思想的主要内容。
3. 新凯恩斯主义关于工资黏性论。

◎推荐阅读材料

对于那些一直对实际工资黏性展开各种解释的新凯恩斯主义者来说，已得出一些政策结论，特别是降低持续高度失业的政策。林德贝克、斯诺沃认为，为了要降低内部人的权力和使局外人对雇主更具吸引力，制度改革是必要的。从理论上说，降低权力的政策包括：①工作保障法规的软化以便降低雇佣和解雇劳工的流转成本；②工资关系的改良以便减少罢工的可能性。

---

① 李晓蓉：《西方经济学说史》，北京大学出版社，2014 年，第 372 页。

　　有助于给局外人以公民权的政策将包括：①再培训局外人以便增进他们的人力资本和边际产量；②改善劳工流动性的政策，如住房市场；③使工资具有更大灵活性的利润分享安排；④失业补偿制度的再设计以便鼓励寻找工作。

　　有些新凯恩斯主义者（特别是欧洲支派）赞成某种形式的收入政策，以缓和不对等的工资议价制度的不利影响。例如，拉亚德（R.Layard）等在 1991 年出版的《失业、宏观经济运行和劳动市场》一书中争辩说："如果失业超过长期'无加速度通货膨胀的失业率'（NAIRU，或自然失业率）并存在滞后现象，那么暂时收入政策就是有助于失业更快地回到 NAIRU 的一种极好方法。"但是，这样的政策仍引起了激烈争论，许多新凯恩斯主义者如曼奎等并不认为收入政策起着有效作用。而且，有一位经济学者金蒂斯（H.Gintis）明确指出，尽管新凯恩斯主义者认为放弃达到充分就业的义务是较小让步，可是，这种让步（承认自然失业率的存在）却是重要退却。

　　资料来源：斯诺登 B、文 H、温纳齐克 P：《现代宏观经济学指南》，苏剑等译，商务印书馆，1998 年，第 325-328 页

　　请讨论，新凯恩斯主义对降低持续高度失业的政策的理论诠释是什么。

【推荐选读书目】

凯恩斯 J M. 1983. 就业、利息和货币通论. 陈毓枬译. 北京：商务印书馆.

李晓蓉. 2014. 西方经济学说史. 北京：北京大学出版社.

吴易风. 2005. 当代西方经济学流派与思潮. 北京：首都经济贸易大学出版社.

杨伟国. 2010. 劳动经济学. 大连：东北财经大学出版社.

张林. 2008. 经济思想史. 北京：科学出版社.

第 17 章　新古典综合派的劳动经济思想

▶学习目标

1. 新古典综合派劳动经济思想产生的背景与条件。
2. 新古典综合派所主导的劳动经济思想。
3. 凯恩斯学派劳动经济思想的影响。
4. 新古典综合派对失业和通货膨胀问题的分析。

新古典综合派，又称后凯恩斯主义流派，是产生于美国的现代凯恩斯主义的一个重要学派。新古典综合派继约翰·斯图尔特·穆勒和马歇尔之后，完成了西方经济思想史上的第三次大综合。

新古典综合派是在诠释和扩展凯恩斯经济理论的过程中，把以马歇尔为代表的新古典经济学与凯恩斯主义经济理论综合起来，其中包括了四种意义上的综合：①把经济学的均衡论与凯恩斯的有效需求论结合起来，从而把凯恩斯的理论本身综合成宏观一般均衡理论。②把凯恩斯的宏观收入决定理论同以马歇尔和瓦尔拉斯为代表的均衡价格理论综合在一起。③把凯恩斯主义强调的财政政策和新古典经济学强调的货币政策综合在一起，通过这种综合既可以遏制经济衰退和失业又可以制止通货膨胀，从而实现一个没有通货膨胀的充分就业的经济。④凯恩斯主义者也将新古典学派的研究方法运用于宏观经济理论之中。一方面，他们强调微观和理性分析，从微观的角度分析从个人理性选择出发展开研究，力图在凯恩斯主义宏观理论中建立新古典学派的微观基础，这一点在生命周期假说和新古典增长模型中得以体现；另一方面，他们也运用了新古典学派的一般均衡分析方法，IS-LM 模型就是如此，由此也推动了微观经济学的发展与完善。

新古典综合派理论体系的真正完成者首推保罗·萨缪尔森，可以说《经济学》各版本推出的过程，就是从"原始的综合"到"成熟的综合"的过程。被称为"美国的凯恩斯"的汉森是新古典综合派的先驱者。托宾在分析结构性失业和"滞胀"方面，对新古典综合派做出了重要的贡献。索洛的主要研究成果是资本理论和经济增长的理论。奥肯是第二次世界大战后美国最有创见的经济政策制定者之一，他分析了平等与效率的替换关系，提出了估算 GDP 与失业率关系的"奥肯定理"。

另外，新古典综合派还应该包括英国的两位著名经济学家约翰·希克斯和詹姆斯·E.米德。有充分的理由把希克斯称为"经济学家的经济学家"。他把凯恩斯的《通论》浓缩成代表商品市场和货币市场一般均衡的 IS-LM 两条曲线，同时，希克斯还对利率的期限结构和收益曲线进行了分析和描述。在微观经济学上，希克斯还把无差异曲线融进标准的微观经济学理论中并引入了预算线，用无差异曲线去区分价格变化中的收入效应和替代效用[①]。

17.1　菲利普斯、托宾、杜森贝的劳动经济思想

17.1.1　菲利普斯曲线

英国经济学家 A.W.菲利普斯 1958 年在研究 1861~1913 年工资变化率与失业率的实际资料时发现，这两个变量之间存在着非线性的负相关关系。在此基础上他断定，1913~1957 年货币工资变化率和失业率的关系也可以用同样的负相关关系函数进行解释。根据这个函数：失业率上升时，货币工资变化率下降；反之亦是。菲利普斯为通货膨胀决定因素的定量化所做的开拓性工作，受到了新古典综合派的重视。萨缪尔森和索罗在 1960 年发表的《达到并维持稳定的价格水平问题：反通货膨胀政策的分析》中对原始的菲利普斯曲线进行了重要修改和发展。

首先，原来的菲利普斯曲线是表示失业率与货币工资率之间的交替关系的。萨缪尔森和索罗则运用它来解释失业率和通货膨胀率之间的交替关系。他们认为，决定价格的原则是成本加值法，即在成本的接触上加一个固定比率的利润。当短期工资是唯一的成本时，工资增加也就会相应地提高价格水平。具体而言，企业是以对每个单位产量的平均劳动成本固定"加价"的方式来确定价格的。这意味着 P 总是与（WL/Q）成比例，其中 P 为价格水平，W 是工资率，L 是劳动小时，Q 是产量。进一步假定，平均劳动生产率（Q/L）稳定地每年增长 2%。因此，如果工资每年增长 8%，价格将会每年增长 6%。一般的公式为：通货膨胀率=工资增长率-生产率增长率。通过这一曲线，货币工资增长率与失业率之间成此消彼长的反比关系，从而通货膨胀率与失业率之间也就存在此消彼长的反比关系。

其次，萨缪尔森和索罗使菲利普斯曲线成为决策的工具。他们提出了"通货膨胀对换论"。根据这一观点在进行决策时，如果一个国家愿意支付较高的通货膨胀率的代价，那么他就可以得到较低水平的失业率；或者以高失业换取低通货膨胀率。决策者可以运用菲利普斯曲线进行相机抉择。正如他们所说的，决策人所面临的是一个在通货膨胀和失业之间进行选择的菜单。此外，在 20 世纪 70 年代之前，这一兑换关系被认为不论在长期还是短期都是成立的。这样，就使菲利普斯曲线得到了广泛的应用。

由于萨缪尔森和索罗的这两点重要发展，菲利普斯曲线成为分析失业与通货膨胀之间的关系并进行政策选择的重要工具，从而也就成为宏观经济学中的一个十分重要的概念。

[①] 颜鹏飞：《西方经济思想史》，中国经济出版社，2010 年，第 297-298 页。

17.1.2　托宾的劳动经济思想

20 世纪 70 年代以后，在经济"滞胀"的情况下，被视为重要的政策选择工具的菲利普斯曲线不再有效了。通货膨胀和失业同时增长，菲利普斯曲线大幅度地向右上方移动，甚至有人宣称：菲利普斯曲线现在是向右上方倾斜的。面对"滞胀"局面，不仅菲利普斯曲线无法对此加以解释，就连凯恩斯经济理论也无法解释。新古典综合派经济学家们从不同角度运用微观经济学补充宏观经济学来解释失业和通货膨胀并发症。其中主要有：华尔特·海勒的微观经济学部门供给的异常变动说、萨缪尔森的微观财政支出结构的变化说和托宾的微观市场结构说。其中，托宾的学说被新古典综合派认为是现代凯恩斯主义在"滞胀"理论方面的一个突破。

托宾在 1972 年发表的《通货膨胀与失业》一文中，提出了关于"劳工市场上的均衡和失衡"的观点，用市场结构的变化来解释失业和通货膨胀并发症。托宾认为，劳工市场的均衡（既无失业也无空位，劳工的供求一致）是极少见的情形。在大多数时间里，劳工市场是处于失衡状态的。不论什么时候，市场在过度的需求或供给中广泛地变化，整个看来经济现实既有空位又有失业。而造成这种失业与空位并存的原因则是劳动市场的结构特征。例如，由于劳动市场的技术结构特点（有各种技术不同的工人），某种劳动是供过于求；另一种劳动是供不应求，劳动市场的地区结构和性别结构也同样会引出这种结果。在工资向下刚性的情况下，空位的存在使工资增加，而失业的存在工资并不下降。这样，整个社会的货币工资增长率就有向上升的趋势，从而引起物价水平长期上升的趋势。换言之，如果劳动市场是完全竞争的，不存在结构特点对流动的限制，就没有失业与空位并存，也不会引起工资长期上升。但正因为劳动市场的结构特点限制了劳动力的流动，而失业对货币工资增长率的减缓作用又大大小于空位对货币工资率的推动作用，从而就由于货币工资增长率的上升而产生长期通货膨胀的趋势[①]。

17.1.3　托宾和杜森贝里的劳工市场的机构特征与滞胀

托宾和杜森贝里认为，劳工市场上的均衡是指既无失业又无空位，即劳工的供给与需求既无失业又无空位，劳工的供给与需求是相一致的。但是这种情况是少见的，常见的情况是劳工市场的失衡。劳工市场的失衡表现为失业与空位并存，即一方面有许多工人找不到工作，另一方面又有许多工作无人做，这是由于劳工市场是并不完全竞争的市场，劳工的供给有工种、技术熟练程度、性别、地区的限制，这样在失业的同时又会有空位。货币工资的增长率受劳工市场均衡与失衡的影响。在失衡的情况下，失业对货币工资增加速度的减缓不及空位对货币工资增加的速度。这是因为在工会存在的情况下，劳工市场上形成了工资能升不能降的"工资刚性"，有空位存在，工资率上升；有失业存在，工资率不会下降。于是必然发生这种情况：如果失业大于空位，失业的增加对降低通货膨胀的作用越来越小，这是因为空位的存在抵制着工资率的下降，从而使物价继续上升；如果空位多于失业，更会加速工资率的上升；即使空位总额等于失业总额，由于

---

① 吴易风：《当代西方经济学流派与思潮》，首都经济贸易大学出版社，2005 年，第 21 页。

劳工市场的分散与结构特点，劳工市场仍然失衡，工资率仍不会下降。工资率的上升引起物价上升，物价上升又引起工资率增加，工资率螺旋式上升，使通货膨胀加剧，而失业又不减少，这样就形成滞胀局面。劳工市场的结构特征及工资的决定属于微观经济学研究的内容[①]。

托宾和杜森贝里把滞胀归结为微观市场结构的变化。他们认为，现阶段资本主义市场上存在着工会和大公司两大势均力敌的垄断势力，它们分别控制着工资水平和物价。这种控制导致工资和物价都具有刚性的特征：只能升，不能降。在大公司控制下，商品供给小于需求，造成物价上涨，即使供大于求，物价也不下降。在工会控制下，劳动力供给小于需求，工资上升；即使供大于求，工资也不下降。而且工会和大公司都能对未来通货膨胀进行预测，大公司要使利润增加，工会要使工资增长赶上通货膨胀增长。双方你追我赶，引起工资和物价交替上升，推动通货膨胀。他们进一步认为，劳动力市场是一个不完全竞争的市场。根据工人的技术、性别、年龄、工种和居住地区的不同，劳工市场可以被分为彼此不能替代的市场。因此，即使劳动供给和需求在总量上是相等的，也会出现失业与职位空缺并存的现象。由于强大的工会力量使工资水平具有刚性，所以当社会上存在失业时，工资不会因此下降，而一旦存在职位空缺，工资水平必然上升。这样，失业与职位空缺就转化为失业与工资上升并存。由于工资水平的上升会推动物价上升，失业与工资上升并存就转化为失业与通货膨胀并存[②]。

▶**本节拓展材料**

17.2　萨缪尔森的劳动经济思想

17.2.1　萨缪尔森的生平及著述

保罗·萨缪尔森，是美国著名的经济学家和数理经济学家，凯恩斯学派的代表人物。1970 年，他荣获诺贝尔经济学奖。获奖的理由是"萨缪尔森的题材广泛的著作几乎涉及经济领域的各个方面；他在提高经济理论的科学分析水平方面，比当代其他经济学家做出了更多的贡献"。

萨缪尔森祖籍波兰。1915 年出生于美国印第安纳州噶里城，1935 年毕业于芝加哥大学经济系，同年入哈佛大学深造，1936 年和 1941 年先后获得哈佛大学硕士和博士学位。1940 年他接受麻省理工学院经济系的聘请，担任该系助理教授，1947 年提升为教授，

---

① 李薇辉：《西方经济思想史概论》，华东理工大学出版社，2005 年，第 379-380 页。
② 张世贤：《西方经济思想史》，经济管理出版社，2009 年，第 293 页。

一直在该系任教，直至退休。讲学的同时他还担任过许多政府机构和私人非营利性组织的顾问，曾是美国全国资源计划局、战时生产局、财政部、经济顾问委员会、联邦储备系统、预算局等机构的顾问和已故总统肯尼迪的经济顾问，还曾担任美国《新闻周刊》杂志经济专栏撰稿人。萨缪尔森最重要的理论著作是《经济分析的基础》。这本书是他获得诺贝尔的重要著作之一。最畅销的著作是题名为《经济学》的教科书（1948 年出版，到 1980 年共出版 11 版）。萨缪尔森从他在哈佛大学求学时期开始就陆续发表有关经济理论和数量经济学方面的论文。1976 年以前发表的论文，编成四卷本的《萨缪尔森科学论文集》，共收入文章 292 篇，计 3 618 页，都对当代资产阶级经济学产生了较大的影响[1]。

　　萨缪尔森早在哈佛大学就读期间就已经是美国年轻一代经济学家中的佼佼者。那时，他已经发表了三篇关于消费者选择和两篇有关国际贸易的重要文章。萨缪尔森把凯恩斯的理论体系与新古典理论联系在一起，形成所谓古典综合理论或凯恩斯以后的新古典综合理论，又称现代混合经济的"新经济学"。

17.2.2　萨缪尔森的主要劳动经济思想

1. 对失业和通货膨胀问题的分析

　　萨缪尔森在失业和通货膨胀问题上进行综合分析后，提出了对失业的两种解释：一是在可伸缩型工资（或市场出清）条件下的资源性失业，二是在黏性工资（或非市场出清）情况下的非资源性失业。前一种是新古典理论与新古典宏观经济学的观点，后一种是凯恩斯主义的观点。萨缪尔森将这两种观点加以折中，认为劳动市场短期内处于非出清状态，但在长期将处于出清状态。

　　萨缪尔森将通货膨胀的动因分为需求拉动和成本推动两种，需求拉动通货膨胀的实质在于过多的货币追逐在充分就业的条件下可生产出来的有限的物品供给，这显然是货币主义学派和新古典宏观经济学派的观点。成本推动通货膨胀，是指成本即使在资源就业不足的时期也能推动价格的上升，这显然来源于供给学派。

　　关于失业和通货膨胀的关系，萨缪尔森将菲利普斯曲线与弗里德曼的自然失业率概念结合起来加以解释。萨缪尔森认为菲利普斯短期曲线表明，当失业率位于自然率以下，失业和通货膨胀之间存在着此消彼长的替代关系；但是在长期曲线中，失业率正好位于自然率水平，上述替代关系不存在[2]。

2. 对生产经济学的数学方法印证

　　在生产经济学中，利用极大、极小的方法论推导出实现最大利润和最小成本的条件。不论是在纯粹竞争或不纯粹竞争下，一般情况是如果厂商要实现最大利润则其内容不均衡条件如下。

　　一种情况是在生产任何产品时，生产要素必定配合使得总成本最小，由此得出两个系定理：①投放在每一用途上的最后一美元的边际生产力必须相等。②每一生产要素的

① 苗英华：《最著名的经济学家　最经典的学说》，中国经济出版社，1994 年，第 228-229 页。
② 白永秀、任保平：《影响世界的 20 位西方经济学家思想述评》，中国经济出版社，2011 年，第 233 页。

价格必须和它的边际物质生产力成正比例。

另一种情况是最小总成本确定以后，产量的必须选择能使得净收益达到最大值。这意味着：①边际成本等于边际收益。②每一生产要素的边际价值生产力等于它的价格（即达际价值生产力是边际收益和边际物质生产力的乘积）。③总成本不超过总收益。如果外部条件是允许自由进入一个市场，那么需求曲线必须切于平均成本曲线，这意味着在纯粹竞争情况下是最低的平均成本。通过这些推导，萨缪尔森用数学方法验证了微观经济学的最大利润原则[①]。

▶本节拓展材料

17.3　哈耶克的劳动经济思想

17.3.1　哈耶克的生平及著述

哈耶克 1899 年 5 月 8 日出生于奥地利维也纳的一个知识分子家庭。第一次世界大战后，哈耶克进入维也纳大学学习法律，同时自修经济学和心理学。在此期间，他于 1921 年和 1923 年分别获得维也纳大学法学博士学位和政治学博士学位，后来把经历转向经济学的研究。1923~1924 年，哈耶克在美国从事研究工作，回国后出版了一系列货币理论著作，并于 1927 年和米瑟斯共同创建了"奥地利经济周期研究所"。1927 年，哈耶克获得经济学博士学位，并受聘为奥地利经济研究所所长。1929 年，哈耶克获得维也纳大学讲师资格，1931 年移居英国，担任伦敦经济学院教授。1941 年以后，他的研究方向转向社会哲学和社会政策。1943 年，他获得伦敦大学经济学博士，并被选为英国科学院院士。1944 年，哈耶克出版著名的《通往奴役之路》。1947 年，在哈耶克的倡导下，39 名经济学家、哲学家、历史学家和法学家在瑞士组织了以探索自由经济和社会秩序为目标的国际研讨会，并以此为基础成立了"朝圣山学会"，该学会成为欧洲乃至全世界新自由主义的大本营。1950 年哈耶克前往美国，担任芝加哥大学社会思想委员会委员与道德科学教授。1960 年哈耶克出版《自由的宪章》，第一次综合论述他的"自发秩序"理论和文化进化论。1962 年，受德国佛莱堡大学之聘，哈耶克前往该校担任政治经济学教授。1974 年，他与瑞典经济学家缪尔达尔一起获得诺贝尔经济学奖，其依据是他们在货币和经济波动理论的开创性著作，以及他们对经济的、社会的和制度现象的内在依赖性的精辟分析。1992 年，哈耶克在佛莱堡逝世。

哈耶克一生著述颇丰，涉猎广泛，涉及经济学、社会学和政治哲学等诸多学术领域，

---

① 苗英华：《最著名的经济学家　最经典的学说》，中国经济出版社，1994 年，第 31 页。

其中有较大影响的有《货币理论与经济周期》(1929年)、《物价与生产》(1931年)、《货币的国家主义与国际稳定》(1937年)、《利润、利息与投资》(1939年)、《货币的纯理论》(1941年)、《通往奴役之路》(1944年)、《个人主义与经济秩序》(1948年)、《自由的宪章》(1960年)、《哲学、政治学与经济学研究》(1967年)等。另外,哈耶克获得诺贝尔奖后,还出版了《货币的非国有化》(1976年)。《法律、立法和自由》(三卷本,1973~1979年)是哈耶克最为重要的著作,其中提出了一系列经济伦理方面的重要命题。

17.3.2 哈耶克的主要劳动经济思想

1. 迂回生产的经济周期理论

迂回生产的观点是奥地利学派提出的,是指原材料要经过一些中间生产环节后才能生产出满足人们需要的产品。迂回生产是资本化生产的方式,生产环节越多过程越长,满足人们需要的生产越多就越间接。

哈耶克指出,影响生产的变量主要有利率、储蓄和货币供给量。首先,在资本预期收益不变时,利率下降增加了资本收益,从而会刺激投资。在利率较低时,较长的生产过程较为有利可图,利息下降有利于多使用资本的生产过程,新储蓄也会在生产资本化的各个阶段被新的投资所吸收。所以利率的下降延长了生产过程。如果是货币供给增加引起利率下降,货币存量的变化会引起利率的变化,从而导致经济波动。其次,迂回生产过程中的储蓄和货币供给变动引起波动,最终导致经济危机。当货币扩张以银行信贷的方式注入经济后,生产者的收入会增加,而消费者收入暂时不变,结果出现强制储蓄,货币扩张引起非中性。经济资源从生产消费品的部门流向生产资本品的部门,资本品生产部门的生产更加资本化,生产过程延长。信贷扩张导致市场利率低于自然利率(即信贷市场供求相等时的利率),进一步刺激投资。然而这种扩张是不稳定的,银行的信贷规模受到准备金率等因素限制,不能无限地扩张最终使利率上升,资本预期收益率下降,继而引起对资本品需求的减少和价格的回落。

同时,在信用扩张过程中一部分要素收入增加,导致消费增加,这又减少了储蓄。而后,需求结构和相对价格反方向变动,迫使生产收缩和生产结构改变。在生产收缩的过程中,信贷扩张停滞,市场利率回到自然利率水平,资本扩张也被迫中止,生产过程中资本供给不足,新增加的投资迟迟不能形成生产能力,资本收益下降使部分资本品生产部门的资本流向消费品生产部门,一些难以转向其他行业又不能形成生产能力的资本品被闲置,资金短缺、产品滞销、存货上升和价格下降,经济陷入萧条和危机。

哈耶克以货币的非中性解释经济周期,说明经济周期起因于信贷扩张、利率下降,终止于供给过剩。利用信贷政策难以刺激消费需求,只会加深生产过程的结构失衡,进而导致失业增加。他提出的避免经济波动的方法主要有:货币供给数量基本不变,保持货币中性;所有的价格都有灵活性,防止货币数量变化引起的相对价格变动形成的错误信息对生产的误导[1]。

---

① 白永秀、任保平:《影响世界的20位西方经济学家思想述评》,中国经济出版社,2011年,第255页。

2. 对失业原因的看法

哈耶克认为就失业的原因来看，也是因政府干预经济和不允许私人经济提供健全的活动所引起的。因为由于政府的干预使市场机制难以充分发挥作用，经济资源在没有灵活的价格机制、竞争机制、信息机制作用的情况下，自然就会出现不合理的配置格局和混乱使用资源的现象。这样，私人企业怎能去提供良好的就业机会？所以失业与通货膨胀一样，也是政府垄断行为和政府对私人企业的专横限制的结果。哈耶克的通俗解释表明了这一思想。"假设的市场秩序的主要弱点——大规模失业阶段的一再出现，经常被社会主义者和其他批评者指责为资本主义的不可分割和不可宽恕的弊病。事实上，这完全证明是政府不让私人企业自由活动，不让私人企业为自己提供可以保证稳定的货币的结果。我们已经看到，自由企业无疑是能够提供一种保证稳定的货币的。并且，为了争取自己的利益，这也会促使私人金融机构这样做，只要它们被许可的话。"[①]

3. 对公平和效率的认识

哈耶克首先强调市场效率，反对利用国民收入的再分配来人为制造平等。哈耶克认为，平等虽然是值得争取的目标，但真正的平等是机会平等，而不是收入或财产的平等。在市场经济中，机会均等概念的实质与要义在于，人们在市场上应当能够自由地按照能找到的交易对手的价格进行买卖，任何人都能够自由生产、出售和买进任何可能生产或出售的东西，重要的是从事各种行业的机会应当按照平等的条件向一切人开放，任何人或集团企图通过公开或隐蔽的力量对此加以限制，均不为法律所许可。

在哈耶克看来：所谓正义，始终意味着某个人或者某些人应当或不应当采取某种行动；而所谓的"应当"反过来又预设了对某些规则的承认，这些规则界定了一系列形势，而在这些形势中某些特定的行为是被禁止的，或者是被要求采取的。

哈耶克的公平思想与他对自由的定义联系在一起。哈耶克还提出自己关于正义的认识，即正义首要的是保护自由，如果以正义的名义限制自由，那就是非正义，必将带来更大的不正义、更大的邪恶。任何一项结果只要是在遵守自由的前提下取得的。也就是说，行为主体在追求自己的利益过程中没有采取如盗窃、欺骗等非法强制行为，那么它就是正当的。其造成的具体结果，如贫者越贫、富者越富，并不违反自由原则。因为收入的高低、财产的分配是由匿名市场来决定的，更确切地说，是由消费者的主观价值评判来决定的，他们的共同作用是引导各生产因素得到最优化利用。价格将明确哪些是最佳的运用方式[②]。哈耶克的公平分配观以自由为基础，以效率为价值取向，从而认为市场结果最为公平，机会平等尤为重要。

他认为，虽然在竞争制度下穷人致富的可能性比拥有遗产的人致富的可能性要小得多，但前者不但可能致富，而且也只有在竞争制度之下才能够单靠自由而不靠有势力者的恩惠获得成功。只有在竞争下，才没有任何人能够阻挠一个穷人谋求致富的努力。

可以说，后凯恩斯主义理论的核心是收入分配。后凯恩斯经济学的收入分配理论归

---

① 哈耶克：《货币的非国家化》，姚中秋译，新星出版社，2007 年，第 79 页。
② 白永秀、任保平：《影响世界的 20 位西方经济学家思想述评》，中国经济出版社，2011 年，第 256 页。

结为以下几点。

第一，收入分配理论不能以边际生产力理论为基础，而要以价值理论为基础，收入分配与价值理论二者不可分离。

第二，作为纯产品的国民收入分为利润和工资两部分，而这相对的份额大小在一定程度上取决于利润水平的高低。利润率的高低与生产的物质技术条件有直接的关系，而且与投资水平及经济增长速度密切相关。把收入分配与经济增长结合起来，说明了经济增长中收入分配格局的变化主要是工资与利润相对份额的变化，得出在资本主义经济中跟随着经济增长，工资相对份额下降而利润相对份额上升的结论。

第三，现存的收入分配格局具有客观的、物质的基础，它是社会制度（或财产所有制）以及其他外生的历史条件沿袭的结果。后凯恩斯主义经济学家从他们的收入分配理论引申出一个基本结论，即资本主义社会现存的收入分配格局是不公平的、不合理的，带来通货膨胀、失业等一系列经济问题。因此，资本主义制度的症结在于收入分配的不合理。并且提出了以改善收入分配为基调的社会政策主张，要求消灭食利者阶层，实现收入分配均等化，从根本上解决资本主义社会问题[1]。

物质资料的生产是人类社会存在和发展的基础，对生产的关注自人类诞生的时候就已经开始。但西方经济学中的生产理论，确实是伴随着资本主义生产方式的产生才产生的。在古典学派创立的生产理论中，重农学派的创始人魁奈用图解的方式描述社会资本的再生产和流通过程，撰写了富有创见的《经济表》。亚当·斯密划分了生产劳动与非生产劳动，并提出了著名的分工学说。大卫·李嘉图指出了增加国民财富的两种方式，断言生产发展的长期趋势是：工业生产的报酬递增，农业生产的报酬递减。现代西方经济学中的生产理论则以新古典学派为代表，致力于研究在既定生产函数基础上，以利润最大化理论为基础的投入需求函数和产出供给函数[2]。

▶本节拓展材料

◎本章小结

新古典综合派是在诠释和扩展凯恩斯经济理论的过程中，把马歇尔为代表的新古典经济学与凯恩斯主义经济理论综合起来研究，其中哈耶克等分析了生产和劳动的基本关系，指出了资本形成与增加的条件，以及使用资本的最有利方式等。这些成果在推动资本主义经济发展、资产阶级财富增长的同时，有力地促进了生产理论的长足进步。西方生产理论更多地采取了数学形式。这些理论的提出，引起了各种各样生产函数理论的不断翻新。

---

① 颜鹏飞：《西方经济思想史》，中国经济出版社，2010 年，第 308 页。
② 艾春岐：《西方经济学说简史》，首都经济贸易大学出版社，2008 年，第 97 页。

◎思考题

1. 新古典综合派劳动经济思想产生的背景与条件。
2. 新古典综合派所主导的劳动经济思想。
3. 哈耶克的劳动经济思想的影响。

◎推荐阅读材料

哈耶克主义常常给人一种巫术的感觉,其实大部分看过哈耶克作品的人不是信服了哈耶克,而是被哈耶克吓住了。他的书往往不是在讲理论,而是通过某些奇怪描述使人们恐怖。哈耶克一生的悖论很多,他终生反对社会主义,但他的经济学思想却是来源于马克思;他一生反对道德与社会正义,而他却曾是芝加哥大学的道德学教授;他三十多年不研究经济学之后,却获得了半个诺贝尔经济学奖;他反对福利社会,但却因为芝加哥大学给的退休金太低而辞职;他的成长受到日耳曼文化的滋养,而他却一直为融入英美主流社会而努力。

哈耶克在大学期间主要学习了三个专业,分别是心理学、经济学和法律,这三个专业也影响了他的一生,他早年研究经济学,后半生研究法律,但贯穿他始终的是心理学,他的每个著作都散发着心理学的魔力。

哈耶克的一生也是一个移民在异国努力融入主流社会的过程。哈耶克出生在奥匈帝国,其在面积上这是仅次于俄罗斯的欧洲第二大国,在人口上,也仅次于俄罗斯及德意志,是第三大国。但他在英国待的时间最长。

尤其是 1978 年他赞扬撒切尔夫人发出的不再接纳移民的呼吁,他写道:"任何一个人,如果经历过那场导致希特勒掌权的暴烈的反犹运动的崛起,都不会反对我们赞扬撒切尔夫人发出的勇敢而直率的警告。我在维也纳生活的那些岁月,那些有权有势的犹太人家族是一个受到大家尊敬的群体,所有正派人都会对少数民粹主义政治家煽动的反犹暴乱嗤之以鼻。但第一次世界大战期间大量加利西亚和波兰犹太人的突然涌入……却在很短时间内就改变了人们的心态。他们看起来太不一样了,根本不可能逐渐被同化。"哈耶克把奥地利的反犹运动的兴起归罪于那些"看起来太不一样"的波兰犹太移民,这封来信就招来不下五封批评性响应,人们批评哈耶克"种族主义实际上完全是受害者的错,他们必须让自己看起来不那么太显眼,让自己看起来不那么很成功,要不然,他们就应该被消灭"。

1978 年,哈耶克带有自我总结地评论道:"我对政治很感兴趣;事实上,我也以某种方式参与了政治。现在,我就投入精力,帮助撒切尔夫人向工会组织开战。我写了不少文章;甚至有一篇文章有幸刊登在伦敦《泰晤士报》专题报道的头版。在英国,人们把我看成撒切尔夫人的导师,其实我跟她只见过两次面。我喜欢这个样子。"

抛开经济学专业,其实哈耶克对法律的认识颇有可取之处,他认为自由并不是不要法律,而是法律至上,这才是对自由的正确理解。个人主义最重要的制度屏障是法治。因为,在一个复杂社会中,任何类似于自由市场的东西,只有在获得法律也即国家的保护后,才可能存在。"因此,'自由市场'这个词也必须永远放到引号中,因为它永远都接受法律框架的约束或限制,只有借助这一法律框架,它才能够正常运转。"以法治为本的政治秩序,具有最高生产效率。他的朋友波普声称,哈耶克学术生涯后 50 年的主要贡献是阐述了法律对于确立或创建古典自由主义或自由至上主义的秩序具有核心作用。其实对照哈耶克的原版思想，我们就可以看出，中国的哈耶克主义者们只宣扬哈耶克主张自由至上的一方面，而刻意忽略了政府在立法或制定游戏规则方面的作用，而哈耶克的本意其实是如果没有政府提供法制保护，自由市场根本就不可能存在，可惜好经都被念歪了。

另外，哈耶克也认为逻辑上走极端是不可能的。必须在政府与市场之间划出一条线来，但他一直致力于说服人们相信，只要向计划指令的方向移动一寸，就走上了一条收不住脚的路，必然会滑向悬崖峭壁。而对于线到底应该划在哪儿，他却语焉不详，他也始终没有划出这条线来。

哈耶克的哲学方法论，强调终极的知识源于内心。在这方面，哈耶克是受维塞尔的影响。维塞尔非常清晰地表达了这种看法："我们只能从外部观察自然现象，但我们却可以从内部观察我们自己。哈耶克就一直信奉这种认识论，我们要了解哈耶克的学术思想及写作风格也必须认识到这一点。

哈耶克也许并非一个成功的学者，但哈耶克确实是一个心理学高手。但类似巫术的东西终究只能在科学素养不高的人群中流行，而中国在社会科学领域整体素质不高的现状正好为哈耶克主义的流行，提供了适宜的土壤。这也就是哈耶克主义在世界上一直处于边缘状态，而在中国却成了香饽饽的原因所在。不过哈耶克一生的沉浮也说明一个道理，那就是"昨天的异端会是明天的教条"。

资料来源：http://www.huxiu.com/article/114800/1.html

请讨论，哈耶克的经济思想在中国学术界兴盛的原因所在。

【推荐选读书目】

艾春岐. 2008. 西方经济学说简史. 北京：首都经济贸易大学出版社.

白永秀，任保平. 2011. 影响世界的 20 位西方经济学家思想述评. 北京：中国经济出版社.

马培生. 2011. 劳动经济理论研究. 北京：经济科学出版社.

第18章 美国福利学派的劳动经济思想

▶学习目标
1. 美国福利学派劳动经济思想产生的背景与条件。
2. 美国福利学派所主导的劳动经济思想。
3. 美国福利学派劳动经济思想的影响。
4. 美国福利学派的人本思想的提出。

福利经济学是西方经济学发展的一个重要分支,它是很多应用经济学提供政策建议和评价政府政策的基础。关于福利经济学的定义,目前得到广泛认可的是著名华裔福利经济学家黄有光在 1983 年所给出的 "福利经济学是试图明确地表达一些命题的研究分支,依据这些命题去判断某一经济状况下对应的社会福利是高于还是低于另一经济状况下的社会福利"[①]。这个定义体现了福利经济学的两点主要特征:第一,福利经济学关注的核心问题是社会福利的高低问题。什么是福利、哪些因素影响福利是福利经济学的基本问题。第二,判断社会福利的高低需要借助一定的标准或命题。这意味着西方经济学背后所隐含的论题问题明确地被提出来进行研究。20 世纪 70 年代以来,福利经济学成为西方经济学中发展十分活跃的一部分,1998 年诺贝尔奖授予在福利经济学上做出突出贡献的印度经济学家阿玛蒂亚·森,充分说明了福利经济学对整个西方经济学具有越来越重要的意义。

1. 福利经济学产生的背景和社会条件

1920 年英国经济学家庇古《福利经济学》一书的出版标志着福利经济学的产生。福利经济学的产生有其特定的社会历史条件。19 世纪末 20 世纪初,资本主义经济从自由竞争阶段进入垄断阶段,社会贫富差距日益扩大,各种矛盾日益尖锐。同时,由于第一次世界大战和俄国十月革命的爆发,特别是世界上第一个社会主义国家——苏联的出现,对资本主义的经济、政治及思想体系都产生了巨大冲击。在这种形势下,西方经济学家开始思考资本主义制度的合理性,试图从社会经济福利的角度对市场经济机制的优点和缺点进行评价。庇古在《福利经济学》一书中写道,资本主义存在种种罪恶如贫苦和肮脏,有钱人穷奢极欲,而贫苦家庭却朝不保夕。所以,他认为福利经济学所要研究的就

---

① 黄有光:《福祉经济学——一个趋于更全面分析的尝试》,东北财经大学出版社,2005 年。

是如何增进世界或者某一国家的经济福利。

福利经济学的理论思想主要源于古典经济学的伦理传统和效用主义。福利经济学都是围绕着"福利"的视角展开的，而福利天生具有伦理的色彩。因此可以说，福利经济学无论从其产生与发展的理论基础还是具体内容来看，都与伦理学有很深的理论渊源。阿玛蒂亚·森认为，福利经济学的发展至少可以追溯到亚里士多德的时代。亚里士多德认为：对于个人来说，为什么活着以及应该如何活着的问题是非常重要的，而对于一个国家或者一个城邦而言，这两个问题则更为重要。这一简介正是现代经济学尤其是现代福利经济学的重要方面。这一伦理学传统在西方古典经济学家们那里一直被保持着，他们大都关注某些人或整个社会的福利。亚当·斯密的那只"看不见的手"的原理就是建立在福利基础之上的，认为自由竞争的市场经济中存在着一种自动调节机制，它能使私人经济利益同社会经济福利自动趋于一致。这个原理也正因为能谈及整个社会的福利而被大众所推崇和信仰。

19 世纪后期逐渐流行起来的效用主义亦是福利经济学的思想渊源。效用主义由于适应了当时社会、经济、政治等方面的需要而流行起来，并成为西方经济学中的一个主流观点。经济学中效用主义的主要观点如下：一切行为的好坏取决于它们能够增加人们的幸福，社会行为的目的应该是最大限度地获得普遍的福利，或者说应该是追求最大多数人的最大福利，个人是他自身福利水平及福利变化最佳的、唯一的判断者，个人福利可以用高效用来度量。但是，对于个人效用之间出现的冲突，效用主义者没有提出好的解决方法，有些效用主义者甚至根本不去涉及这一问题。不过，效用主义反对歪曲个人福利，反对把社会福利仅仅看做国王、贵族和教会等一部分特殊人群的利益。这在当时的社会条件下具有一定的进步意义，也是效用主义得以流行的一个重要原因。

西方经济学中的伦理学传统到了 19 世纪 70 年代边际主义革命时期被丢弃掉了。边际主义革命引入了边际概念，使它与原有的效用概念相结合，形成了边际效用价值理论。西方经济学逐步丢掉了伦理学传统，而开始追求工程学色彩，这样，福利问题不再被关注，导致了西方经济学的福利主义特征间断了 50 年（1870~1920 年）。

2. 福利经济学的发展

20 世纪 20 年代，庇古对于福利经济学的研究成果打破了西方福利经济学发展的沉寂，此后，福利经济学重新受到经济学家的重视。但是，30 年代的一次大争论使福利经济学的发展发生了一次大转折——新福利经济学取代了庇古的旧福利经济学，并流行于三四十年代。1951 年阿罗不可能性定理的提出使福利经济学在五六十年代进入发展的徘徊时期。从 70 年代开始，福利经济学才真正进入一个大发展时期，并且出现了向传统效用主义和基数效用理论回归的趋势。总体上，福利经济学的发展先后经历了旧福利经济学、新福利经济学及后福利经济学三个阶段。

20 世纪 30 年代，西方经济学家对庇古的福利经济学提出挑战，谴责他将价值判断引入经济学，从而使经济学从实证科学变成伦理科学，也反对庇古关于"效用可及性"和"序数要有在人与人之间的可比较性"的两个基本命题，以及庇古的收入均等化政策主张。随着西方经济学界"序数主义革命"的到来，经济学家以序数效用论为理论基础，以帕累托最优化原理为理论出发点建立了新的福利经济学。

新福利经济学和旧福利经济学的首要区别在于它们赋予效用的意义是不同的。新福利经济学认为，效用是主观的，也是对于愿望的满足。而且，效用是不可观察的，只能用序数来表示。同时，新福利经济学提出三个基本命题：①个人——不是别人——是他自己福利最大的判断者。②社会福利取决于组成社会的所有个人的福利，而不是取决于其他任何东西。③如果至少还有一个人境况好起来，而没有一个人境况坏下去，整个社会的境况就算好起来①。在这三个命题基础上，新福利经济学利用购物差异曲线和契约曲线等边际分析工具，提出了达到帕累托最优化状态所必须具备的条件，论述了完全竞争条件下个人福利和社会福利实现的最大的结果。

作为新福利经济学的理论基础，帕累托标准有一个缺陷，即它只是一个关于效率的标准，根本不涉及分配问题。新福利经济学为了弥补这一缺陷，采取了两种办法：一种是提出了其他的福利标准，但是至今对这些标准的争议颇多。另一种是提出了社会福利函数，即从不同的个人偏好次序中推导出唯一的社会偏好次序。但如何从个人无差异曲线推导出社会无差异曲线？阿罗在《社会选择与个人价值》（1951 年）一书中试图证明这个问题，却得出一个悲观的结论，即"阿罗不可能性定理"。此后，福利经济学受到阿罗不可能性定理所带来的严重质疑，陷入学科发展的徘徊期。

后福利经济学时代采用序数效用的新福利经济学存在着不可克服的缺陷，阿罗不可能性定理则揭示了这种缺陷，即在缺乏其他信息的情况下，只使用序数效用提供的信息进行社会排序是不可能的。阿玛蒂亚·森认为，阿罗不可能性定理的提出标志着新福利经济学时期的结束，他把新福利经济学的流行时限定位在 1939~1950 年，即从 1939 年希克斯的《价值与资本》一书出版，到 1951 年阿罗不可能性定理提出为止。20 世纪 50 年代后，围绕着阿罗不可能性定理，其他的不可能性定理也被提出。同时，设法解决阿罗不可能性问题的研究也大量涌现。但是这些工作直到 70 年代森等对阿罗框架的信息问题有所解释之后才有了重大的突破。可以说，从 70 年代开始，西方福利经济学出现了一个大的发展时期。

这一时期的发展主要分成两个方向：一是公共选择理论的重新兴起，另一个是非福利主义的研究。西方福利经济学家们为了极力证明不可能出现避免悲观情况的结论，重新对古老的社会选择问题进行了深入的研究。这样，"围绕阿罗的结论，福利经济学——公共选择理论——已经发展起来了"。

以森的重要研究成果为代表的非福利主义研究导致了福利经济学议题的转变。森对以一揽子生产和消费的商品量来衡量个人与社会福利水平的"福利主义"思想提出了批评，认为这是福利主义狭隘性的体现。森认为，仅仅通过对收入和财物的比较不可能对社会福利做出一个准确的比较；另外，福利主义者也对可以运用的信息施加了种种限制，使得一些非经济事件如压迫、剥削等被排除在社会福利函数之外不予考虑。这就使得福利经济学的信息基础极为薄弱，也使得对社会福利的判断往往不全面甚至出现许多错误。

森通过自己的研究得出经济学深刻的伦理内涵，使福利经济学获得了新的发展。他

---

① 熊彼特：《经济分析史》第三卷，杨敬年译，商务印书馆，1994 年，第 462 页。

逐渐对福利经济学的理论基础进行了批判性重建：突破了阿罗不可能性定理，改进了公共选择理论；进一步解决了福利、贫困、收入不平等的度量以及贫困与饥荒的原因等问题，提出了以"能力"中心观取代幸福的效用观，使经济学重新找回了道德、伦理和哲学的根基。森于 1998 年获得诺贝尔经济学奖，一方面说明森的理论贡献，另一方面也说明西方福利经济学的发展受到了整个西方经济学界的普遍关注，已经成为西方经济学的一个重要分支[①]。

18.1　阿罗的劳动经济思想

关于福利经济学派英国经济学家阿罗（K.J.Arrow）的劳动经济思想是围绕着福利标准来讨论的，即对如何从每个人对于全社会福利的次序推导出全社会所有人一致的偏好次序的问题进行了论证。

阿罗提出这样的问题：当社会所有成员的偏好为已知时，有没有可能通过一定程序从个人偏好次序推导出社会偏好次序呢？阿罗通过自己的研究表明，试图在任何情况下从个人偏好次序推导出社会偏好次序的想法，都是不可能实现的。

他指出了以上推导的矛盾所在。根据古典的功利主义原则，社会选择需要以个人偏好作为尺度，但是由于个人偏好是复杂的、多种多样的，其显然不能作为社会选择的一种充分的依据。实际上还存在着第二个判断准则，这就是把个人的判断的综合作为福利判断的准则。但阿罗指出，如果说社会选择必须以个人偏好的次序作为基础，问题就在于必须给予以下这些限制条件来判断福利的规则。

第一个条件，全部可供选择的社会条件能够有一种排列的顺序，即必须存在这样一种排列的顺序，才能对于可选择的各种个人偏好进行社会选择。

第二个条件，社会选择过程不会导致这样的结果，即还有任何一个人根据自己的偏好次序而宁肯采取另外一种选择。

第三个条件，不会有任何人不顾社会上其他任何人的偏好，而使自己的偏好成为社会的偏好。

18.2　阿玛蒂亚·森的劳动经济思想

18.2.1　阿玛蒂亚·森的生平及著述

阿玛蒂亚·森于 1951~1953 年在印度总统管学院主修经济学，辅修数学，并获得学士学位，1955 年获得英国剑桥大学三一学院的经济学学士学位，1959 年在著名经济学家琼·罗宾逊的指导下完成博士论文并获得剑桥大学三一学院博士学位。森是第一个出生地在亚洲的诺贝尔经济学获奖者。他相继在印度德里大学经济学院、伦敦经济学院、牛

① 张世贤：《西方经济思想史》，经济管理出版社，2009 年，第 426 页。

津大学万灵学院、哈佛大学等高等学府任教，教授经济学和哲学等。1998 年，他被剑桥大学三一学院选为院长，主持学改。2003 年以后，他又返回哈佛大学工作，他担任过一些学术组织如美国经济协会、计量经济学协会和国际经济协会的主席，也曾在国际事务中起过重要作用，如担任联合国秘书长的经济顾问，以及帮助联合国开发计划署编制人类发展报告等。

　　阿玛蒂亚·森的主要代表性著作有《技术选择》《集体选择与社会福利》《论经济不公平》《就业、技术与发展》《贫穷和饥荒》《选择、福利和量度》《资源、价值和发展》《商品和能力》《伦理学与经济学》《生活标准》《饥荒与公共行为》《饥饿整治经济学》《再论不平等》《生活质量》《以自由看待发展》《理性与自由》《身份与暴力》等。

　　森的主要学术思想可以说主要是跨越了经济学和道德哲学两大学术领域。他的大量具有划时代意义的著作目前已经被翻译成为多种语言流行于世界各地，成为多个领域的标志性成就，并对发展的理论和实践产生了革命性影响。由于森在福利经济学领域所取得的突出成就，瑞典皇家科学院授予他 1998 年度诺贝尔经济学奖。瑞典皇家科学院发布的公告指出：森在经济科学的重心领域做出了一系列可贵的贡献，开拓了供后来好几代研究者进行研究的新领域。

18.2.2　阿玛蒂亚·森的主要劳动经济思想

1. 关注劳动者福利与分配不公的问题

　　森认为只要对人际间部分效用进行比较，就能够获得足够的信息进行集体选择；采用人际间比较，可以使公共决策更多关注福利或机会的分配不平等问题；人际间福利表的信息基础可以由收入、商品集或者资源扩展到人们追求幸福生活的能力。社会选择理论的目标应该瞄准满足社会中的这样一种需要，即在人类的初始状态建立一种公平分配的组织安排。在公平分配的组织安排缺失的情况下，机会的平等将失去意义。福利经济学不应该把初始分配作为一个参数。

　　公平分配的组织安排必须在一般性的基础上得以确定。这里的一般性是指那些实现社会功能的可接受的伦理标准。森主张的规则是，社会选择应该给社会中最底层的人以最大的权重。

　　福利经济学应该从仅仅关注商品本身的生产或者技能极大化上转移到关注人类潜能的发展。在发展中国家，市场机制本身不能实现所有人类潜能的发展。真正的人类福利水平被人们潜在能力的发展水平所限制，其主要原因是缺少对所有人的权利、能力的初始状况的考虑，以及对市场权利或机会的考虑。另外，社会中比较穷的那部分人存在权利失败的可能性，政府可以给予他们市场机会以弥补权利的失败。

　　在现存社会或其他组织中，针对初始的不平等，一个真正合理的伦理道德标准是所有人能够得到最低限度的平等能力，而这个标准的应用将隐含着一些不平等测量标准问题。

　　政府政策的目标应该是使所有人在任何情况下获得最低限度的能力。

　　导致贫民死亡的饥荒不应该必然地归因于粮食生产总量的不足，也不应该归因于相对于粮食生产而言人口的增长。饥荒通常是由于囤积居奇、通货膨胀，缺乏自由而导致的信息和交通运输的缺口、分配不均，以及易受伤害的那部分人对食物权利的缺乏而引起的。因此，防止饥荒就要充分重视权利和能力的作用。

饥荒也许很少发生在反对独裁的民族国家。相对于独裁而言，民族政治较少发生信息不充分或交通运输缺口等问题。消除贫困必须考虑贫困线以下的人们的收入分配状况。这些人的财富消费比率越高，分配状况越好①。

2. 提出了以人为本的"能力发展观点"

森在发展经济学方面深受泰戈尔、尼赫鲁、马克思，以及他的大学老师们的影响。森提出了以人为本的"能力发展观"，并阐述了自由与发展、文化与发展，以及发展过程中政府与市场的关系。森的"能力方法"对《联合国人类发展报告》产生了重要影响。森参与了该报告的编写和"人类发展指数"的设计。正如森所指出的，在经济发展中有两个重要因素：①基本能力、生活质量，以及生命不被剥夺的重要性；②伴随着教育、健康、基本自由的促进的经济增长可以提高人们的生活质量。因此，森的方法是"以人为本"的方法，而不仅仅是发展人力资本的方法。发展人力资本的方法是资本形成的手段，而人类发展是伴随着人们享有他们所期望的生活的权利和自由的拓展去提高生活质量和能力。人是发展的最终目的，发展要以人为中心，人的自由的扩展是判断发展的标准。

森的发展观的关键之处是他主张用"能力"的扩展来作为经济发展和社会进步的衡量指标。他认为，经济学关心的不应是商品，而是行为或者能力。一方面，能力标志了个人能够做什么或不能做什么；另一方面，能力体现的就是个人过某类生活或现实合理目标的自由，一个人的能力越大，他选择过某种生活的自由度也就越大。

森认为，发展可以看做扩展人们享有的真实自由的一个过程，发展要求清除那些限制人们自由的主要因素，即贫困、暴政、社会机会的缺乏与剥夺、公共产品的忽视和政权的压迫。对发展的评判必须以人们拥有的自由是否得到增进为首要标准。发展的实现取决于人们自由的主体地位。在此基础上，森将发展与自由的关系归结为一句话：自由不仅是发展的首要目的，也是发展的主要手段。他坚持认为：发展的目标是"人类可行能力"的扩展，即给人们以自由去做他们认为有价值的事情，对人类来说，具有本质重要性的是人们所过的生活而不是他们所消费的物品。根据森的观点，有三点是最基本的，即健康、教育和资源占有。如果不具备这三点，人们就不能有其他机会和权利。

3. 对阿玛蒂亚·森劳动经济思想的评价

森对贫困者福利的关注，发展了福利经济学。衡量贫困的常见指标是贫困发生率，即收入在某一特定的、预先决定的贫困线以下的人口份额。但是，这种理论的基础是不甚清楚的，它忽视了穷人之间的贫困程度。甚至社会中最贫困群体的收入的突然大幅增长并不影响贫困线以下的人口份额，只要他们的收入不超过贫困线。为了弥补这些缺陷，森得出自己的贫困指数。而传统的衡量福利的指标是人均收入或效用。森强调创造福利

① 白水秀、任保平：《影响世界的20位西方经济学家思想评述》，中国经济出版社，2011年，第272页。

的不是商品，而是需要商品的活动。根据这一观点，森提出了能力-福利理论，即用能力来度量福利的高低。他指出，所有良好的伦理原则都预先假定在某些方面个体的公平的前提下，提倡平等的尺度与不得不接受的不平等尺度显然取决于评价福利的不同尺度。按照森的福利标准进行类推，森主张的是一种"能力平等论"。

森分析了发展中国家生产技术方法的选择。森的相关论文通常是致力于增进社会中最贫困者的福利，几乎都与发展中国家的经济息息相关。他还对实际发生的饥荒进行了调查研究，研究方式与他有关福利衡量的理论方法相一致。森对贫困、饥荒及剥夺的广泛研究根植于打破过时的"新福利经济学"的结构性束缚而获得的自由。

传统观点认为，饥荒最重要的原因是食物短缺，而且有时候是唯一的原因。在认真研究印度、巴基斯坦和撒哈拉国家发生饥荒的基础上，森认为在各个可观察的现象中，事实上并不能用食物短缺这一个因素来解释饥荒。对饥荒的深刻理解应该考虑这样的问题，即各种社会和经济因素怎样影响社会中的不同群体，并决定他们的实际机会。"权利失败"才是饥荒的真正原因。

18.3　新福利学派其他人的主要劳动经济思想

新福利经济学家从序数效用论和帕累托的交换与生产的最优条件论出发，提出了劳动经济学上的补偿原则问题。按照帕累托的论证方式，任何变动使一些人处境好起来而没有使其他人处境变坏，经济福利就会增加。如果有两种情况：A 和 B，有些人在情况 B 下比情况 A 下为好，同时没有人比在情况 A 时为坏，这就是说明情况 B 比情况 A 好。换句话说，由于情况 A 未能满足最优条件的要求，而情况 B 则使某些条件得到了满足，因此就可以使情况变好。但问题在于，如果在情况 B 下，某些人处境变好，而另一些人处境变坏，那么 B 和 A 将是难以比较的两种情况。这就成为新福利经济学在考察福利问题对所遇到的困难。

新福利经济学中的补偿原则理论就是企图围绕这种困难，使这种被认为不能相互比较的情况变得可以进行比较。提出和完善补偿原则理论的福利经济学家包括英国经济学家卡尔多、希克斯及美国经济学家西托夫斯基等。

卡尔多是英国现代资产阶级经济学家，主要著作有《论经济的稳定和成长》（1960年）、《价值与分配论文集》（1960 年）、《经济政策论文集》（1961 年）等。他在 1939 年发表的《经济学的福利命题和个人间的效用比较》一文，被认为是"补偿原则论"产生的标志。卡尔多认为，经济情况的改变意味着价格体系的改变，而价格体系的改变总会使人们互有损益。即一些人收益，而另一些人受损。在卡尔多和希克斯之后，美国经济学家西托夫斯基对他们的理论提出了质疑，认为卡尔多-希克斯的福利标准知识片面地考虑了原来的收入分配，而没有考虑到情况改变以后的收入分配。他提出：如果按照卡尔多-希克斯的福利标准来检验，那就有可能发生这样一种情况，即按照原来收入分配为标准，通过假想补偿的检验。情况改变以后似乎符合理想，但是按照情况改变后的收入分配的标准，通过假想补偿的检验，原来的情况又可能成为理想的了。

西托夫斯基指出"卡尔多-希克斯"标准可能会引起一种矛盾。如果推行一种符合"卡尔多-希克斯"标准的变革，而补偿没有切实支付的话，那么变革前后的实际收入分配将不相同。因此，卡尔多-希克斯标准可能还准许相反的变动[①]。西托夫斯基所提出的双重检验，不仅是从理论上对于卡尔多-希克斯的补偿检验的一种补充，而且也更有利于为资本主义制度进行辩解。西托夫斯基提出，卡尔多-希克斯的检验有维持原状的偏见，如果单纯以原先的分配状况为标准来衡量改变后的情况，那就意味着维持原先分配状况，从而也就意味着陷入了价值判断的问题。他认为，为了避免这种偏见，没有理由不可以同时以改变后的收入分配状况为标准来衡量原先的状况[②]。这就是说，为了维护资本主义社会中的既得利益者的利益，卡尔多和希克斯的检验要求在对受损失者进行假想补偿之后，能使既得利益者在维持原先收入分配的情况下仍然得到利益；而西托夫斯基的反转检验则要求在维持改变后的收入分配的情况下，使既得利益者也能够得到利益，至于双重检验所涉及的价值判断问题，不过是为维护既得利益者的利益而采取的一种借口而已[③]。

此外，福利经济学还产生了"社会主义"学说，其中含有不少关于劳动经济思想的内容。福利学派的"社会主义"学说出现于 20 世纪 30 年代末和 40 年代。迪金森和勒纳等是主要代表者，其代表作分别是《社会主义经济学》（1939 年）和《统制经济学：福利经济学原理》（1964 年），该学说的劳动经济学主要观点包括以下几点。

第一，认为"社会主义"的本质不在于生产资料的公有制或哪一个阶级占有生产资料，而在于这种社会生产组织形式能否增加社会福利。在他们看来，"社会主义"乃是一种增进社会福利的理想的社会生产组织，而福利经济学则提供了福利判断的理论依据，所以"社会主义"学说和福利经济学理论是密切联系的。

第二，生产和交换的最优条件以及生产与交换相结合的最优条件是实现最大福利的条件，因而，"社会主义"经济的特征在于通过"中央的管理"或"计划"来满足生产和交换最优条件的要求。在这里，"社会主义计划"的出发点通常被认为是消费者主权，即认为消费者的偏好是给予生产者的指示，这种指示是通过市场机制传递给生产者的，生产者应当按照消费者的意愿来安排生产，提供产品。换言之，在这些宣传"社会主义"的福利经济学家看来，只有在"消费者主权"的前提下，才能确定资源的最优配置以达到最大的社会福利。

第三，在"社会主义"经济中，收入的"合理"分配仍然是一个道德判断方面的问题，分配的原则涉及社会成员对福利的理解、对最大福利的评价。他们一般并不把收入的均等化看成是"社会主义"的必不可少的前提，而是认为通过政府的"福利措施"使低收入阶层的福利有所增加，这就符合"社会主义"的要求了。

第四，在他们所设想的"社会主义"经济模式中，"计划化"或"中央计划原则"与"自由企业经营"，即私人资本主义生产资料所有制基础上的生产组织不是抵触的。他们认为，从"消费者主权"这个出发点提出的"社会主义计划化"，并不是硬性规定生产

---

① 李特尔：《福利经济学评述》，陈彪如译，商务印书馆，1980 年，第 109-110 页。

② 西托夫斯基：《略论经济学中的福利命题》，《经济研究评论》，1947 年 11 月号，第 86 页。

③ 崔顺伟、张沛东、李慧：《西方经济学说史教程》，天津人民出版社，2008 年，第 285 页。

资源的配置，而只是起着指导和调整生产资源配置的作用。在自由企业经济基础上，市场竞争可充分发挥作用以维持供给和需求的均衡，并使企业的生产安排适应消费者的意图。按照勒纳的观点，"社会主义"就是一种"混合经济"模式，就是在市场机制中加上中央计划的指导和调整，也就是通过竞争和"中央计划原则"这两条渠道达到的资源效用配置[①]。

卡尔多认为，经济情况的改变意味着价格体系的改变，而价格体系的改变总会使人们互有损益，即一些人受益而另一些人受损。如果通过财政政策或者货币政策使受益者补偿受损者之后，他们的境况比改变前为好，那么这种改变意味着增大了社会经济福利。他的标准如下：如果在情况 A 下，受益者在补偿受损者之后，仍然比情况 B 好，那么对社会来说，情况 A 就比情况 B 好。他认为，在财富生产增加的场合，就可以找到一种高收入分配扩大，它能使某些人的境况变得好些，而不使任何人的境况变得比从前更糟。

英国经济学家希克斯在 1939 年发表的《福利经济学的基础》一文中，肯定了卡尔多的上述观点，并且对他提出的福利标准进一步加以了修正。他认为，卡尔多的补偿是一种虚拟补偿，而不是真实补偿，只要受益者的所得大于受损者的所失，就是增大了社会福利。如果 A 的境况由于这种变革而变得足够好，即他在补偿 B 的损失后还有剩余，那么这种变革就是一种改进。他甚至认为，用不着对受损者作任何的真实补偿和虚拟补偿，只要变革能使生产效率提高，那么在经过"足够长的时间"以后，受害者也都会"自然而然地"得到了补偿。希克斯的标准如下：如果在情况 A 下，受损者没有办法诱使受益者不将 B 变为 A，那么对社会来说，情况 A 就比情况 B 好。

由于卡尔多与希克斯有关福利标准理论的观点大致相同，因此后人经常把他们的理论合称为"卡尔多-希克斯福利标准"或"卡尔多-希克斯福利理论"[②]。

福利经济学是西方经济学家从福利观点或者最大化原则出发，对经济体系的运行予以社会评价的经济学分支学科。福利经济学作为一个经济学的分支体系，最早出现于 20 世纪初期的英国。1920 年，庇古的《福利经济学》一书的出版是福利经济学产生的标志。西方福利经济学又可以分为新、旧两派。以庇古为代表的旧福利经济学将福利经济学的对象规定为对增进世界或一个国家经济福利的研究。而本章讨论的则是 20 世纪 30 年代前后兴起的新福利经济学，是在对庇古的旧福利经济学进行批判的基础上发展起来的。新福利经济学家认为福利经济学应当研究劳动效率而不是研究劳动水平。只有经济效率问题才是最大福利的内容，同时他们还主张采用序数效用理论作为分析工具，认为边际效用不能用基数来衡量。新福利经济学又叫做"新古典福利经济学"，该学派回避旧学派所主张的效用的计算和比较问题，主张从每个消费者购入商品的所谓的"交换的最适度条件"和各个企业使用生产资源的所谓"生产的最适度条件"来论述达到最大社会经济福利的条件。其中有的经济学家主张实现这些条件应该完全听任自由竞争，而另外的一些经济学家则主张国家应该采取适当的调节措施。新福利经济学包括很多派别及不同的学术观点，福利经济学的产生和发展是资本主义矛盾尖锐化的产物，同时它的出现也为

---

① 崔顺伟、张沛东、李慧：《西方经济学说史教程》，天津人民出版社，2008 年，第 291-292 页
② 崔顺伟、张沛东、李慧：《西方经济学说史教程》，天津人民出版社，2008 年，第 283-284 页。

西方国家政府制定和实施有关增进社会福利、缓和阶级矛盾的政策，特别是第二次世界大战后"福利国家"的产生提供了理论基础。

◎本章小结

　　第一，福利经济学关注的核心问题是社会福利的高低问题。什么是福利、哪些因素影响福利是福利经济学的基本问题。第二，判断社会福利的高低需要借助一定的标准或命题。这意味着西方经济学背后所隐含的论题问题明确地被提出来进行研究。福利经济学应该从仅仅关注商品本身的生产或者技能极大化上转移到关注人类潜能的发展。在发展中国家，市场机制本身不能实现所有人类潜能的发展。真正的人类福利水平被人们潜在能力的发展水平所限制，其主要原因是缺少对所有人的权利、能力的初始状况的考虑，以及对市场权利或机会的考虑。另外，社会中比较穷的那部分人存在权利失败的可能性，政府可以给予他们市场机会以弥补权利的失败。

◎思考题

　　1. 福利学派劳动经济思想产生的背景与条件。

　　2. 福利学派经济学家所主导的劳动经济思想。

　　3. 阿玛蒂亚·森的主要劳动经济思想。

　　4. 新福利经济学关于福利的标准是什么？

◎推荐阅读材料

　　新福利经济学家认为福利经济学应当研究效率而不是研究水平，只有经济效率问题才是最大福利的内容。勒纳、H.霍特林（1895～1973年）等对经济效率问题做了论述。经济效率是指社会经济达到帕累托最优状态所需具备的条件，包括交换的最优条件和生产的最优条件。交换的最优条件，对于消费两种商品的两个交易人来说，就是每一个人对每一商品的边际代替率完全相等。边际代替率是指消费者在保持某一固定的满足水平时每增加一种商品的单位数量所必须减少的另一种商品的单位数量。生产的最优条件，对于用来生产两组商品的两种生产资源来说，就是每一组合的边际技术代替率相等。边际技术代替率，是指在保持固定的产量水平时，每增加一种生产资源的投入量所必定减少的另一种生产资源的投入量。新福利经济学把两个消费者的两种商品交换的最优条件和两个生产者使用两种生产资源生产两种产品的生产的最优条件推广到全社会的交换和生产，分别求出社会无差异曲线和社会等产量线，前者意味着任一商品组合都能使社会的每一消费者得到相等的满足，后者意味着任一资源组合都能使社会的每一生产者得到相等的产量。新福利经济学认为，当整个社会交换的最优条件和生产的最优条件都同时得到满足时，也就是当整个社会的交换和生产都最有效率，都达到最优状态时，整个社会就达到最优状态，就达到最大社会福利。

　　补偿原则是新福利经济学的重要内容之一。新福利经济学认为，帕累托的最优状态"具有高度限制性"，不利于用来为资本主义辩解，为了扩大帕累托最优条件的适用性，一些新福利经济学家致力于研究福利标准和补偿原则。卡尔多首先提出：如果在情况A下，受益者在补偿受损者之后，仍然比情况B好，那么对社会来说，情况A就比情况B好。希克斯对卡尔多标准做了发挥，提出：如果在情况A下，受损者没有办法诱使受益者不将 B 变为 A，那么对社会来说，情况 A 就比情况 B 好。西托夫斯基对卡尔多标准和希克斯标准做了补充，提出检验福利的"双重标准"：如果受益者能使受损者接受将 B 变为 A，然而受损者却没有办法诱使受益者不将 B 变为 A，那么对社会来说，情况 A 就比情况 B 好。卡尔多、希克斯等被称为补偿原则论派。他们的核心论点是，如果任何改变使一些人的福利增加而使另一些人的福利减少，那么只要增加的福利超过减少的福利，就可以认为这种改变增加了社会福利。按照这一标准，只要垄断资本家们的境况好起来，而不管多少人的境况坏下去，都是增大了社会福利。

　　资料来源：http：//www.huxiu.com/article/114800/1.html

　　请讨论，新福利经济学家认为的最优条件和生产的最优条件是什么。

【推荐选读书目】

马培生. 2011. 劳动经济理论研究. 北京：经济科学出版社.

熊彼特. 1994. 经济分析史. 第三卷. 杨敬年译. 北京：商务印书馆.

杨伟国. 2010. 劳动经济学. 大连：东北财经大学出版社.

姚明霞. 2005. 福利经济学. 北京：经济日报出版社.

张林. 2008. 经济思想史. 北京：科学出版社.

张世贤. 2009. 西方经济思想史. 北京：经济管理出版社.

▶本章拓展材料

第 19 章　芝加哥学派的劳动经济思想

▶学习目标
1. 芝加哥学派劳动经济思想产生的背景与条件。
2. 芝加哥学派所主导的劳动经济思想。
3. 芝加哥学派劳动经济思想的影响。
4. 奈特论消费者主权与经济学方法论。

今天的西方正统经济学中，芝加哥学派几乎已经成为"新自由主义经济学"的代名词。这个学派的理论和主张与我们前面叙述的正统经济学有密切联系，在很多方面推动了现代微观和宏观经济学的发展，但它与其他正统经济学说的劳动经济思想稍有差异，所以我们单独用简短的一章来叙述这个学派的劳动经济思想。

芝加哥学派是以芝加哥大学经济系为中心，包括芝加哥大学商学院和法学院的一些经济学家和法学家在内的一批人形成的一个学术派别。这个学派有两个基本特征：①相信新古典价格理论对于经济行为有极强的解释力；②相信自由市场机制在资源配置和收入分配中的有效性。正因为这样的特征，芝加哥学派与今天的"新自由主义经济学"密切相关。不过，并非芝加哥大学所有的经济学家都属于芝加哥学派，"新自由主义经济学"也并非仅指芝加哥学派的经济学。

芝加哥学派的发展可以分为三个阶段：①20 世纪 30 年代的创立阶段；②从 40 年代初到 50 年代初的中断阶段；③从 50 年代至今的现代阶段。

一般认为芝加哥学派的鼻祖是奈特和瓦伊纳，他们都是新古典理论的信奉者。他们之间有很多的差异，不过共同点是信奉古典价格理论的主要原则，反对 20 世纪 30 年代的理论创新，如不完全竞争理论及凯恩斯的经济学。此外，亨利·舒尔茨和亨利·西蒙斯在 20 年代中期来到芝加哥大学。他们成为"第一代芝加哥学派"的主要成员。尽管这一时期芝加哥大学经济系的成员大多是制度主义者，但这里的教授们推行的一项制度，却为芝加哥学派后来的发展奠定了很好的基础，那就是申请博士学位之前的考核制度。这种考核以新古典价格理论为主，所有的博士学位候选人必须要通过价格理论和货币理论的初试。考试难度极大，要求学生非常牢固地掌握价格理论和货币理论的内容。这种制度对于培养学生的新古典观念起到了重要的作用。此外，芝加哥大学经济系实行的是相对固定的导师制度，这对于学术思想的传承也起到了关键作用。例如，1982 年诺贝尔经济学奖获得者斯蒂格勒是奈特的学生，弗里德曼是舒尔茨的学生。

不过，芝加哥大学经济系的领导权不是靠老一辈人指定他们的继承人来传递的，这导致芝加哥学派在 20 世纪 40 年代到 50 年代初出现了中断。第二次世界大战前夕，芝加哥大学管理部门担心经济系在不完全竞争和凯恩斯主义这些新理论的发展中没有继承人，于是聘请兰格担任副教授。尽管兰格支持舒尔茨的数量研究，但他的政策主张与自由放任原则完全相反。兰格来到芝加哥大学之后不久，舒尔茨因车祸身亡，兰格成了芝加哥大学唯一的数量经济学家。不久后，考尔斯位会员迁入芝加哥大学。后来的几年，芝加哥学派的成员不断减少，瓦伊纳于 1946 年离开，西蒙斯于 1946 年自杀。

由于人才的损失，芝加哥大学经济系被迫开始重建，重建工作在第二次世界大战时就已开始，兰格担任了领导职务。他聘请勒纳加入经济系，但是没有成功，于是开始与考尔斯委员会的马沙克合作，考尔斯委员会的成员开始成为芝加哥大学经济系的主要成员。不过考尔斯委员会在经济系的支配地位并没有维持太久。1943 年，舒尔茨（1979 年诺贝尔经济学获得者）来到芝加哥大学，他后来担任经济系主任长达 20 年之久。1946 年，弗里德曼来到经济系，同年沃利斯来到商学院。弗里德曼和沃利斯反对考尔斯委员会的经验研究，他们与考尔斯委员会成员的争论演变成为争夺经济系领导权的斗争。这场斗争一直持续到 21 世纪 50 年代初，芝加哥学派重新获得了对经济系的控制权，这一学派进入了发展的新阶段。

1950 年，哈耶克来到芝加哥大学，受聘于社会思想委员会，但从未受聘于经济系。经济系先后引进了后来芝加哥学派的诸多中坚力量，如斯蒂格勒、科斯、贝克尔，还包括 1986 年诺贝尔经济学奖得主布坎南、科斯和斯蒂格勒的学生德姆塞茨等。1945 年，当凯恩斯主义理论和不完全竞争理论迅速得到大多数经济学家支持的时候，西蒙斯提议至少要保留一个空间，未来的某些政治经济学家可能会得到遵循传统自由主义路线的彻底而完全的训练。这一提议后来在芝加哥大学变成了现实。按照这一思想，弗里德曼在芝加哥大学开设了价格理论、宏观经济学、货币经济学等课程，反对凯恩斯主义经济学和不完全竞争理论。斯蒂格勒对各种非自由主义的理论发起了攻击，如对垄断竞争理论和斯威齐的折弯需求曲线的供给等。针对曾将在芝加哥大学处于支配地位的制度主义理论，斯蒂格勒公开地进行反对。斯蒂格勒也对非自由主义理论发起攻击，一方面维护了芝加哥学派的信念，另一方面也强化了芝加哥学派的影响。

当然，芝加哥学派的信念不止表现在斯蒂格勒的供给及弗里德曼的理论和方法上，贝克尔的"经济学帝国主义"、法和经济学、产权经济学等领域也是芝加哥学派的主要阵地[①]。

19.1　奈特论消费者主权与经济学方法论

凡勃仑对经济人这个概念及其在经济学中的运用正是他反对新古典传统的基础。直接面对制度主义责难的奈特，澄清经济人的性质和作用就成为他维护新古典理论的基础。奈特同意凡勃仑的观点，即人类行为是由多重的因素决定的。但是，奈特不同意把所有

---

① 张林：《经济思想史》，科学出版社，2008 年，第 247 页。

这些因素都结合到经济学家的行为假定中。他认为必须从现实中进行抽象，将经济学家的注意力集中于解释和经济行为有关的那些因素上。因此，以经济来看待个体行为，这种个体是产品和服务的消费者，也是其生产者，他的行为是以收益最大化为目的的。通过这种抽象，经济学家就可以像自然科学家那样，按照精确的程序开展研究。

尽管不能将经济学中的个体与现实中的个人类比，这种抽象还是有用的。因为它可以帮助我们理解纯粹经济方面的行为。金钱行为就是经济学家寻求解释的对象。据此，奈特质疑凡勃仑对生产的职业和金钱的职业的区分，质疑炫耀性消费与非炫耀性消费的区分。他的理由如下：经济行为就是导向生产者和消费者获益的最大化。技术效率是对金钱获益的支持而不是阻碍，除了维持最基本的生活需要的消费，其他所有消费在某种构成上都是仿效和竞赛性质的。因此，奈特反对凡勃仑的消费者主权被破坏的观点，将其视为凡勃仑个人对某些消费行为模式的否定。

根据奈特的观点，不仅消费者主权观念是成立的，而且在不确定世界中的生产者也能够正确地预计什么样的生产方式最有可能得到消费者的偏爱，这种生产方式将获得剩余利润。利润是承担了不确定性而赢得的收益，不确定性来自不能确保拥有主权的消费者将会购买生产出来的产品。这样，奈特通过反驳凡勃仑对消费者主权的供给而对利润理论做出了贡献。

芝加哥学派的现代经济学家以门格尔-奈特的效用与成本之间的关系的观念，即机会成本观念为基础，探索了家庭分配其时间和收入的行为。传统上属于社会学和心理学的研究对象进入了芝加哥学派的分析范围，形成了所谓新微观经济学的分析框架，研究了非常丰富的主题，如在人力资本投资上的时间分配、生儿育女等。这些考察可以视为对奈特的名言的经济学验证，即对人类来说：生存就是选择。

▶本节拓展材料

19.2　生产家庭成员所需要的效用

芝加哥学派经济学家（以贝克尔为主）把家庭视为一个生产单位、一个"企业"。它利用它所拥有的时间和资源去生产家庭成员所需要的效用。在这个分析框架中，婚姻被视为夫妻双方的契约，契约中承诺了双方分配在市场和非市场行为上的时间，包括料理家务、继续教育和培训、闲暇、照看孩子等。这样，贝克尔就把约会和谈恋爱看成双方去设计"博弈规则"和签订未来生活的契约安排的机会。根据这种推理，当结婚带来的预期边际收益与边际成本相等的时候，恋爱过程就会结束，双方结婚。于是，恋爱就是一个投资过程，其预期收益来自婚姻。婚姻带来一个以家庭生活中的物品和服务的形式表现出来的收益流，它包括了孩子、性关系、伴侣间的友谊，以及其他与婚姻相联系的社会生活。

　　婚姻关系的净收益是婚姻产生的收益与其成本之间的差额。婚姻的主要利益来自通过家庭内的劳动分工和家庭成员之间的交换而带来的物品和劳务生产中的效率的提高，而其主要成本来自共同的决策。一般来说，当夫妻双方偏好差异越大的时候，决策的成本越高，这种成本将随着家庭成员的增加，以及他们更多地参与到决策过程中而增大。家庭成员能达成的要求各自分担家庭义务的一致意见，类似于对公共产品征收的税收，并非由所有成员公平地承担。

　　这个分析也可以用于分析家庭成员如何在家庭劳动和市场劳动之间分配时间。该分析的一个含义是，由妇女操持家务这种传统，并非完全是社会的习惯，主要决定因素在于男女在市场上的劳动时间带来的相对价值不同。妇女操持家务的成本是她当期的市场活动的工资，由于男性的市场工资相对更高，男性从事市场活动的机会成本就更低，或者说女性操持家务的机会成本更低。

　　女性参与市场活动的分析思路被扩展到家庭剩余决策分析。这种考虑也反映了经济学家对人口问题的新的兴趣，这是古典经济学家经常讨论的问题，但是却被多数现代经济学家所忽视。贝克尔及其他经济学家的工作重新唤起了经济学家对人口问题的兴趣。贝克尔通过传统的微观经济学工具分析了与人口行为相关的问题，他指出从标准的经济学观点来看，孩子可以视为与其他商品一样的消费品，可以为父母带来满足，而且只能以一定的价格获得。这个"价格"就是养育孩子过程中牺牲的时间和花费的物品。花费的物品是时间成本，而时间则是间接成本。

　　假设孩子主要由母亲来照看，那么母亲花在孩子身上的时间就是孩子的"价格"的主要构成。从这个意义上说，妇女工资的提高意味着养育孩子的成本增加，从而对孩子的需求减少。同理，如果孩子是正常商品，那么对他们的需求就与收入正相关。这个逻辑提供了如下假设的基础，即在收入既定的条件下，每一个家庭能够实现的每一个"满足"水平，与对家庭来说"无差异的"孩子和其他物品的各种组合是一致的。

　　根据贝克尔的理论，伊斯特林研究了美国人口出生率下降的趋势在 1940 年之后的逆转。他的结论是，1940 年之后每个家庭的平均收入超过了他们的父辈，从而每人消费标准提高，包括"消费"更多的孩子。到 1957 年，尽管收入一直在提高，但美国的人口增长率开始下降。伊斯特伦认为，这也可以按照早期阶段人口增长率提高的相同逻辑来解释。到 20 世纪 60 年代，由于 40 年代出生率的上升而增加的人口这时候到了计划家庭生育的时候，这时候的家庭成员对于他们的父辈来说人数增加了。尽管总收入在增加，但是家庭成员的平均收入相对于其父辈来说并没有增加，或者说预期的收入水平没有父辈的时代那么高，从而导致人口出生率下降。这个例子可以说明新微观经济学确实拓展了经济学的研究领域[①]。

▶本节拓展材料

　　① 张林：《经济思想史》，科学出版社，2008 年，第 249-250 页。

19.3 资源配置与产权方法

资源配置效率是芝加哥学派的另一主要研究对象。在这一研究中，芝加哥学派的经济学家尤其关注产权如何影响到决策者的选择，从而影响到社会的资源配置。如前所述，奈特对庇古提出的通过税收和补贴来纠正私人边际成本和社会边际成本的偏差这种方法的批评，是芝加哥学派产权观念的源头。后来，在 1991 年诺贝尔经济学奖得主科斯的领导下，芝加哥学派将经济学中的价格决定问题视为产权的界定和交换问题，发展了法和经济学这一跨学科的领域。

19.3.1 科斯定理中的劳动经济思想

在庇古-奈特争论中强调的外部性问题后来引起了经济学家的关注。科斯考察了通过个人行为而非权威行为来解决外部性问题的可能性。科斯认为，"生产要素"这个概念可以被赋予一种法律上的含义，可以被视为从事某种物质活动的权利，同时意味着限制他人活动的权利。这样履行一种权利（使用一种生产要素）的成本，就重视他人承担的损失。由于产权安排中存在这种相互关系，科斯认为相关双方就可以自己来解决冲突，而不是求助于外部干预。科斯认为有很多种安排可以将外部性"内部化"。例如，双方可以达成一个契约，受损方向施损方支付一定的金额，让他停止损害行为；或者，如果受损方在法律上有权制止施损方的行为，那么施损方也可以向受损方购买这种权利。这样，所谓科斯定理就来自理性的交易双方的议价，表明在没有社会干预的情况下，通过市场调配就可以实现资源配置效率。

科斯认识到市场也有其局限性，因为界定和实施权利时的交易成本往往比较高。在这种情况下，就需要法律体系来决定恰当的资源配置。也就是说，当市场的功能由于交易成本过高而无法发挥时，芝加哥学派的经济学家就把法庭的功能视为根据机会成本原则来做出"正确"的选择。这里的前提是资源价值总是趋向于在自由市场上使用时的最高价值。影响资源使用的法律判决从而要与经济原则相一致。

19.3.2 公共事业管制中的劳动经济思想

西蒙斯和奈特这些早期芝加哥学派的经济学家反对通过管制对垄断进行社会控制，建议对铁路、电力等产业实行公有制。这是 20 世纪 30 年代和 40 年代占支配地位的几个学派的观点，在这个阶段，美国的公共管制得到迅速的扩展。

到了 20 世纪五六十年代，芝加哥学派的公共管制观点发生了转变，斯蒂格勒、弗里德曼和科斯等重新考察了管制的经济效果，提出了自然垄断问题新的解决方案。这个解决方案的核心是，认为私人垄断可以在没有管制的情况下产生竞争性的利润水平。按照弗里德曼的说法，在一个迅速改变的社会中，造成技术垄断的条件经常变动。从而与私人垄断相比，公共管制和国家垄断对这种够条件的改变的反映更慢，更不容易消除。这就是说，私人垄断优于政府管制。

但是，私人垄断在没有直接的价格管制的情况下，如何能够达到与竞争条件下一样的利润水平呢？德姆萨茨对此做出了解释。他认为可以间接地通过一个拍卖过程而实现竞争性的利润水平。政府可以向能够以最低成本为消费者提供该服务的最高出价者发放许可证，出价者之间的竞争将迫使利润水平下降。这种竞争性拍卖过程在当时现实中的工业得到了应用，如美国拍卖北海的油气开发权。阿尔钦也建议美国政府在石油输出国组织限制石油产量的情况下，采用这种方法来确定进入美国市场的供应商，从而降低石油价格。

▶**本节拓展材料**

19.4 芝加哥学派的人力资本理论

芝加哥学派的经济发展理论与它的人力资本理论有着密切的联系。芝加哥学派经济学家认为，经济发展不能完全由物质资本储备和劳动力数量来解释。经济增长率中无法用物质资本储备的增长以及劳动力的增加来解释那个"残值"，而是一部分要归因于技术进步，另一部分要归因于人力资本的改进。

如前所述，芝加哥学派对人力资本投资的过程和意义有着浓厚的兴趣。芝加哥学派的经济学家在很多方面考察了人力资本问题，其中一个领域就是经济发展。舒尔茨的主要兴趣就在于通过教育进行的人力资本投资。其他大量文献考察了发展中国家的人力资本发展战略。

芝加哥学派的经济学家将人力资本理论与经济激励联系起来分析发展中国家的经济发展。他们认为，尽管发展中国家人们的行为常常被视为与收益最大化行为不一致，但有证据表明：他们的努力是与提高报酬率的激励相关的，而且大部分发展中国家的人们提高报酬的欲望是很有弹性的。芝加哥学派的经济学家认为，这些现象的存在性与作为经济发展工具的政府计划相比较，市场机制可以更好地刺激发展中国家的效率和增长。

鼓励发展中国家形成一种"企业家个性"是芝加哥学派特别关心的主题。他们假定具备企业家才能的人数在发展中国家和发达国家是相似的，强调发展中国家需要提供一种促进发展的社会环境。他们主张政府通过提供那些私人企业家不容易获得的信息和数据来促进私人投资，认为可以通过教育、自由选举等措施来开放原来封闭的社会，这些措施可以鼓励人们的流动，从而发现更多的经济机会。要形成这样的环境，要求将行政干预减少到最低限度，政府只需要提供一个鼓励履行契约的法律体系。

芝加哥学派经济学家也认识到将市场机制作为经济增长的工具有一些缺陷。第一个缺陷是市场机制所产生的收入分配模式可能是不公平的。不过约翰逊认为，集中于确保公正和公平的收入分配而非集中于迅速的经济增长的国家政策是不明智的。第二个缺陷是市场机制可能对储蓄和投资无法提供足够的激励。芝加哥学派的观点认为，可取的做法是通过高利率来刺激储蓄，以及通过税收减免、补贴、低利息贷款等方式来刺激投资，政府主导的投资是不可取的，因为这会培育一个既得利益集团，它对未来的发展是有害的，会抑制技术变革。

除此之外，芝加哥学派还对贸易、通货膨胀与生产发展有着独到的见解。在发展中国家，国际贸易刺激了那些大量使用非熟练劳动力的初级产品的生产，这些产品的需求是缺乏弹性的，结果是这些产业中发生的技术进步会把廉价生产的好处转移给进口国，发展中国家从中受益并不多。因此，发展中国家在贸易条件恶化的情况下，应该选择什么样的贸易政策，成为经济学界争论的一个问题。芝加哥学派的经济学家坚持自由贸易的观点，认为自由贸易将带来经济增长，从而促进发展中国家消除贸易障碍。

关于通货膨胀，传统观点认为发展中国家的通货膨胀可以从两方面起到促进发展的作用：一方面，通货膨胀的收入再分配效应，通过减少那些储蓄倾向低的工人和农民收入，增加那些储蓄倾向高的资本家和企业家的收入，从而刺激储蓄和投资；另一方面，通货膨胀可以提高投资的名义收益率，从而刺激投资。芝加哥学派的经济学家反对这两种观点。例如，约翰逊认为，在持续的通货膨胀过程中，所有收入集团都会调整他们的通货膨胀预期，结果是通货膨胀的收入再分配效应不会把工人和农民的收入转移给企业家，而是把货币余额持有者的货币转移给货币当局，即"通货膨胀税"。这种收入再分配的结果是消费资源的重新分配，而不是储蓄的重新分配，这阻碍了发展。这种阻碍效应超过了通货膨胀的增长效应。简言之：芝加哥学派认为，通货膨胀会减少而不是增加储蓄。在他们看来通货膨胀会产生负面影响，因为它会鼓励资源配置到那些预测未来、寻求避免不确定性的工作上去，这就扭曲了资源的配置，造成资源浪费而且还会鼓励保护主义。因此，芝加哥学派的立场是反对经济国家主义，倡导自由贸易。他们认为发达国家应该承担更多的责任，去减少与发展中国家贸易的障碍，为发展过程提供便利。

▶本节拓展材料

19.5　弗里德曼的劳动经济思想

19.5.1　弗里德曼的生平及著述

在美国经济学界，弗里德曼是以活跃、机敏、善辩、剥削而著称的。后凯恩斯主流经济学家萨缪尔森曾半开玩笑地把弗里德曼比做经济学界的"一条鳝鱼"，用鳝鱼的不停摆动身躯、不断把水搅浑的生动形象，喻指弗里德曼以自己不休止的鼓动性的、进攻性的演说、辩论，使经济学界保持了勃勃生机。而保守派经济学家亨利·沃里奇则不无敬意地指出，弗里德曼几乎是单枪匹马地改变了当代社会关于货币问题的经济思想。

米尔顿·弗里德曼，1912 年出生于美国纽约，1932 年毕业于拉哲斯大学，1933 年获得芝加哥大学硕士学位。1941 年，弗里德曼完成了关于美国自由职业者收入的博士论文，引起国家经济研究所内部的惊愕与争论，因为论文对美国医学协会作了含蓄的批评，有人担心论文的发表会危及外界对本研究所其他出版物的支持所以一拖再拖，论文直到 1945 年才发表，所以他在 1946 年才获哥伦比亚大学博士学位。1967 年担任美国经济学会会长，1976 年被授予诺贝尔经济学奖。他是美国总统尼克松任期时的最亲密的经济顾问之一。1977 年退休，又任斯坦福大学胡佛研究所高级研究员。他的主要著作有《实证经济学论文选》（1953 年）、《消费函数理论》（1957 年）、《货币稳定方案》（1959 年）、《1867~1960 年美国货币史》、《货币最优论文集》、《失业对通货膨胀：菲利普斯曲线评价》（1975 年）、《自由选择》（1979 年）等。

弗里德曼被称为一个"对其信念有勇气的古典学者"。在 20 世纪 50 年代，他就是反对凯恩斯主义的先驱者，他发动了一场范围广泛、旷日持久的关于货币理论和政策的论战。论战的主要内容包括：市场经济能否自动趋向充分就业均衡，货币是不是影响经济波动的最主要因素，货币数量的变化通过什么渠道影响产量和价格等问题。

弗里德曼的货币主义分为货币理论和货币政策两个部分，二者构成他的完整的货币主义经济思想体系。弗里德曼认为："货币以及货币能买到什么东西，这二者之间的关系问题一向是货币理论的中心问题。经济学家们一般都认为，价格水平是由货币的数量决定的。但是货币的数量究竟如何影响价格水平，货币量的概念会产生什么后果，人们对这些问题在不同时期曾有过不同的设想。"[1]

19.5.2　弗里德曼的主要劳动经济思想

1. 货币政策与充分就业

弗里德曼认为，经济政策的主要目标，是为了达到充分就业、物价稳定和经济增长。而正确的货币政策能够防止经济失调，给经济发展提供一个稳定的背景，也有助于抵消经济体系中由其他原因引起的重大干扰。

对货币政策应采取何种指导原则呢？弗里德曼提出了两个要求。第一个是要求金融当局把真正控制货币数量作为指导自己行动的准则。这里可以有三种选择：一是汇率。他认为这方面的货币数量虽然可以控制，但还是要让市场通过浮动汇率来自行调整。二是物价水平。他认为物价受多种因素影响，货币虽然起很大作用，但它要经过相当长的时间才能产生影响，而在此期间将发生许多影响物价的因素，因此根本无法准确地预测某一种货币政策对物价究竟产生了什么影响及影响的程度。这种随机决定的货币政策还常会在止步和起步的时间方面犯错误。三是控制货币总额，这一点是最可取的了。因为根据经验，长期持续的通货膨胀是受货币变动支配的。所以，限制货币量是抑制通货膨胀的必要条件。

---

① 弗里德曼：《论货币》，《世界经济译丛》，1981 年第 5 期，第 24 页。

第二个要求是使货币政策稳定适当，避免政策的剧烈摆动与过头的倾向。他认为，在控制货币总量的过程中往往会出现过头的情况。例如，总是要在繁荣达到顶峰时才采取紧缩银根的政策，繁荣顶峰过后就是危机，那时资金极度缺乏，而紧缩银根的影响在需要资金时产生，从而使危机更加恶化。为了避免政策过头的现象，弗里德曼认为，金融当局唯一可以采取的有效的货币政策是，公开宣布它采取的政策是让某种给定含义的货币总额保持一个稳定的增长率。这个增长率不仅应该在一个较长时期里不变，而且应该同这个时期内所预计的经济增长速度大体一致。弗里德曼认为，货币增长率的确定，必须考虑两个基本因素，一是人口与劳动力增长对货币的需求，二是国民生产总值增长对货币的需求。而不同国家，货币的增长率应该是不同的，他认为在美国应该是 4%~5%，在日本应该是 16% 为适度。

因为日本的国民生产总值增长速度比美国高得多。这就是弗里德曼著名的"单一规则"的货币政策。根据他的意见就是排除利率、信贷流量、自由准备金等因素，而以一定的货币存量作为唯一引物支配的货币政策。这种政策的提出是以现代货币数量论为基础的。实行"单一规则"需要解决三个问题：一是如何界定货币数量的范围；二是如何确定货币数量的增长率；三是货币数量增长率在年内与季节内是否允许有所波动。弗里德曼认为，货币数量的范围确定为流通中的通货加上所有商业银行的贷款。货币数量增长率的确定应与经济增长率大体相应，货币供应增长率已经确定下来是不能任意变动的。如果遇上特殊情况必须更改时，应该事先宣布并尽快缩小变动的幅度。

弗里德曼否认凯恩斯主义强调的"财政政策极端重要"的观点。他指出，在现实经济生活中，财政政策总是和货币政策共同发生作用的。货币政策在保持经济稳定方面的极端作用是毋庸置疑的。他对货币政策与财政政策作用的评价归结为四点。一是财政政策需要货币政策的配合，否则财政政策是无效的。他认为，财政政策要生效，取决于货币供应量是否发生变化。例如，当政府支出增加而无货币供给量相应增加时，增加的支出只能由增税来弥补，这里肯定不存在"乘数效应"。二是财政政策措施，由于碰上阻力而不能有效运用。用财政政策措施来调节经济，也会加大财政赤字，促进通货膨胀，而要抑制通货膨胀，又是困难重重。三是当货币政策和财政政策共同发挥作用时，货币政策是起支配作用的，货币政策的效果比财政政策更为重要。四是由于存在"自然失业率"，即使有货币政策的配合，财政政策在刺激经济方面也只有短期效果。在长期非但无效，还会引起恶性通货膨胀。所以，财政政策最终都是通过货币量的变动来实现经济调节作用的。一句话，弗里德曼完全否定了财政政策在影响宏观经济政策方面的长期有效性。

弗里德曼的结论是：稳定的货币政策将给企业提供一个稳定的经济活动基础，一个稳定的基础将使各种积极因素得到更有效的发挥，从而使经济获得迅速增长。这是政府唯一可以采取的干预经济的货币政策[①]。

---

① 李薇辉：《西方经济思想史概论》，华东理工大学出版社，2005 年，第 394-395 页。

2. 通货膨胀与失业率的关系

弗里德曼在分析关于货币政策对于通货膨胀与失业率之间的关系的问题时，提出了"自然失业率"假设。"自然失业率"是指在没有货币因素的干扰下，让劳动力市场和商品市场的自发供求力量发挥作用时所应有的、处于均衡状态的失业率，即指那种可以与零通货膨胀率或稳定的通货膨胀率相适应的失业率。基于自然失业率的概念，弗里德曼研究了关于通货膨胀与失业率相互关系的菲利普斯曲线，并归纳出三大类型，即斜率为负的菲利普斯曲线、垂直的菲利普斯曲线和斜率为正的菲利普斯曲线。

在短期内，名义国民收入的增加是物价上涨和产量增加共同作用的结果，此时菲利普斯曲线所表明的通货膨胀率与失业率的负相关关系是存在的。从长期来看，名义国民收入的变动全部表现为物价上涨，此时菲利普斯曲线所表明的通货膨胀率和失业率间的替换关系已不存在，菲利普斯曲线变成一条垂直线。菲利普斯曲线所表明的通货膨胀率与失业率之间的交替关系，只是在特定的条件下才能实现。如果政府扩大货币供给量，那么价格就会高于预期的水平，实际工资下降，雇主愿意增雇工人，就业量就会增加。这样通过提高通货膨胀率会减少失业，使失业率降到自然率之下。其原因在于混淆了名义工资与实际工资，产生了货币幻觉。

但是，两者的交替关系只有在短期内才会存在。而且，这种短期的交替关系不是通货膨胀本身所造成的，而是价格预期暂时落后于通货膨胀的结果。一旦价格预期赶上了通货膨胀，菲利普斯曲线就失灵了。因此，短期内名义国民收入的增加可以部分地表现为产量的增加和失业减少，部分地表现为物价上涨；但长期内名义国民收入的增加只能全部表现为物价上涨，此时失业率不仅不会降低，甚至还会和物价同时上升。因此，货币当局企图通过增加货币供给来增加产量、减少失业是不可能的。所以，从长期来看，菲利普斯曲线是不存在的，宏观经济政策是无效的。正因为存在着自然失业率，凯恩斯主义以充分就业为目的的经济政策就无法完全消除失业。这些扩张政策的事实只能增加货币供给量，引起通货膨胀而又无法消除失业。这就造成资本主义国家目前存在的严重的滞胀局面。因而反对国家过多干预经济，同时强调正确的货币政策的作用。

现代的货币主义经济政策主张为了解决通货膨胀对人们实际生活的影响，货币主义者提出了"收入指数化"方案。其基本内容为：将工资、政府债券收益及其他收入等，同生活费用主要是消费物价指数紧密地联系起来，以及对各种不同的收入实行"指数化"，使它们按照物价指数的变动及时得到调整，从而抵消虚假波动对实际收入的影响，消除因通货膨胀而造成的收入不平等现象。

货币主义的就业政策包括消除劳动力市场的一系列流动性瓶颈，并且推出了负所得税方案，主要就是由政府界定出一个最低收入线，然后按一定的负所得税税率，使处于最低收入线以下的家庭根据他们不同的实际收入而得到一定的补助。这种方案既有利于自由竞争原则的贯彻执行，又不至于因政府支出的增加而造成通货膨胀[①]。

在分析美国 20 世纪六七十年代货币量大增的原因和后果时，弗里德曼猛烈地抨击了联邦储备系统以追求低利率为目标的货币政策。因凯恩斯主义者主张通过增发货币来

① 颜鹏飞：《西方经济思想史》，中国经济出版社，2009 年，第 335 页。

维持较低的利率水平，以保持充分就业的投资信心，从而实现或维持充分就业。弗里德曼指出，货币供应量增加可以引起利率的降低，但这只是最初的效应，在长期内主要是导致通货膨胀加速，并由此加强了通货膨胀预期，使得具有固定货币收益的资产的预期名义收益将低于具有固定真实收益的资产。在这种情况下，对真实资产（如机器）的需求会增加从而引起真实资产价格上涨，而对金融资产的需求会减少，从而引起金融资产价格下跌（即名义利率回升），直到名义利率等于真实利率与预期通货膨胀率之和为止。因此，当局企图以增发货币来维持低利率的做法是没有道理的，在长期内是无效的。

弗里德曼在主张"单一规则"的同时，主张尽力避免国家干预，即以政府的广泛财政干预为革除对象。它包括削减政府开支、降低税收及实施各种有利于私人企业发展的措施，这也是完全反凯恩斯主义的[①]。

▶本节拓展材料

◎本章小结

西方正统经济学中，芝加哥学派几乎已经成为了"新自由主义经济学"的代名词。这个学派的理论和主张与我们前面叙述的正统经济学有密切联系，在很多方面推动了现代微观和宏观经济学的发展，其中以弗里德曼的劳动经济思想的货币政策与充分就业、通货膨胀与失业率的关系为重点，在主张"单一规则"的同时，也主张尽力避免国家干预，即以政府的广泛财政干预为革除对象，它包括削减政府开支、降低税收，以及实施各种有利于私人企业发展的措施，这也是完全反凯恩斯主义的。

◎思考题

1. 芝加哥学派劳动经济思想产生的背景与条件。
2. 货币主义的就业政策。
3. 弗里德曼的劳动经济思想。

◎推荐阅读材料

背景：北京时间 2014 年 6 月 3 日（周二）下午 17 点公布了欧元区 4 月失业率和 5 月 CPI。欧元区 4 月失业率降至 11.7%，预期 11.8%，前值 11.8%，欧元区 5 月 CPI 年率初值 0.5%，预期 0.6%，前值 0.7%，核心 CPI（剔除能源、食品、酒精和烟草）年率初值 0.7%，预期 0.9%，前值 1%。根据欧盟统计局公布的数据结果来看，4 月失业率虽小幅回落，却无法掩盖欧元区严重的失业情况。与 2013 年同期相比，欧元区失业率仅从 12%降至 11.7%。相比而言，同期美国失业率从 7.5%大幅降至 6.3%。5 月通货膨胀水平与欧央行目标更是相去甚远，无论是基本通货膨胀还是剔除能源类的核心通货膨胀水平都降至历史低位，显示欧元区通货膨胀存在进一步滑落的风险，这基本上暗示了本周欧

---

① 苗英华：《最著名的经济学家　最经典的学说》，中国经济出版社，1994 年，第 242-243 页。

央行议息会议上一定会有所行动。

从分项数据来看，更能说明欧元区就业和通货膨胀水平的疲软程度。作为欧元区领头羊的德国和法国 4 月失业情况未有改善，失业率仍分别为 5.2% 和 10.4%，法国的情况尤其糟糕，在近一年来欧元区失业率呈现见顶回落的同时，法国 4 月失业率比 2013 年同期还高出了 0.1%。"欧洲五国"失业率改善情况也不是十分理想，作为欧元区第三大经济体的意大利 4 月失业率为 12.6% 与 3 月持平，较 2013 年同期还高出 0.4%，其余四国除希腊（数据披露延迟严重）以外 4 月失业率较 3 月小幅下降 0.1% 左右，这也是欧元区 4 月失业率继续下降的主要贡献力量，但与这三个国家失业率水平相比，0.1% 的降幅十分有限。

再看欧元区 5 月通货膨胀数据分项，除能源类价格以外，其余分项全部创近期新低。4 月能源价格同比持平，主要与 2013 年同期原油价格大幅下滑有关。5 月食品、酒精和烟草价格同比仅为 0.1%，较 4 月 0.7% 大幅回落。5 月服务价格同比 1.1%，也较 4 月 1.6% 明显回落。5 月非能源类工业品价格同比持平，较 4 月 0.1% 小幅回落。5 月食品类和服务类价格指数大幅下滑是拖累欧元区通货膨胀水平进一步走低的关键因素。

请讨论，上述材料中欧元区失业率和通货膨胀的关系。

【推荐选读书目】

李薇辉. 2005. 西方经济思想史概论. 上海：华东理工大学出版社.

苗英华. 1994. 最著名的经济学家　最经典的学说. 北京：中国经济出版社.

熊彼特. 1994. 经济分析史. 第三卷. 杨敬年译. 北京：商务印书馆.

颜鹏飞. 2009. 西方经济思想史. 北京：中国经济出版社.

张林. 2008. 经济思想史. 北京：科学出版社.

张世贤. 2009. 西方经济思想史. 北京：经济管理出版社.

第 20 章　供给学派的劳动经济思想

▶学习目标
1. 供给学派劳动经济思想产生的背景与条件。
2. 供给学派所主导的劳动经济思想。
3. 供给学派劳动经济思想的影响。
4. 劳动楔子模型理论。

供给学派是 20 世纪 70 年代在美国兴起的一个与凯恩斯主义相对立的、主张经济自由主义的经济学流派。这个学派主张从调节商品和劳务的供给方面去谋求经济均衡的发展，供给学派又叫生产学派、供给经济学，或者新经济学，即对个人刺激的经济学。由于 1981 年美国总统里根对这一学派倍加青睐，以其理论作为制定经济政策的理论依据，因此又被称为"里根经济学"。该学派的理论在英国撒切尔夫人当政期间也曾受到高度重视，其主要代表人物有阿瑟·拉弗、瓦尼斯基、保罗·罗伯茨、乔治·杰尔德；后者的代表人物首推马丁·费尔德斯坦，而蒙代尔被认为是供给学派的先驱者。该学派强调经济的供给方面，认为需求会自动适应供给的变化，因而得名。供给学派的就业理论以供给决定需求为基本命题，并为其所倡导的减税政策提供理论依据。该学派的主要代表人物有拉弗、费尔德斯坦、罗伯茨等。

供给学派的理论渊源是传统的古典经济学，即"供应派经济学"，后者的特征是重视供给，以生产、成本、生产率为研究重点，以经济自由主义为主要政策，反对凯恩斯主义，即以有效需求不足和需求创造供给著称的"需求派经济学"。供给学派其实就是古典经济学的现代翻版，传统的公共政策分析和萨伊定律是供给学派的理论基础，并且还集成了古典的宏观经济分析，集中研究税率对相对价格、总供给和经济增长的影响，税率变动与相对价格、总供给和经济增长的关系，凸显减税等财政政策。

供给学派的理论特色如下。

第一，把供给与生产率视为经济发展的决定性因素，由需求分析转向供给分析，认为引起经济停滞和通货膨胀的原因是供给不足，而造成供给不足的主要原因是政府对经济活动干预过多，供给被牵制在不必要的管制、过高的税收和过多的规章制度之中，它们都成为阻碍生产发展的绞索。

第二，复活萨伊定律和古典经济学传统。

第三，倡导经济自由主义，认为资本主义市场经济具有自我调节、自我稳定的能力。

　　第四，偏重政策研究，供给学派在理论上的建树不多，它没有一个统一的理论体系，主要是提出一些政策主张和应对当时经济形势的具体措施，实际上是一种经济政策学。

20.1　拉弗曲线与税率、生产率之间的关系

　　拉弗是美国经济学家、供给学派的代表人物，被誉为"神通式"的经济学家，曾在美国南加利福尼亚大学上学、研究院担任教师，在尼克松政府时期曾担任行政管理和预算局的经济学家。早年当拉弗还是斯坦福大学研究生时，就预言里根会在加利福尼亚州州长竞选中获胜，后来事实证明拉弗的预言是对的。

　　拉弗曲线说明的是这样的一个问题：总是存在产生同样收益的两种税率，所以减税未必使政府税收收益减少，于是可以通过减税增加供给又不用担心会减少政府收入。如果税率为零，意味着人们可以获得生产的全部成果，政府收益自然就为零。这样，政府对生产没有妨碍作用，生产即可达到最大化。但是，如果税率为零，政府的收益也为零，政府就不可能存在。如果税率为 100%，政府收益仍为零，这是由于人们的所有劳动成果都被政府征税，他们就不愿意再工作了。生产中断，自然没有什么可供 100%的税。因此，政府收益就等于零。税率为 0%~100%，税收总额从零回归至零。

　　在一定的税率下，政府税收是随税率增加而增加的，而一旦税率再增加而越过转折点，政府税收将随税率进一步增加而减少。换句话说，总是存在产生同样收益的两种税率，所以减税未必使政府税收收益减少，于是可以通过减税增加供给又不担心会减少政府收入。旨在阐述税率和税收之间的关系，以及减税在刺激经济增长中的作用的"拉弗曲线"，是"基金的供给学派"解释减税的理论依据。

　　"拉弗曲线"实际上设计这样一个命题，即"总是存在着能产生同样税收收益的两种税率"。税率必须保持在 0%~100%，政府才能获得税收收入。当税率处于一个特定区域时，随着税率的增加，政府的税收收入也会随之增加；但是，当税率超过这一区域，进入更高的区域，尽管税率增加，而政府的税收收入反而减少。

　　供给学派认为，税率的高低是刺激经济主体进行经济活动的最重要因素。因为经济主体活动的最重要的目的就是获取利润；但是他们最关心的不是利润总额，而是除去各种税额和政府安置所造成的费用以后的利润净额。高税率不仅对经济主体不利，对政府也不利。从经济主体来看，高税率减少了他们的个人可支配收入。从政府的税收来看，决定税收总额的因素，不仅要看税率的高低，还要看课税基础的大小。这就是说，它涉及税率、税收和生产率三方面之间的关系。提高税率并不都会使税收增多，有时反而会使税收减少。因为过高的税率会削弱经济主体的积极性，从而缩减了税源。供给学派用"拉弗曲线"来说明其减税的理论基础。

20.2　劳动楔子模型

　　这一模型设计的税收"楔子"是指政府税收造成生产要素税前报酬与税后报酬的分

离，所以他们把税收看做是打入生产要素税前报酬与税后报酬之间的一个"楔子"。正数的税率同时削弱对生产要素需求和供给的刺激，而负数的税率（即补贴）则会刺激对生产要素的供给和需求。所谓劳动楔子，是指税前工资与税后工资的比例，如果工人要求的税后工资水平一定，那么当劳动报酬的税率提高时，税前的工资水平必须提高，这种情况被称为劳动楔子增大。而资本楔子是指资本的税前收益与税后收益的比例，如果投资者要求的税后收益水平一定，那么当资本报酬的税率提高时，税前收益水平必须提高，这种情况被称做资本楔子增大。

不难理解，对劳动报酬征收的税率越高，税前工资与税后工资的偏离就越大，市场部门使用的劳动量就越少。因为税收"楔子"越大，对劳动需求和劳动供给的积极性的打击就越大，市场使用的劳动量就越少。相反，如果降低工资税的税率，将会增加劳动的使用量。根据同样的思路，可以分析对资本收益征税和储蓄（资本供给）及资本形成的影响。

总之，供给学派所设计的"楔子"模型实际上是一个派生的拉弗曲线，力图以此论证减税与劳动、资本的供给与需求之间的平衡关系，拔除政府税收这个"楔子"，实施减税政策会增加劳动供给和刺激资本供给[①]。

以拉弗为代表的"基金的供给学派"的经济学家认为，一个类似于劳动"楔子"模型中的税收"楔子"存在于资本的供给与需求之间。同样，税收"楔子"使资本供给成本和需求不断上升，严重挫伤了储蓄者和投资者的积极性，导致资本的供给不足和投资削弱，这就是美国经济停滞最根本的原因。

供给学派从理论上对凯恩斯主义的就业理论进行了批评。他们认为长期在经济学界占主导地位的凯恩斯学派只注重于需求的分析，忽视了较低生产率和较高通货膨胀的影响，所谓"有效需求不足引起经济萧条和失业"，用人为刺激需求来抑制经济恶化的主张是错误的，因为凯恩斯学派忽视了供给因素的作用。

供给学派认为，当代经济中存在的主要问题是通货膨胀和失业，而美国严重的失业问题是由于持续通货膨胀造成的。如果按照凯恩斯学派的需求自行创造供给的理论，那将使市场受到更大的冲击，难以发挥市场调节经济的功能，使通货膨胀和失业问题更加严重。供给学派认为，当代经济中存在的另一个主要问题是商品竞争能力较差，而其原因在于储蓄率下降和技术变革速度放慢。储蓄率下降和技术变革速度放慢的原因在于政府高税率使投资者缺乏积极性，工作效率下降。因此供给学派提出减税的主张，认为税率提高将会使劳动资源流向居民部门或用于闲暇享受，使劳动供给减少；减税可导致实际工资提高，从而使劳动供给增加，工作效率提高。

在政策主张上，供给学派的政策核心是实施减税政策。他们主张更大的经济自由，反对扩张公共支出或者进行失业救济的就业政策，提倡通过减税刺激经济增长以增加对劳动力的内在需求。此外，供给学派认为，应该消除对劳动力市场的干预，停止政府部门的公共服务就业计划，充分发挥市场机制的作用[②]。

① 颜鹏飞：《西方经济思想史》，中国经济出版社，2009年，第338页。
② 李仲生：《西方劳动经济学说史》，中国人事出版社，2015年，第334页。

20.3　马丁·费尔德斯坦的就业学说

马丁·费尔德斯坦是美国经济学家，被称为供给派经济学之父。他是犹太人，出生于纽约市。青年时期就读于哈佛大学，他对经济学原本无甚兴趣。1961 年本科毕业后，他想继续就读于哈佛医学院，结果却拿到了英国牛津大学的富布莱特奖学金。到了英国，开始注重英国医疗体系研究，之后，获牛津大学经济学博士学位，返回哈佛大学任教。这时，他才开始将研究焦点放在经济政策上来。1967 年起任哈佛大学教授；曾任美国经济研究局主席及里根总统经济顾问委员会主席；获得过美国经济学会的克拉克奖，费尔德斯坦是该奖的首位获得者。费尔德斯坦原来是一名凯恩斯主义者，后来因为看到政府干预的不良后果，转而信奉经济自由主义的市场学说。费尔德斯坦赞成和主张供给学派的理论，但他的理论包含了一些折中的因素，因而成为"温和供给学派"的代表人物，他不赞成以拉弗为代表的"激进供给学派"过于理想化的观点，他们无论是在政策上，还是对政策主张的理论论证上都存在着分歧。

费尔德斯坦著有 300 篇学术论文和众多书籍，在国际经济学、卫生经济学、社会保险计划、公共经济学等领域的理论和方法方面都做出了重要的、甚至是开创性的贡献，其中某些论著引发了经久不息的热烈争论。

费尔德斯坦认为在当今已趋充分就业的美国经济中，凯恩斯主义的扩张性政策和货币政策是引起失业率和通货膨胀上升及资本形成率下降的主要原因；政府通过扩大社会福利计划使失业人数反而增多，个人的储蓄减少，也阻碍了经济增长和资本投资。他指出，20 世纪 80 年代美国经济正处于存在自然失业率条件下的充分就业时期，他的理论模型就是建立在这种与凯恩斯主义完全不同的经济假设条件之上的。他认为，在充分就业和经济增长的条件下，财政赤字的增加可以表现为政府债券或货币供给的增加，或两者同时增加，而货币供给会造成通货膨胀的压力。

费尔德斯坦还提出著名的费尔德斯坦曲线。费尔德斯坦认为，拉弗的方法过于简单，以为减税就会自动产生财政收入、消除通货膨胀和实现快速增长是不现实的。当时美国宏观经济的首要任务是要平衡预算，降低赤字和通货膨胀，以创造刺激储蓄和投资的环境，提高资本形成率。为此，他提出一个财政赤字、资本形成率及通货膨胀三者之间关系的分析模型，称为费尔德斯坦曲线。该模型假设经济中存在三种金融资产，即货币、政府债券和私人有价证券，货币、政府债券与私人有价证券是相互替代的关系。在充分就业和经济增长的情况下，财政赤字弥补只能靠扩大货币供给来实现，这样就导致通货膨胀。若增加发行政府债券，即在不影响通货膨胀水平的情况下，只能依靠发行政府债券来弥补赤字，但这样势必提高政府债券的利率，造成对私人有价证券的替代，从而降低资本形成率和实际国民收入。

美国一直推行财政赤字政策，并混合发行货币和债券，导致既形成了通货膨胀，又抑制了资本形成。费尔德斯坦曲线，是说明财政赤字对通货膨胀、资本形成的影响及其相互关系的一个分析模型。他根据这个理论模型，推断凯恩斯主义的分析工具菲利普斯曲线所反映的通货膨胀率和就业之间的替代关系已经不能解释当时的美国经济现状。菲利普斯曲线的理论内容在于说明一个国家可以有低通货膨胀和高失业或者高通货膨胀和低失业之间的替换关系[①]。通货膨胀和失业率的反比关系的政策含义是选择一个最优的通货膨胀和失业率的组合。费尔德斯坦认为，菲利普斯曲线所反映的这种替代关系在非充分就业的条件下短期内是存在的、有效的。但是，当经济达到充分就业时菲利普斯曲线的替代关系就消失了，并为费尔德斯坦曲线的替代关系所代替。

在费尔德斯坦看来，在充分就业的条件下，凯恩斯的传统经济政策已经失效。这时宏观管理政策应该从需求转向供给方面，主要的政策任务是平衡预算，推行紧缩性货币政策和刺激性财政政策，逐步降低或消除财政赤字，使费尔德斯坦曲线向下移动转化为一条水平线，达到自然通货膨胀的水平。同时，他提出减税主张，认为减税可以使实际工资提高，从而使居民向市场部门提供的劳动力供给增加，工作积极性增强，工作效率提高。此外，他提出紧缩货币供给和减税可以刺激投资，促进经济增长，从而扩大就业。

供给学派在学术上建树不多，在理论上缺乏体系的完整性，它仅是解决滞胀的一种对策而已。它之所以盛行一时，主要是因为在西方经济进入滞胀而凯恩斯主义失灵的大背景下其政策主张被里根政府所采纳，因而名噪一时。供给学派的政策主张主要反映在里根政府的经济政策中，里根上台后接受了供给学派的理论和政策主张，提出了"经济复兴计划"。他在"经济复兴计划"开头就声明，他的计划与过去美国政府以需求学派为指导思想的政策彻底决裂，改以供给学派理论为依据，当年的总统预算便将非劳动所得收入的最高税率从70%降到了50%，把资本收益的最高税率由28%减少到了20%。1985年，里根总统在第二任期开始时宣称，他将继续实施并扩大原定计划，但是美国经济并没有像计划所预期的那样顺利发展，大部分目标也未能实现。计划实施不久，美国经济就陷入第二次世界大战后最严重的一次经济危机。特别是联邦财政连年出现巨额赤字，导致高利率和美元高汇率，使对外贸易连年出现创纪录赤字。所以近年来除了几位倡导者仍在宣扬供给学派外，信仰和赞赏的已日趋减少。

20.4 崇尚"萨伊定律"，刺激生产、重视供给

供给学派认为凯恩斯主义促进经济增长的需求管理政策是错误的。相反，促进经济的重点应该是刺激生产、重视供给。强调"供给第一"，提出要回到"萨伊定律那里去"。在他们看来，"供给创造自身的需求"的萨伊定律才是正确的。因为供给是创造需求的唯一可靠的源泉，没有供给就没有需求，没有出售产品的收入，也就没有可以用来购买商品的支出。只要依据萨伊定律，滞胀就会自然趋于消失。因此，只要国家不干预私人经济活动，让市场机制充分发挥作用，就不会出现产品过剩和失业现象。对于通货膨胀，供给学派认为是由于投资大于储蓄所导致。如果市场机制自由发挥作用，利息率的变动会使储蓄全部转化为投资，从而抑制对资本品的过度需求。但由于政府认为的采取扩大总需求的政策，干预利率变化，导致储蓄与投资不相适应。因此如果按"萨伊定律"的要求行事，制定一系列"供给管理政策"来刺激储蓄，储蓄自动转化为投资，投资增加

---

① 李仲生：《西方劳动经济学说史》，中国人事出版社，2015年，第335-336页。

会提高劳动生产率和增加产出，从而促进经济增长。这样经济就能实现没有通货膨胀的增长。

同时，供给学派还认为，商品和劳务的总供给的增加是改善宏观经济运行的最好手段，而增加总供给的有效政策措施就是大幅度的减税。他们强调，减税可以对工人的劳动供给、储蓄和厂商的投资等行为产生有力的激励效果，于是总供给增加，同时通货膨胀率和失业率都会下降。

第一，在劳动力市场上，政府的所得税和社会保险税是厂商支付的数量和工人得到的数额之间的一个"楔子"，它们的存在不仅减少了劳动供给，也减少劳工需求。假定工人面临的边际税率是 30%，那么如果增加劳动供给，工人只能得到新增收入的 70%。因此，政府降低边际税率，将会激励工人增加劳动供给。

第二，假定储蓄存款利率是 15%，政府对居民资产收入征税的边际税率是 30%，那么如果居民增加储蓄，其税后利率只能是 10.5%。因此，如果政府降低边际税率，将会激励人们增加储蓄。

第三，假定厂商预期投资收益率是 25%，政府对公司利润收入征收的边际税率是 30%，那么如果厂商要增加投资，其税后的预期投资收率只能是 7.5%。因此，如果政府降低边际税率，将会刺激厂商增加投资。这里需要指出的是，业主制企业的投资决策人受个人收入所得税边际税率的影响，而公司制企业的投资决策才受公司利润税的边际税率的影响。

供给学派认为，当边际税率下降时，人们的储蓄率会增加。在政府购买支出和转移支付减少的配合下，利率将下降。而利率下降和厂商所面临的边际税率的下降又会使投资增加，于是经济中的资本存量增加，这又会引起劳动力需求的增加。劳动力供给和劳动力需求的增加及资本存量的增加，都会使经济中的总供给曲线向右下方移动。在边际税率下降时，人们可支配收入的增加和厂商各部门投资的增加会引起总供给曲线向右移动。但是，在政府实施相对紧缩的财政政策和货币政策条件下，完全可以使总需求曲线移动的幅度小于总供给曲线移动的幅度。因此，边际税率的下降会产生就业增加、均衡国民收入增加而价格水平下降的政策效果。

20.5　供给学派的劳动经济思想的影响与评价

供给学派的政策主张中关于劳动经济是注重降低边际税率，实际上这是使富人收益。全面降低累进税率，高收入阶层获得减税的好处要比低收入阶层多，削减社会支出则使低收入阶层直接受损。凯恩斯主义者提出，政府干预经济是社会经济发展的需要，并非政治家们的任意设计。第二次世界大战后西方国家在资源分配和利用、保持经济稳定、收入再分配等方面的干预和调节，对经济发展起了巨大的促进作用。制定生产安全、环境保护等法律条例，虽然增加了企业负担，但是也保护了社会利益。

供给学派过分强调资本投资在经济增长中的作用。在资本主义条件下，资本投资既促进经济增长，又造成生产过剩危机。凯恩斯主义者认为供给学派把投资不足作为西方经济出现滞胀的原因并不准确，他们指出 20 世纪 70 年代美国企业固定资本投资占国民生产总值的比重并不比 60 年代低。

另外，供给学派主张恢复金本位制将大大减缩货币供应量的增长，使经济陷入长期衰退。事实上，货币历史表明金本位制并不能保证物价稳定。1981 年美国国会成立的专门研究恢复金本位制问题的"黄金委员会"，经过半年多的争辩，最后否定了供给学派的主张。供给学派虽然遭到西方经济学界的否定，但也给予西方经济思想以有力的冲击，对西方一些国家特别是美国的经济政策也有很大的影响。

不可否认供给学派的理论和政策主张中包含着某些合理的劳动经济思想的成分，让他们对当前西方经济所面临主要问题的看法和对凯恩斯主义政策后果的分析，比较符合当前美国等国家经济发展的客观现实；他们强调增加供给，肯定了生产的支配作用，继承了古典经济学的合理成分；其主张减少政府干预，更多地发挥市场机制的作用，也在一定程度上适应了商品经济的内在规律。但是供给学派提出的劳动经济理论和政策主张不可避免地存在着局限性；他们完全继承了"萨伊定律"的衣钵，反对国家干预，信奉自由竞争，不过是一种过时的复古思想。在经济政策上供给学派没有也不能使社会退回到自由竞争资本主义时期，而是企图通过国家干预来刺激供给；同时他们强调增加供给，会使生产与消费的矛盾比凯恩斯主义以前更加剧烈[1]。

供给学派认为，要医治资本主义滞胀的毛病，那就要做一些根本性的变革，而不是简单地做几项政策的修补。这种革命性的变革，就是要从凯恩斯的"就业中心论"中解脱出来，转变到以生产增长率为根本政策的目标的轨道上去。他们认为，生产率的增长更是 20 世纪 80 年代经济进步的关键。为了实现这种转变，在政策管理上也要改变 30 年来的做法，要改变政策刺激的方向，要变"刺激需求管理"为"刺激供给管理"。这个"刺激供给管理"就是要为私人投资提供一个极有诱惑力的环境，即高利润率、低通货膨胀率的环境。所以，除了要减税、缩减转移性支付以外，还要采取相对紧缩的货币政策，使货币供给量的增长和长期的经济增长潜力相适应[2]。

供给学派主张"回到古典学派去"。然而，时代不同了，他们所说的自由竞争，绝不是古典学派时期的"放任自由"，而是垄断资本控制下的竞争。供给学派反对国家干预经济，其实现代市场经济不可能没有国家干预，只是干预的程度、内容、方式与凯恩斯主义有所区别罢了。

◎ 本章小结

供给学派是 20 世纪 70 年代在美国兴起的一个与凯恩斯主义相对立的、主张经济自由主义的经济学流派。这个学派主张从调节商品和劳务的供给方面去谋求经济均衡的发展，供给学派又叫生产学派、供给经济学，或者新经济学，即对个人刺激的经济学。供给学派认为，税率的高低是刺激经济主体进行经济活动的最重要因素。因为经济主体活动的最重要的目的就是获取利润；但是他们最关心的不是利润总额，而是除去各种税额和政府安置所造成的费用以后的利润净额。高税率不仅对经济主体不利，对政府也不利。

---

[1] 崔顺伟、张沛东、李慧：《西方经济学说史教程》，天津人民出版社，2008 年，第 494-495 页。
[2] 李薇辉：《西方经济思想史概论》，华东理工大学出版社，第 398-399 页。

从经济主体来看，高税率减少了他们的个人可支配收入。供给学派所设计的"楔子"模型实际上是一个派生的拉弗曲线，力图以此论证减税与劳动、资本的供给与需求之间的平衡关系。

◎思考题

　　1. 分析拉弗曲线与税率、生产率之间的关系。

　　2. 思考供给学派的理论渊源。

　　3. 简述劳动楔子模型。

◎推荐阅读材料

　　中国税收还没有实行统一的电子征收，还处在人工征收阶段，因此，对经济主体的偷逃漏税行为，还无法遏制，税收总额实际在减少。造成经济主体偷逃漏税行为的原因是多方面的，既有经济主体法制观念不强的原因，也有征管体制不利的原因。从税率的角度来看，也确实存在税率过高的因素。税率过高不仅会影响中国税收的征管，在税收征管手段落后，不完备，法制观念不强，执法不严的情况下，还可能会促使经济主体冒风险而偷逃漏税。走私为什么屡禁不止，因为关税过高，偷逃关税，可以有高回报；内资企业为什么都纷纷与外商合资，因为三资企业有国家明确规定的"免二减三"税收政策。有些私营企业、所谓的"集体企业"为什么效益很高，是因为国家税收征管给予的"优惠"。以企业所得税为例，国家规定的统一税率是 33%，也就是说企业净收益所得的三分之一国家要拿走，企业怎能会等闲视之。这种不分经济主体的收入状况大小，而一律征收统一的税率，显然有失公平。再以国家税务总局 1995 年 9 月 8 日发布的《关于中国人民保险公司所属分支机构缴纳企业所得税问题的通知》的规定为例，按照该通知规定："中国人民保险公司所属分支机构的国内保险业务净收入，暂以省、自治区、直辖市和计划单列市分公司为企业所得税纳税人，按 55%税率汇总纳税"，企业的一半净收入，国家要拿走。如再加上不合理的重复征税，经济主体怎能承受得了。税率过高，在相关监管措施和制度没有跟上的情况下，也将会导致税务人员违法征税和腐败的产生。税务人员在经济主体各种形式的利诱下，由于缺乏必要有效的监管措施，可能被拖下水，随意的减税、免税，甚至共同犯罪，这样的例子举不胜举。

　　中国的税率普遍过高，应该降低税率。例如，在企业所得税方面，应该实行根据企业的净收入高低状况，采取累进税率的办法征收，而不可取统一的比例税率。但税率的减免降低应当通过立法的形式，在法律没有修改之前，不得以任何形式来减免税。对税种的征收、税率的高低的规定应当通过制定《中华人民共和国税收基本法》的办法来解决。在税种、税率确定的同时，应加大税收征管手段的改进工作的力度，逐步实行电子征管。国家应通过立法统一规定每个人的银行账号，在具体措施上，可以由银行去做，由银行根据每个人的身份证号码，在男性身份证号码后面加"2"，在女性身份证号码后面加"1"来确定每个人的银行账号。统一的个人银行账号的实施，有利于税收的征管。

　　拉弗曲线所论问题非常古老，而且前人多有类似阐述。中国古典名著《管子》就说："取民有度"，把制定适当的税收标准作为治国安邦的根本政策。历史巨著《史记》也是重要的经济著作，司马迁提出了"善因论"的经济思想，他说：对于普通百姓的经济活动，政府的政策"善者因之，其次利道（导）之，其次教诲之，其次整齐之，最下者与之争"，即国家最好的经济政策是顺应和听任人们进行生产、贸易等经济活动，不要横加干预，在某些方面进行诱导和教化，鼓励或告诫人们应该或不应该参与哪些经济活动，必要时进行一定的调节和限制，"与民争利"是最不好的经济政策。他认为，农工商等经济活动是"衣食之源"，个人为了自己的利益而从事经济活动，就扩大了衣食之源，"上则富国，下则富家"；如果个人的经济活动受到了限制或阻碍，衣食之源就会萎缩，既不会利家也不会富国。这里所说的实际就是制定优惠的税收政策，改善投资环境，吸引社会力量和外资前来投资兴办实业，以扩大税基，增加税源，增强政府的财力，加快经济发展。

资料来源：http：//www.baike.com/wiki/%E6%8B%89%E5%BC%97%E6%9B%B2%E7%BA%BF

请讨论，拉弗曲线在中国的情况。

【推荐选读书目】

崔顺伟，张沛东，李慧. 2008. 西方经济学说史教程. 天津：天津人民出版社.

蒋雅文，耿作石，张世晴. 2010. 西方经济思想史. 北京：科学出版社.

李薇辉. 2005. 西方经济思想史概论. 上海：华东理工大学出版社.

李仲生. 2015. 西方劳动经济学说史. 北京：中国人事出版社.

苗英华. 1994. 最著名的经济学家　最经典的学说. 北京：中国经济出版社.

熊彼特. 1994. 经济分析史. 第三卷. 北京：商务印书馆.

颜鹏飞. 2009. 西方经济思想史. 北京：中国经济出版社.

张林. 2008. 经济思想史. 北京：科学出版社.

张世贤. 2009. 西方经济思想史. 北京：经济管理出版社.

➤本章拓展材料

第 21 章　劳动经济思想的新发展

▶ 学习目标

1. 劳动经济思想的前沿问题。
2. 人口迁移与经济发展模式。
3. 劳动经济思想发展的特点。
4. 劳动经济思想未来发展趋势。

21.1　劳动经济思想的前沿问题

21.1.1　劳动力迁移理论

劳动力迁移作为一种与经济发展密切相关的现象，历来是劳动经济学家十分关注的焦点之一，但突破性进展是在 20 世纪五六十年代，力求建立有关研究的理论基础和分析框架成为西方经济学说中人口迁移研究的主流，逐渐形成了一套较为完整的理论体系。美国经济学家刘易斯最早提出了二元经济结构发展模型，对农村剩余劳动力向城市迁移的问题进行了考察。随后拉尼斯和费景汉、舒尔茨、库兹涅茨、托达罗及哈里斯等经济学家对经济发展中的人口迁移问题进行了深入研究，使人口迁移的经济模式理论逐步趋向完善。

1. 威廉·阿瑟·刘易斯的劳动迁移模式

威廉·阿瑟·刘易斯是美国著名经济学家，1979 年度诺贝尔经济学奖获得者。他出生于原英属西印度群岛圣卢西亚岛一个黑人移民的家庭。1932 年，刘易斯到英国伦敦经济学院学习经济学，1937 年获得经济学学士学位，1940 年获得经济学博士学位。这是刘易斯学术生涯的第一时期，主要研究一般经济学问题，涉及工业组织及一般经济学问题。这一时期的研究为他以后对经济发展问题的探讨打下了坚实基础。20 世纪 50 年代中期，刘易斯在《无限劳动供给下的经济发展》一文中提出了二元经济结构发展模型，也称无限过剩劳动力发展模型，其目的是论证发展中国家农业劳动力向城镇工业部门流动的两部门人口流动模型。刘易斯认为，发展中国家一般存在二元经济结构，即发展中国家的经济结构由传统的自给自足的农业部门和现代工业部门组成。在传统农业部门，不可再生性的土地是生产的基础，耕地面积的扩展是有限的，生产技术简单而变化缓慢。

另外，农村人口持续增长，劳动力遵循"共同体原则"，参加劳动产品分配。其结果是相对于土地资源，劳动力过剩，处于不充分就业或负增长。正因为如此，刘易斯认为，将这些剩余劳动力从农业部门抽出来不会减少农业生产。在高劳动生产率的现代工业部门，生产规模的扩大和生产速度的提高超过人口增长速度，使劳动就业人口的边际效益递增，人口平均收入不断提高。传统的、人口过剩的农业部门和高劳动生产率的现代工业部门在经济结构和收入上的差异，导致仅能维持生存的农业部门的剩余劳动力会源源不断地转向现代工业部门，为城市现代工业部门所吸收。

刘易斯认为，发展中国家只有通过现代工业部门把所有农村中隐蔽性失业的过剩劳动力完全吸收干净为止，才能使收益递减转变为收益递增，国民经济发展方式由停滞转变为稳定增长，随着经济活动由传统农业部门向现代工业部门的转移，就发生了经济结构的转变。

应当指出，刘易斯提出了二元经济结构发展模型之后也遭受了一些经济学家的批评，特别是托达罗在《欠发达国家劳动力迁移和城市失业模型》（1969年）、《第三世界的经济发展》（1985年）、《经济发展》（1999年）等论著里，根据发展中国家的经验，批评了刘易斯的理论模型，对乡村—城市迁移理论做了重大修正。他指出刘易斯的二元经济结构发展模型有三个关键性的假设前提与大多数发展中国家的经济现实不符。

第一，刘易斯模型暗含的假定现代工业部门的劳动转移率和就业创造率与现代部门的资本成正比例的关系。资本积累率越高，工业部门的增长率越高，新工作的创造率也就越高，从而劳动转移率也就随之变化。但事实上这个前提条件是不一定有的。现代工业部门在资本量增加，生产部门扩大时，会越来越倾向于采用资本密集型生产，结果现代工业部门扩展了，但创造的就业机会并没有同步增长。

第二，刘易斯模型令人质疑的假定是，在农村存在剩余劳动，而城市实现了充分就业。这一假定也不符合发展中国家的实际情况。当代大多数研究报告显示，在不少发展中国家，城市存在大量失业，而农村虽然有季节性失业和地区性失业现象，但剩余劳动的存在并不普遍。

第三，不现实的假定是刘易斯认为，现代工业部门存在一个竞争劳动力市场，从而保证在农村的剩余劳动力被完全吸收到之前城市的实际工资不变的程度。但大多数发展中国家的城市劳动力市场和工资决定过程中的显著特征是，即使在现代工业部门的公开失业水平不断上升，农村中劳动的边际生产率很低或为零的时期内，无论就绝对量还是相对于农村的平均收入而言，城市工资始终存在大幅度上升的趋势。工会组织的讨价还价能力，公务人员的工资升级制度等，这些制度上的因素都导致发展中国家现代工业部门的劳动力市场无论是否存在竞争力都起不了什么作用。

而一些经济学家指出，刘易斯模式中所说的无限剩余劳动供给在现实中不可能存在。他们认为，发展中国家的传统农业部门虽然生产率低，但资源配置是有效率的，不可能存在零值边际生产率的剩余劳动，因而也就不可能存在对现代工业部门的无限劳动供给。当农业部门一部分劳动流向现代工业部门后，农业产生将减少。

尽管如此，刘易斯提出的二元经济结构发展对某些发展中国家是适用的，对描述经济发展过程中产业部门之间的互动关系和产业结构的变动过程产生过重大的影响作用。但这个模式的基本假设条件与多数发展中国家的经济现象不完全相符，"零"值劳动力只是一定社会、经济条件下的产物，并不是发展中国家农业中普遍存在的经济现象。

而传统农业部门向现代工业部门的转移，既需要有大量资本和科学技术的投入，也需要有解决大量农业剩余劳动力的就业出路，这些条件在多数发展中国家是不具备的，但该模式提出的工农业两个部门或二元经济结构性的差异导致农村劳动力转移的见解是较为精辟的，具有较高的学术价值。

2. 拉尼斯和费景汉的劳动迁移模式

古斯塔夫·拉尼斯是美国知名的经济学家。他生于德国达耶斯坦特。拉尼斯的主要学术贡献是进行有关经济发展的综合性理论研究，特别是有关劳动力过剩的发展中国家经济的研究。他和费景汉共同开辟了一个发展中国家有关的理论与政策研究的重要领域，发展了刘易斯的二元经济理论。

费景汉是美国华裔国际知名的经济学家、耶鲁大学终身教授。费景汉一生致力于经济学的教学与研究，他在美国执教近 40 年，著作颇丰、论著百余篇。他的主要学术贡献是在发展经济学理论方面。费景汉与拉尼斯的合作最早见于 1961 年发表的两篇论文，一篇是经济发展理论的论文，这篇论文开启了以费景汉、拉尼斯命名的理论模型，发表之后曾引起其他学者的热烈讨论。另一篇是探讨无限制的劳动供给与平衡成长的观念。后来两人合著的《劳动剩余经济发展之理论与政策》一书于 1964 年出版。这本书已成为发展经济学的经典作品之一，书中所提出的理论，在经济学界称为拉尼斯-费景汉模式。此一理论的要旨在于分析经济发展过程中，劳动过剩与不再过剩之间的转折点，在此转折点前后，不同的技术条件对经济发展有不同的影响，从而必须调整互相配合的政策。此一理论模型对经济后进国家由农业转向工业发展的途径，具有很重要的指引作用。

拉尼斯和费景汉认为，刘易斯的二元经济结构发展模型忽视了农业劳动生产率的提高和农业生产产品的增加是农业劳动力转入现代工业部门的先决条件。为此，费景汉和拉尼斯在刘易斯的二元经济结构发展模型的基础上，把农业部门和现代工业部门的发展联系起来加以说明。

拉尼斯和费景汉把两部门经济发展划分为三个阶段，揭示了每个阶段上农业劳动力向工业转移的不同特点。按照拉尼斯-费景汉的劳动力迁移模型，农业部门和现代工业部门发展的三个阶段如下。

第一阶段：在传统农业部门存在大量显性失业人口时，农业部门的劳动边际生产力等于零。这时的劳动力的供给弹性是无限大的，农业剩余劳动力可以退出农业部门进入现代工业部门，不会减少农业生产量，而由于农业剩余劳动力的流出，农业部门形成的农业产品剩余，正好可以提供流入工业部门的劳动者。

第二阶段：由于农业劳动力持续不断地减少，农业部门的劳动边际生产率提高，变为大于零，但是仍然低于制度工资。这时不存在显性劳动力失业，但依然存在隐形失业的过剩农业剩余劳动力。农业部门隐形失业的劳动力会继续流入城市现代工业部门。由于这一阶段农业部门的劳动边际生产率为正数，农业劳动力的流失会引起农业总产量的减少，粮食短缺会引起农产品价格相对上涨，从而使工业部门不得不提高工资。

第三阶段：农业部门已经不存在剩余劳动力，农业部门的劳动边际生产率逐渐高于制度工资水平，这种现象说明农业部门劳动力收入不再取决于制度工资，而是由农业劳动的边际产值来决定，也意味着传统农业转化为商业化农业。费景汉和拉尼斯把第二阶段向第三阶段的转变点称之为商业化点，由此开始进入稳定增长的发达经济阶段。

拉尼斯–费景汉模型同刘易斯模型一样，认为发展中国家农业部门存在巨大的剩余劳动力。在剩余劳动力全部转移到工业部门以前，农业劳动力的收入水平被假定不变，并且始终等于平均产品。拉尼斯–费景汉模型把不变的平均收入叫做不变制度工资，因为在有农业剩余劳动存在时，农业劳动者的收入是由制度决定的，而不是由市场决定的。拉尼斯和费景汉指出，农业劳动生产率的提高是保证工业部门扩张和农业剩余劳动力转移的必要条件。在一个停滞的农业中，工业部门是不可能持续扩张的，农业剩余劳动力是不可能全部转移的。此外，拉尼斯和费景汉指出，要使农业剩余劳动力顺利转移，农业生产率还必须与工业劳动生产率保持平衡增长，使工业与农业的贸易条件保持不变。

拉尼斯–费景汉模式与刘易斯模式一样以二元经济结构的存在为分析的出发点，拉尼斯–费景汉模式对第二阶段的论证与后者的论证如出一辙，但是，在第二阶段和第三阶段的分析中，拉尼斯和费景汉考察了刘易斯没有涉及的一些问题。

在刘易斯看来，发展中国家的农业经济发展的贡献在于为工业部门化的扩张提供所需要的廉价劳动力，至于农业本身是否发展，在劳动流出的过程是无关紧要的。拉尼斯和费景汉认为，农业对经济发展不仅是为工业部门的扩张输送廉价劳动力，而且还为工业部门的扩张提供所需要的农业剩余。如果没有农业剩余，工业扩张所必需的粮食就没有来源，农业劳动的输出就要受到阻碍。拉尼斯和费景汉把技术进步和资本积累都看成是工业扩张的源泉，并论述了创新对提高生产率的作用。拉尼斯–费景汉模式注意到技术进步对经济增长的作用，把要素比例看成是变化的，因而在资本积累过程中有出现不利于劳动转移和就业增长的可能性，在这一点上拉尼斯–费景汉模式纠正了刘易斯模式的缺点，指出发展中国家的决策者在开发技术、引进技术时要防止偏重于资本密集型的倾向。

拉尼斯–费景汉模式简单描述了发展中国家二元经济结构转变的三个阶段和农业剩余劳动力转变的条件，但有的经济学家认为这个模式是根据发达国家经济增长的历史经验模拟的，不符合发展中国家的经济发展状况。例如，拉尼斯–费景汉模型是以农业剩余劳动力转变和工业部门增加的就业机会均与工业部门资本积累率成正比例为前提的，但实际上并非如此。事实上，许多发展中国家中存在大量失业者，而且对农业剩余劳动力的吸收能力十分有限，有时甚至出现工业部门资本投入及生产量都增加而劳动就业量反而减少的现象。由此可见，这个模式还不能完全概括发展中国家二元经济结构的转变过程，以及农业人口转化为工业人口的过程。尽管拉尼斯–费景汉模式尚存在不周全之处，但这个模式中提出的农业生产率的提高是农业剩余劳动力转入工业部门的前提条件等论点无疑是正确的。

21.1.2　就业理论问题

就业理论是随着工业革命以来资本主义劳动制度的产生而逐渐形成的。自 19 世纪初期以后经济学家对劳动力的就业、失业的原因，产生体制影响因素，以及解决方法等方面进行了系统的研究，提出了一系列就业理论。它的先驱者是阿瑟·庇古，主要代表人物是凯恩斯、菲利普斯、弗里德曼、拉弗、托宾及希克斯等。其中古典经济学派的萨伊最早展开了对就业理论的研究，他在《政治经济学概论》一书中提出了"供给会自行创造需求"这一命题，引人瞩目，而弗里德曼等其他就业理论具有一定的创新性。

1. 庇古的就业学说

根据庇古的就业理论，劳动要素市场供求在长期必然保持充分就业均衡。因为在工资总是等于劳动的边际生产物，而工资的效用又等于劳动的边际负效用的前提下，只要存在完全竞争制度下的劳动市场，工资就可以随劳动市场供求状况而变化，就业量也会随之自行调整。只要工人愿意接受现行工资水平，就能实现就业。庇古看来，在自由竞争下是不会存在大量失业，如果说在资本主义竞争制度下有失业的话，那么这种失业往往是资源的、暂时的。只能被看做是"资源失业"和"摩擦性失业"。因此，解决失业的办法是消除工资的刚性，使工资自由下降，通过货币工资来降低实际工资。

2. 菲利普斯对失业与通货膨胀的说明

菲利普斯首创了货币工资率的变动与失业水平之间的关系的菲利普斯曲线，最先把最优控制与控制工程的技术应用到经济计量模型上，在经济计量估算技术方面取得了一些发展。

菲利普斯曲线是用来表示通货膨胀与失业率之间存在反比关系的一条曲线，它是对凯恩斯就业理论的修正和延伸。按照凯恩斯的就业理论，只有超过充分就业的总需求会引起通货膨胀，但充分就业是遥远的事情，不值得瞩目。长期以来，西方一些经济学家受凯恩斯学说的影响，认为工资、通货膨胀与失业是不会并存的，美国在第二次世界大战后较长时期的经济发展也证明宏观经济政策确实有效控制住了通货膨胀、降低了失业率，并促进了经济增长。但是到了 20 世纪 60 年代，失业和通货膨胀显著上升，通过财政和货币政策降低失业率的宏观经济政策已经显得无能为力，这样失业与通货膨胀的关系成为经济学家关注的焦点问题。

最早研究失业与通货膨胀关系的是菲利普斯，他研究了 1861~1957 年英国的失业率和货币工资变化比率的关系，他认为货币工资变动率与失业水平之间存在一种此消彼长、互相替代的逆向变化关系，他还给出了一条表明货币工资变动率与工资变动率之间此消彼长、互相替代的曲线，这就是菲利普斯曲线。它表明，失业率和货币工资增长率之间是相关的，当失业率低意味着较高的社会总需求与劳动力供给的短缺，由此引起工资水平的较快增长；当失业率高则导致工资增长放慢。两者之间存在非线性的负相关关系。

3. 理性预期学派的就业学说

理性预期学派否认了凯恩斯的总量就业理论。他们认为，失业作为一种实际的经济变量，是由劳动市场的供求关系、生产的技术条件等实际因素决定的，与总需求的变动没有必然联系。在论述通货膨胀与失业的关系时，理性预期学派的论断是通货膨胀与失业之间即使在瞬间也不存在交替关系，因此通货膨胀与失业并存是经常出现的。他们得出的基本假说是经济行为主体的经济行为都是在合理预期条件下进行的。

在理性预期学派看来，劳动力市场主要不是靠价格来调节市场，而是主要靠就业人数或者每人提供的劳动数量来调节市场。由于工会和工人通过理性预期要求保证一定的实际工资率而不是名义工资率，致使工资存在着明显的刚性而不能发挥调节市场的功能。而工人只有在符合自己的预期收入的条件下才愿意提供一定数量的劳动，这样通过劳动力的供给的变动来调节劳动力市场。

在就业方面的主张，理性预期学派认为，人们对政府政策的实施，在掌握充分信息的条件下，必然会做出相应的预防性对策，因此各种国家干预或调节政策的结果是无效的。他们反对政府通过财政扩张和货币扩展来提高产量和增加就业，反对把充分就业作为政策目标，主张追求经济发展的自然水平。他们还有人认为解决失业问题的最好对策是让市场经济体制自由调节，政府应该提供良好的经济环境，树立良好的政府信誉，这样可以弱化工会和工人的合理预期，增加产量并实现充分就业，实现经济的持续增长[1]。

21.1.3　工会运动理论问题

1. 工团主义运动

合作主义对法国工人运动的影响表现为工团主义。起初，"工团主义"只是法国工会主义的法文名称，但后来法国工会运动分裂成改革派和革命派，后者称做"革命工团主义"，后又称"无政府工团主义"，简称工团主义。在工人阶级组织随1870年巴黎公社运动的失败被禁止后，法国工会运动在19世纪80年代再度复兴。工团主义是在这一时期出现的反对正统的工人联合主义的工人运动。工团主义比当时处于四分五裂的法国社会主义政党对工人阶级具有更大的吸引力，因为它最直接地表达了工人阶级的最迫切愿望，即"工团主义根本上站在生产者的立场反对消费者；它所关心的是改革劳动制度和工业组织，而不仅仅是提高劳动报酬。这一立场成了其生机和个性的源泉。它旨在以经济斗争取代政治行动，并利用工会组织达到正统社会主义者要求求助于议会去到达目的"[2]，这里所说的经济斗争是指"用肉体上的暴力，组织以后经过总罢工来赢得他在那里做工的工厂"[3]。

英国著名哲学家伯特兰·罗素在《自由之路：社会主义、无政府主义和工团主义》（1918年）艺术中详细地研究了工团主义。他指出："与社会主义和无政府主义不同，工团主义是从一个现存的组织开始，然后发展到适合于它的观念来。而社会主义和无政府主义是从观念开始，然后再发展除作为其载体的组织来。……工团主义的观念其后只是作为政治和经济形势的自然后果而出现。这些观念几乎都不是新的；它们几乎全都来

---

① 李仲生：《西方劳动经济学说史》，中国人事出版社，2015年，第337页。
② 伯特兰·罗素：《自由之路》上，李国山、许峰、上官新松等译，文化艺术出版社，1998年，第47页。
③ 约瑟夫·熊彼特：《经济分析史》第2卷，杨敬年译，商务印书馆，1994年，第424页。

自于旧国际的巴枯宁派思想。"①

工团主义所依赖的组织是"劳动总联合会"和"劳动交换所联合会",后者最后并入前者。熊彼特认为,工团主义最突出的特色之一,是没有最终价值的某种明确的方案,它拒绝任何理论的指导和知识分子的领导。熊彼特的观点是一种误解。实际上,工团主义是有某种明确的价值方案的,其核心是主张工人自治和由工人管理工厂。1911 年 9 月出版的《工团主义铁路工人》第 1 期上刊登的一篇旨在向英语读者介绍工团主义学说的文章这样写道:"所有工团主义、集体主义和无政府主义旨在废除现存经济制度和大多数财产的私人所有制;但是,集体主义以全民所有制取而代之,无政府主义以无人所有制取而代之,工团主义则旨在建立联合劳工所有制。因此它是一个按照社会主义者提出的经济学说和阶级斗争学说建立起来的纯工会组织。它坚决摒弃集体主义以来的议会斗争;正是在这一点上,它同无政府主义是志同道合的,而且,实际上它同无政府主义的区别仅仅在于其行动范围更为有限。"②

当然,罗斯也承认:工团主义的目标不如工团主义的革命手段那么明确,工团主义者希望看到每一个工业行业的自治,但就如何调节不同行业之间的关系问题,他们没有明确的看法,而基尔特社会主义者做到了这一点。工团主义者认为,国家是最大的敌人,在他们的眼里,国家本质上是用于镇压工人的资产阶级组织工具。因此,工团主义是一次革命,这次革命的目的不仅要废除现存社会秩序,还要消灭国家本身。然而,工团主义者坚决反对无政府主义者主要通过武装起义或暴力来达到目的,也坚决反对社会主义者主张的议会道路。

作为有组织的劳工运动,革命工团主义起源于法国,并且在美国、英国和其他国家传播,直至第一次世界大战爆发以后才逐渐偃旗息鼓了。然而,正如罗素指出的那样:"作为一场所有文明国家中最有活力的工人运动提供了新的动力,指明了新的方向。"③他还这样写道:"无论人们认为工团主义是否可行,工团主义带给世界的思想无疑对工人运动的复兴起到了巨大的作用,并且向人们提醒了以往的一些重大事情。工团主义者将人看做生产者而不是消费者。他们更关心在劳动中获得自由而不是提高物质待遇。他们复兴了在议会社会主义制度下一度变得模糊的对自己的追求,他们还提醒人们,我们的现代社会所需要的不是东修西补,也不是当权者会欣然同意的微小调整,而是一个彻底的重建,即扫除产生压迫的根源,解放人们的创造力,并以全新的方式构想和调节生产与消费关系。工团主义的这一贡献十分巨大,相比之下,它的几个缺点就是微不足道的了,而且即使工团主义作为一个运动随着战争的结束而不再延续下去,它的这一点贡献也是永远不可磨灭的。"④

2. 詹姆斯·韦伯和伯特·韦伯的工会理论

詹姆斯·韦伯是英国社会活动家、费边社会主义理论家。出生于英国伦敦。伯特·韦

① 伯特兰·罗素:《自由之路》上,李国山、许峰、上官新松等译,文化艺术出版社,1998 年,第 45 页。
② 伯特兰·罗素:《自由之路》上,李国山、许峰、上官新松等译,文化艺术出版社,1998 年,第 51 页。
③ 伯特兰·罗素:《自由之路》上,李国山、许峰、上官新松等译,文化艺术出版社,1998 年,第 47 页。
④ 伯特兰·罗素:《自由之路》上,李国山、许峰、上官新松等译,文化艺术出版社,1998 年,第 60 页。

伯是英国社会活动家，于 1887 年开始从事社会活动，曾在有关妇女和工人问题的皇家委员会里工作。1892 年詹姆斯·韦伯和伯特·韦伯结婚。此后，韦伯夫妇二人密切合作从事社会和科学活动。1895 年共同建立伦敦经济学院，1913 年共同创办《新政治家》杂志。他们的主要合著有《工会运动史》、《消费者合作运动》及《社会研究方法》等。

韦伯夫妇的观点是，劳动运动的真实原因在于工人阶级要求提高自己在工业社会中的经济地位和社会地位。只要这种社会还存在，工会运动就必不可少。韦伯夫妇指出，工会活动并非是一种暂时的，或者是过渡的体制。增进工作效率、提高劳工的生活品质、增加教育和技术、参与民主国家的政治活动，来确保所有劳工拥有更好的生活，是工会运动的终极目标。

韦伯夫妇给工会下的定义是，工会是工资收入者为维持或改善工作条件而建立的永久性组织。在《英国工会运动史》一书中，他们分析了工会主义的起源。在英国城镇最早记载的是"学徒工兄弟会"。但韦伯夫妇认为"学徒工兄弟会"并不是真正的工会组织，这些学徒制的熟练工人和他们的雇主属于同一社会阶层。如果勤奋的学徒工不能与雇主的女儿结婚，那么他们就希望能够另立门户。因此，一些早期的组织就经常失去经验丰富、勤劳能干的成员。这可以看出，除非招的熟练的学徒工没有机会成为雇主，否则很难形成一个永久的工会组织。

韦伯夫妇分析了工会与行会的区别。作为工会，从成员来看，是自由技术工人的相互联合；从联合的目的来看，是为了避免其生活日益恶化，为了防止遭受剥削并保护工人免受雇主滥用职权的影响。而行会是工匠的自治团体，即使有一部分学徒工也加入了行会，但行会的主要组成人员还是那些拥有生产工具、管理自己的小作坊、并出售产品的师傅。从建立的目的来看，行会自行制定自治条例，以保护生产者的利益。

总之，韦伯夫妇认为，根据工会的经验，一方面通过专业人员运用共同规则的方法来进行产业管理，并由市民最终做出决定；另一方面，通过考虑整个社会的利益而不是考虑特定人物或特定阶层的利益时，个人才能得到智力和性情的最大发展，整个国家的资源才能得到有机整合。他们认为，只有解决上述两个基本矛盾，才能实现民主。

韦伯夫妇是英国工人运动史上两个很有影响的人物。他们在自己漫长的一生中积极从事社会问题的调查研究，参与社会改革的实践和工会运动实践，并且留下了大量著作。和他们的实践活动一样，他们的著作在指导思想上是改良主义的。但是，他们的思想观点并不是一成不变的，不同时期的著作是他们所生活的不同时期的特征的反映。他们的著作加强了对资本主义制度的揭露和批判。此外，韦伯夫妇的著作中汇集了大量历史文献资料和他们亲身实践活动的记录，这些都为后世研究英国工人运动史乃至整个这个时期的历史提供了宝贵遗产。

3. 约翰·托马斯·邓洛普的工会最大化模型

邓洛普是美国经济学家，出生于美国加利福尼亚州。早年在加利福尼亚大学学习。邓洛普分析工会工资政策问题时，采用了微观经济学中有关理性企业的假设，明确界定了目标函数的最大化。他认为，工会的经济学理论要求假设这种组织追求某种东西的最大化。

在建立工会最大化模型时，邓洛普提出了雇佣最大化模型的变种。他指出，工会追求的是使会员人数最大化，加入工会的工人数是工资率的一个函数。据此，邓洛普建立了一个会员人数函数，将会员人数表示为工会工资率的一个增函数，并指出可以用它来替代一般使用的劳动力需求曲线。他指出，劳动力供给曲线反映的是工人们的收入—闲暇偏好，而不是他们对工会的忠诚。在只有会员才能被雇佣的情况下，对于工会化的企业来说，劳动供给曲线与会员人数函数是一致的。但是应该指出，它与这个企业在没有工会的情况下所面临的劳动力供给曲线不一定相同，因为一些工人会选择不加入或到别处寻找工作，在这种情况下，会员人数函数将处于一般劳动力供给曲线的左侧，其向左移动的距离表示在所考虑的工资率上不加入工会的人数。

21.2 劳动经济思想的发展特点及未来趋势

21.2.1 劳动经济思想的发展特点

1. 更加重视人力资本的研究

人力资本理论最早起源于经济学研究。20 世纪 50 年代后期，舒尔茨和明瑟尔等从各自的研究领域已经构建起人力资本理论的基本框架，并从这一理论框架出发，对于未解的"经济之谜"做出了更为合理的解释，昭示了人力资本在现代经济增长中的重要作用。但是这些理论都缺乏对人力资本理论进行更深层次的分析。随后，丹尼森对美国 1929~1957 年经济增长之源的研究，用实证分析为舒尔茨的观点提供了最为有力的证据和补充，使得人力资本理论的研究与实证分析紧密地结合起来。而贝克尔在 20 世纪 60 年代初期阐述的家庭生产理论和时间价值与分配理论为人力资本理论提供了微观理论基础，使人力资本理论更具有科学性和可操作性。他在 1964 年发表的《人力资本：特别关于教育的理论与经验分析》标志了人力资本理论的最终确立。20 世纪 70 年代末以后，人力资本理论研究发展的势头有所减弱，但是到了 20 世纪 80 年代后期，以技术内生化为特征的新经济增长理论，将人力资本纳入理论模型中，使人力资本理论达到新的高度。

人力资本的萌芽起源于英国著名经济学家威廉·配第对人力资本的研究。配第较早地对人口素质的重要性做出了论述，他认为人口素质对经济发展有重要影响。他说："有的人，由于他有技艺，一个人就能够做许多没有本领的人所能做的许多工作。"[1]他分析认为欧洲国家经济实力差距的一个主要原因就在于劳动力素质的高低不同，而英国著名经济学家亚当·斯密则对人力资本进行了较为系统的分析，他明确指出应当把投资在人的才能和教育上的费用看为资本，并第一次论证了人力资本投资对人们收入和工资结构的影响。他认为可以将一个国家全体居民的所有后天获得实物有用能力当做资本的重要组成部分。同时他还分析了劳动力素质对经济发展的影响。他认为劳动生产力的水平受制于人们在劳动中所表现出来的熟练程度、技巧和判断力，而这又是人们受到教育和培

① 威廉·配第：《政治算术》，陈冬野译，商务印书馆，1960 年。

训的结果。此后众多经济学家都有关于人力资本思想的研究，这些研究主要体现在人的经济价值、人力资本概念和含义、人力资本的投资、人力资本投资的收益、人力资本与收入差别关系以及人力资本与生命周期的关系等方面。

这些在人力资本领域研究的思想和观点虽未被纳入经济学的主流，却构成了现代人力资本理论丰富的思想渊源，成为现代人力资本理论形成的重要基石。早在 18 世纪和 19 世纪，一些经济学家就认为人力资本同物质资本一样也存在一个形成、使用、维护、消耗直到最终报废的过程，19 世纪法尔就在其《收入与财产税》一文中对人力资本生命周期问题做过分析。后来恩斯特·恩格尔更将明确地将一个人的经济生命划分为成长和受教育时期、劳动或生产时期、老年时期三个阶段。这种划分甚至还能在现在的经济学研究中找到。由此可以看出，这一时期关于人力资本、人力资本投资等问题的研究就已经比较深入，许多重要思想先后被提出。可以说现代人力资本理论正是在这些思想和研究成果中萌发起来的。

然而就在 20 世纪二三十年代，人力资本理论呼之欲出之际，西方许多经济学家却将目光转移到当时爆发的经济大危机中，失业和商业周期波动等问题成为当时的焦点。凯恩斯理论和凯恩斯学派一时间成为经济学的主流，并大大推动了经济学的发展，这似乎中断了经济学家们在人力资本理论领域的研究。但随着第二次世界大战结束、欧洲重建、德日的兴起和众多经济之谜的涌现。这些一方面使经济学遭遇到重重的困难和挑战，另一方面也为经济学家们指明了研究的方向，提出了具体任务，从而为人力资本理论的发展造就了新的机遇。经济学家们在寻求解决这些"经济之谜"的同时，纷纷开始了有关人力资本的研究。这是在这样的背景下，20 世纪 50 年代末和 60 年代初，人力资本理论终于确立并逐步形成了[①]。

2. 重视劳动力市场歧视理论的研究

对劳动力歧视的早期描述主要起源于大西洋沿岸的欧洲人。早在 19 世纪中期，针对女性经济社会地位的附属特征，就有了两性之间并非天然不平等关系的观点。早期经济学家关于歧视问题的研究主要集中于不同群体间收入不平等，主要的不同观点是：群体间收入差异是他们先天遗传的属性表现在能力上的差异所导致的；收入差异是他们现实的实际能力差异所致；即使不同群体间的生产率特征一致，收入差别也仍然是存在的，因为劳动力市场歧视在起作用，争论焦点集中在工资差别上。

关于性别歧视，新古典理论主要研究工资差别，认为女性低收入的原因是劳动力生产率低下、缺乏工会支持、受教育程度低、生活标准较低、可选择的就业机会少。福西特对女性劳动生产率低的观点提出质疑，她从第一次世界大战期间军火企业找到依据，即射弹厂的女工产量是工会会员的男工的两倍。她认为女性总体低收入是由于她们被排挤在更广泛的产业部门，这些部门被工会控制。因此她提出"同工同酬"的概念。

佛洛伦斯也提出另外的看法，性别工资差别不在于两者生产率差别，而在于家庭与社会习惯使女性在劳动力市场上缺乏流动性；男性不情愿与女性一起工作，尤其是女性

---

① 李仲生：《西方劳动经济学说史》，中国人事出版社，2015 年，第 344-345 页。

的领导和管理。

关于种族歧视，早期美国经济协会经济学家的思想受到人种优生学、种族差别论思潮的影响。他们在经济人口统计学基础上建立假说。例如，克洛森在研究中运用人体测量的方法，特别是头盖骨测量。早期种族问题的研究中，缪尔达尔的劳动力歧视研究最瞩目，他提出累计因果原理。这一原理将美国黑人问题看做恶性循环中相互作用和相互强化的结果。他认为美国黑人问题起因于白人反对黑人的行动、黑人的贫困状态、黑人的人力资本及文化特征这三种要素的相互作用及不断的强化，并形成了一种恶性循环。

经济学家对劳动力歧视现象的研究起步相对较晚。有关这方面的最早研究是加里·斯坦利·贝克尔在 1957 年出版的《歧视经济学》一书。此后西方有关劳动力市场歧视的研究以贝克尔的经济学歧视理论为契机迅速发展起来。

贝克尔的歧视理论是以负责效用为基础的，某些人可能因为偏见而自愿放弃成本不愿与某些群体的成员交往。这种费用的承担可能是直接的，也可能是间接的。即如果某人具有歧视性偏好，那么他宁愿用另一个群体去代替此群体，而负效用与特殊的偏好得以产生。贝克尔说："如果一个人具有歧视的'偏好'，为了与一些群体为伍，而不是与其他人为伍，他将愿意直接地或以收入减少的形式间接地付出一些费用。"[①]

不过，贝克尔这一理论受到质疑，即劳动力市场竞争机制是否能够消除个人偏见歧视？事实上，通过市场机制自动消除歧视过程极其缓慢，并且市场机制并不能完全消除雇主的偏见，还有另外一些原因造成歧视的长期存在。

卡瑞尼·卡恩扩展了贝克尔有关顾客歧视的理论。他认为，在一般均衡框架下，顾客歧视理论区别于雇主歧视与雇员歧视，特别是在规模报酬不变和非歧视性企业存在的情况下，被歧视的群体可以逃脱歧视，但顾客歧视仍可能存在。歧视性工资差异存在取决于顾客需求、技术、少数群体劳动力的相对规模。

卡恩给出了顾客歧视的一般均衡模型，即两部门两要素模型。设定两部门是服务部门和制造部门，前者顾客与提供服务的生产者直接接触，后者不接触。两要素是白人和黑人工人，并且有相同的劳动生产率，但顾客对黑人在服务部门的产出要打折扣，意为顾客歧视。卡恩认为白人、黑人劳动配置有三种情况：①白人在两部门工作，黑人不在服务部门工作。卡恩分析认为，在这种情况下，两部门白人工资相同，由于生产部门没有顾客歧视且企业追求利润最大化，所以白人、黑人在制造部门工资相同。这种设定将消除歧视性工资差异。②劳动力市场完全分割。白人在服务部门，黑人在制造部门，将产生歧视性工资差异。③黑人在两部门工作，白人在服务部门工作。那么两部门的黑人工资相同，白人不再制造部门工作，是因为他们在服务部门机会工资更高。白人在服务部门工资更高是因为顾客设定这种情况，黑人只在制造部门，白人只在服务部门，结果是一个均衡[②]。

3. 更加重视企业理论与发展的研究

企业是新古典经济学研究的核心，自古以来已经有上百年的历史，但是如果将企业

①　贝克尔 G：《歧视经济学》，于占杰译，商务印书馆，2014 年。
②　李仲生：《西方劳动经济学说史》，中国人事出版社，2015 年，第 293 页。

理论严格定义为一门解释企业为什么会出现，企业内部组织的经济学意义的学问，则新古典主义的企业理论不是企业理论，而是生产理论，真正的企业理论则是由科斯 1937 年经典论文所首创[①]。企业理论的研究内容主要包括三个方面的问题：一是企业的产生，即企业为什么会出现；二是企业的规模，即企业的边界是由何种因素以何种方式决定；三是企业的治理结构，即企业中所有者和经营者之间处于怎样的相互关系之中，经营者在何种条件下会在何种程度上按照所有者的意志经营。同西方经济学其他分支理论一样，从本质上讲，企业理论也是研究资源配置的效率问题，而区别在于企业理论研究的着眼点是影响资源配置效率的企业制度安排，西方经济学的其他流派更多的是研究市场等其他方面的制度安排。虽然传统的新古典微观经济学理论也曾尝试对企业的规模和边界进行解释，但其解释很大程度上是建立在企业是一种既定存在的"黑箱"的基础上，因此不可能真正触及企业形成的本质原因。同时，企业理论不同于企业管理学。企业管理学虽然也研究企业，但并不研究企业的产生、规模和治理结构等初始层面的制度问题，而是研究企业经营决策与控制的方法和技术。

通常认为，企业理论的研究始于科斯 1937 年的论文《企业的性质》，正是这篇经典论文揭开了企业理论研究的序幕。人们在探讨企业理论的时候，之所以从科斯谈起是因为科斯第一次从交易费用的角度打开企业这一"黑箱"，创立了科学的范畴，从理论上界定了企业的本质及产生的原因。过去经济理论在研究企业的时候，并没有对企业产生的逻辑和过程进行有说服力的说明，而是在假设企业存在的基础上，认为企业是一个投入产出的"黑箱"[②]。

事实上，从现实经济系统运行的描述来看，这是不完整和缺乏基础的。经济理论研究亟须打开企业这一"黑箱"，对企业的产生、企业的规模、企业的治理结构等现实问题进行研究。科斯的企业理论主要回答两个问题，即"企业为什么会出现"和"企业边界是如何决定的"。如果通过建立企业，以"权威"的方式对资源进行配置，就能够大大地节约交易费用。企业正是为了节约交易费用而建立的。企业的边界在于企业内部组织一笔交易的成本等于通过在公开市场上完成同一笔交易的成本的那一点上，即如果当企业通过"权威"的方式对资源进行配置的成本大于通过价格机制在市场上配置资源的成本，那么企业就应当停止扩大或缩小其规模。反之，企业就应当继续扩大规模。

资产专用性理论的主要代表人物为奥利弗·威廉姆森和本杰明·克莱因等。他们与科斯持有相同的观点，即认为企业是用以交易费用的一种交易模式。他们着重研究了社会主义行为对交通费用的影响，认为资产专用型导致了缔结后的机会主义行为，进而导致了交易费用的增加。而当交易费用增加到一定的程度，超过企业产权合并所带来的成本的时候，企业就会选择纵向一体化。

团队生产理论的代表人物是阿尔奇安和德姆萨茨。他们并不同意科斯的"企业是市场的一种替代"的观点，而是认为企业实质上是一种"团队生产"方式。在团队生产中，任何一个成员的行为都将影响其他成员的生产率。为对这些成员的行为进行监督，于是就存在一个拿取剩余索取权的外部监督者——雇主。当雇主帮助团队成员确定了良好的

① 杨小凯：《企业理论的新发展》,《经济研究》，1994 年第 7 期，第 60 页。
② 张世贤：《西方经济思想史》，经济管理出版社，2009 年，第 405 页。

投入组合，并监督他们以团队的方式进行生产时，新古典经济学意义上的企业就出现了。

代理理论是企业理论的一个重要分支，其核心主张是认为企业不是一个个人，而是一个系列委托—代理关系的总和，因此代理理论主要研究企业的治理结构。代理理论主要研究两个核心内容：一是代理成本问题；二是委托—代理问题。其中，代理成本理论的核心思想是代理成本决定了企业的所有权结构，此处所有权结构包括企业中债券和股权的相对数量及企业管理者持有的股权比例情况。委托—代理理论的核心思想是信息不对称条件下，委托人能够观察到代理人活动的结果，但不能观察到代理人活动本身，那么委托人就必须对代理人进行激励①。

21.2.2　劳动经济思想的未来发展趋势

更加注重劳动力市场的研究。20 世纪 70 年代以来，市场缺陷理论和分割劳动力市场理论构成了劳动经济思想中最为重要的发展。传统理论认为劳动力市场是完全竞争的，在这个市场上劳动力是同质的。而市场缺陷理论认为，在劳动力市场运行中，一些制度性的因素使得劳动力价格具有某种黏性，因此劳动力市场的失业常态是存在失业现象，而不是充分就业。这一学说在宏观经济学中属于新凯恩斯主义经济学中的一部分。分割劳动力市场理论主要由外部劳动力市场和内部劳动力市场组成。分割劳动力市场理论按劳动的技能、产业、地区等因素分割为不同的部分，其中最为著名的是迈克尔·帕雷提出的二元劳动力市场模型。美国劳动经济学家提出的内部劳动力市场理论则注意到劳动并不完全是在外部劳动力市场通过工资的竞争进行配置的，很多劳动力是长期服务于固定的企业，并在企业内沿着工作阶梯被提升或淘汰。内部劳动力市场理论大量运用了博弈论和信息经济学的理论工具，目前仍然是劳动经济学的一个研究热点。

更加重视知识经济下的劳动经济理论问题。20 世纪 80 年代以后，数理经济分析方法和计量经济学成为劳动经济学说的主要研究方法。这个学科就其大部分内容而言，不再集中于描述或制度研究。劳动经济学论著首先介绍需要解释的事实，其次构建原则上能够扶植需要解释的事实的理论模型，最后通过实证检验来对所构建的理论模型与需要解释的事实进行比较。在 20 世纪 90 年代末期人们开始研究知识经济下的劳动经济理论问题。近年来，由于技术创新的加速和知识经济的崛起，越来越多的劳动经济学家正在研究"技术创新对劳动力供求的影响""全球化过程中的就业结构""新经济中的收入分配格局"等问题。随着具有创新性劳动经济研究论著的不断出现，劳动经济思想越来越和现实相结合②。

未来劳动经济思想的发展上将更加注重为了促进全社会重视并推动和谐劳动关系的建设，聚焦当代社会劳动热点问题，观察记述每年度与"三工"（工人、工厂、工会）相关的社会劳动问题，全面、客观地反映劳动者的心声，提出改善劳动者状况、面临问题的解决办法，为社会各界提供具有前瞻性、建设性的思维路径。

在新时期尤其是全球经济一体化，电商的不断冲击下，劳动经济思想将会更加具有

---

① 张世贤：《西方经济思想史》，经济管理出版社，2009 年，第 420-421 页。
② 李仲生：《西方劳动经济学说史》，中国人事出版社，2015 年，第 8 页。

多样性、复杂性、现实性，并涵盖劳动关系状况、劳动就业与社会保障、劳动关系调节、劳动争议处理、劳动关系中的组织等方面，在我国主要体现在"论我国劳动关系的状况和新变化""劳动力再生产概念与中国的农民工问题""浙江模式劳动关系"等内容。

◎ 本章小结

关于劳动经济思想的前沿问题主要集中在劳动力迁移理论、就业市场、失业问题、收入与分配、劳动歧视、工会理论等。劳动经济思想的发展特点是更加重视人力资本的研究；更加重视劳动力市场歧视理论的研究；更加重视企业理论与发展的研究。劳动经济思想的未来发展趋势是更加注重劳动力市场的研究；更加重视知识经济下的劳动经济理论问题，由于电商发展趋势的冲击，劳动经济思想更加具有多样性、复杂性、现实性，尤其在我国劳动人口最多、结构层次多元化的今天，将更具有代表性。

◎ 思考题

1. 劳动经济思想史的前沿热点问题是什么？
2. 关于劳动力转移的经典理论与模型有哪些？
3. 劳动经济思想史未来发展的趋势是什么？
4. 劳动经济思想史未来发展的特点有哪些？

◎ 推荐阅读材料

国人对歧视"集体无意识"？

不仅是私企，甚至政府中也存在严重的歧视情况，国家机关招公务员要求长相端正，说是代表国家形象，有的地方法规规定，有多少厘米的胎记，多长了一个手指或脚趾都不能当公务员。这不但剥夺了这些人的工作权利，还剥夺了他们担任公务员的权利。所以，提高全社会尊重他人的平等权利，尊重弱者人格尊严，从每个人做起，尊重他人的基本人权是最重要的。

与工作无关的条件就是歧视，如下。

性别歧视：许多用人单位在招聘广告中都公开注明要求应聘者"须为男性，或男性优先"。

年龄歧视：许多用人单位在招聘时将 35 岁作为一个界限，35 岁以下出现在大量招聘广告的限制性条件中。

相貌歧视：有些用人单位优先录用相貌好的而不是成绩好的。

户口歧视：有的用人单位要求应聘者必须具有本地户口。

工作经验歧视：有的用人单位拒绝招收应届毕业生，要求应聘者必须有工作经验。

健康歧视：残疾人就业受到各种歧视自不必说，还有一些病毒携带人群也受到歧视。

身高歧视：不少单位都对身高有限制规定，如有的用人单位规定男性不低于一米七，女性不低于一米六等。

反就业歧视应写进法律条文。

虽然《中华人民共和国劳动法》有"平等就业""同工同酬"等原则性的法律条文，《中华人民共和国宪法》也明文规定禁止性别歧视，但缺乏具体可操作性的法律、法规。

　　反就业歧视，寄希望于劳动者提高法律意识和用人单位端正用人观念是不切实际的空想。《就业促进法草案》26 日首次提请十届全国人大常委会第二十六次会议审议，反就业歧视也就首次写进了法律条文。

　　资料来源：http：//539594321.blog.163.com/blog/static/1356653420072973524669/

　　思考：劳动歧视在劳动力市场上为什么会经常存在？

【推荐选读书目】

伯特兰·罗素. 1998. 自由之路·上册. 李国山，许峰，上官新松，等译. 北京：文化艺术出版社.

崔顺伟，张沛东，李慧. 2008. 西方经济学说史教程. 天津：天津人民出版社.

加里·贝克尔. 2014. 歧视经济学. 于占杰译. 北京：商务印书馆.

李仲生. 2015. 西方劳动经济学说史. 北京：中国人事出版社.

威廉·配第. 1960. 政治算术. 陈冬野译. 北京：商务印书馆.

约瑟夫·熊彼特. 1994. 经济分析史. 第 2 卷. 杨敬年译. 北京：商务印书馆.

张世贤. 2009. 西方经济思想史. 北京：经济管理出版社.

▶本章拓展材料

参 考 文 献

阿奎那 T. 1963. 阿奎那政治著作选. 马清槐译. 北京：商务印书馆.

阿奎那 T. 2013. 神学大全. 段德智译. 北京：商务印书馆.

艾春岐. 2008. 西方经济学说简史. 北京：首都经济贸易大学出版社.

白永秀，任保平. 2011. 影响世界的 20 位西方经济学家思想述评. 北京：中国经济出版社.

柏拉图. 2002. 理想国. 郭斌，张竹明译. 北京：商务印书馆.

贝克尔 G. 2014. 歧视经济学. 于占杰译. 北京：商务印书馆.

庇古. 2013. 福利经济学. 金镝译. 北京：华夏出版社.

崔连仲. 1983. 世界史·古代史. 北京：人民出版社.

崔顺伟，张沛东，李慧. 2008. 西方经济学说史教程. 天津：天津人民出版社.

凡勃仑. 2011. 企业论. 蔡受百译. 北京：商务印书馆.

凡勃仑. 2012. 有闲阶级论. 蔡受百译. 北京：商务印书馆.

冯·杜能 J. 2009. 孤立国同农业和国民经济的关系. 吴衡康译. 北京：商务印书馆.

冯·哈耶克 F. 2007. 货币的非国家化. 姚中秋译. 北京：新星出版社.

傅筑夫. 1981. 中国古代经济史概论. 北京：中国社会科学出版社.

戈森 H H. 2009. 人类交换规律与人类行为准则的发展. 陈秀山译. 北京：商务印书馆.

郭冠清. 2012. 西方经济思想史导论. 北京：中国民主法制出版社.

赫西俄德. 1991.工作与时日　神谱. 张竹明，蒋平译. 北京：商务印书馆.

胡寄窗. 1983. 中国经济思想史. 上海：上海人民出版社.

胡寄窗，谈敏. 1997. 新中国经济思想史纲要. 上海：上海财经大学出版社.

黄有光. 2005. 福祉经济学——个趋于更全面分析的尝试. 大连：东北财经大学出版社.

惠特克 E. 1974. 经济思想流派. 徐宗士译. 上海：上海人民出版社.

季陶达. 1963. 资产阶级庸俗政治经济学选辑. 北京：商务印书馆.

加图 M P. 2009. 农业志. 马香雪，王阁森译. 北京：商务印书馆.

蒋雅文，耿作石，张世晴. 2010. 西方经济思想史. 北京：科学出版社.

杰文斯 S. 2011. 政治经济学理论. 郭大力译. 北京：商务印书馆.

杰文斯. 1984. 政治经济学理论. 郭大力译. 北京：商务印书馆.

凯恩斯 J K. 1962. 劝说集. 蔡受百译. 北京：商务印书馆.

凯恩斯 J M. 1983. 就业、利息和货币通论. 徐毓枏译. 北京：商务印书馆.

李斯特 F. 2011. 政治经济学的国民体系. 陈万煦译. 北京：商务印书馆.

李特尔. 2014. 福利经济学评述. 陈彪如译. 北京：商务印书馆.

李薇辉. 2005. 西方经济思想史概论. 上海：华东理工大学出版社.

李晓蓉. 2014. 西方经济学说史. 北京：北京大学出版社.

李仲生. 2015. 西方劳动经济学说史. 北京：中国人事出版社.

卢森贝. 1978. 政治经济史. 李侠公, 张凡, 翟松年, 等译. 上海: 生活·读书·新知三联书店.

鲁友章, 李宗正. 1979. 经济学说史. 北京: 人民出版社.

罗宾逊. 2012. 不完全竞争经济学. 王翼龙译. 北京: 华夏出版社.

罗斯托 W W. 2001. 经济增长的阶段. 郭熙保, 王松茂译. 北京: 中国社会科学出版社.

罗素 B. 1998. 自由之路. 李国山, 许峰, 上官新松, 等译. 北京: 文化艺术出版社.

马歇尔. 1983. 经济学原理. 朱志泰译. 北京: 商务印书馆.

门格尔. 2013. 国民经济学原理. 刘絜敖译. 上海: 上海人民出版社.

苗英华. 1994. 最著名的经济学家 最经典的学说. 北京: 中国经济出版社.

庞巴维克. 2010. 资本与利息. 何崑曾, 高德超译. 北京: 商务印书馆.

庞巴维克. 2011. 资本实证论. 陈端译. 北京: 商务印书馆.

配第 W. 1960. 政治算术. 陈冬野译. 北京: 商务印书馆.

桑巴特. 1958. 现代资本主义. 李季译. 北京: 商务印书馆.

色诺芬. 1961. 经济论雅典的收入. 张伯健, 陆大年译. 北京: 商务印书馆.

《世界著名法典汉译丛书》编委会. 2000. 萨利克法典. 北京: 法律出版社.

瓦尔拉斯. 1989. 纯粹经济学要义. 蔡受百译. 北京: 商务印书馆.

瓦尔拉斯 L. 2009. 纯粹经济学要义或社会财富理论. 蔡受百译. 北京: 商务印书馆.

瓦罗 M T. 2011. 论农业. 王家绶译. 北京: 商务印书馆

王迺琮, 张华, 郑振华, 等. 1991. 先秦两汉经济思想史略. 北京: 海洋出版社.

巫宝三. 1985. 中国经济思想史资料选辑. 北京: 中国社会科学出版社.

巫宝三. 1998. 欧洲中世纪经济思想资料选辑. 北京: 商务印书馆.

吴易风. 2005. 当代西方经济学流派与思潮. 北京: 首都经济贸易大学出版社.

吴宇晖, 张嘉昕. 2007. 外国经济思想史. 北京: 高等教育出版社.

西塞罗. 1998. 西塞罗三论 老年·友谊·责任. 徐奕春译. 北京: 商务印书馆.

熊彼特 J A. 1994. 经济分析史. 杨敬年译. 北京: 商务印书馆.

熊彼特 J A. 2009. 经济分析史. 朱泱, 孙鸿敞, 李宏, 等译. 北京: 商务印书馆.

亚里士多德. 1965. 政治论. 吴颂皋, 吴旭初译. 北京: 商务印书馆.

颜鹏飞. 2010. 西方经济思想史. 北京: 中国经济出版社.

杨建飞. 2010. 西方经济思想史. 武汉: 武汉大学出版社.

姚开建. 2000. 经济学说史. 北京: 中国人民大学出版社.

叶世昌. 2003. 古代中国经济思想史. 上海: 复旦大学出版社.

张林. 2008. 经济思想史. 北京: 科学出版社.

张世贤. 2009. 西方经济思想史. 北京: 经济管理出版社.

赵靖. 1986. 中国古代经济思想史讲论. 北京: 人民出版社.

赵靖. 1997. 中国经济思想通史. 北京: 北京大学出版社.

赵晓雷. 2007. 中国经济思想史. 大连: 东北财经大学出版社.

赵羽翔. 2004. 经济学说史研究. 北京: 中国社会科学出版社.

中华书局. 1957. 诸子集成. 北京: 中华书局股份有限公司.

后 记

  千淘万漉虽辛苦，吹尽狂沙始到金。在本书的写作过程中，融汇了劳动经济学领域许多专家的支持与奉献，更凝聚着"劳动经济学系列丛书"编写组各位成员的努力和辛苦！若没有王志浩负责的编写组的不懈努力，就没有本丛书的历史积淀和科学逻辑；若没有王巍负责的编写组的协作攻关，锐意创新，就没有本丛书的技术方法和数理分析。本丛书作为劳动经济学系列研究的阶段性成果，尚有许多不足和待完善之处，期待各位专家、同行和读者朋友提出宝贵的意见和建议！仅希望通过相关文献资源的归纳总结，将劳动经济学领域的相关研究规范化、系统化、可授化，在此向所有为本书提供借鉴参考的学术论文、学位论文、新闻报道、调研报告、微信公众号、网络资源等表示感谢！

  本书得到了中国劳动保障科学研究院田小宝、张一名，首都经济贸易大学杨河清等专家的悉心指导和无私帮助。王巍、谢淑萍、路春艳、窦以鑫、符建华、陆丰刚等参与了本书的数理模型测算、数据信息采集、表格图形编辑等工作，在此一并表示感谢！

作 者
2016 年 6 月